Die Rechtsstellung von Bietergemeinschaften im Vergabeverfahren

Europäische Hochschulschriften
Publications Universitaires Européennes
European University Studies

Reihe II
Rechtswissenschaft

Série II   Series II
Droit
Law

Bd./Vol. 5244

PETER LANG
Frankfurt am Main · Berlin · Bern · Bruxelles · New York · Oxford · Wien

Irene Lausen

Die Rechtsstellung von Bietergemeinschaften im Vergabeverfahren

PETER LANG
Internationaler Verlag der Wissenschaften

Bibliografische Information der Deutschen Nationalbibliothek
Die Deutsche Nationalbibliothek verzeichnet diese Publikation in
der Deutschen Nationalbibliografie; detaillierte bibliografische Daten
sind im Internet über http://dnb.d-nb.de abrufbar.

Zugl.: Mainz, Univ., Diss., 2010

Gedruckt auf alterungsbeständigem,
säurefreiem Papier.

D 77
ISSN 0531-7312
ISBN 978-3-631-61525-6
© Peter Lang GmbH
Internationaler Verlag der Wissenschaften
Frankfurt am Main 2011
Alle Rechte vorbehalten.

Das Werk einschließlich aller seiner Teile ist urheberrechtlich
geschützt. Jede Verwertung außerhalb der engen Grenzen des
Urheberrechtsgesetzes ist ohne Zustimmung des Verlages
unzulässig und strafbar. Das gilt insbesondere für
Vervielfältigungen, Übersetzungen, Mikroverfilmungen und die
Einspeicherung und Verarbeitung in elektronischen Systemen.

www.peterlang.de

Vorwort

Die vorliegende Arbeit wurde im Wintersemester 2010/2011 von dem Fachbereich Rechts- und Wirtschaftswissenschaften der Johannes Gutenberg-Universität Mainz als Dissertation angenommen. Sie wurde im Dezember 2010 abgeschlossen.

Mein herzlicher Dank gilt Herrn Professor Dr. Meinrad Dreher, LL. M. für die freundliche Betreuung und Begutachtung dieser Arbeit. Danken möchte ich ferner Herrn Professor Dr. Jürgen Oechsler für die zügige Erstellung des Zweitgutachtens.

Irene Lausen

Inhaltsverzeichnis

Einleitung 17
  I. Aufgabenstellung 17
  II. Gang der Darstellung 19

Erster Teil:
Bietergemeinschaften und die Grundlagen des europäischen sowie des nationalen Vergaberechts 21

Kapitel 1: Die Zulassung von Bietergemeinschaften als Marktteilnehmer 23
A. Vergaberechtlicher Rahmen, Regelungsinhalt und Entwicklung 23
B. Gründe für den Zusammenschluss zu Bietergemeinschaften 25
C. Grundprinzipien des Vergaberechts und ihre Auswirkungen auf die Zulässigkeit der Teilnahme von Bietergemeinschaften an Vergabeverfahren 28
  I. Haushaltsrecht – Prinzip der Wirtschaftlichkeit 28
  II. Wettbewerb 30
  III. Gleichbehandlung der Wettbewerbsteilnehmer 31
  IV. Bedeutung der Grundprinzipien des Vergaberechts für die Zulässigkeit von Bietergemeinschaften 32
  V. Ergebnis 34

Kapitel 2: Bietergemeinschaften als Instrument der Berücksichtigung mittelständischer Interessen 37
A. Einordnung der Mittelstandsförderung im vergaberechtlichen Rahmen .. 38
B. Regelungen zur Berücksichtigung von mittelständischen Interessen im Vergaberecht 40
  I. EU-Regelungen 40
    1. EG-Vergaberichtlinien 40
    2. Small Business Act 40
  II. Nationales Recht 41
    1. § 97 Abs. 3 GWB in der ab 01.01.1999 geltenden Fassung ... 41
    2. § 97 Abs. 3 GWB in der ab 23.04.2009 geltenden Fassung ... 42
    3. Regelungen in den Vergabe- und Vertragsordnungen 43
  III. Zwischenergebnis 44

C. Subjektives Recht von Bietergemeinschaften nach § 97 Abs. 7 GWB auf
   Berücksichtigung der mittelständischen Interessen gemäß
   § 97 Abs. 3 GWB 44
   I.   „Mittelständische Interessen" – Definition des Mittelstandsbegriffes
        und Klassifizierung als KMU 44
        1. Empfehlung der EU-Kommission 45
        2. Bezugsgröße des relevanten Marktes 46
        3. Kritik an der Bezugsgröße des relevanten Marktes 48
        4. Stellungnahme 48
        5. Zwischenergebnis 49
   II. Relevanz des § 97 Abs. 3 GWB für Bietergemeinschaften 49
        1. Meinungen in der Literatur 49
        2. Auffassungen in der Rechtsprechung 50
        3. Stellungnahme 51
   4.   Zwischenergebnis 52
   III. Inhalt des subjektiven Rechts nach § 97 Abs. 7 GWB 52
        1. Recht auf Zulassung oder auf den Gesamtauftrag 53
        2. Zwischenergebnis 54
D. Ergebnis 55

Zweiter Teil:
Der Zusammenschluss von Unternehmen als Bietergemeinschaft 57

Kapitel 1: Definition, Erscheinungsformen und Abgrenzungsmerkmale
            einer Bietergemeinschaft 59
A. Definition 59
B. Erscheinungsformen einer Bietergemeinschaft 60
   I.   Vertikale Zusammenschlüsse 60
   II. Horizontale Zusammenschlüsse 61
C. Abgrenzungsfragen 61
   I.   Generalunternehmer- und Generalübernehmerverhältnis 62
   II. Unklarheiten bezüglich des Urhebers eines Angebots 63
        1. Widersprüchliches Angebot 64
        2. Verdeckte Bietergemeinschaft 64

Kapitel 2: Bietergemeinschaften im Vorfeld ihres Zusammenschlusses 67
A. Anbahnungsphase 67
B. Bedeutung und Auswirkungen des Zusammenschlusses zu einer
   Bietergemeinschaft für ihre Mitglieder 69

Kapitel 3: Rechtsform 71
A. Fehlender Rechtsformzwang für Bietergemeinschaften 71
B. Rechtsform von Arbeitsgemeinschaften 71
   I. Gründe für die Vorgabe der Rechtsform von
      Arbeitsgemeinschaften 73
   II. Voraussetzung für eine bestimmte Rechtsform von
      Arbeitsgemeinschaften 73
   III. Umfang der Vorgabe 74
   IV. Form der Vorgabe 75
   V. Konsequenzen 75
   VI. Ergebnis 76

Kapitel 4: Rechtsverbindlicher Zusammenschluss einer Bietergemeinschaft 77
A. Gesellschaft bürgerlichen Rechts (GbR) 77
   I. Mustervertrag 78
   II. Grundlegende Voraussetzungen des Gesellschaftsvertrags 79
      1. Gesellschafter der GbR 79
      2. Form des Gesellschaftsvertrags 80
         a. Formfreiheit 80
         b. Stillschweigender Vertragsschluss durch konkludentes
           Verhalten 81
      3. Nicht erforderlicher zielgerichteter Wille zur Gründung
         einer GbR 82
      4. Rechtsnatur des Gesellschaftsvertrags – Dauerschuldverhältnis
         in Abgrenzung zu einer Dauer- und Gelegenheitsgesellschaft 82
      5. Zwischenergebnis 83
   III. Inhalt des Gesellschaftsvertrags 83
      1. Förderung der Erreichung eines gemeinsamen Zwecks,
         insbesondere durch Beiträge 84
         a. Gemeinsamer Zweck 84
         b. Förderung durch Beiträge 86
           aa. Personelle, sachliche und finanzielle Aufwendungen 86
           bb. Höhe der Beiträge 87
           cc. Treuepflicht, insbesondere in Form des
              Wettbewerbsverbots 88
         c. Zwischenergebnis 90
      2. Geschäftsführung und Vertretung 90
         a. Geschäftsführungsbefugnis 92
         b. Vertretungsbefugnis 93
         c. Regelungsoptionen für Bietergemeinschaften 94

  d. Zwischenergebnis 95
  3. Beendigung und Fortführungsmöglichkeit der GbR 95
   a. Auflösung wegen Erreichens oder Unmöglichwerdens des
    Zwecks 95
   b. Auflösung wegen Insolvenz eines Mitglieds der
    Bietergemeinschaft und Fortführungsmöglichkeit 97
    aa. Gesellschaftsvertragliche Fortsetzungsklausel 98
    bb. Beschluss der Gesellschafter 99
    cc. Zweigliedrige Gesellschaft 100
   c. Kündigung eines Gesellschafters 101
   d. Gesellschafterwechsel 102
   e. Zwischenergebnis 103
 IV. Rechts- und Parteifähigkeit der Bietergemeinschaft als GbR 103
  1. Traditionelle Lehre 104
  2. Gruppenlehre 104
  3. Die Rechtsprechung des BGH 105
  4. Merkmale einer Außen-GbR 106
   a. Teilnahme am Rechtsverkehr 106
   b. Gesamthandsvermögen 107
   c. Weitere Kriterien 107
  5. Stellungnahme 108
   a. Auftreten nach außen 108
   b. Wille der Gesellschafter 108
   c. Gesamthandsvermögen 109
   d. Identitätsausstattung 109
  6. Zwischenergebnis 110
 V. Haftung der Gesellschafter 111
 VI. Ergebnis 112
B. Offene Handelsgesellschaft (OHG) 113
C. Übergang in eine Arbeitsgemeinschaft – Arbeitsgemeinschaftsvertrag ... 115

Dritter Teil
Bietergemeinschaften als Teilnehmer im Vergabeverfahren 119

Kapitel 1: Das Angebot der Bietergemeinschaft 121
A. Benennung der Mitglieder im Angebot 121
 I. Bieteridentität 121
  1. Formeller Bieterbegriff 122
  2. Materieller Bieterbegriff 122
  3. Stellungnahme 123

II. Unzureichende Vorgaben in den Vergabe- und Vertragsordnungen . 124
  III. Ergebnis 125
B. Bekanntgabe eines Vertreters 125
  I. Zweck der Regelungen in den Vergabe- und Vertragsordnungen 126
  II. Stellungnahme 127
    1. Bevollmächtigter Vertreter der Arbeits- oder der Bietergemeinschaft 127
    2. Regelungen im Gesellschaftsvertrag 127
    3. Zulässigkeit der Vorschriften über die Benennung eines bevollmächtigten Vertreters und unzureichender Regelungsbereich 129
  III. Ungleichbehandlung 130
  IV. Ergebnis 131
C. Die Unterschrift 132
  I. Unterschrift aller Mitglieder der Bietergemeinschaft oder eines bevollmächtigten Vertreters 132
  II. Vertretungsbefugnis 133
    1. Meinungen in der Literatur 133
    2. Auffassungen in der Rechtsprechung 134
  III. Stellungnahme 136
    1. Gemeinsame Unterschriften 136
    2. Unterschrift des Vertretungsberechtigten 136
    3. Nachweis der Vertretungsbefugnis 137
    4. Nachträgliche Genehmigung 139
  IV. Ergebnis 140

Kapitel 2: Die Bietergemeinschaft als Bieter 141
A. Gleichstellung der Bietergemeinschaft mit Einzelbietern 141
B. Zeitpunkt der Bildung von Bietergemeinschaften 142
  I. Offenes Verfahren und öffentliche Ausschreibung 142
    1. Stadium bis zum Ablauf der Angebotsfrist 143
    2. Stadium zwischen Ablauf der Angebotsfrist und Zuschlag 144
      a. Ansichten in der Rechtsprechung und in der Literatur 144
      b. Stellungnahme 145
    3. Zwischenergebnis 146
  II. Nichtoffenes Verfahren und beschränkte Ausschreibung mit öffentlichem Teilnahmewettbewerb 146
    1. Stadium bis zum Ablauf der Bewerbungsfrist 147
    2. Stadium von der Aufforderung zur Angebotsabgabe bis zum Ablauf der Angebotsfrist 147

   a. Auffassungen in der Rechtsprechung und im Schrifttum 148
   b. Stellungnahme 150
    aa. Wechsel in der Person des Bieters 150
    bb. Erneute Eignungsprüfung 151
    cc. Formale Kriterien 152
    dd. Grundsätze des Wettbewerbs, der Gleichbehandlung und der Transparenz 153
   c. Zwischenergebnis 154
  3. Stadium vom Ende der Bewerbungsfrist bis zur Aufforderung zur Angebotsabgabe 154
  4. Stadium nach Ablauf der Angebotsfrist 155
  5. Zwischenergebnis 155
 III. Verhandlungsverfahren und freihändige Vergabe mit Teilnahmewettbewerb 156
 IV. Wettbewerblicher Dialog 157
 V. Beschränkte Ausschreibung ohne Teilnahmewettbewerb 157
 VI. Verhandlungsverfahren und freihändige Vergabe ohne Teilnahmewettbewerb 158
 VII. Ergebnis 159
C. Änderungen in der Zusammensetzung von Bietergemeinschaften 160
 I. Ausscheiden eines Mitglieds wegen Eröffnung des Insolvenzverfahrens über das Vermögen des Unternehmens 160
  1. Meinungen gegen den Ausschluss des Angebots der Bietergemeinschaft 161
   a. Rechtsprechung 161
   b. Literatur 163
  2. Voten für den Ausschluss des Angebots der Bietergemeinschaft ... 164
   a. Rechtsprechung 164
   b. Schrifttum 165
  3. Stellungnahme 166
   a. Bieteridentität wegen der rechtsfähigen Außen-GbR 166
    aa. Mehrgliedrige Gesellschaft 166
    bb. Zweigliedrige Gesellschaft 168
   b. Erneute Eignungsprüfung 168
  4. Zwischenergebnis 169
 II. Ausscheiden eines Mitglieds aus anderen Gründen, insbesondere wegen Kündigung 170
  1. Meinungen in der Rechtsprechung und Literatur 170
  2. Stellungnahme 171
  3. Zwischenergebnis 173

    III. Austausch von Mitgliedern und Hinzutreten eines neuen Mitglieds ... 173
    IV. Änderungen auf Seiten der Mitglieder der Bietergemeinschaft 174
        1. Verschmelzung 174
        2. Andere Formen der Umwandlung und Wechsel in der
           Rechtspersönlichkeit des Unternehmens 176
    V. Ergebnis 177

Kapitel 3: Die Wertung des Angebots der Bietergemeinschaft 179
A. Eignung der Bietergemeinschaft 179
    I. Zweck der Eignungsprüfung 179
    II. Normativer Hintergrund und Eignungskriterien 180
    III. Rechtssubjekt der Eignungsprüfung bei Bietergemeinschaften 181
    IV. Bezugnahme auf die Eignung Dritter 182
    V. Nachweis der Eignung 183
        1. Formale Nachweispflicht 183
        2. Inhaltliche Nachweispflicht 183
            a. Fachkunde und Leistungsfähigkeit 184
                aa. Meinungen in der Rechtsprechung und Literatur 184
                bb. Stellungnahme 185
                cc. Vorgaben der Vergabestelle zur Nachweispflicht 186
                dd. Wiedereintritt in die Eignungsprüfung 187
            b. Zuverlässigkeit 187
                aa. Auffassungen in der Rechtsprechung und Literatur 188
                bb. Gesetzestreue 188
                cc. Stellungnahme 189
        3. Ergebnis 190
B. Doppelbeteiligungen 190
    I. Allgemeine Problematik 191
    II. Wettbewerbsbeschränkende Abrede 192
        1. Geheimwettbewerb 193
        2. Konkretisierung des Verstoßes gegen den Geheimwettbewerb
           und Eingrenzung der wettbewerbsbeschränkenden Abrede 194
        3. Stellungnahme 195
        4. Feststellung der wettbewerbsbeschränkenden Abrede –
           Unwiderlegliche Vermutung und Nachweis 196
            a. Nationale Rechtsprechung 196
            b. Rechtsprechung des EuGH 198
            c. Meinungen in der Literatur 200
            d. Stellungnahme 201
                aa. Unwiderlegliche Vermutung 201

   bb. Regelungen über den Anscheinsbeweis 201
   cc. Nachweisender Bieter 203
   dd. Zeitpunkt des Entlastungsnachweises 204
  e. Zwischenergebnis 205
 5. Sonderfall: Nicht deckungsgleicher Inhalt der Angebote der
  Bietergemeinschaft und des Einzelbieters 205
 6. Vergabeverfahren mit vorgeschaltetem Teilnahmewettbewerb –
  Doppelbewerbung 206
 7. Doppelbeteiligungen bei Verhandlungsverfahren und
  freihändigen Vergaben 208
III. Ergebnis 209

Vierter Teil
Bietergemeinschaften als Beteiligte im Nachprüfungsverfahren 211

Kapitel 1: Die Antragsbefugnis der Bietergemeinschaft 213
A. Grundsatz – Antragsbefugnis der Kooperation 213
 I. Rechtslage bei unverändertem Bestehen der Bietergemeinschaft
  im Nachprüfungsverfahren 213
 II. Rechtslage bei einem Wechsel im Mitgliederbestand oder
  aufgelöster GbR 216
B. Sonderfälle 218
 I. Gewillkürte Prozessstandschaft 218
 II. Rechtslage im Feststellungsverfahren 219
C. Vertretung der Bietergemeinschaft bei der Darlegung der
 Antragsbefugnis 222
D. Ergebnis 224

Kapitel 2: Die Rüge der Bietergemeinschaft 225
A. Erhebung der Rüge durch eine bereits gebildete Bietergemeinschaft 226
 I. Rüge durch alle die Bietergemeinschaft angehörenden
  Unternehmen 226
 II. Rüge durch ein Mitglied der Bietergemeinschaft 226
  1. Lösungsansätze 227
  2. Stellungnahme 229
  3. Zwischenergebnis 231
B. Bezugnahme auf die Rüge eines Mitglieds 231
 I. Auffassungen in der Rechtsprechung und Literatur 231
 II. Stellungnahme 233
 III. Ergebnis 235

Zusammenfassung 237
A. Erster Teil: Bietergemeinschaften und die Grundlagen des europäischen
   und nationalen Vergaberechts 237
   I.   Kapitel 1: Grundsätze der Zulassung von Bietergemeinschaften
        als Marktteilnehmer 237
   II. Kapitel 2: Bietergemeinschaften als Instrument der
        Mittelstandsförderung 237
B. Zweiter Teil: Zusammenschluss von Unternehmen als
   Bietergemeinschaft 238
   I.   Kapitel 1: Definition, Erscheinungsformen und
        Abgrenzungsmerkmale einer Bietergemeinschaft 238
   II. Kapitel 2: Bietergemeinschaften im Vorfeld ihres
        Zusammenschlusses 238
   III. Kapitel 3: Rechtsform von Arbeitsgemeinschaften 239
   VI. Kapitel 4: Rechtsverbindlicher Zusammenschluss einer
        Bietergemeinschaft 239
C. Dritter Teil: Bietergemeinschaften als Teilnehmer im Vergabeverfahren 239
   I.   Kapitel 1: Das Angebot der Bietergemeinschaft 239
   II. Kapitel 2: Die Bietergemeinschaft als Bieter 240
   III. Kapitel 3: Die Wertung des Angebots der Bietergemeinschaft 241
D. Vierter Teil: Bietergemeinschaften als Beteiligte in
   Nachprüfungsverfahren 241
   I.   Kapitel 1: Antragsbefugnis der Bietergemeinschaft 241
   II. Kapitel 2: Rüge der Bietergemeinschaft 241

Abkürzungsverzeichnis 243

Literaturverzeichnis 247

Einleitung

I. Aufgabenstellung

Gegenstand der vorliegenden Arbeit ist die Rechtsstellung von Bietergemeinschaften in Vergabe- und Nachprüfungsverfahren. Der gleichberechtigte Zusammenschluss mehrerer Unternehmen mit dem Ziel, bei einer öffentlichen Auftragsvergabe gemeinsam ein Angebot einzureichen und den Zuschlag zu erhalten, entwickelte sich aus der Notwendigkeit, komplexe Maßnahmen durchführen zu können. Bereits seit Anfang des zwanzigsten Jahrhunderts traten gemeinschaftliche Bieter und spätere Auftragnehmer, als Konsortien bezeichnet,[1] im Bereich von größeren Bauvorhaben auf.[2]

Obwohl es Unternehmenszusammenschlüsse daher schon bei Entstehen der VOB[3] gab, rückten Bietergemeinschaften – in Abgrenzung zu Arbeitsgemeinschaften – erst in den letzten Jahren in den Fokus des vergaberechtlichen Interesses. Der Grund dafür lag in der 1999 in Kraft getretenen Reform des Vergaberechts mit der Einführung des Primärrechtsschutzes,[4] die wegen der Umsetzung der Vergaberichtlinien der EU notwendig geworden war. Infolge dieses Primärrechtsschutzes erlangten nicht nur Einzelbieter, sondern auch Bietergemeinschaften die Möglichkeit, als Antragsteller in einem Nachprüfungsverfahren aufzutreten. Durch die Rechtsprechung der Nachprüfungsinstanzen wurde die Stellung von gemeinschaftlichen Bietern, von denen eine Form die Bietergemeinschaft ist, klarer herausgearbeitet. Diese unmittelbar nur für EU-weite Vergabeverfahren geltende Rechtsprechung hat auch Auswirkungen auf nationale Vergaben, die nicht unabhängig davon zu betrachten sind. Sie hat schließlich die Ausgestaltung des Vergaberechts, zuletzt die Mitte 2010 abgeschlossene Vergaberechtsreform, die dessen Vereinfachung und Verschlankung dienen sollte,[5] beeinflusst. Dass Bietergemeinschaften und ihrer Teilnahme an der öffentlichen Auftragsvergabe zwischenzeitlich besondere Aufmerksamkeit zukommt, zeigt

---

1   Vgl. *Baldringer*, in: Jagenburg/Schröder, Der ARGE-Vertrag, 2. Auflage, 2008, Einl. Rn. 12.
2   Vgl. *Immenga*, BB 1984, 385 (385).
3   Vgl. *Vygen*, in: Ingenstau/Korbion, VOB, 17. Auflage, 2010, Einleitung Rn. 12.
4   Gesetz zur Änderung der Rechtsgrundlagen für die Vergabe öffentlicher Aufträge (Vergaberechtsänderungsgesetz – VgRÄG) v. 26.08.1998, BGBl. I, 2512, in Kraft getreten am 01.01.1999, das den Vierten Teil des GWB einführte.
5   Auf der Grundlage der Koalitionsvereinbarung von CDU, CSU und SPD v. 11.11.2005, 18, 52, 133.

sich in der Publikation von Ratgebern und Leitfäden durch öffentliche Auftraggeber.[6]

Bei der Behandlung des Themenkreises sind neben den Bieter- bzw. Auftragnehmerinteressen auch die berechtigten Belange der öffentlichen Auftraggeber an einer zügigen Durchführung des Vergabeverfahrens zu beachten. Investitonsblockaden[7] sollen im Hinblick auf das bestehende öffentliche Interesse an einem möglichst schnellen Abschluss von Vergabeverfahren verhindert werden.[8] Dass die Zielsetzungen beider Seiten in Einklang zu bringen sind, ist vor dem Hintergrund des erheblichen Volumens öffentlicher Aufträge durchaus verständlich. So wurden z. B. die kompletten Ausgaben des öffentlichen Sektors in Deutschland für Bau-, Liefer- und Dienstleistungsaufträge im Jahr 2008 auf ca. 419,8 Billionen Euro geschätzt.[9] Davon waren Aufträge in einem Gesamtwert von ca. 29,65 Billionen Euro EU-weit ausgeschrieben.[10]

Bietergemeinschaften haben außerdem in Vergabe- und Nachprüfungsverfahren eine kartellrechtliche Bedeutung. Dabei geht es um die Zulässigkeit des Zusammenschlusses im Sinne von Art. 101 ff. AEU[11] und § 1 GWB, also konkret um die Frage, ob die im speziellen Fall vorgenommene Vereinigung von Unternehmen eine Verhinderung, Einschränkung oder Verfälschung des Wettbewerbs bezweckt oder bewirkt. Dieses komplexe kartellrechtliche Thema soll im Rahmen der vorliegenden Arbeit jedoch nicht behandelt werden. Sie konzentriert sich auf die ausschließlich vergaberechtlichen Aspekte im Zusammenhang mit der Beteiligung von Bietergemeinschaften an Ausschreibungen und Nachprüfungsverfahren.

---

6   Vgl. Bayerisches Staatsministerium für Wirtschaft, Infrastruktur, Verkehr und Technologie, Kooperation und Wettbewerb, Ein Ratgeber für kleine und mittlere Unternehmen, 7. Auflage, 2006, Hessische Landesregierung – Hessische Staatskanzlei, Leitfaden „Öffentliches Auftragswesen", Als Bietergemeinschaft öffentliche Aufträge gewinnen, 2005.
7   Vgl. BT-Drucks. 13/9340, 19.
8   Vgl. *Boesen*, Vergaberecht, 1. Auflage, 2000, § 113 Rn. 1.
9   Vgl. European Commission, Public Procurement Indicators 2008, Working document, 27 April 2010, 1.
10 Vgl. European Commission, Public Procurement Indicators 2008, Working document, 27 April 2010, 4.
11 Vertrag über die Arbeitsweise der Europäischen Union in der konsolidierten Fassung, ABl. C 83 v. 30.03.2010, 47; Art. 101 ff. AEU entsprechen Art. 81 ff. des durch den AEU abgelösten EGV.

II. Gang der Darstellung

Im ersten Teil der Darstellung werden zunächst die die Zusammenschlüsse betreffenden Regelungen im EU- sowie im innerstaatlichen Vergaberecht herausgearbeitet. Sodann werden die Gründe für die Zulassung von Bietergemeinschaften aufgeführt. Anschließend werden die Grundprinzipien des Vergaberechts erläutert, um die rechtlichen Kriterien bezüglich der Einordnung von Bietergruppen innerhalb des Gesamtsystems herausarbeiten zu können. In diesem Zusammenhang wird ein weiterer Abschnitt der Frage, ob und ggf. inwieweit Bietergemeinschaften ein Instrument der Mittelstandsförderung sind, gewidmet.

Der zweite Teil der Arbeit enthält zunächst Ausführungen zu Definiton, Erscheinungsformen und Abgrenzungsmerkmalen einer Bietervereinigung, bevor die relevanten Aspekte im Vorfeld der Gründung dargestellt werden. Im Fortgang werden die mit der Rechtsform zusammenhängenden Fragen und die zivil- und gesellschaftsrechtlichen Gesichtspunkte des Zusammenschlusses behandelt.

Der dritte Teil widmet sich der sich anschließenden Stellung der Bietervereinigung im Vergabeverfahren. Er befasst sich mit dem Angebot der Kooperation und sodann mit der Rechtsstellung der Bietergemeinschaft als Bieter. Ferner enthält er Ausführungen zu der Wertung des Angebots.

Der vierte Teil bezieht sich schließlich auf die Stellung von Bietervereinigungen in Nachprüfungsverfahren. Hier werden die Antragsbefugnis und die Rüge des Konsortiums behandelt.

Erster Teil
Bietergemeinschaften und die Grundlagen des europäischen sowie des nationalen Vergaberechts

Die Rechtsfragen im Zusammenhang mit der Zulassung und der Teilnahme von Bietergemeinschaften an Vergabeverfahren sind auf der Grundlage der diesbezüglichen Normen des Vergabe- und allgemeinen Zivil- sowie insbesondere des Gesellschaftsrechts zu beurteilen. Bevor die Einzelheiten zu erörtern sind, bedarf es für ein umfassendes Verständnis sowie für die Einordnung der Fragestellungen und Lösungen zunächst der Betrachtung des Gesamtkontextes des europäischen und innerstaatlichen Vergaberechts, seiner Zielsetzungen und der sich daraus ergebenden Auswirkungen auf Bietergemeinschaften. Dabei ist auf die Ursachen für die Bildung von derartigen Kooperationen in der Praxis einzugehen, um die Wechselwirkungen mit den Grundsätzen des Vergaberechts zu erkennen.

Kapitel 1: Die Grundsätze der Zulassung von Bietergemeinschaften als Marktteilnehmer

Zum einen gibt es sowohl im EU- als auch im nationalen Vergaberecht unmittelbar anwendbare Regelungen zu Bietergemeinschaften. Zum anderen sind die Grundprinzipien des Vergaberechts so elementar, dass sie sich mittelbar auf die Behandlung und Beurteilung der Bieterzusammenschlüsse auswirken.

A. Vergaberechtlicher Rahmen, Regelungsinhalt und Entwicklung

Die grundsätzliche Zulassung von Bietergemeinschaften bei Ausschreibungen ergibt sich aus den EG-Vergaberichtlinien 2004/17/EG[12] und 2004/18/EG,[13] die bestimmen, dass Angebote und Anträge auf Teilnahme auch von einer *„Gruppe von Wirtschaftsteilnehmern"* eingereicht werden können.[14] Wirtschaftsteilnehmer werden als Bieter und Bewerber definiert, die Unternehmen, Lieferanten und Dienstleistungserbringer sein können.[15] Die weiteren europarechtlichen Vorgaben für die Teilnahme von Gruppen von Wirtschaftsteilnehmern am Wettbewerb sind äußerst gering.[16] In beiden Richtlinien ist normiert, dass Auftraggeber nicht verlangen können, dass nur Gruppen mit einer bestimmten Rechtsform Teilnahmeanträge oder Angebote einreichen können. Allerdings können Auftraggeber nach Zuschlagserteilung die Annahme einer bestimmten Rechtsform von der Bietergruppe fordern, wenn dies für die ordnungsgemäße Durchführung des Auftrags erforderlich ist.[17] Darüber hinaus enthalten die Richtlinien Regelungen darüber, dass sich Wirtschaftsteilnehmer zum Nachweis ihrer wirtschaftlichen, finanziellen sowie technischen und/oder beruflichen Leistungsfähigkeit auf die Kapazitäten anderer Unternehmen stützen können.[18] Das gilt auch für Gruppen von Wirtschaftsteilnehmern.[19]

---

12 V. 31.3.2004, ABl. L 134, 114.
13 V. 31.3.2004, ABl. L 134, 1.
14 Art. 4 Abs. 2 RL 2004/18/EG, Art. 11 Abs. 2 RL 2004/17/EG.
15 Art. 1 Abs. 8 RL 2004/18/EG, Art. 1 Abs. 7 RL 2004/17/EG.
16 Vgl. *Prieß/Gabriel*, WuW 2006, 385 (385).
17 Art. 4 Abs. 2 RL 2004/18/EG; Art. 11 Abs. 2 RL 2004/17/EG.
18 Art. 47 Abs. 2, 48 Abs. 2 RL 2004/18/EG, Art. 53 Abs. 4 und 5, 54 Abs. 5 S. 1 und 2 RL 2004/17/EG.
19 Art. 47 Abs. 3, 48 Abs. 4, 52 Abs. 1 und 4 RL 2004/18/EG, Art. 53 Abs. 4 und 5, Art. 54 Abs. 5 RL 2004/17/EG.

Das nationale Vergaberecht hat diese Vorgaben in der Weise umgesetzt, dass die Zulassung von Bietergemeinschaften nicht ausdrücklich normiert, sondern vorausgesetzt wird.[20] Die Begriffe aus den Richtlinien werden nicht übernommen. Es ist – korrespondierend zu den Bezeichnungen „*Bieter*" und „*Bewerber*" – von „*Bietergemeinschaften*" und „*Bewerbergemeinschaften*" die Rede. Diese Unterscheidung ist durchgängig erst in den neueren Verordnungen und Verwaltungsvorschriften, der SektVO[21] und den Vergabe- und Vertragsordnungen von 2009,[22] vorgenommen worden. In früheren Regelungen wurde sprachlich keine genaue Trennung eingehalten. Dort waren entweder ausschließlich der Begriff der „*Bietergemeinschaft*"[23] oder weitere Bezeichnungen, wie „*Arbeitsgemeinschaften und andere gemeinschaftliche Bieter*"[24] angeführt. Die unkritische Verwendung von Termini war, sogar noch bis einige Jahre nach Inkrafttreten des Vierten Teils des GWB, auch in Rechtsprechung[25] und Literatur[26] zu beobachten.

Die sprachliche Präzisierung spiegelt die tatsächliche Entwicklung und den Prozess in der Rechtsetzung und Rechtsanwendung wider. Nachdem als Arbeitsgemeinschaften bezeichnete Zusammenschlüsse zunächst ausschließlich im Bereich der Bauwirtschaft eine charakteristische Kooperationsform waren,[27] gibt es zwischenzeitlich Bietergemeinschaften in allen Bereichen der Auftragsvergaben.[28] Durch das europäische Vergaberecht und die daraus resultierenden Änderungen der innerstaatlichen Regelungen, die die Stärkung der Bieterstellung infolge des Primärrechtsschutzes mit sich brachten, hat ihre Teilnahme an einem Vergabeverfahren einen eigenständigen Stellenwert erhalten. Dazu hat die Rechtsprechung nach Inkrafttreten des Vierten Teils des GWB beigetragen, die damit im Zusammenhang stehende entscheidende Rechtsfragen zu klären hatte und dadurch auch die Rechtsfortbildung gefördert hat.

---

20 Vgl. § 22 SektVO, § 6 Abs. 1 Nr. 2 VOB/A, § 12 Abs. 1 Nr. 2 lit. t VOB/A, § 13 Abs. 5 VOB/A, § 6a Abs. 8 und 10 VOB/A, § 6 Abs. 1 VOL/A, § 13 Abs. 6 VOL/A, § 6 Abs. 2 EG VOL/A, § 7 Abs. 8 EG VOL/A, § 16 Abs. 6 EG VOL/A.
21 Verordnung über die Vergabe von Aufträgen im Bereich des Verkehrs, der Trinkwasserversorgung und der Energieversorgung – Sektorenverordnung – vom 23.09.2009, BGBl I, 3110.
22 Vergabe- und Vertragsordnung für Bauleistungen (VOB/A und VOB/B) v. 31.07.2009, BAnz. Nr. 155a v. 15.10.2009, ber. am 19.02.2010, BAnz. Nr. 36 v. 05.03.2010, Vergabe- und Vertragsordnung für Leistungen (VOL/A) v. 20.11.2009, BAnz. Nr. 196a v. 29.12.2009, ber. am 19.02.2010, BAnz. Nr. 32 v. 26.02.2010.
23 Vgl. z. B. § 21 Nr. 4 Abs. 1 VOB/A in der Fassung v. 12.9.2002, BAnz. Nr. 202a.
24 Vgl. z. B. § 21 Nr. 5 S. 1 VOL/A in der Fassung v. 17.11.2002, BAnz. Nr. 216a.
25 OLG Frankfurt am Main, Beschluss v. 05.03.2002, 11 Verg 2/01, VergabeR 2002, 394 (394).
26 Vgl. *Lutz,* NJW 1960, 1833 (1833), *Jaeger,* VergabeR 2004, 522 (524).
27 Vgl. *Immenga,* BB 1984, 385 (385).
28 Im Folgenden wird der Begriff „Bietergemeinschaft" (wie auch die Begriffe „Bieterkooperation", „Bieterzusammenschluss" o. ä.) als Oberbegriff für Bieter- und Bewerbergemeinschaften verwendet, wenn nichts anderes angegeben ist oder sich aus dem Gesamtzusammenhang nichts anderes ergibt.

Die innerstaatlichen Vorschriften[29] haben im Wesentlichen denselben Regelungsinhalt wie die EG-Richtlinien, nämlich die Gleichstellung von Bietergemeinschaften und Einzelbietern,[30] die Wahlfreiheit bezüglich der Rechtsform bis zur Zuschlagserteilung[31] und die Möglichkeit der Berufung auf Kapazitäten anderer Unternehmen zum Nachweis der Eignung.[32] Daneben enthalten die Vergabe- und Vertragsordnungen noch Bestimmungen darüber, dass Bietergemeinschaften ihre Mitglieder und einen bevollmächtigten Vertreter für den Abschluss und die Durchführung des Vertrags im Angebot zu bezeichnen haben.[33]

Damit sind auch im nationalen Vergaberecht nur punktuelle Anforderungen an Bietergemeinschaften und deren Wettbewerbsteilnahme gestellt. Es fehlt sowohl eine Definition des Begriffs der „Bietergemeinschaft"[34] als auch eine abschließende Auflistung von Voraussetzungen, die für deren Bildung, Zusammensetzung, Zulassung und Behandlung als Teilnehmer in einem Vergabeverfahren erfüllt sein müssen. Die Lücken lassen sich nicht allein durch das Vergaberecht, sondern nur im Zusammenspiel von Zivil-, Gesellschafts- und Wettbewerbsrecht schließen.

B. Gründe für den Zusammenschluss zu Bietergemeinschaften

Basis für die Beurteilung, ob ein Unternehmen sich allein oder mit anderen zusammen an einer Ausschreibung beteiligt, ist die Marktfähigkeit.[35] Sie bezeichnet das Leistungsvermögen, auf einem Markt tatsächlich oder potenziell als Anbieter auftreten zu können und von der Nachfragerseite wahrgenommen zu werden, was von den Anforderungen des jeweiligen Marktes abhängig ist.[36] Die Bildung einer Bietergemeinschaft kann für Einzelbieter erst die Möglichkeit zur Abgabe

---

29 Im Folgenden wird bei den Vergabe und Vertragsordnungen nur auf die VOB/A und die VOL/A eingegangen. Die VOF wird wegen der Besonderheiten der Vergabe von Dienstleistungen, die im Rahmen einer freiberuflichen Tätigkeit oder im Wettbewerb mit freiberuflich Tätigen angeboten werden, ausgeklammert.
30 § 22 SektVO, § 6 Abs. 1 Nr. 2 VOB/A, § 6 Abs. 1 VOL/A, § 6 Abs. 2 EG VOL/A.
31 § 22 SektVO, § 12 Abs. 1 Nr. 2 lit. t, § 6a Abs. 8 VOB/A, § 6 Abs. 1 VOL/A, § 6 Abs. 2 EG VOL/A.
32 § 6a Abs. 10 VOB/A, § 7 Abs. 9 EG VOL/A.
33 § 13 Abs. 5 VOB/A, § 13 Abs. 6 VOL/A, § 16 Abs. 6 EG VOL/A.
34 Vgl. *Dreher/Kling*, VersR 2007, 1040 (1040).
35 Vgl. *Koenig/Kühling/Müller*, WuW 2005, 126 (126).
36 Vgl. *Koenig/Kühling/Müller*, WuW 2005, 126 (126).

eines Angebots und damit die Markteintrittsfähigkeit bedeuten.[37] Das ist der Fall, wenn ein Mitglied der Kooperation allein nicht in der Lage wäre, den Auftrag (vollständig) auszuführen und nur durch Vereinigung die Chance auf eine Teilnahme am Wettbewerb entsteht.[38] Die sich zusammenschließenden Unternehmen können sich so gegenseitig ergänzen und unzureichende Kapazitäten ausgleichen.[39] Die Ergänzung kann notwendig sein, wenn ein Auftrag entweder mengenmäßig zu umfangreich ist oder zum Teil Anforderungen stellt, die ein Betrieb allein nicht erfüllen kann.[40] Der Ausgleich kann in personeller, finanzieller oder technischer Hinsicht erfolgen. Damit kann u. U. die für den spezifischen Auftrag erforderliche Eignung in Form der Fachkunde oder Leistungsfähigkeit infolge der Zusammenarbeit erst entstehen oder optimiert werden.[41] Das ist insbesondere von Bedeutung für sog. Newcomer, die einen Eignungsnachweis noch nicht allein erbringen können und erst durch eine Kooperation die Chance auf einen Markteintritt haben. Insgesamt kommt es bei Bietergemeinschaften zu einer Bündelung der Stärken der einzelnen Mitglieder, die es ermöglicht, den Anforderungen des Auftraggebers in einer spezifischen Ausschreibung zu entsprechen. Bietern kann es dadurch gelingen, zusätzliche Aufträge[42] oder sogar einen Großauftrag[43] zu erhalten.

Daneben kann erst die Bildung einer Bietergemeinschaft zusammen mit anderen Wettbewerbsteilnehmern für einzelne Unternehmen die sog. Markteintrittsbereitschaft[44] entstehen lassen. In einem solchen Fall verfügen Einzelbieter zwar über die notwendige Eignung und wären auch grundsätzlich in der Lage, den Auftrag allein auszuführen. Um sich Ressourcen für andere Aufträge freizuhalten[45] oder weil die Kapazitäten bereits teilweise für andere Vorhaben gebunden oder reserviert sind,[46] können sie aber an einer Kooperation interessiert sein.

---

37 Vgl. *Wiedemann*, ZfBR 2003, 240 (241).
38 Vgl. OLG Dresden, Beschluss v. 16.03.2010, W Verg 2/10, Juris Tz. 10, *Wiedemann*, ZfBR 2003, 240 (241), *Zerhusen/Nieberding*, BauR 2006, 296 (296).
39 Vgl. OLG Naumburg, Beschluss v. 30.04.2007, 1 Verg 1/07, NZBau 2008, 73 (75), *Baldringer*, in: Jagenburg/Schröder, Der ARGE-Vertrag, 2. Auflage, 2008, Einl. Rn. 10, *Koeble/Schwärzel-Peters*, DStR 1996, 1734 (1734), *Terwiesche*, VergabeR 2009, 26 (38).
40 Vgl. *Thierau/Messerschmidt*, NZBau 2007, 129 (129).
41 Vgl. *Ruh*, VergabeR 2005, 718 (732).
42 Vgl. *Burgi*, NZBau 2006, 693 (695).
43 Vgl. *Ohrtmann*, VergabeR 2008, 426 (426).
44 Vgl. VK Schleswig-Holstein, Beschluss v. 26.10.2004, VK-SH 26/04, Veris, 16, *Wiedemann*, ZfBR 2003, 240 (241).
45 Vgl. VK Niedersachsen, Beschluss v. 10.02.2004, 203-VgK-43/2003, Veris, 25, Beschluss v. 14.05.2004, 203-VgK-13/2004, Veris, 17.
46 Vgl. OLG Naumburg, Beschluss v. 21.12.2000, 1 Verg 10/00, Juris Tz. 42, OLG Frankfurt am Main, Beschluss v. 27.06.2003, NZBau 2004, 60 (61), *Wiedemann*, ZfBR 2003, 240 (241).

Darunter fallen auch solche Konstellationen, in denen die Partner z. B. durch Verringerung der Personalkosten[47] oder gemeinsame Nutzung von technischer Ausrüstung[48] Synergieeffekte erzielen[49] und Risiken streuen[50] wollen. Offensichtlich ist mit der Zulassung von Bietergemeinschaften beabsichtigt, Unternehmen Bedingungen für Marktfähigkeit oder Markteintrittsbereitschaft zu schaffen und damit einem möglichst großen Kreis von potenziellen Einzelbietern den Zugang zu durch öffentliche Ausschreibungen eröffneten Märkten zu ermöglichen. Gleichzeitig werden dadurch die Angebote für den Auftraggeber qualitativ und u. U. auch quantitativ erhöht und somit die Beschaffungsmodalitäten optimiert. Im Umkehrschluss zu diesen Vorteilen muss aber auch in Betracht gezogen werden, dass die Teilnahme einer Kooperation an einem Vergabeverfahren negative Auswirkungen auf die Beteiligung und Marktfähigkeit anderer Bieter und demzufolge auch auf das Gesamtangebot für den Auftraggeber haben kann. Deshalb stellt sich in diesem Zusammenhang die Frage nach der kartellrechtlichen Zulässigkeit von Bieterkooperationen, konkret danach, ob ein Zusammenschluss nach § 1 GWB geeignet ist, eine Verhinderung, Einschränkung oder Verfälschung des Wettbewerbs zu bezwecken oder zu bewirken.[51] Obwohl die kartellrechtliche Seite in der vorliegenden Arbeit ausdrücklich nicht behandelt werden soll,[52] lenkt die Fragestellung den Blick auf den Wettbewerb. Dieser ist nicht nur zentrales Element des – allgemeinen – Kartellrechts, sondern auch des Vergaberechts, das mit Einführung des Vierten Teils des GWB Teil des Kartellrechts wurde[53] und seitdem als Kartellvergaberecht[54] bezeichnet wird. Der Wettbewerb ist ein Grundprinzip des Vergaberechts, das die Beurteilung der Zulassung von Bietergemeinschaften an Vergabeverfahren und ihre Teilnahme nicht nur beeinflusst, sondern entscheidend prägt. Dasselbe gilt für die weiteren Grundsätze des Vergaberechts, die Gleichbehandlung, d. h. Nichtdiskriminierung der Marktteilnehmer, und die Wirtschaftlichkeit.

---

47 Vgl. BGH, Beschluss v. 13.12.1983, KRB 3/83, BauR 1984, 302 (302).
48 Vgl. OLG Frankfurt am Main, Beschluss v. 27.06.2003, NZBau 2004, 60 (61).
49 Vgl. *Lotze*, EwiR § 1 GWB 2004, 287 (288).
50 Vgl. *Opitz*, Marktmacht und Bieterwettbewerb, 2003, 132.
51 Vgl. zu dieser Frage BGH, Beschluss v. 13.12.1983, KRB 3/83, „*Bauvorhaben Schramberg*", BauR 1984, 302 (302), BGH, Beschluss v. 19.06.1975, KVR 2/74, BGHZ 65, 30 (36 ff.), *Maasch*, ZHR 150 (1986), 657 (658 ff.).
52 Vgl. Einleitung, I. Die Vertiefung dieses Aspekts des Zusammenschlusses von Unternehmen zu einer Bietergemeinschaft nach kartellrechtlichen Gesichtspunkten, insbesondere nach Art. 101 ff. AEU und § 1 GWB, hat auch Einfluss auf die Beurteilung von deren Zulassung im Vergabeverfahren. Hier soll jedoch ausschließlich auf vergaberechtliche Kriterien im Sinne der EG-Vergaberichtlinien und der §§ 97 ff. GWB sowie der untergeordneten Verordnungen und Vergabe- und Vertragsordnungen abgestellt werden.
53 Vgl. in: Kulartz/Marx/Portz/Prieß, Kommentar zur VOL/A, 1. Auflage, 2007, § 25 Rn. 63.
54 Vgl. *Dreher*, WuW 1999, 244 (246).

C. Grundprinzipien des Vergaberechts und ihre Auswirkungen auf die Zulässigkeit der Teilnahme von Bietergemeinschaften an Vergabeverfahren

Deshalb ist es notwendig, zunächst in einem kurzen Abriss diese grundlegenden Prinzipien, insbesondere ihren Regelungsinhalt, darzulegen, um sie als Optimierungsgebote zu verstehen, die eine Steuerungswirkung haben.[55] Sodann ist zu klären, warum und in welcher Weise sie Einfluss auf die Zulassung von Bietergemeinschaften haben.

I. Haushaltsrecht – Prinzip der Wirtschaftlichkeit

Da öffentliche Auftraggeber bei der Beschaffung von Lieferungen und Leistungen nicht hoheitlich im Sinne eines Verhältnisses der Über- und Unterordnung gegenüber den Vertragspartnern handeln,[56] unterscheiden sie sich als Nachfrager am Markt nicht grundlegend von anderen Marktteilnehmern.[57] Die Vergabestellen sind aber an das Haushaltsrecht gemäß Art. 109 Abs. 3 GG gebunden.[58] Unter Haushaltsrecht in diesem Sinne sind alle auf die Haushaltswirtschaft bezogenen Rechtsregelungen zu verstehen, die die Gesamtheit der auf die Einnahmen und Ausgaben des Staates gerichteten Vorgänge betreffen,[59] wozu das Haushaltsgrundsätzegesetz (HGrG) und die Haushaltsordnungen des Bundes und der Länder gehören.

Die Verpflichtung zur Beachtung der Grundsätze der Wirtschaftlichkeit und Sparsamkeit bei der Aufstellung und Ausführung von Haushaltsplänen lässt sich bereits generell aus §§ 6 Abs. 1 HGrG, 7 Abs. 1 S. 1 BHO[60] herleiten. Der im öffentlichen Interesse liegende wirtschaftliche und sparsame Umgang mit Haushaltsmitteln gilt insbesondere bei der Vergabe öffentlicher Aufträge,[61] einer Form der Ausführung von Haushaltsplänen. Infolge der sich nicht zuletzt aus dem Volumen der Beschaffung der öffentlichen Hand ergebenden Bedeutung sind die-

---

55 Vgl. *Burgi*, NZBau 2008, 29 (31).
56 Vgl. *Vygen*, in: Ingenstau/Korbion, VOB, 17. Auflage, 2010, Einleitung Rn. 8.
57 Vgl. BVerfG, Beschluss v. 13.06.2006, 1 BvR 1160/03, NJW 2006, 3701 (3702), BVerwG, Beschluss v. 02.05.2007. 6 B 10/07, NJW 2007, 2275 (2276).
58 Vgl. *Dreher*, in: Dreher/Stockmann, Kartellvergaberecht, 4. Auflage, 2008, Vor §§ 97 ff. Rn. 132.
59 Vgl. *Maunz*, in: Maunz-Dürig, Grundgesetz, Stand Januar 2010, Art. 109 Rn. 44.
60 Entsprechende Regelungen sind in den Landeshaushaltsgesetzen enthalten, z. B. § 7 Abs. 1 Hessische Landeshaushaltsordnung (LHO).
61 Vgl. BVerfG, Beschluss v. 13.06.2006, 1 BvR 1160/03, NJW 2006, 3701 (3702).

se haushaltsrechtlichen Grundsätze für den Bereich von Vergaben ausdrücklich konkretisiert worden. §§ 30 HGrG, 50 Abs. 1 BHO[62] legen die Verpflichtung zur grundsätzlichen öffentlichen Ausschreibung von Aufträgen fest, soweit nicht die Natur des Geschäfts oder besondere Umstände eine andere Vergabeart rechtfertigen.

Das Vergaberecht ist in dieser haushaltsrechtlichen Struktur verankert. Für die Abschnitte 1 der Vergabe- und Vertragsordnungen, deren Geltung sich auf Vergaben unterhalb der EU-rechtlichen Schwellenwerte bezieht, ist das Haushaltsrecht die gesetzliche Grundlage.[63] Der Grundsatz der Sparsamkeit und Wirtschaftlichkeit findet in der Regelung, dass das wirtschaftlichste Angebot zu beauftragen ist,[64] seine Konkretisierung.

Für EU-weite Ausschreibungen ist die Rechtsgrundlage zwar nicht das Haushaltsrecht, sondern der Vierte Teil des GWB in Verbindung mit der VgV und den Abschnitten 2 der Vergabe- und Vertragsordnungen.[65] Dies ändert jedoch nichts daran, dass auch hier der Grundsatz der Sparsamkeit und Wirtschaftlichkeit gilt. Dieser ist in § 97 Abs. 5 GWB auf Gesetzesebene festgeschrieben worden, wonach der Zuschlag auf das wirtschaftlichste Angebot zu erteilen ist. Im Übrigen enthalten auch die Abschnitte 2 der VOB/A[66] und der VOL/A[67] entsprechende Bestimmungen.

Mit diesen Vorschriften soll ausdrücklich klargestellt werden, dass der Zuschlag auf das Angebot zu erteilen ist, das unter Berücksichtigung aller im Einzelfall wesentlichen und zuvor angegebenen Wertungskriterien das beste Preis-Leistungs-Verhältnis bietet.[68] Damit wird sichergestellt, dass der Auftraggeber die Leistung erhält, bei der insgesamt das beste Verhältnis von Kosten und Nutzen erzielt wird.[69]

Von diesem haushaltsrechtlichen Ansatz aus beurteilt, hat das Vergaberecht einen Steuerungszweck in Bezug auf den sparsamen und wirtschaftlichen Einsatz der Haushaltsmittel. Es muss sicherstellen, dass Beschaffungen der öffentlichen Hand sowohl sparsam, also preiswert, als auch wirtschaftlich, d. h. den von den Auftraggebern vorgegebenen Zuschlagskriterien entsprechend, erfolgen. Um

---

62 Entsprechende Regelungen sind in den Landeshaushaltsgesetzen enthalten, z. B. § 55 Abs. 1 Hessische Landeshaushaltsordnung (LHO).
63 Vgl. *Rudolf,* in: Byok/Jaeger, Kommentar zum Vergaberecht, 2. Auflage, 2005, Einführung Rn. 12.
64 § 16 Abs. 6 Nr. 3 VOB/A, § 18 Abs. 1 VOL/A.
65 Anstelle der VgV tritt ggf. die SektVO.
66 § 16 Abs. 6 Nr. 3 VOB/A.
67 § 21 Abs. 1 EG VOL/A.
68 Vgl. BT-Drucks. 13/9340, 14.
69 Vgl. *Kulartz,* in: Kulartz/Kus/Portz, Kommentar zum GWB-Vergaberecht, 2. Auflage, 2009, § 97 Rn. 124.

diese Zielsetzung zu erreichen, sind die Vergabestellen gehalten, eine möglichst große Anzahl von Angeboten (bzw. Teilnahmeanträgen) zu akquirieren, die den gesetzten Anforderungen optimal genügen. Denn so wird die Auswahl und damit die Chance auf eine für den Auftraggeber vorteilhafte Beschaffung erhöht.

II. Wettbewerb

Auch als Mittel zur Erreichung von sparsamen und wirtschaftlichen Beschaffungen war das Wettbewerbsprinzip bereits vor der 1998 eingeleiteten Vergaberechtsreform[70] in den damaligen Verdingungsordnungen festgelegt, allerdings nicht in Form von stringenten Muss-Vorschriften. So hieß es bereits in § 2 Nr. 1 S. 2 VOB/A Ausgabe 1992:[71] „Der Wettbewerb *soll* die Regel sein." In der VOL/A Ausgabe 1993[72] lautete die Parallelbestimmung des § 2 Nr. 1 Abs. 1: „Leistungen sind *in der Regel* im Wettbewerb zu vergeben." Diese Wortwahl ist in den aktuellen Vergabe- und Vertragsordnungen von 2009 beibehalten worden.[73] Die Formulierungen lassen aber nur dann eine Abweichung zu, wenn ein atypischer, besonders begründeter Fall vorliegt. Ist ein Regelfall gegeben, besteht dagegen eine strikte Bindung.[74]

Infolge der Umsetzung des EU-Vergaberechts hat das Wettbewerbsprinzip einen anderen Stellenwert erhalten. Seine Bedeutung als grundlegendes Prinzip bei Beschaffungen der öffentlichen Hand ist nicht nur herausgehoben worden, sondern hat sich auch gewandelt. Vor dem Hintergrund der mit der Umsetzung des EU-Rechts verbundenen Inhalte und Notwendigkeiten erscheint es in einem neuen Licht.

In § 97 Abs. 1 GWB ist festgelegt worden ist, dass Beschaffungen öffentlicher Auftraggeber nach Maßgabe der Vorschriften des Vierten Teils des GWB „*im Wettbewerb*" erfolgen. Damit ist das Wettbewerbsprinzip auf Gesetzesebene „hoch gestuft" und durch den Gesetzgeber bewusst gestärkt[75] worden. Der Wettbewerbsgedanke wird seitdem auch als „Kernprinzip" des Vergaberechts bezeichnet.[76] Bedingt durch die Muss-Vorschrift ist dessen Verbindlichkeit formal klar hervorgehoben worden. Die Regelung setzt fest, dass die Herstellung eines

---

70　Eingeleitet durch das Gesetz zur Änderung der Rechtsgrundlagen für die Vergabe öffentlicher Aufträge (Vergaberechtsänderungsgesetz – VgRÄG) v. 26.08.1998, BGBl. I, 2512.
71　V. 12.11.1992, BAnz. Nr. 223a.
72　V. 03.08.1993, BAnz. Nr. 175a.
73　§ 2 Abs. 1 Nr. 2 VOB/A, § 2 Abs. 1 VOL/A, § 2 Abs. 1 EG VOL/A.
74　Vgl. *Kopp/Schenke*, Verwaltungsgerichtsordnung, 16. Auflage, 2009, § 114 Rn. 21.
75　Vgl. BT-Drucks. 13/9340, 13; *Bunte*, BB 2001, 2121 (2122).
76　*Bunte*, BB 2001, 2121 (2121).

echten und geordneten Wettbewerbs bei Ausschreibung und Vergabe öffentlicher Aufträge kein untergeordnetes Nebenziel des Vergaberechts ist.[77]

Der Begriff des Wettbewerbs selber ist gesetzlich nicht definiert, sondern wird vorausgesetzt. Der in § 1 GWB geschützte Wettbewerb wird beschrieben als das Streben, durch eigene Leistung, die nach Qualität oder Preis besser ist als die Leistung anderer Unternehmer, den Verbraucher zum Abschluss eines Vertrags zu veranlassen.[78] Auf die Besonderheiten des Vergaberechts übertragen, ist Wettbewerb danach das Bestreben von Bietern, das entsprechend den Zuschlagskriterien, insbesondere dem Preis, wirtschaftlichste Angebot zu erstellen, um so den Abschluss eines Vertrags über Lieferungen oder Leistungen mit dem öffentlichen Auftraggeber herbeizuführen.

Schon im EGV sind der freie Waren- und der Dienstleistungsverkehr, die Niederlassungsfreiheit und der freie Wettbewerb vereinbart worden.[79] Die Vergaberichtlinien und die nationalen Regelungen, die sie umsetzen, führen diese Grundsätze fort. Sie verfolgen das Ziel, die Entwicklung eines echten Wettbewerbs auf dem Gebiet der öffentlichen Auftragsvergabe zu gewährleisten[80] und somit den Vergabewettbewerb als Institution zu schützen.[81] Damit ist die vorrangige Intention des EU-Vergaberechts und die des nationalen Kartellvergaberechts die Marktöffnung[82] und die Schaffung eines freien, wettbewerblich organisierten Beschaffungsmarktes.[83]

III. Gleichbehandlung der Wettbewerbsteilnehmer

Wichtige, das Wettbewerbsprinzip notwendig begleitende Faktoren sind die Transparenz des Vergabeverfahrens und die Gleichbehandlung der Wirtschaftsteilnehmer.[84] Wesentlich für die Beurteilung der Zulässigkeit von Bietergemeinschaften in Vergabeverfahren ist davon der Gleichbehandlungsgrundsatz, der auch als Diskriminierungsverbot bezeichnet wird.[85]

---

77 Vgl. *Opitz*, Marktmacht und Bieterwettbewerb, 2003, 86 f.
78 Vgl. *Zimmer*, in: Immenga/Mestmäcker, Wettbewerbsrecht, GWB, 4. Auflage, 2007, § 1 Rn. 109.
79 Art. 28 ff., 43 ff., 49 ff., 81 ff. EGV in der Fassung v. 07.02.1992, ABl. C 191, 1.
80 Vgl. EuGH, Urteil v. 20.09.1988, Rs 31/87, „*Beentjes*", NVwZ 1990, 353 (354).
81 Vgl. *Dreher*, Entwicklungen und Grundlagen des Vergaberechts in Deutschland, in: Blaurock, Der Staat als Nachfrager, 2008, 5.
82 Vgl. VK Bund, Beschluss v. 30.03.2000, VK 2-2/00, „*Münzplättchen IV*", Juris Tz. 86.
83 Vgl. *Opitz*, Marktmacht und Bieterwettbewerb, 2003, 63.
84 EWG 2 RL 2004/18/EG, EWG 9 RL 2004/18/EG.
85 Vgl. *Dreher*, in: Dreher/Stockmann, Kartellvergaberecht, 4. Auflage, 2008, § 97 Rn. 62, *Otting*, in: Bechtold, GWB. 5. Auflage, 2008, § 97 Rn. 9 ff.

Im Bereich der innerstaatlichen Vergaben ist der Grundsatz in den Abschnitten 1 der Vergabe- und Vertragsordnungen festgelegt worden.[86] Für Vergaben im Oberschwellenbereich enthalten die Abschnitte 2 der VOB/A und der VOL/A Bestimmungen mit demselben Inhalt.[87] Unabhängig davon ist der Gleichbehandlungsgrundsatz in § 97 Abs. 2 GWB normiert worden. Der Gesetzgeber sah sich dazu veranlasst, weil der Grundsatz zu den elementaren Prinzipien des Unionsrechts und des nationalen Verfassungsrechts gehört.[88] Primär als Gebot zur Gleichbehandlung von inländischen und ausländischen Bietern angelegt,[89] hat das Diskriminierungsverbot den Sinn, gewissermaßen eine abstrakte Verfahrensgerechtigkeit herzustellen.[90] Dabei müssen sowohl offene wie auch versteckte Diskriminierungen ausgeschlossen werden.[91]

Ungleichbehandlungen sind nur erlaubt, wenn und soweit eine Benachteiligung nach § 97 Abs. 2 GWB *„aufgrund dieses Gesetzes ausdrücklich geboten oder gestattet"* ist. Damit sind alle diesbezüglichen Tatbestände erfasst, die im GWB selbst, in den auf dessen Grundlage erlassenen Verordnungen und in den Vergabe- und Vertragsordnungen enthalten sind.

IV. Bedeutung der Grundprinzipien des Vergaberechts für die Zulässigkeit von Bietergemeinschaften

Die Grundprinzipien des Vergaberechts – die ökonomische Verwendung der Haushaltsmittel,[92] der uneingeschränkte, freie Wettbewerb und die Gleichbehandlung der Wettbewerbsteilnehmer – stehen in Wechselwirkung zueinander. Sie bedingen sich gegenseitig, können sich aber auch im Einzelfall aus sachlichen Gründen einschränken. Soweit die Zulassung von Bietergemeinschaften an ihren Zielsetzungen und ihrer Bedeutung gemessen wird, ist dies notwendig zu beachten.

Aus der Sicht der öffentlichen Auftraggeberseite ist es offensichtlich, dass die Chancen, Lieferungen und Leistungen wirtschaftlich zu beschaffen, steigen, je größer die Konkurrenzsituation auf Anbieterseite ist. Der Wettbe-

---

86 § 2 Abs. 2 VOB/A, § 2 Abs. 1 VOL/A.
87 § 2 Abs. 2 VOB/A, § 2 Abs. 1 EG VOL/A.
88 Vgl. BT-Drucks. 13/9340, 14.
89 Vgl. BT-Drucks. 13/9340, 14, *Hailbronner,* in: Byok/Jaeger, Kommentar zum Vergaberecht, 2. Auflage, 2005, § 97 GWB Rn. 205.
90 Vgl. *Kus,* in: Kulartz/Kus/Portz, Kommentar zum GWB-Vergaberecht, 2. Auflage, 2009, § 97 Rn. 35.
91 Vgl. *Dreher,* in: Dreher/Stockmann, Kartellvergaberecht, 4. Auflage, 2008, § 97 Rn. 62.
92 Vgl. *Opitz,* Marktmacht und Bieterwettbewerb, 2003, 59.

werbsgedanke und das Prinzip der Wirtschaftlichkeit bedingen sich insofern, als dass eine möglichst starke wettbewerbliche Ausrichtung zu einer Vielzahl wirtschaftlicher Angebote führt.[93] Das bedeutet, dass Auftraggeber ein Interesse daran haben müssen, den Kreis der an einem Vergabeverfahren teilnehmenden Unternehmen auszuweiten. Dieser Intention kann durch die Zulassung von Bietergemeinschaften, die aus mehreren Einzelbietern bestehen, entsprochen werden. Infolge des Zusammenschlusses von einzelnen Unternehmen wird die Zahl der Wettbewerbsteilnehmer vergrößert.[94] Es darf aber nicht verkannt werden, dass Kooperationen nur dann einen solchen wettbewerbserweiternden Zweck[95] haben, wenn ihre Teilnahme am Markt nicht dazu führt, dass die Abgabe von Einzelangeboten verhindert und die Handlungsfreiheit von Marktteilnehmern eingeschränkt wird.[96] Ein solcher Fall kann insbesondere dann vorliegen, wenn sich die Mitglieder einer Bietergemeinschaft ansonsten separat als Teilnehmer mit wirtschaftlichen Angeboten an der Ausschreibung beteiligt hätten. In diesem Fall würde die Anzahl der Bieter durch den Zusammenschluss sogar verringert.[97] Da der Verzicht auf ein Einzelangebot regelmäßig auf einer sachlichen, abgewogenen Entscheidung eines jeden Unternehmens beruht, aus wirtschaftlichen, personellen, technischen oder fachlichen Gründen für sich allein den Gesamtauftrag nicht auszuführen,[98] ist aber – aus ausschließlich vergaberechtlicher Sicht – grundsätzlich davon auszugehen, dass Bieterzusammenschlüsse durch die Einbeziehung mehrerer Einzelbieter der Förderung des Kernprinzips des Wettbewerbs und des Grundsatzes der Wirtschaftlichkeit dienen.

Unabhängig von der bloßen zahlenmäßigen Erweiterung des Bieterkreises führt das Angebot einer Kooperation infolge der Bündelung von Kapazitäten dazu, dass die Möglichkeit, ein in Bezug auf den Preis und die Zuschlagskriterien wirtschaftliches Angebot ausarbeiten und vorlegen zu können, steigt. Auch diese durch den Zusammenschluss bedingte Sicherung bzw. Optimierung der Qualität

---

93 Vgl. *Bunte*, BB 2001, 2121 (2122).
94 Vgl. *Dreher/Kling*, VersR 2007, 1040, (1040).
95 Vgl. *Wiedemann*, ZfBR 2003, 240 (242).
96 Vgl. BGH, Beschluss v. 11.12.1997, KVR 7/96, NJW 1998, 756 (759).
97 Dabei handelt es sich wiederum um ein Problem mit kartellrechtlichem Bezug, auf das hier nicht näher eingegangen werden soll; vgl. zu der Verringerung der Anzahl der Wettbewerbsteilnehmer OLG Frankfurt am Main, Beschluss v. 27.06.2003, 11 Verg 2/03, NZBau 2004, 60 (61).
98 Die Vertiefung dieses Aspekts des Zusammenschlusses von Unternehmen zu einer Bietergemeinschaft ist nach kartellrechtlichen Gesichtspunkten, insbesondere nach Art. 101 ff. AEU und § 1 GWB, nicht jedoch nach ausschließlich vergaberechtlichen Kriterien im Sinne der EG-Vergaberichtlinien und der §§ 97 ff. GWB sowie den nachgeordneten Verordnungen und Vergabe- und Vertragsordnungen zu beurteilen. Daher soll auf den Aspekt hier nicht näher eingegangen werden.

einer Offerte verhindert somit die Verschwendung und unkontrollierte Verwendung von Steuermitteln.[99]

Die, zunächst unmittelbar für den Auftraggeber, positiven Folgen können letztlich nur durch die Gewährleistung und Beachtung des Gleichbehandlungsgrundsatzes entstehen. Die Zulassung von Bietergemeinschaften schließt ungerechtfertigte Behinderungen in Bezug auf den Zugang zu den Ausschreibungsmärkten aus.[100] Dadurch entsteht wiederum eine Ausweitung der Zahl der Marktteilnehmer, was somit zu einer Schließung des Kreises der durch die Vergabegrundsätze entstehenden Wirkungen führt.

Auf der Bieterseite sind für eine Kooperation die Grundsätze des Wettbewerbs und des Diskriminierungsverbotes entscheidend. Beide Prinzipien, insbesondere der Wettbewerbsgedanke, ermöglichen die freie Teilnahme von Unternehmen am Markt, ohne dass sachfremde Einschränkungen im Sinne von Zugangs- und Teilnahmehindernissen überwunden oder ausgeräumt werden müssen. Die Zulassung der Vereinigung von Personen oder Firmen zu einer Bietergemeinschaft dient deren Handlungs- und Entscheidungsfreiheit, konkret bezüglich der Fragen, ob und wie eine Beteiligung am Markt erfolgt. Dies gilt sowohl für Fälle, in denen der Beitritt zu einer Kooperation erst die Markteintrittsfähigkeit eines Einzelbieters bewirkt, als auch für solche, in denen die Markteintrittsbereitschaft ausschließlich durch die Möglichkeit der Zusammenarbeit mit anderen entsteht. Insgesamt führt dies wiederum dazu, dass die Kooperation ein wirtschaftliches Angebot einreichen kann, weil die Mitglieder den ausgeschriebenen Auftrag bestmöglich aufteilen, d. h. jeweils intern für einen Teil des Angebots verantwortlich sind, den die anderen beteiligten Firmen nicht oder nicht so leisten können, und erst diese Arbeits- bzw. Auftragsteilung ein optimales, am Bedarf des Auftraggebers orientiertes Angebot gewährleistet. So wird letztlich, auch auf der Bieterseite, dem Grundsatz der Wirtschaftlichkeit entsprochen.

V. Ergebnis

Damit ist deutlich geworden, dass die Grundprinzipien des Vergaberechts wegen ihres Regelungsinhaltes und der damit verbundenen Intentionen des Gesetzgebers so interpretiert werden müssen, dass die daraus resultierende Konsequenz nur die – grundsätzliche – Zulassung von Bietergemeinschaften und ihre Gleichstellung mit Einzelbietern sein kann. Ein abweichendes Verfahren würde sowohl dem Erfordernis der sparsamen und wirtschaftlichen Verwendung von Haushaltsmitteln

---

99 Vgl. *Bunte*, BB 2001, 2121 (2122).
100 Vgl. *Lotze/Pape*, WuW 2003, 364 (365).

als auch dem Wettbewerb im Sinn des EU-Rechts und des innerstaatlichen Vergaberechts und der Gleichbehandlung der Marktteilnehmer zuwiderlaufen. Die regelgemäße Zulässigkeit einer Bietergruppe in einem Vergabeverfahren darf aber nicht darüber hinweg täuschen, dass, je nach Sachverhaltskonstellation, Ausnahmen und Einschränkungen gemacht werden müssen. Der Zusammenschluss von Bietern sowie dessen Zulassung und Fortbestehen bei einer Ausschreibung können aus im Einzelfall vorliegenden vergabe- oder kartellrechtlichen[101] Gründen Restriktionen unterliegen. Gerade der Wettbewerbsgrundsatz und das Diskriminierungsverbot haben nicht nur eine Schutzwirkung zu Gunsten der Vereinigungen. Vielmehr gelten sie auch zum Vorteil der Konkurrenten. Auf dieser Ebene entsteht also ebenfalls eine Wechselwirkung der Grundprinzipien, die eine zu Einschränkungen führende Abwägung notwendig macht. Die von den Grundsätzen ausgehende Steuerungswirkung[102] ist in viele Einzelnormen des Vergaberechts eingeflossen oder bestimmt deren Auslegung, so dass es u. U. erforderlich ist, die Gleichstellung mit Einzelbietern punktuell zu durchbrechen und Teilnahmeanträge sowie Angebote von Bietergemeinschaften nicht zuzulassen bzw. unterschiedlich zu werten oder sie – aus sachlichen Gründen – anders zu behandeln als Bewerbungen und Angebote von Einzelbietern. Eine differenzierte Behandlung ist immer dann angezeigt, wenn die Bildung einer Bieterkooperation bzw. deren Teilnahme an einem Vergabeverfahren ausnahmsweise zu einer Einschränkung des Wettbewerbs und zu einer Diskriminierung der übrigen Konkurrenten führt.[103] Die Fallkonstellationen und die Einzelfragen dazu werden im Folgenden in dem jeweiligen Sachzusammenhang, in den sie eingeordnet werden müssen, behandelt.

---

101 Vgl. Einleitung, I.
102 Vgl. *Burgi*, NZBau 2008, 29 (31).
103 Vgl. *Dreher* in Dreher/Stockmann, Kartellvergaberecht, 4. Auflage, 2008, § 97 Rn. 28.

Kapitel 2: Bietergemeinschaften als Instrument der Berücksichtigung mittelständischer Interessen

Ergänzend ist der Zusammenhang zwischen der Zulassung von Bietergemeinschaften und der Berücksichtigung mittelständischer Interessen zu klären. Zum einen ist die Zielsetzung formell in § 97 Abs. 3 GWB neben den anderen Grundsätzen des Vergaberechts genannt, so dass zu klären ist, ob und inwieweit sie, etwa ähnlich wie die anderen Grundprinzipien, für Bieterkooperationen relevant ist. Zum anderen ermöglicht der Zusammenschluss Unternehmen oftmals überhaupt erst, einen Zugang zum Markt zu bekommen. Es liegt nahe, dass es sich dabei um kleine und mittlere Unternehmen handelt, so dass von diesem Ansatz aus die Bedeutung der Berücksichtigung mittelständischer Interessen, d. h. ihr Inhalt und ihr Ausmaß, in Bezug auf Bietergemeinschaften von Interesse sind.

Die Berücksichtigung mittelständischer Interessen wird in der Rechtsprechung und Literatur auch als Mittelstandsschutz,[104] Mittelstandsförderung[105] oder Mittelstandsbeteiligung[106] bezeichnet. Alle Begriffe zielen im Zusammenhang des Vergaberechts darauf ab, den Mittelstand an Ausschreibungs- und Vergabeverfahren angemessen teilnehmen zu lassen.[107] Sowohl in der Rechtsprechung[108] als auch in der Literatur[109] wurde – nach der Gesetzeslage bis zum Inkrafttreten des Gesetzes zur Modernisierung des Vergaberechts[110] – davon ausgegangen, dass mittelständische Interessen durch die Bildung von Bietergemeinschaften berücksichtigt werden können, oder anders ausgedrückt, dass Bieterzusammenschlüsse ein Instrument der Mittelstandsförderung sein können. Nach Inkrafttreten des

---

104 Vgl. OLG Brandenburg, Beschluss v. 27.11.2008, Verg W 15/08, NZBau 2008, 337 (339), *Dreher,* in: Dreher/Stockmann, Kartellvergaberecht, 4. Auflage, 2008, § 97 Rn. 96, *Opitz,* Marktmacht und Bieterwettbewerb, 2003, 103.
105 Vgl. Antweiler, VergabeR 2006, 637 (639).
106 Vgl. *Ruh,* VergabeR 2006, 718 (718).
107 Vgl. *Dreher,* NZBau 2005, 427 (427).
108 Vgl. LSG Baden-Württemberg, Beschluss v. 23.01.2009, L 11 WB 5971/08, *„Rabattausschreibung",* VergabeR 2003, 452 (464), OLG Brandenburg, Beschluss v. 27.11.2008, Verg W 15/08, NZBau 2008, 337 (340), OLG Schleswig, Beschluss v. 14.08.2000, 6 Verg 2/2000, Veris, 6, VK Bund, Beschluss v. 23.01.2009, VK 3-194/08, Juris Tz. 206, VK Brandenburg, Beschluss v. 22.09.2008, VK 27/08, Veris, 14, VK Thüringen, Beschluss v. 16.02.2007, 360-4003.20-402/2007-001-UH, Veris, 14, VK Bund, Beschluss v. 01.02.2001, VK 1-1/01, Veris, 12.
109 Vgl. *Antweiler,* VergabeR 2006, 637 (647 f.), *Ax/Sattler,* ZVgR 1999, 231 (234), *Burgi,* NZBau 2006, 693 (696), *Dreher,* NZBau 2005, 427 (428), *Otting,* in: Bechtold, GWB, 5. Auflage, 2008, § 97 Rn. 18, *Robbe,* VR 2005, 325 (330).
110 V. 20.04.2009, BGBl. I, 790, in Kraft getreten am 23.04.2009.

durch das Vergaberechtsmodernisierungsgesetz neu gefassten § 97 Abs. 3 GWB wird dies immer noch vertreten.[111] Es ist zu klären, ob und inwieweit das haltbar ist.

A. Einordnung der Mittelstandsförderung im vergaberechtlichen Rahmen

Nach der formellen Stellung des Abs. 3 im Rahmen des § 97 GWB wird zwar der Eindruck erweckt, es handele sich, verglichen mit den anderen vergaberechtlichen Grundsätzen, um ein gleichberechtigtes Prinzip. Das ist jedoch nicht der Fall. Die Mittelstandsförderung hat jedenfalls insoweit keinen Bezug zu einem förmlichen Vergabeverfahren, als dass sie keine notwendige Voraussetzung ist, um die mit einem solchen Beschaffungsverfahren verfolgten Zwecke zu verwirklichen. Es handelt sich vielmehr um ein wirtschaftspolitisches Ziel,[112] das im Rahmen einer Ausschreibung realisiert werden soll. Anders als bei den Grundsätzen der Wirtschaftlichkeit, des Wettbewerbs und der damit verbundenen Gleichbehandlung und Transparenz besteht bei der Mittelstandsbeteiligung keine Leistungsbezogenheit.[113]

Die Mittelstandsförderung birgt, wie alle politischen Instrumentalisierungen, Gefahren durch Beeinträchtigungen der Ziele des Vergaberechts.[114] Sie kann daher nur unter Beachtung der vergaberechtlichen Grundsätze realisiert werden. Es darf also keine mittelstandsbevorzugende Auftragsvergabe in der Weise stattfinden, dass KMU[115] allein aufgrund ihrer Zugehörigkeit zu dieser Gruppe einen Vorteil gegenüber Großunternehmen haben,[116] d. h. KMU dürfen im Rahmen des Vergaberechts nicht als Sondergruppe gefördert werden.[117] Vielmehr darf eine Auftragsvergabe unter keinen Umständen zu einer Beeinträchtigung der Wirt-

---

111 *Kus*, in: Kulartz/Kus/Portz, Kommentar zum GWB-Vergaberecht, 2. Auflage, 2009, § 97 Rn. 90.
112 Vgl. *Kling* ‚Die Zulässigkeit vergabefremder Regelungen im Recht der öffentlichen Auftragsvergabe, 2000, S. 677, *Robbe*, VR 2005, S. 325 (326), *Werner*, VergabeR 2009, 262 (266).
113 Vgl. *Dreher*, NZBau 2005, 427 (427).
114 Vgl. *Dreher*, Entwicklungen und Grundlagen des Vergaberechts in Deutschland, in: Blaurock, Der Staat als Nachfrager, 2008, 9.
115 Im Folgenden werden kleine und mittlere Unternehmen als KMU bezeichnet.
116 Vgl. *Boesen*, Vergaberecht, 1. Auflage, 2000, § 97 Rn. 55, *Burgi*, NZBau 2006, S. 606 (608), *ders.* NZBau 2006, 693 (696), *Opitz*, Marktmacht und Bieterwettbewerb, 2003, 111, *Otting*, in: Bechtold, GWB, 5. Auflage, 2008, § 97 Rn. 9 ff., *Robbe*, VR 2005, 325 (330).
117 Vgl. *Kus*, in: Kulartz/Kus/Portz, Kommentar zum GWB-Vergaberecht, 2. Auflage, 2009, § 97 Rn. 68.

schaftlichkeit einer Beschaffung führen.[118] Das Wirtschaftlichkeitsprinzip hat das Verbot von sachwidrigen Präferenzen für KMU zur Folge.[119] Denn primäres Ziel des Vergaberechts ist nicht, bestimmte Anbieter zu bevorzugen, sondern einen wirtschaftlichen Einkauf der öffentlichen Hand zu garantieren.[120]

Darüber hinaus muss eine Auftragsvergabe die Zielsetzungen „Wettbewerb" und „Gleichbehandlung" effektuieren,[121] wobei sich die beiden Prinzipien gegenseitig bedingen.[122] Mittelstandsschutz kann dieses Gefüge nur dann nicht stören, wenn eine Bevorzugung von KMU gegenüber Großunternehmen ausgeschlossen ist und den KMU ausschließlich die gleichen Beteiligungsrechte wie den größeren Konkurrenten eingeräumt werden.[123] Im Hinblick auf die Wahrung subjektiver Rechte von Bietern kann die Mittelstandsklausel daher zu der Gewährung gleicher Zugangsrechte zu einem Vergabeverfahren, also Wettbewerbsteilnahmemöglichkeiten,[124] nicht jedoch zu weitergehenden Vorteilen führen.

Unter diesen Gesichtspunkten handelt es sich bei der Mittelstandsförderung – entgegen der Einschätzung des Gesetzgebers bei der Schaffung des Vierten Teils des GWB – um einen vergabefremden Aspekt.[125] Die Grundsätze des Wettbewerbs, der Gleichbehandlung und der Wirtschaftlichkeit schränken eine Besserstellung von KMU ein. Sie sichern nur eine Gleichstellung im Sinne von Chancengleichheit, um potenzielle Wettbewerbsnachteile auszugleichen.[126] Das vergabefremde Kriterium der Mittelstandsförderung birgt – falsch ausgelegt und angewendet – die Gefahr, den Vergabewettbewerb zu verzerren.[127]

Die Bedeutung mittelstandsschützender Normen für die Zulassung von Bieterkooperationen ist durch die Einflüsse der Vergabegrundsätze eingegrenzt.

---

118 Vgl. BGH, Urteil v. 17.02.1999, X ZR 101/97, *„Krankenhauswäsche"*, BauR 1999, 736 (739), *Dreher*, in: Dreher/Stockmann, Kartellvergaberecht, 4. Auflage, 2008, § 97 Rn. 102, *Köster*, VergabeR 2009, 1069 (1070).
119 Vgl. *Kling*, Die Zulässigkeit vergabefremder Regelungen im Recht der öffentlichen Auftragsvergabe, 2000, 726.
120 Vgl. OLG Düsseldorf, Beschluss v. 22.10.2009, VII-Verg 25/09, Juris Tz. 27, VK Bund, Beschluss v. 08.01.2004, VK 1-117/03, Veris, 8.
121 Vgl. *Burgi*, NZBau 2006, 606 (608).
122 Vgl. *Dreher*, in: Dreher/Stockmann, Kartellvergaberecht, 4. Auflage, 2008, § 97 Rn. 11.
123 Vgl. *Werner*, VergabeR 2009, 262 (266).
124 Vgl. *Kus*, in: Kulartz/Kus/Portz, Kommentar zum GWB-Vergaberecht, 2. Auflage, 2009, § 97 Rn. 69.
125 Vgl. BGH, Urteil v. 17.02.1999, X ZR 101/97, *„Krankenhauswäsche"*, BauR 1999, 736 (740), *Antweiler*, VergabeR 2006, 637 (637), *Dreher*, in: Dreher/Stockmann, Kartellvergaberecht, 4. Auflage, 2008, § 97 Rn. 102, *Kling*, Die Zulässigkeit vergabefremder Regelungen im Recht der öffentlichen Auftragsvergabe, 2000, 725, *Schabbeck*, VergabeR 2006, 679 (687), *Werner*, VergabeR 2009, 262 (267), a. A. *Bunte*, BB 2001, 2121 (2123).
126 Vgl. *Robbe*, VR 2005, 325 (330).
127 Vgl. *Dreher*, Entwicklungen und Grundlagen des Vergaberechts in Deutschland, in: Blaurock, Der Staat als Nachfrager, 2008, 10.

Mittelstandsförderung für Bietergruppen muss also diesem Rahmen entsprechen.

B. Regelungen zur Berücksichtigung von mittelständischen Interessen im Vergaberecht

I. EU-Regelungen

1. EG-Vergaberichtlinien

Die Vergaberichtlinien 2004/17/EG und 2004/18/EG normieren die Berücksichtigung mittelständischer Interessen nicht als einen Grundsatz des Vergaberechts. In den Artikeln der Richtlinien findet sich keine explizite Erwähnung der mittelständischen Interessen bzw. ihrer Förderung oder ihres Schutzes. Aus den Erwägungsgründen wird allerdings deutlich, dass die Unterstützung derartiger Interessen eine Intention des europäischen Gesetzgebers ist.[128]

Aus den EG-Vergaberichtlinien lässt sich daher zumindest mittelbar das Ziel der Förderung des Mittelstandes ableiten. Sie enthalten Vorschriften, die darauf gerichtet sind, einem möglichst großen Kreis von Unternehmen den Zugang zu einem Beschaffungsverfahren zu ermöglichen, also die Regelungen über die Teilung des Auftrags in Lose[129] und die Beauftragung von Unterauftragnehmern.[130] Auch die Bildung von Bietergemeinschaften[131] kann dazu gezählt werden.

2. Small Business Act

Die Kommission hat darüber hinaus in Form einer Mitteilung, dem „Small Business Act",[132] bekannt gegeben, dass und wie KMU[133] gefördert werden sollen. Ziel des Papiers ist es, das „*Wohlergehen*" der KMU als wesentliches Ziel der EU-Politik zu etablieren,[134] um das Potenzial der KMU auszuschöpfen und die

---

128 EWG 32 RL 2004/18/EG, EWG 43 RL 2004/18/EG.
129 Art. 9 Abs. 5 RL 2004/18/EG, Art. 17 Abs. 6 RL 2004/17/EG.
130 Art. 25 RL 2004/18/EG, EWG 43, Art. 37 RL 2004/17/EG.
131 Art. 4 Abs. 2 RL 2004/18/EG, Art. 11 Abs. 2 RL 2004/17/EG.
132 Mitteilung der Kommission vom 25.06.2008, Vorfahrt für KMU in Europa, Der „Small Business Act" für Europa.
133 „KMU" steht im Folgenden für „Kleine und mittlere Unternehmen".
134 Vgl. Mitteilung der Kommission vom 25.06.2008, Vorfahrt für KMU in Europa, Der „Small Business Act" für Europa, 2.

Rolle der KMU für die europäische Wirtschaft zu stärken.[135] U. a. sollen politische Instrumente KMU-gerecht gestaltet werden, und in diesem Rahmen sollen die EU und ihre Mitgliedstaaten auch darauf achten, dass die Vergabebehörden den gemeinschaftlichen Rahmen für das öffentliche Beschaffungswesen so anwenden, dass die Teilnahme an öffentlichen Ausschreibungen für KMU einfacher wird.[136]

Aus der Kombination des Inhalts der Richtlinien und der Mitteilung der Kommission lässt sich allerdings erkennen, dass die EU das Prinzip der Mittelstandsbeteiligung nicht als gleichberechtigten Grundsatz neben den anderen Leitlinien des Vergaberechts ansiedelt. Sie verleiht der Mittelstandsförderung noch nicht einmal ausdrücklichen normativen Charakter. Dennoch verfolgt sie unterhalb der Gesetzesebene das Anliegen mit einigem Nachdruck und sieht hier konkrete Fördermaßnahmen im Bereich von Auftragsvergaben vor, die jedoch keinen verbindlichen, sondern nur empfehlenden Charakter haben.

II. Nationales Recht

Durch die Festschreibung der Verpflichtung zur Berücksichtigung mittelständischer Interessen in § 97 Abs. 3 GWB und durch die formell gleichberechtigte Ansiedlung der Regelung in der Vorschrift über die Grundsätze des Vergabeverfahrens ist der nationale Gesetzgeber bei der Umsetzung des Europarechts über die Vorgaben aus den Vergaberichtlinien hinaus gegangen. Er hat das innerstaatliche Recht inhaltlich weitergehend ausgestaltet als die Regelungen in den Vergaberichtlinien.

1. § 97 Abs. 3 GWB in der ab 01.01.1999 geltenden Fassung

In der BT-Drucksache, mit der der Gesetzesentwurf zur Neuschaffung des am 01.01.1999 in Kraft getretenen Vierten Teils des GWB in den Bundestag eingebracht wurde, war der Mittelstandsschutz weder in § 106 GWB (der dem jetzigen § 97 GWB entspricht) noch an sonstiger Stelle berücksichtigt.[137] Der Bundesrat forderte in seiner Stellungnahme, dass in § 106 Abs. 3 GWB der Satz aufgenommen werden sollte, dass mittelständische Interessen angemessen zu be-

---

135 Vgl. Mitteilung der Kommission vom 25.06.2008, Vorfahrt für KMU in Europa, Der „Small Business Act" für Europa, 3.
136 Vgl. Mitteilung der Kommission vom 25.06.2008, Vorfahrt für KMU in Europa, Der „Small Business Act" für Europa, 11.
137 Vgl. BT-Drucks. 13/9340, 4 ff.

rücksichtigen sind.[138] Damit sollte die Mittelstandsklausel an die Bestimmung, dass Aufträge nur an geeignete Unternehmen zu vergeben sind, angebunden werden.[139] Der Bundestag wollte dem „*in den Verdingungsordnungen verankerten Prinzip der Mittelstandsfreundlichkeit der nationalen Vergaberegeln*"[140] folgen. Ausdrücklich wurde in der Begründung zu dem Änderungswunsch betont, dass der bisher hohe Stellenwert der mittelständischen Interessen beibehalten werden solle und es der zwingenden Klarstellung bedürfe, dass diese gerade nicht den so genannten vergabefremden Aspekten zuzurechnen seien, die in Zukunft in Vergabeverfahren keine Rolle mehr spielen sollten.[141] Die Bundesregierung stimmte dem Vorschlag zunächst nicht zu, weil sie die Mittelstandsinteressen bereits durch die Regelungen in der VgV und in den Verdingungsordnungen als gewahrt ansah.[142] Ein Änderungsantrag der SPD-Fraktion[143] und eine Empfehlung des Ausschusses für Wirtschaft[144] führten aber letztlich dazu, dass § 97 GWB durch einen Abs. 3 ergänzt wurde, der folgenden Wortlaut hatte: „*Mittelständische Interessen sind vornehmlich durch Teilung der Aufträge in Fach- oder Teillose angemessen zu berücksichtigen*". Der Textvorschlag der SPD-Fraktion, der allerdings nicht übernommen wurde, sah sogar ausdrücklich vor, dass die Wahrung der mittelständischen Interessen u. a. durch „*Gleichbehandlung von Arbeitsgemeinschaften*"[145] erreicht werden sollte, wozu in der Begründung ausgeführt wurde, dass damit „*die Zulassung und gleichwertige Behandlung von Bietergemeinschaften kleiner und mittlerer Unternehmen*" gemeint sei.[146]

2. § 97 Abs. 3 GWB in der ab 24.04.2009 geltenden Fassung

Mit dem am 24.04.2009 in Kraft getretenen Vergaberechtsmodernisierungsgesetz wurde die in § 97 Abs. 3 GWB enthaltene Mittelstandsregelung geändert. Die neue, dem Bundestag zur Beschlussfassung vorgeschlagene Regelung lautete: „*Mittelständische Interessen sind bei der Vergabe öffentlicher Aufträge vornehmlich zu berücksichtigen. Leistungen sind in der Menge aufgeteilt (Teillose)*

---

138 Vgl. BT-Drucks. 13/9340, S. 36; diese Regelung war in dem Referentenentwurf zu dem Gesetz zur Änderung der Rechtsgrundlagen für die Vergabe öffentlicher Aufträge (Vergaberechtsänderungsgesetz – VgRÄG) enthalten gewesen, war aber nicht in den Regierungsentwurf übernommen worden.
139 § 106 Abs. 3 GWB, der dem aktuellen § 97 Abs. 4 GWB entspricht.
140 Vgl. BT-Drucks. 13/9340, 36.
141 Vgl. BT-Drucks. 13/9340, 36.
142 Vgl. BT-Drucks. 13/9340, 48.
143 Vgl. BT-Drucks. 13/10441, 1.
144 Vgl. BT-Drucks. 13/10238, 4
145 Vgl. BT-Drucks. 13/10441, 1.
146 Vgl. BT-Drucks. 13/10441, 2.

und getrennt nach Art oder Fachgebiet (Fachlose) zu vergeben. Mehrere Teil- oder Fachlose dürfen zusammen vergeben werden, wenn wirtschaftliche oder technische Gründe dies erfordern."
Zur Begründung wurde ausgeführt, dass die Mittelstandsklausel in ihrer Wirkung einer Verstärkung bedürfe, um die Nachteile der mittelständischen Wirtschaft bei der Vergabe großer Aufträge mit einem Volumen, das die Kapazitäten mittelständischer Unternehmen überfordern würde, auszugleichen.[147] Deshalb sollten Vergabeverfahren so ausgestaltet werden, dass eine losweise Vergabe im Regelfall stattzufinden hat.[148]

3. Regelungen in den Vergabe- und Vertragsordnungen

Die neue Mittelstandsregelung des GWB wurde wortgleich in dem zweiten Abschnitt der VOL/A 2009 übernommen.[149] Dasselbe gilt für die Klausel der Weitergabe der Verpflichtung an Unterauftragnehmer.[150] Im zweiten Abschnitt der VOB/A 2009 findet sich allerdings keine entsprechende ausdrückliche Vorschrift. Hier wurde sogar die Verpflichtung zur Losaufteilung ausdrücklich nicht normiert,[151] was jedoch ohne entscheidende Bedeutung ist, da § 97 Abs. 3 GWB bei EU-weiten Vergaben direkt Anwendung findet und im Rahmen des Kaskadenprinzips[152] als Gesetz vorrangig vor den Vergabeverordnungen Geltung hat.

Die bei innerstaatlichen Vergabeverfahren anzuwendenden ersten Abschnitte der Vergabe- und Vertragsordnungen VOB/A[153] und VOL/A[154] enthalten ebenfalls mittelstandsfördernde Bestimmungen über die Aufteilung eines Auftrags in Lose. Bei Vorliegen wirtschaftlicher oder technischer Gründe ist jedoch eine Gesamtvergabe möglich. Eine Mittelstandsförderung wird darüber hinaus in den, ebenfalls in die SektVO aufgenommenen Vorschriften über die Gleichstellung von Bietergemeinschaften mit Einzelbietern[155] gesehen, aus denen der Zugang für KMU zu Vergabeverfahren bei großen und komplexen Aufträgen hergeleitet wird.[156]

---

147 Vgl. BT-Drucks. 16/10117, 15.
148 Vgl. BT-Drucks. 16/10117, 15.
149 § 2 Abs. 2 EG VOL/A.
150 § 11 Abs. 5 EG VOL/A.
151 § 5a VOB/A.
152 *Dreher*, in: Dreher/Stockmann, Kartellvergaberecht, 4. Auflage, 2008, Vor §§ 97 ff., Rn. 39.
153 § 5 Abs. 2 VOB/A.
154 § 2 Abs. 2 VOL/A.
155 § 22 SektVO, § 6 Abs. 1 Nr. 2 VOB/A, § 6 Abs. 1 VOL/A, § 6 Abs. 2 EG VOL/A.
156 Vgl. OLG Brandenburg, Beschluss v. 27.11.2008, Verg W 15/08, NZBau 2008, 337 (340), *Antweiler*, VergabeR 2006, 637 (647 f.), *Ax/Sattler*, ZVgR 1999, 231 (234), *Burgi*, NZBau 2006, 693 (696), *Dreher*, NZBau 2005, 427 (431), *Otting*, in: Bechtold, GWB, 5. Auflage, 2008, § 97 Rn. 18.

III. Zwischenergebnis

Die Bestandsaufnahme der EU- und innerstaatlichen Normen zeigt, dass kein ausdrücklicher Bezug zwischen Mittelstandsförderung und Bietergemeinschaften geschaffen worden ist. Lediglich eine Formulierung stellt explizit einen Zusammenhang zwischen den beiden Begriffen her, nämlich der Vorschlag der SPD-Fraktion für die Fassung des damaligen § 106 Abs. 3 GWB bei der Einführung des Vierten Teils des GWB, der jedoch nicht in dieser Form in die Gesetzgebung eingeflossen ist.[157] Die Nachfolgenorm, § 97 Abs. 3 GWB, ist im Übrigen auch die einzige Vorschrift, die überhaupt ausdrücklich Mittelstandsinteressen nennt. Daneben gibt es nur Bestimmungen, die indirekt auf die Förderung des Mittelstands gerichtet sind.

C. Subjektives Recht von Bietergemeinschaften nach § 97 Abs. 7 GWB auf Berücksichtigung der mittelständischen Interessen gemäß § 97 Abs. 3 GWB

Auf die Mittelstandsförderung nach § 97 Abs. 3 GWB, die zwar nicht inhaltlich mit den Grundsätzen des Vergaberechts gleichzusetzen ist,[158] aber dennoch keinen bloßen „*Programmsatz*" darstellen soll,[159] haben Bieter gemäß § 97 Abs. 7 GWB einen subjektiven Anspruch.[160] Zu klären ist, wie dieser in Bezug auf die Zulassung von Bietergemeinschaften zu Vergabeverfahren ausgestaltet ist.

I. „Mittelständische Interessen" – Definition des Mittelstandsbegriffes und Klassifizierung als KMU

Grundlegende Voraussetzung dafür, dass Bietergemeinschaften sich überhaupt auf die Berücksichtigung mittelständischer Interessen zu ihren Gunsten berufen können, ist, dass sie in die Kategorie des Mittelstandes fallen. Dazu ist wiederum

---

157 Vgl. BT-Drucks. 13/10441, 1.
158 Vgl. dazu Erster Teil, Kapitel 2, A.
159 Vgl. OLG Brandenburg, Beschluss v. 27.11.2008, Verg W 15/08, NZBau 2009, 337 (339), OLG Jena, Beschluss v. 06.06.2007, 9 Verg 3/07, NZBau 2007, 730 (731), VK Bund, Beschluss v. 01.02.2001, VK 1-1/01, VergabeR 2001, 143 (144 f.), *Otting,* in: Bechtold, GWB. 5. Auflage, 2008, § 97 Rn. 17.
160 Vgl. OLG Düsseldorf, Beschluss v. 15.06.2000, Verg 6/00, BauR 2000, 1603 (1606), *Hailbronner,* in: Byok/Jaeger, Kommentar zum Vergaberecht, 2. Auflage, 2005, § 97 GWB Rn. 223.

Bedingung, dass es sich bei deren Mitgliedern im Einzelnen um KMU, also um Unternehmen handelt, die dem Mittelstand zuzurechnen sind. Umgekehrt heißt das, dass Partner einer Bieterkooperation, die als Großbetriebe einzuordnen sind und eine Kooperation eingehen, von vornherein nicht von dem Mittelstandsprivileg erfasst werden können, da sie nicht von dem Schutzbereich der Norm erfasst sind.[161] Sobald nur ein Großbetrieb zu der Bietergruppe gehört, kann sie das genannte Privileg nicht für sich in Anspruch nehmen.

Es gibt allerdings weder auf europäischer noch auf nationaler Ebene eine gesetzliche Definition des Mittelstandsbegriffes[162] und daraus folgend eine der KMU. Das BVerfG hat dazu schon früh festgestellt, dass es kaum möglich sein dürfte, eine hinreichend genaue Bestimmung des Mittelstands zu finden.[163] Von dem Schutzzweck ausgehend ist es jedoch klar, dass der Begriff nicht nur mittlere, sondern auch kleine und kleinste Unternehmen erfassen müsste.[164]

1. Empfehlung der EU-Kommission

Vor dem Hintergrund mangelnder einschlägiger Rechtsgrundlagen wird auf die Empfehlung der EU-Kommission betreffend die Definition der Kleinstunternehmen sowie der kleinen und mittleren Unternehmen (KMU),[165] verwiesen.[166] Mittlere Unternehmen werden nach Art. 1 und 2 Abs. 1 der Empfehlung wie folgt klassifiziert: Sie beschäftigen weniger als 250 Personen und haben entweder einen Jahresumsatz von höchstens 50 Mio. Euro, oder ihre Jahresbilanzsumme beläuft sich auf höchstens 43 Mio. Euro. Kleine Unternehmen beschäftigen nach Art. 1 und Art. 2 Abs. 2 der Empfehlung weniger als 50 Personen und deren Jahresumsatz oder Jahresbilanz ist nicht höher als 10 Mio. Euro.

Bezüglich vergaberechtlicher Sachverhalte hat die Empfehlung keine Rechtssatzqualität. Sie kann lediglich „erste Anhaltspunkte" für die Einordnung als KMU bieten.[167]

---

161 Vgl. *Müller-Wrede*, NZBau 2004, 643 (647).
162 Vgl. OLG Düsseldorf, Beschluss v. 08.09.2004, VII-Verg 38/04, NZBau 2004, 688 (690), *Kling*, Die Zulässigkeit vergabefremder Regelungen im Recht der öffentlichen Auftragsvergabe, 2000, 679, 717, *Schabbeck*, VergabeR 2006, 679 (687), *Werner*, VergabeR 2009, 262 (264 f.).
163 Vgl. BVerfG, Beschluss v. 11.04.1967, 1 BvL 25/64, BverfGE 21, 292 (299).
164 Vgl. *Antweiler*, VergabeR 2006, 637 (640), *Dreher*, NZBau 2005, 427 (428).
165 Empfehlung 2003/361/EG v. 06.05.2003, ABl. L 124, 36.
166 Vgl. *Dreher*, NZBau 2005, 427 (428), *Kus*, in: Kulartz/Kus/Portz, Kommentar zum GWB-Vergaberecht, 2. Auflage, 2009, § 97 Rn. 77, *Otting*, in: Bechtold, GWB, 5. Auflage 2008, § 97 Rn. 19.
167 Vgl. OLG Düsseldorf, Beschluss v. 08.09.2004, VII-Verg 38/04, NZBau 2004, 688 (690).

2. Bezugsgröße des relevanten Marktes

Einige Positionen in Rechtsprechung[168] und Literatur[169] gehen davon aus, dass für die Bestimmung des Mittelstandsbegriffs des Vergaberechts der relevante Markt maßgebend ist.[170] Als Begründung wird angeführt, dass dies im Kartellrecht bereits anerkannt sei.[171] Formelle Kriterien, wie sie von der Empfehlung der EU-Kommission festgesetzt werden, könnten – entsprechend den Feststellungen des OLG Düsseldorf – dagegen lediglich Anhaltspunkte darstellen.[172] Sie seien zu starr, um die unterschiedlichen Verhältnisse zu erfassen, die sich aus der Struktur des jeweiligen Beschaffungsmarktes ergeben.[173] Im Übrigen berücksichtigten sie den u. U. schnellen wirtschaftlichen Wandel nicht.[174]

Danach kann nur der konkrete Beschaffungsmarkt die Bezugsgröße für den Mittelstandsbegriff sein. Anders ausgedrückt: Die Frage, ob ein kleines oder mittelständisches Unternehmen als Mitglied einer Bietergemeinschaft an einer Ausschreibung teilnimmt, ist nur anhand materieller Kriterien auf der Grundlage der Verhältnisse des betroffenen Marktes durch einen Vergleich mit den anderen Marktteilnehmern zu ermitteln; es muss sich also um eine Einzelfallentscheidung handeln.[175] Zu beurteilende Faktoren sind in erster Linie die Zahl der Marktteilnehmer, ihre Größe hinsichtlich des Umsatzes, die Zahl der Beschäftigten und ihre jeweilige Finanzkraft.[176]

Der relevante Markt, auf dessen Grundlage die Beurteilung erfolgt, ob sich KMU zusammenschließen, ist nach sachlichen und räumlichen Kriterien abzugrenzen.[177] Maßgeblich sowohl für die sachliche als auch für die räumliche Ab-

---

168 Vgl. VK Düsseldorf, Beschluss v. 19.03.2007, VK-07/2007-B, Juris Tz. 76, VK Bund, Beschluss v. 18.11.2003, VK-2 110/03, Veris, 15, VK Magdeburg, Beschluss v. 06.06.2002, 33-32571/07VK 05/02 MD, Juris Tz. 106.
169 Vgl. *Dreher*, NZBau 2005, 427 (428), *ders.*, in: Dreher/Stockmann, Kartellvergaberecht, 4. Auflage, 2008, § 97 Rn. 109, *Kus*, in: Kulartz/Kus/Portz, Kommentar zum GWB-Vergaberecht, 2. Auflage, 2009, § 97 Rn. 77, *Müller-Wrede*, NZBau 2004, 643 (646), *Otting*, in: Bechtold, GWB. 5. Auflage 2008, § 97 Rn. 19.
170 Vgl. VK Düsseldorf, Beschluss v. 19.03.2007, Juris Tz. 76, *Kus*, in: Kulartz/Kus/Portz, Kommentar zum GWB-Vergaberecht, 2. Auflage, 2009, § 97 Rn. 77.
171 Vgl. VK Bund, Beschluss v. 18.11.2003, VK-2 110/03, Veris, 15, dazu auch BGH, Urteil v. 24.06.1980, KZR 22/79, WuW/E, BGH 1732 (1733).
172 Vgl. OLG Düsseldorf, Beschluss v. 08.09.2004, VII-Verg 38/04, NZBau 2004, 688 (690), *Burgi*, NZBau 2006, 606 (607).
173 Vgl. *Dreher*, NZBau 2005, 427 (428), *Kus*, in: Kulartz/Kus/Portz, Kommentar zum GWB-Vergaberecht, 2. Auflage, 2009, § 97 Rn. 77.
174 *Dreher*, in: Dreher/Stockmann, Kartellvergaberecht, 4. Auflage, 2008, § 97 Rn. 109.
175 Vgl. *Dreher*, NZBau 2005, 427(428).
176 Vgl. *Dreher*, NZBau 2005, 427(428), *ders.*, in: Dreher/Stockmann, Kartellvergaberecht, 4. Auflage, 2008, § 97 Rn. 109.
177 Vgl. *Bechtold*, in: Bechtold, GWB. 5. Auflage, 2008, § 97 Rn. 17, *Opitz*, Marktmacht und Bieterwettbewerb, 2003, 165 ff., 173 f., 177 ff.

grenzung ist das Bedarfsmarktkonzept.[178] Danach sind dem sachlich relevanten Markt alle Produkte zuzurechnen, die sich aufgrund ihrer Merkmale zur Befriedigung eines gleichbleibenden Bedarfs besonders eignen und mit anderen Erzeugnissen funktionell nach Eigenschaft, Verwendungszweck und Preislage austauschbar sind.[179] Relevant ist dabei die Sicht der (auch potenziellen) Kunden, die die Güter zur Deckung eines spezifischen Bedarfs nachfragen.[180]

Für die Bestimmung des räumlich relevanten Marktes ist ebenfalls die funktionelle Austauschbarkeit der Güter aus der Sicht des Nachfragers maßgebend.[181] Bei geographischer Abgrenzung nach dem Bedarfsmarktprinzip entspricht der räumlich relevante Markt dem Gebiet, aus dem der Bedarf gedeckt werden kann.[182] Im Hinblick auf EU-weite Vergabeverfahren ist entscheidend, dass dieser Markt nicht auf den Geltungsbereich des GWB, also die Bundesrepublik Deutschland, beschränkt ist.[183]

Für die Klassifizierung eines sich an einer Ausschreibung beteiligenden Betriebs als KMU sind alle Marktteilnehmer in dem nach diesen Kriterien abgrenzten sachlich und räumlich relevanten Markt einzubeziehen. Dazu gehören nicht nur die tatsächlichen, sondern auch die potenziellen Anbieter, die sich an der Einzelausschreibung beteiligen oder daran hätten teilnehmen können.[184] Denn für den relevanten Markt und die zu ihm gehörenden Unternehmen ist eine komplette Bestandsaufnahme erforderlich, um die tatsächlichen Verhältnisse abzubilden und zu berücksichtigen. Die eher zufällige Entscheidung, welcher der vorhandenen Betriebe sich gerade um den ausgeschriebenen Auftrag bewirbt, kann nicht maßgebend sein, da dies die Eingrenzung des relevanten Marktes und der dort vorhandenen Marktteilnehmer ohne sachlichen Grund und somit unzulässig einschränken würde.

---

178 Vgl. BGH, Beschluss v. 13.10.2009, KVZ 41/08, Juris Tz. 5, BGH, Beschluss v. 11.11.2008, KVR 60/07, BGHZ 178, 285 (289).
179 Vgl. EuGH, Urteil vom 09.11.1983, 322/81, Slg. 1983, 3461 Tz. 37, BGH, Beschluss v. 04.03.2008, KVR 21/07, BGHZ 176, 1 (6), Beschluss v. 16.01.2007, KVR 12/06, „*National Geographic II*", NJW 2007, 1823 (1824 f.).
180 Vgl. BGH, Beschluss v. 16.01.2007, KVR 12/06, „*National Geographic II*", NJW 2007, 1823 (1824 f.), Beschluss v. 16.12.1976, KVR 2/76, „*Valium I*", NJW 1977, 675 (676).
181 Vgl. BGH, Beschluss v. 13.07.2004, KVR 2/03, WuW/E DE-R, 1301 (1302), Beschluss v. 18.01.2000, KVR 23/98, „*Tariftreueerklärung II*", BauR 2000, 1736 (1738 f.).
182 Vgl. *Lotze/Mager*, WuW 2007, 241 (243), *Opitz*, Marktmacht und Bieterwettbewerb, 2003, 178.
183 Vgl. BGH; Beschluss v. 05.10.2004, KVR 14/03, „*Staubsaugerbeutelmarkt*", NJW 2004, 3711 (3712 ff.), *Götting*, in: Loewenheim/Meesen/Riesenkampff, Kartellrecht, 2. Auflage, 2009, § 19 GWB Rn 22.
184 Hierbei wird nicht verkannt, dass der potentielle Wettbewerb im Kartellrecht eine der Marktabsprache nachgelagerte Frage ist. Der kartellrechtliche Ansatz wird im Rahmen dieser Arbeit jedoch nicht weiterverfolgt; vgl. Einleitung I.

3. Kritik an der Bezugsgröße des relevanten Marktes

Eine Einzelmeinung in der Literatur wendet gegen die Klassifizierung von KMU nach materiellen Gesichtspunkten unter Bezugnahme auf den relevanten Markt ein, dass nur formelle Kriterien zu der erforderlichen Rechtssicherheit führten und sich der Mittelstandsbegriff – jedenfalls bei Vergaben oberhalb des Schwellenwerts – nach den Vorgaben der EU richten muss.[185] Sie begründet dies damit, dass materielle und strukturelle Kriterien nicht geeignet seien, den Mittelstand scharf abzugrenzen. Dies führe zu einer mangelnden Rechtssicherheit. Außerdem spreche für die Anwendung formeller Kriterien, dass die Mittelstandsförderung beihilferechtlich relevant sein könne.[186]

4. Stellungnahme

Der Klassifizierung von KMU anhand der Bezugsgröße des relevanten Marktes und aufgrund einer Einzelfallentscheidung ist der Vorzug zu geben. Zum einen handelt es sich bei den Definitionen der EU tatsächlich nur um Empfehlungen, die keine rechtliche Bindung entfalten. Sie sind dahingehend zu verstehen, dass sie abstrakt einen weiten Kreis von Unternehmen aus jeglichen Märkten und Branchen erfassen, und dass die aufgeführten Daten Obergrenzen festlegen, die aber keinesfalls starr anzuwenden sind, sondern durchaus von den Mitgliedsstaaten nach deren Ermessen unterschritten werden können.[187] Zum anderen beziehen sich die Empfehlungen der Kommission auf alle Fördermaßnahmen, u. a. Beihilfen, für KMU. Sie sind deshalb nicht explizit auf die Besonderheiten von öffentlichen Auftragsvergaben ausgerichtet. In diesem Bereich ist jedoch ein Zusammenspiel von speziellen Normen zu beachten. Dabei sind die Vergabegrundsätze einzuhalten, insbesondere ist der Wettbewerb zu schützen und die Chancengleichheit zu gewähren. Die Vorschriften des Vergaberechts müssen deshalb auch immer die völlig unterschiedlichen Marktstrukturen, die je nach Nachfrage, Branche, Ort, Zeit und den vorhandenen Anbietern gegeben sind, berücksichtigen. Deshalb erfolgt die Einordnung eines Betriebs als KMU flexibel und variabel, orientiert an den konkreten Marktverhältnissen. Letztlich würde es dem mit der Mittelstandsförderung verfolgten Schutzzweck zuwiderlaufen, wenn in einer Branche vorhandene Großunternehmen lediglich aufgrund formeller Kriterien in den Genuss der Privilegierung kämen und dadurch sogar andere Marktteilnehmer benachteiligt würden.

---

185 Vgl. *Antweiler*, VergabeR 2006, S. 637 (S. 641 f.).
186 Vgl. *Antweiler*, VergabeR 2006, S. 637 (S. 641 f.).
187 EWG Nr. 7 der Empfehlung 2003/361/EG v. 06.05.2003, ABl. L 124, 36.

5. Zwischenergebnis

Die Klassifizierung von Mitgliedern einer Bietergemeinschaft stellt sich als relativ kompliziert heraus. Sie birgt Unsicherheiten und Fehlerquellen, insbesondere weil sie sich an individuellen, produkt- und wettbewerbsspezifischen Gegebenheiten[188] orientiert. Dennoch ist sie einem formellen Ansatz vorzuziehen.

II. Relevanz des § 97 Abs. 3 GWB für Bietergemeinschaften

Wenn nach den maßgeblichen Kriterien festgestellt ist, dass eine Bietergemeinschaft aus Unternehmen besteht, die als KMU zu gelten haben, stellt sich die Frage, ob und ggf. wie die Kooperation vom Anwendungsbereich des § 97 Abs. 3 GWB erfasst ist. Die Befürworter einer positiven Verknüpfung von Mittelstandsförderung und Bieterkooperationen begründen dies entweder nicht näher oder nur mit der Gleichstellung zu Einzelbietern,[189] oder sie stellen darauf ab, dass der Zusammenschluss es mehreren KMU ermöglicht, durch die Bündelung ihrer Kapazitäten einen großen Auftrag auszuführen, dessen Bedingungen sie allein nicht erfüllen können oder für den sie allein nicht die erforderliche Eignung aufweisen.[190] Dieser Aspekt müsste vom Anwendungsbereich des § 97 Abs. 3 GWB erfasst sein, damit er dann auch als subjektives Recht gemäß § 97 Abs. 7 GWB geltend gemacht werden könnte.

1. Meinungen in der Literatur

Verschiedene Meinungen in der Literatur[191] stellen darauf ab, dass sich aus der ursprünglich in Kraft getretenen Fassung des § 97 Abs. 3 GWB ableiten ließ,

---

188 Vgl. *Götting*, in: Loewenheim/Meesen/Riesenkampff, Kartellrecht, 2. Auflage, 2009, § 19 GWB Rn. 10.
189 Vgl. OLG Brandenburg, Beschluss v. 27.11.2008, Verg W 15/08, NZBau 2008, 337 (340), VK Brandenburg, Beschluss v. 22.09.2008, VK 27/08, Veris, 14, *Ax/Sattler*, ZVgR 1999, 231 (234), *Otting*, in: Bechtold, GWB, 5. Auflage, 2008, § 97 Rn. 18.
190 Vgl. OLG Schleswig, Beschluss v. 14.08.2000, 6 Verg 2/2000, Veris, 6, VK Bund, Beschluss v. 23.01.2009, VK 3-194/08, Juris Tz. 206, VK Bund, Beschluss v. 01.02.2001, VK 1-1/01, Veris, 12, *Antweiler*, VergabeR 2006, 637 (647 f.), *Burgi*, NZBau 2006, 693 (696), *Dreher*, NZBau 2005, 427 (431), *Robbe*, VR 2005, 325 (330), wohl auch VK Thüringen, Beschluss v. 16.02.2007, 360-4003.20-402/2007-001-UH, Veris, 14.
191 *Dreher*, in: Dreher/Stockmann, Kartellvergaberecht, 4. Auflage 2008, § 97 Rn. 112, *Kling*, Die Zulässigkeit vergabefremder Regelungen im Recht der öffentlichen Auftragsvergabe, 2000,

dass die erwähnte Aufteilung des Auftrags in Lose nur ein Instrument der Mittelstandsbeteiligung sein sollte, für andere Möglichkeiten aber eine Öffnungsklausel in der Vorschrift bestanden habe. Das ergebe sich aus der Formulierung, dass mittelständische Interessen „*vornehmlich*" durch Teilung der Aufträge in Fach- und Teillose angemessen zu berücksichtigen seien. Die Wortwahl „*vornehmlich*" lasse darauf schließen, dass es sich hierbei um ein Mittel – möglicherweise sogar um das Mittel „erster Wahl" – handele, aber andere ebenso in Frage kämen, soweit sie angemessen und mit der Zielrichtung des Mittelstandsschutzes vereinbar wären. Daher wurde bis zur Änderung der Vorschrift die Zulassung von Bietergemeinschaften grundsätzlich als eine von § 97 Abs. 3 GWB erfasste Variante der Mittelstandsförderung angesehen.

Unter Bezugnahme auf die Neufassung des § 97 Abs. 3 GWB wird die Ansicht vertreten, dass die Norm als mittelstandsfördernde Maßnahme die Bildung von Bietergemeinschaften erfasst.[192] Voraussetzung ist allerdings, dass der Auftraggeber in jedem Fall zuerst die Aufteilung des Auftrags in Lose prüfen muss. Erst wenn das Ergebnis der Prüfung ist, dass technische oder wirtschaftlich sinnvolle Gründe eine zusammengefasste Vergabe notwendig machen, fallen andere mittelstandsgerechte Maßnahmen, wie die Bildung von Bietergemeinschaften, in den Schutzbereich der Norm.

2. Auffassungen in der Rechtsprechung

Das OLG Düsseldorf hat in Beschlüssen aus dem Jahr 2004 entschieden, dass das Argument, KMU hätten die Möglichkeit, sich zu Bietergemeinschaften zusammenzuschließen, nicht dem Schutzzweck des § 97 Abs. 3 GWB gerecht werde. Gemäß der Bestimmung sei mittelständischen Unternehmen vielmehr grundsätzlich die Möglichkeit zur eigenständigen Beteiligung am Bieterwettbewerb einzuräumen.[193] Für den Aspekt der Mittelstandsförderung reiche es nicht aus, dass der Auftraggeber die Bildung von Bietergemeinschaften zugelassen habe.[194] Ergänzend hat das Gericht bezüglich § 97 Abs. 3 GWB in der ursprünglichen Fassung geurteilt, dass eine Gesamt- oder zusammengefasste Vergabe eines Auftrags ohne die Teilung in Lose nur in Ausnahmefällen stattfinden darf, wenn wirtschaftliche und/oder technische Gründe maßgebend seien. Die Entscheidung unterstehe dem pflichtgemäßen Ermessen des Auftraggebers.[195]

---

718 f., *Kullack*, in: Heiermann/Riedl/Rusam, Handkommentar zur VOB, 11. Auflage, 2008, GWB § 97 Rn. 38, *Summa*, in: JurisPK-VergR, 2. Auflage 2008, § 97 GWB Rn. 59, 66.
192 Vgl. *Kus*, in: Kulartz/Kus/Portz, Kommentar zum GWB-Vergaberecht, 2. Auflage, 2009, § 97 Rn. 90.
193 Vgl. OLG Düsseldorf, Beschluss v. 04.03.2004, Verg 8/04, VergabeR 2004, 511 (513).
194 Vgl. OLG Düsseldorf, Beschluss v. 08.09.2004, VII Verg 38/04, NZBau 2004, S. 688 (690).
195 Vgl. OLG Düsseldorf, Beschluss v. 25.11.2009, VII-Verg 27/09, Juris Tz. 52.

Im Ergebnis ähnlich hat die 2. VK Bund in einem Beschluss aus dem Jahr 2008 die Ansicht vertreten, dass eine Hierarchie der Instrumente der mittelstandsgerechten Förderung gegeben und die losweise Vergabe vorrangig sei.[196] Dies hat die Kammer damit begründet, dass der Aufwand zu einem Zusammenschluss zu Bietergemeinschaften für KMU hoch sei und ein Abweichen vom Grundsatz der losweisen Vergabe damit nicht gerechtfertigt werden könne.[197]

3. Stellungnahme

Die Auffassungen stimmen insoweit überein, als dass nach § 97 Abs. 3 GWB in der ursprünglichen Fassung zunächst die Teilung des Auftrags in Lose vorgenommen werden musste, die dazu geeignet ist, eher die eigenständige Teilnahme von KMU an Ausschreibungen zu unterstützen. Soweit Bietervereinigungen sich ebenfalls an einer derartigen Vergabe beteiligten, lag keine speziell auf den Zusammenschluss gerichtete besondere Förderung vor. Wenn in Ausnahmefällen allerdings eine Gesamtvergabe zulässig war, war die Möglichkeit der Einbeziehung von KMU im Rahmen einer Bieterkooperation eine durchaus mittelstandsgerechte Maßnahme. Im Ergebnis ließ also die Ursprungsfassung des § 97 Abs. 3 GWB einen, wenn auch eingeschränkten Spielraum für die Unterstützung von aus KMU bestehenden Bietergemeinschaften zu.

Fraglich ist, ob dies unter Zugrundelegung der Neufassung des § 97 Abs. 3 GWB immer noch gilt. Die „vornehmliche" Berücksichtigung mittelständischer Interessen gemäß § 97 Abs. 3 S. 1 GWB soll im Sinn einer „besonderen" Berücksichtigung zu verstehen sein.[198] Hier bedarf es jedoch einer einschränkenden Auslegung des Wortlauts der Bestimmung. Denn wenn Mittelstandsbelange tatsächlich „vornehmlich" zu berücksichtigen sind, müsste die Beachtung der anderen Vergabeprinzipien dahinter zurücktreten. Eine solche Auslegung des § 97 Abs. 3 S. 1 GWB wäre jedoch weder mit den in den Vergaberichtlinien unmittelbar und mittelbar normierten Grundsätzen der Wirtschaftlichkeit, des Wettbewerbs und der Gleichbehandlung vereinbar. Der Konflikt lässt sich nur auflösen, indem die Mittelstandsklausel und insbesondere das Wort „vornehmlich" so interpretiert wird, dass sie eine Einschränkung durch die Vergabegrundsätze erfährt.[199]

Aus dem Wortlaut der Vorschrift ist nicht erkennbar, ob die Aufteilung eines Auftrags in Lose nur ein exemplarisches Instrumentarium der Mittelstandsbetei-

---

196 Vgl. VK Bund, Beschluss v. 15.09.2008, VK 2-94/08, Juris Tz. 74, in diesem Sinn wohl auch *Mertens*, IBR 2004, 274 (274).
197 Vgl. VK Bund, Beschluss v. 15.09.2008, VK 2-94/08, Juris Tz. 74.
198 Vgl. *Kus*, in: Kulartz/Kus/Portz, Kommentar zum GWB-Vergaberecht, 2. Auflage, 2009, § 97 Rn. 90.
199 Vgl. dazu auch Erster Teil, Kapitel 2, A.

ligung ist. Da die Voraussetzungen für die Ausnahme einer Gesamtvergabe aber ausdrücklich genannt werden, ergibt sich aus der Auslegung der Norm, dass KMU auch vom Anwendungsbereich der Vorschrift erfasst werden, wenn diese sich im Rahmen eines Bieterzusammenschlusses um einen größeren Auftrag bemühen. Allerdings lässt der Wortlaut der neuen Fassung des § 97 Abs. 3 GWB darauf schließen, dass die Voraussetzungen für die ohnehin nachrangige Förderung von aus KMU bestehenden Kooperationen verschärft worden sind, weil zunächst die losweise Vergabe obligatorisch vorgeschrieben und die Gesamtvergabe an ausdrückliche Bedingungen geknüpft ist. Tatsächlich war aber auch bereits die frühere Fassung der Bestimmung so zu interpretieren, dass die Aufteilung des Auftrags in Lose vorrangig war und eine Gesamtvergabe von bestimmten, durch die Rechtsprechung geforderten wirtschaftlichen und technischen Kriterien abhing.

Soweit der zweite Abschnitt der VOB/A eine nicht mit § 97 Abs. 3 GWB übereinstimmende Regelung zur Aufteilung eines Auftrags in Lose enthält,[200] hat dies keine Auswirkungen auf die Berücksichtigung der mittelständischen Interessen von Bietergemeinschaften. Das GWB hat bei EU-weiten Vergaben gegenüber den Vergabe- und Vertragsordnungen Vorrang. Wenn es, wie hier, einen Widerspruch gibt, ist grundsätzlich das Gesetz, nicht eine nachgeordnete Vorschrift, relevant.

4. Zwischenergebnis

Beteiligt sich eine aus KMU bestehende Bietervereinigung an einer losweisen Ausschreibung eines Auftrags, genießt sie denselben Mittelstandsschutz wie Einzelbieter. Auch die Zulassung von aus KMU bestehenden Bietergemeinschaften, die regelmäßig bei größeren Aufträgen, also Gesamtvergaben, auftreten, ist unter eingeschränkten Voraussetzungen eine mittelstandsfördernde Maßnahme, die vom Anwendungsbereich des § 97 Abs. 3 GWB erfasst wird. Diese ist aber nachrangig, da der Auftraggeber verpflichtet ist, nur dann einen Gesamtauftrag auszuschreiben, wenn er aus besonderen Gründen von der zwingenden losweisen Vergabe absehen darf.

III. Inhalt des subjektiven Rechts nach § 97 Abs. 7 GWB

Zu klären ist, ob eine Bietergemeinschaft die zu ihren Gunsten bestehende Mittelstandsförderung gemäß § 97 Abs. 7 GWB unter Berufung auf § 97 Abs. 3 GWB oder auf sonstige Vorschriften einfordern kann. Dem könnte das sich aus § 97 Abs. 3 GWB ergebende abgestufte System entgegenstehen.

---

200 Vgl. § 5a i.V.m. § 5 VOB/A.

1. Recht auf Zulassung oder auf den Gesamtauftrag

Das Recht der Bietergemeinschaften kann zunächst auf Zulassung zu einer Ausschreibung gerichtet sein. Um dieses Ziel zu erreichen, kann unmittelbar auf die in der SektVO und in den Vergabe- und Vertragsordnungen enthaltenen Vorschriften über die Gleichsetzung mit Einzelbietern[201] zurückgegriffen werden. Die Gleichstellung impliziert, dass – außer bei Vorliegen sachlicher Gründe[202] – keine Unterschiede zwischen Einzelbietern und Gemeinschaften gemacht werden dürfen, so dass auch der freie Zugang von Bieterkooperationen zu Vergabeverfahren von diesen Bestimmung erfasst wird. Die Regelungen sind Ausfluss des allgemeinen Gleichbehandlungsgrundsatzes.[203] Daraus ergibt sich der Bieter schützende Charakter der Normen.[204] Daher bedarf es nicht der Mittelstandsklausel des § 97 Abs. 3 GWB, wenn es nur darum geht, den bloßen Zugang von Bietergemeinschaften zu Ausschreibungen sicherzustellen.

Ein weiter gehendes Recht könnte sich aus der Mittelstandsklausel ergeben, wenn eine Bieterkooperation den für sie passenden Zuschnitt des Auftrags – sei es ausnahmsweise in bestimmten Losen oder eher als Gesamtauftrag – einfordern könnte. Das ist aber aus verschiedenen Gründen regelmäßig nicht der Fall.

Es ist davon auszugehen, dass es dem Auftraggeber grundsätzlich frei steht, die auszuschreibende Leistung prinzipiell nach seinen Vorstellungen zu bestimmen und nur in dieser Art dem Wettbewerb zu öffnen.[205] Um die mittelstandsfördernde Vergabe eines Auftrags geltend machen zu können, müssten KMU als Einzelbieter aus § 97 Abs. 3 GWB einen Anspruch auf losweise Vergabe bzw. Bietergemeinschaften ein Recht auf eine Ausschreibung des gesamten bzw. in mehreren Losen zusammengefassten Auftrags haben.

Auch nach Inkrafttreten der Neufassung des § 97 Abs. 3 GWB wird Bietern kein sog. „absoluter" Anspruch auf losweise Vergabe zugebilligt, sondern es sollen nach wie vor die Grundsätze gelten, die die Rechtsprechung zu der Ur-

---

201 § 22 SektVO, § 6 Abs. 1 Nr. 2 VOB/A, § 6 Abs. 1 VOL/A, § 6 Abs. 2 EG VOL/A.
202 § 6 Abs. 1 Nr. 2 VOB/A knüpft die Gleichsetzung mit Einzelbietern daran, dass Bietergemeinschaften die Arbeiten im eigenen Betrieb oder in Betrieben der Mitglieder ausführen. In diesem Zusammenhang wird davon ausgegangen, dass diese Bedingung nicht sachfremd ist, da sie im Bereich der innerstaatlichen Vergaben nach VOB/A genauso für Einzelbieter gilt. Vgl. dazu *Schranner*, in: Ingenstau/Korbion, VOB, 17. Auflage 2010, VOB/A § 6 Rn. 33 ff.
203 *Hausmann*, in: Kulartz/Marx/Portz/Prieß, Kommentar zur VOL/A, 1. Auflage, 2007, § 7 Rn. 80, *Müller-Wrede*, in: Müller-Wrede, Verdingungsordnung für Leistungen, VOL/A, 3. Auflage, 2010, § 6 EG Rn. 16.
204 Vgl. nur *Otting*, in: Bechtold, GWB, 5. Auflage, 2008, § 97 Rn. 43, 45.
205 Vgl. OLG Düsseldorf, Beschluss v. 17.11.2008, VII-Verg 52/08, Juris Tz. 25, OLG Jena, Beschluss v. 26.06.2006, 9 Verg 2/06, NZBau 2006, 735 (736), OLG Jena, Beschluss v. 06.06.2007, 9 Verg 3/07, NZBau 2007, 730 (731), OLG Koblenz, Beschluss v. 05.09.2002, 1 Verg 2/02, NZBau 2002, 699 (703).

sprungsfassung der Mittelstandsklausel herausgearbeitet hat.[206] Danach hat ein Bieter, sofern er Klein- oder Mittelstandsunternehmer ist, einen Anspruch auf ordnungsgemäße Ausübung des Ermessens des Auftraggebers im Hinblick darauf, ob eine ausgeschriebene Leistung in Lose unterteilt werden kann. Dabei hat der Auftraggeber die Nachteile der Losvergabe mit den Interessen der KMU sorgfältig abzuwägen[207] Diese Rechtsprechung wird mutatis mutandis auch auf die hinsichtlich der Losteilung jetzt strenger formulierte Regelung anzuwenden sein.

Das insoweit bestehende Recht von einzelnen KMU auf eine fehlerfreie Ermessensentscheidung bei der Aufteilung des Auftrags bedeutet aber im Umkehrschluss, dass eine aus KMU bestehende Bietergemeinschaft keinen subjektiven Anspruch auf eine Gesamtvergabe bzw. auf Bündelung mehrerer Lose geltend machen kann. Ein solcher Anspruch wurde bereits bei Geltung der ursprünglichen, weniger strengen Regelung verneint.[208] Unter Beachtung der Neufassung des § 97 Abs. 3 GWB ist er (erst recht) auszuschließen, denn damit würde die vom Gesetzgeber nunmehr streng vorgegebene Losaufteilung konterkariert. Daran wird deutlich, dass der Mittelstandsschutz, der in erster Linie KMU direkt und einzeln begünstigen soll, sogar den Interessen von Bietergemeinschaften zuwiderlaufen kann. Die Belange der Mitglieder, die aus ihrer Zugehörigkeit zu der aus KMU gebildeten Gruppe resultieren, treten in diesem Fall zurück.

2. Zwischenergebnis

Das grundsätzliche subjektive Recht auf Zulassung zu einem Vergabeverfahren für aus KMU bestehende Bietergemeinschaften wird durch die Mittelstandsklausel nicht verstärkt. Soweit sie sich auf Lose bewerben wollen, kann der Zugang aus der Mittelstandsregelung, aber auch bereits aus den Bestimmungen über die Gleichstellung mit Einzelbietern hergeleitet werden. Ein subjektives Recht auf eine gebündelte oder Gesamtvergabe besteht für kooperationsbereite KMU jedoch nicht.

---

206 Vgl. VK Münster, Beschluss v. 07.10.2009, VK 18/09, Veris, 13, VK Bund, Beschluss v. 06.10.2009, VK 2-165/09, Veris, 17 f., VK Saarland, Beschluss v. 07.09.2009, 3 VK 01/2009, Juris Tz. 75.
207 Vgl. OLG Düsseldorf, Beschluss v. 22.10.2009, VII-Verg 25/09, Juris Tz. 27, OLG Jena, Beschluss v. 06.06.2007, 9 Verg 3/07, NZBau 2007, 730 (731), VK Bund, Beschluss v. 14.09.2007, VK 1-101/07, Veris, 13 f., Beschluss v. 08.01.2004, VK 1-117/03, Veris, 8.
208 Vgl. *Kus,* in: Kulartz/Marx/Portz/Prieß, Kommentar zur VOL/A, 1. Auflage, 2007, § 5 Rn. 22.

D. Ergebnis

Mittelstandsförderung als vergabefremder Aspekt kann unter der notwendigen Beachtung der Vergabegrundsätze Wirtschaftlichkeit, Wettbewerb und Gleichbehandlung nur auf die Chancengleichheit von KMU, nicht jedoch auf eine Besserstellung abzielen. § 97 Abs. 3 GWB fördert ausdrücklich Mittelstandsinteressen. Aus weiteren Bestimmungen lässt sich eine mittelbare Unterstützung von KMU ableiten. Nur Bietergruppen, die aus KMU bestehen, können Mittelstandsschutz in Anspruch nehmen. Maßgeblich für die Klassifizierung als KMU ist der sachlich und räumlich relevante Markt und seine Strukturen.

§ 97 Abs. 3 GWB führt wegen des sachlichen Umfangs der Regelung, ihrer durch die anderen Vergabegrundsätze einzuschränkenden Auslegung und mangels eines daraus resultierenden subjektiven Rechts auf einen bestimmten Zuschnitt des Auftrags tatsächlich nicht zu einer besonderen Förderung von Bietergemeinschaften, die sich aus KMU zusammensetzen. Vielmehr ist die Vorschrift, wonach die einheitliche Vergabe eines komplexen Auftrags eine strenge Ausnahme bildet, primär nicht dafür geeignet, die Zulassung von Bietergruppen zu unterstützen. Die weniger starren Bestimmungen der Vergabe- und Vertragsordnungen, die unter erleichterten Bedingungen eine einheitliche Vergabe zulassen, zielen im Bereich von innerstaatlichen Vergaben demgegenüber eher auf die Förderung von Bietergemeinschaften ab. Insgesamt erfährt aber die Annahme, Bietervereinigungen seien ein Instrument der Mittelstandsförderung, unter Berücksichtigung des gesamten gesetzlichen Kontextes erhebliche Restriktionen.

Zweiter Teil
Der Zusammenschluss von Unternehmen als Bietergemeinschaft

Im Vorfeld der Teilnahme an einer Ausschreibung liegt die Phase, in der sich Unternehmen zusammenfinden und zusammenschließen. Dazu sollte idealerweise ein Bietergemeinschaftsvertrag ausgehandelt und ausdrücklich abgeschlossen werden, der nach Zivil-, Gesellschafts- und möglicherweise Handelsrecht zu beurteilen ist. Der Abschnitt des Zusammenschlusses hat noch keinen unmittelbaren Zusammenhang mit dem Vergabeverfahren und den vergaberechtlichen Vorschriften. Da die Kooperation jedoch mit dem Ziel der Teilnahme am öffentlichen Beschaffungsmarkt gebildet wird, müssen schon bei den zwischen den einzelnen Unternehmen zu treffenden internen Regelungen die Notwendigkeiten im Blick sein, die später zu beachten sind. D. h., die Absprachen zwischen den Partnern müssen sich an den formellen Vorschriften orientieren, die in einem Vergabeverfahren gelten.

Kapitel 1: Definition, Erscheinungsformen und Abgrenzungsmerkmale einer Bietergemeinschaft

Um zu einer sachgerechten Klärung der vergaberechtlichen Probleme beizutragen, die mit der Stellung der Bieterkooperation und deren Angebot zusammenhängen, sind zunächst Abgrenzungsfragen zu behandeln. Sie beziehen sich auf das Auftreten der Bietergemeinschaft in einem Vergabeverfahren.

A. Definition

Da weder das Europarecht noch die nationalen Normen eine Definition des Begriffs der „Bietergemeinschaft" enthalten, wurde diese von der Rechtsprechung und Literatur entwickelt. So ergab sich nach und nach folgende Bestimmung: Eine Bietergemeinschaft ist der Zusammenschluss von zwei oder mehr Einzelbietern, die im Rahmen einer Ausschreibung ein gemeinsames Angebot abgeben mit dem Ziel, den durch die Vergabeunterlagen beschriebenen Auftrag zu erhalten und nach dem Zuschlag auszuführen.[209] Eine Bewerbergemeinschaft ist dementsprechend der Zusammenschluss von Einzelbewerbern, die sich im Rahmen eines Teilnahmewettbewerbs um die Aufforderung zur gemeinsamen Abgabe eines Angebots bewerben, wobei das Ziel im Ergebnis ebenfalls der Zuschlag und die Ausführung der Leistung ist.[210] Hat eine Bietergemeinschaft durch Zuschlag auf ihr Angebot den Auftrag erhalten, wird sie zur Arbeitsgemeinschaft. Die Bezeichnung ist das Äquivalent für einen einzelnen Auftragnehmer. Arbeitsgemeinschaften sind Zusammenschlüsse von Unternehmen auf vertraglicher Grundlage mit dem Zweck, einen Auftrag gemeinsam auszuführen.[211]

---

209 Vgl. OLG Jena, Beschluss v. 05.12.2001, 6 Verg 4/01, VergabeR 2002, 256 (258), VK Sachsen, Beschluss v. 20.9.2006, 1/SVK/085-06, Veris, 18, VK Rheinland-Pfalz, Beschluss v. 14.06.2005, VK 16/05, Veris, 18; *Bärwald*, in: Müller/Hoffmann, Beck'sches Handbuch der Personengesellschaften, 3. Auflage, 2009, § 17 Rn. 27, *Dreher*, NZBau 2005, 427 (431), *Müller-Wrede*, in: Müller-Wrede, Verdingungsordnung für Leistungen, VOL/A, 3. Auflage, 2010, § 6 EG Rn. 17, *Rusam/Weyand*, in: Heiermann/Riedl/Rusam, Handkommentar zur VOB, 11. Auflage, 2008, Einf. zu A § 8 Rn. 13; *Schranner*, in: Ingenstau/Korbion, VOB, 17. Auflage, 2010, VOB/A § 6 Rn. 31, *Thierau/Messerschmidt*, NZBau 2007, 129 (133).
210 Vgl. *Dreher/Kling*, VersR 2007, 1040 (1040 f.), *Müller-Wrede*, in: Kompendium des Vergaberechts, 1. Auflage, 2008, 18 II Rn. 8, *Summa*, in: JurisPK-VergR, 2. Auflage, 2008, § 22 Sekt-VO Rn. 3.
211 Vgl. KG Berlin, Urteil v. 07.05.2007, 23 U 31/06, Veris, 3 f., OLG Stuttgart, Beschluss v. 28.11.1982, 2 Kart. 10/82, WuW/E 1983, 311 (313), *Bärwald*, in: Müller/Hoffmann, Beck'sches

B. Erscheinungsformen einer Bietergemeinschaft

Mitunter wird die Unterscheidung „vertikale" und „horizontale" Bietergemeinschaft gebraucht. Diese Bezeichnungen stammen ursprünglich aus dem Kartellrecht und wurden zunächst für die Differenzierung von Arbeitsgemeinschaften verwandt.[212] Sie gehen zurück auf die Unterscheidung in den §§ 1 ff. GWB a. F. bezüglich Zusammenschlüssen von Unternehmen. Das GWB in seiner bis 30.6.2005 geltenden Fassung[213] enthielt für die Regelung von Unternehmensvereinigungen noch einen zweiten Abschnitt „Vertikalvereinbarungen", §§ 14 bis 18. Der Begriff der „Horizontalvereinbarungen" war nicht explizit erwähnt. Dieselben fielen aber offensichtlich in den Anwendungsbereich der §§ 1 ff. GWB.[214] Die damit implizit getroffene Unterscheidung ist durch die 7. GWB-Novelle von 2005 aufgehoben worden. Seitdem werden horizontale und vertikale Wettbewerbsvereinigungen gleichermaßen von den §§ 1 und 2 GWB erfasst.[215] Die Differenzierung hat materiell-rechtlich weitgehend an Bedeutung verloren; sie spielt nur noch bei speziellen Fragen eine Rolle.[216]

I. Vertikale Zusammenschlüsse

Unter vertikalen Zusammenschlüssen wird eine Gemeinschaft von Unternehmen verschiedener Fachrichtungen oder Wirtschaftszweigen verstanden.[217] Es handelt sich um Betriebe, die auf unterschiedlichen Produktions-, Vertriebs- oder Wirtschaftsstufen tätig sind.[218] Diese Konstellation liegt vor, wenn ein großer und komplexer Auftrag ausgeschrieben wird und sich mehrere Firmen ihn so aufteilen, dass jede, entsprechend ihrer fachlichen Ausrichtung, ein oder mehrere

---

Handbuch der Personengesellschaften, 3. Auflage, 2009, § 17 Rn. 1, *Rusam/Weyand*, in: Heiermann/Riedl/Rusam, Handkommentar zur VOB, 11. Auflage, 2008, Einf. zu A § 8 Rn. 15.
212 Vgl. nur *Korbion*, in: Ingenstau/Korbion, VOB, 17. Auflage, 2010, Anhang 2 Rn. 18.
213 Neubekanntmachung des GWB v. 26.8.1998, BGBl. I, 2546.
214 Vgl. *Nordemann*, in: Loewenheim/Meesen/Riesenkampff, Kartellrecht, 2. Auflage, 2009, Vor §§ 1–3 GWB Rn. 1,
215 Vgl. *Fuchs* in: Immenga/Mestmäcker, Wettbewerbsrecht, GWB, 4. Auflage, 2007, § 2 Rn. 19.
216 Vgl. *Nordemann*, in: Loewenheim/Meesen/Riesenkampff, Kartellrecht, 2. Auflage, 2009, Vor §§ 1–3 GWB Rn. 4.
217 Vgl. OLG Koblenz, Beschluss v. 08.02.2001, 1 Verg 5/00, VergabeR 2001, 123 (125), *Planker*, in: Kapellmann/Messerschmidt, VOB, 3. Auflage, 2010, § 13 VOB/A Rn. 44; *Koeble/Schwärzel-Peters*, DStR 1996, 1734 (1734), *Korbion*, in: Ingenstau/Korbion, VOB, 17. Auflage, 2010, Anhang 2 Rn. 18, *Schwarz*, ZfBR 2007, 636 (636).
218 Vgl. *Baron*, in: Loewenheim/Meesen/Riesenkampff, Kartellrecht, 2. Auflage, 2009, Art. 2 Vert-GVO Rn. 59, *Bechtold*, in: Bechtold, GWB. 5. Auflage, 2008, § 1 Rn. 45.

Fachlose oder Gewerke ausführt. Vertikale Bietergemeinschaften sind somit vorrangig auf Arbeitsteilung und Zusammenarbeit in einem hintereinander geschalteten Liefer- oder Leistungsprozess ausgerichtet. Das besondere Kennzeichen ist, dass jedes Mitglied schon aus fachlichen Gründen nicht in der Lage wäre, den gesamten Auftrag auszuführen.

II. Horizontale Zusammenschlüsse

Horizontale Bietergemeinschaften bestehen aus Unternehmen gleicher Fachrichtung.[219] Sie stehen auf derselben Stufe der Produktions- oder Vertriebsstufe von Waren oder Dienstleistungen.[220] Die Gründe für den Zusammenschluss bestehen dann darin, dass die beteiligten Firmen zwar grundsätzlich die fachliche, d. h. technische und personelle Eignung hätten, einen derartigen Auftrag auszuführen, aber ihre Kapazitäten in dem konkreten Fall bündeln. Bei dieser Konstellation tragen Synergieeffekte zur Wirtschaftlichkeit des Angebots bei.

Für die Zulässigkeit von Bietergemeinschaften spielt die Frage, ob es sich um einen horizontalen oder vertikalen Zusammenschluss handelt in vergaberechtlicher Hinsicht keine Rolle. Die Beurteilung unter alleiniger Zugrundelegung des Vergaberechts ist also in jedem Fall die gleiche.[221]

C. Abgrenzungsfragen

Sowohl die EG-Richtlinien als auch die nationalen Vergaberechtsbestimmungen lassen unterschiedlichen Kooperationsformen zu. Hier ist insbesondere die Abgrenzung zwischen der Bietergemeinschaft und einem Generalunter- bzw. Generalunternehmerverhältnis von Interesse. Daneben gibt es Fälle, in denen aufgrund des Angebots das Innenverhältnis der gemeinschaftlich als Bieter auftretenden Unternehmen nicht klar ist.

---

219 Vgl. OLG Koblenz, Beschluss v. 08.02.2001, 1 Verg 5/00, NZBau 2001, 452 (454), *Planker*, in: Kapellmann/Messerschmidt, VOB, 3. Auflage, 2010, § 13 VOB/A Rn. 44; *Koeble/Schwärzel-Peters*, DStR 1996, 1734 (1734), *Korbion*, in: Ingenstau/Korbion, VOB, 17. Auflage, 2010, Anhang 2 Rn. 18, *Rusam/Weyand*, in: Heiermann/Riedl/Rusam, Handkommentar zur VOB, 11. Auflage, 2008, Einf. zu A § 8 Rn. 13, *Thierau/Messerschmidt*, NZBau 2007, 129 (131).
220 Vgl. *Bechtold*, in: Bechtold, GWB. 5. Auflage, 2008, § 1 Rn. 36, *Gippini-Fournier/Mojzesowicz*, in: Loewenheim/Meesen/Riesenkampff, Kartellrecht, 2. Auflage, 2009, Art. 81 Abs. 1 EG Rn. 84.
221 Vgl. OLG Koblenz, Beschluss v. 29.12.2004, 1 Verg 6/04, VergabeR 2005, 527 (528).

I. Generalunternehmer- und Generalübernehmerverhältnis

Insbesondere im Bereich von Vergaben nach der VOB/A gibt es häufig Angebote von sog. Generalunternehmen. Das sind Hauptunternehmer, die selbstständig tätige Nachunternehmen, auch Subunternehmen genannt, für die Ausführung des Auftrags einsetzen wollen.[222] Die Gründe für diese Konstellation sind ähnliche wie die bei Bietergemeinschaften. Der Generalunternehmer ist entweder nicht in allen Bereichen, die er durch den Auftrag abdecken muss, tätig oder seine eigenen Kapazitäten reichen nicht aus.[223] Diese Unternehmereinsatzform ist im Vergaberecht für den Bereich oberhalb der EU-Schwellenwerte ausdrücklich geregelt[224] und von bestimmten Voraussetzungen abhängig gemacht worden.[225] Im innerstaatlichen Bereich ist sie ebenfalls zulässig.[226] Es entstehen nach Auftragserteilung keine unmittelbaren vertraglichen Beziehungen zwischen dem öffentlichen Auftraggeber und den Nachunternehmern,[227] sondern nur zwischen dem öffentlichen Auftraggeber und dem Auftragnehmer einerseits[228] und zwischen diesem und seinen Nachunternehmern andererseits. Gegenüber dem öffentlichen Auftraggeber ist der Nachunternehmer Erfüllungsgehilfe des Auftragnehmers.[229] Auf die Ausschreibungsphase übertragen bedeutet dies, dass Bieter nur der spätere Generalunternehmer ist. Die ggf. in dem Angebot zu benennenden Nachunternehmern erlangen keine Bieterstellung, so dass keine Rechtsbeziehungen mit der Vergabestelle entstehen. Ausschließlich der Bieter, der nach Zuschlagserteilung als Generalunternehmer auftreten will, steht dem öffentlichen Auftraggeber wie ein Einzelbieter gegenüber.[230]

Ein Generalübernehmer führt selbst keinerlei Leistungen aus, sondern vergibt sie in ihrer Gesamtheit an Nachunternehmen; er tritt deshalb lediglich als

---

222 Vgl. *Korbion*, in: Ingenstau/Korbion, VOB, 17. Auflage 2010, Anhang 2 Rn. 156.
223 *Rusam/Weyand*, in: Heiermann/Riedl/Rusam, VOB, 11. Auflage, 2008, Einf. zu A § 8 Rn. 21.
224 Art. 25 RL 2004/18/EG, Art. 37 RL 2004/17/EG, § 97 Abs. 3 S. 4 GWB, § 6a Abs. 10 VOB/A, § 7 Abs. 9 EG VOL/A, § 11 Abs. 5 EG VOL/A.
225 Der Bieter muss nachweisen, dass er sich bei der Erfüllung des Auftrags der Fähigkeiten anderer Unternehmen bedient, und dass ihm die Mittel dafür zur Verfügung stehen; vgl. § 6a Abs. 10 VOB/A, § 7 Abs. 9 EG VOL/A.
226 Dies ergibt sich aus § 8 Abs. 2 Nr. 2 VOB/A, § 4 Abs. 8, § 16 Abs. 6 VOB/B.
227 Vgl. BGH, Urteil v. 23.04.1981, VII ZR 196/80, BauR 1981, 383 (384), Urteil v. 26.01.1978, VII ZR 50/77, BauR 1978, 220 (221), Urteil v. 13.12.1973, VII ZR 200/71, BauR 134 (135), *Baldringer*, in: Jagenburg/Schröder, Der ARGE-Vertrag, 2. Auflage, 2008, Einl. Rn. 5, *Messerschmidt/Thierau*, in: Kapellmann/Messerschmidt, VOB, 3. Auflage, 2010, VOB/B Anhang Rn. 17.
228 Vgl. VK Bund, Beschluss v. 27.06.2006, VK 2-44/06, Veris, 12 f.
229 Vgl. *Ohrtmann*, VergabeR 2006, 426 (428).
230 Vgl. *Korbion*, in: Ingenstau/Korbion, VOB, 17. Auflage 2010, Anhang 2 Rn. 160 für die Stellung des Generalunternehmers als Alleinunternehmer.

Vermittler auf.[231] Der Einsatz von Generalübernehmern ist nach einem Urteil des EuGH bei Vergaben oberhalb der Schwellenwerte prinzipiell zulässig.[232] Bei Auftragsvergaben unterhalb der Schwellenwerte ist ein Generalübernehmereinsatz wegen des Erfordernisses, dass Leistungen im eigenen Betrieb ausgeführt werden müssen,[233] zwar aufgrund der vergaberechtlichen Normen ausgeschlossen, dies wird aber jedenfalls bei Aufträgen mit Binnenmarktrelevanz[234] in Frage gestellt.[235] Soweit ein Generalübernehmer nach diesen Grundsätzen rechtmäßig als Bieter auftreten kann, erlangt er – analog zu der Rolle des Generalunternehmers – die formale Stellung eines Alleinbieters. Im Vergabeverfahren entstehen keine rechtsverbindlichen Beziehungen zwischen dem öffentlichen Auftraggeber und den Nachunternehmen.

Der Unterschied zu Bietergemeinschaften besteht darin, dass dort die Partner sowohl im Innenverhältnis untereinander als auch im Außenverhältnis der Vergabestelle gegenüber ein gleichberechtigtes, kein hierarchisches Verhältnis haben. Ob die Bietergemeinschaft als Einheit oder die Mitglieder als jeweils einzelne Bieter zu betrachten sind, ist nach gesellschafts- und vergaberechtlichen Regelungen zu beurteilen,[236] ändert aber nichts daran, dass sich die Unternehmen mit allen Rechten und Pflichten auf einer Ebene befinden.

II. Unklarheiten bezüglich des Urhebers eines Angebots

Nicht nur wegen der formalen Stellung als Bieter, sondern auch wegen der weitreichenden Konsequenzen im Vergabeverfahren und einem sich evtl. anschließenden Nachprüfungsverfahren muss klar sein, wer Bieter, also Urheber des Angebots ist. Soweit das Angebot nicht eindeutig ist, ist es auszulegen.

---

231 *Rusam/Weyand*, in: Heiermann/Riedl/Rusam, VOB, 11. Auflage, 2008, Einf. zu A § 8 Rn. 21 f.
232 EuGH, Urteil v. 18.03.2004, Rs. C-314/01, *„Siemens und ARGE Telekom & Partner"*, NZBau 2004, 340 (342 f.).
233 Vgl. § 6 Abs. 1 Nr. 2 VOB/A, § 4 Abs. 8 Nr. 1 VOB/B.
234 Vgl. EuGH, Urteil v. 21.02.2008, C-412/04, ZfBR 2008, 404 (408); nach der Rechtsprechung des EuGH sind bei Vergaben auch unterhalb der Schwellenwerte, die Binnenmarktrelevanz haben, die sich aus dem primären Europarecht ergebenden Grundfreiheiten, insbesondere der Grundsatz der Gleichbehandlung, zu beachten. Binnenmarktrelevanz ist in grenznahen Regionen gegeben; vgl. dazu *Summa/Kullack*, , in: JurisPK-VergR, 2. Auflage, 2008, § 97 GWB Rn. 88.1
235 *Glahs*, in: Kapellmann/Messerschmidt, VOB, 3. Auflage, 2010, § 6 VOB/A Rn. 17, Beck'scher VOB-Komm./*Prieß/Hausmann*, 1. Auflage, 2001, § 8 Rn. 52.
236 Diese Fragen werden im Zweiten Teil, Kapitel 4, und im Dritten Teil behandelt.

1. Widersprüchliches Angebot

Widersprüchliche oder unklare Angaben in einem Angebot können dazu führen, dass der Urheber nicht eindeutig feststellbar ist. Ein solcher Widerspruch liegt z. B. vor, wenn zwei Unternehmen erklären, ihre Leistung „als Bietergemeinschaft" erbringen zu wollen, an anderer Stelle aber angeben, dass eines der Unternehmen „innerhalb der Partnerschaft" die Rolle des „Generalunternehmers" übernimmt.[237] Da das Angebot ein Vertragsangebot im Sinn des § 145 BGB ist, ist aus der Sicht eines objektiven Erklärungsempfängers durch Auslegung gemäß §§ 133, 157 BGB zu ermitteln, wer es abgegeben hat. Dabei ist entscheidend, wie ein mit den Umständen des Einzelfalls vertrauter Dritter in der Lage der Vergabestelle die Erklärung nach Treu und Glauben mit Rücksicht auf die Verkehrssitte verstehen musste und durfte.[238] Für die Auslegung in diesem Sinn sind sowohl die objektive Interessenlage der Beteiligten als auch außerhalb des Angebots liegende Umstände zu berücksichtigen, soweit sie Rückschlüsse auf das Gewollte zulassen.[239] Darüber hinaus können alle mit dem Angebot zusammenhängenden Umstände, wie die Formulierungen, die äußere Erscheinungsform und die Art der Einbindung der Partner in die Durchführung des Auftrags einbezogen werden.[240] Der oder die Bieter müssen sich entsprechend den Ergebnissen als Einzelbieter, ggf. als Generalunternehmer, oder als Bietergemeinschaft behandeln lassen.

2. Verdeckte Bietergemeinschaft

Eine sog. verdeckte Bietergemeinschaft liegt vor, wenn Unternehmen sich zusammenschließen, um gemeinschaftlich ein Angebot abzugeben, das aber nicht im Außenverhältnis zur Vergabestelle deutlich machen. Nach außen tritt nur ein Bieter auf, wobei möglicherweise eine Benennung des anderen als Nachunternehmer erfolgt.[241] Auch in einem solchen Fall ist anhand der Umstände des Einzelfalls durch Auslegung zu ermitteln, ob tatsächlich hinter einem Einzelbieter

---

237 Dieser Sachverhalt lag dem Beschluss des OLG Düsseldorf vom 03.01.2005, VII Verg 82/04, zugrunde.
238 Vgl. OLG Celle, Beschluss v. 05.09.2007, 13 Verg 9/07, VergabeR 765 (770), Beschluss v. 07.06.2007, 13 Verg 5/07, VergabeR 2007, 650 (655), OLG Düsseldorf vom 03.01.2005, VII Verg 82/04, Juris Tz. 4, BayObLG, Beschluss v. 20.08.2001, Verg 11/01, VergabeR 2002, 77 (79), VK Nordbayern, Beschluss v. 14.04.2005, 320.VK-3194-09/05, Veris, 8 f., grundlegend BGH, Urteil v. 05.07.1990, IX ZR 10/90, NJW 1990, 3206 (3206 f.), Palandt/*Ellenberger,* 69. Auflage, 2010, § 133 Rn. 9, *Ohrtmann,* VergabeR 2008, 426 (427 f.).
239 Vgl. OLG Koblenz, Beschluss v. 08.02.2001, 1 Verg 5/00, VergabeR 2001, 123 (125).
240 Vgl. VK Bund, Beschluss v. 04.10.2004, VK 3-152/04, Veris, 20 ff.
241 Ein solcher Sachverhalt lag dem Beschluss der VK Schleswig-Holstein v. 17.09.2008, VK-SH 10/08, zugrunde.

ein verdeckter Zusammenschluss steht.[242] Trifft das zu, ist das Angebot wegen der Abrede, die eine unzulässige Wettbewerbsbeschränkung enthält,[243] auszuschließen. Es handelt sich um eine atypische Konstellation, die bezüglich der vergaberechtlichen Einordnung und Behandlung nichts mit einer echten Bietergemeinschaft zu tun hat.

---

242 Vgl. VK Schleswig-Holstein v. 17.09.2008, VK-SH 10/08, Veris, 17 ff., VK Rheinland-Pfalz, Beschluss v. 14.06.2005, VK 16/05, Veris, 18 ff.
243 Vgl. § 16 Abs. 1 Nr. 1 lit. d VOB/A, § 16 Abs. 3 lit. f VOL/A.

Kapitel 2: Bietergemeinschaften im Vorfeld ihres Zusammenschlusses

Die Bildung einer Bieterkooperation nimmt ihren Anfang in den Überlegungen und in dem Interesse eines Einzelbieters, aus jeweils individuellen Gründen einen oder mehrere Partner zu suchen, mit dem oder denen eine gemeinsame Beteiligung an einem Vergabeverfahren vorstellbar ist. Dabei handelt es sich um ein eher praktisch als rechtlich relevantes Stadium, das aber nicht ohne Bedeutung für die Beurteilung der folgenden Phasen des Zusammenschlusses und der Teilnahme am Vergabeverfahren ist.

A. Anbahnungsphase

Der Zusammenschluss zu einer Bietergemeinschaft geht von der Bieterseite selbst aus. Sie kann nicht von Auftraggeberseite verlangt bzw. durchgesetzt werden.[244] Die Vergabestelle hat auf die Bildung einer Gemeinschaft also keinen Einfluss.[245]

Die Motive für ein Einzelunternehmen oder einen Einzelbieter, Kooperationspartner zu suchen, gründen in der Überlegung, dass eine selbstständige Teilnahme an einer Ausschreibung wirtschaftlich nicht zweckmäßig oder kaufmännisch nicht vernünftig wäre.[246] In diesem Zusammenhang müssen die Einzelbieter

---

244 Vgl. *Braun*, BauR 1977, 21 (23).
245 Die Vergabestelle kann zwar Bietergemeinschaften im Rahmen einer beschränkten Ausschreibung oder eines nicht offenen Verfahrens zur Abgabe eines Teilnahmeantrags auffordern bzw. bei einer freihändigen Vergabe oder einem Verhandlungsverfahren mit einer Bietergemeinschaft in Verhandlungen treten, jedoch bedeutet das nicht, dass die Auftraggeberseite verbindlich verlangen kann, dass bestimmte Unternehmen eine Bietergemeinschaft bilden sollen.
246 Dieses sind die Kriterien, die auch bei der Beurteilung, ob eine Bietergemeinschaft kartellrechtlich zulässig ist, erfüllt sein müssen. Die Frage, was wirtschaftlich und kaufmännisch vernünftig ist, orientiert sich an objektiven Gesichtspunkten, die durch den Tatrichter bewertet werden können. Jedoch besteht in diesem Zusammenhang ein notwendiger unternehmerischer – subjektiver – Beurteilungsspielraum der Kooperationspartner, der nur eingeschränkt nachprüfbar ist. Die Kriterien können als Leitgedanken für die Bildung einer Bietergemeinschaft herangezogen werden, zumal die Kooperation sich von vornherein auch mit der Frage der kartellrechtlichen Zulässigkeit auseinandersetzen sollte. Vgl. zu den Kriterien für den Zusammenschluss BGH, Beschluss v. 11.07.2006, KVZ 44/05, NZBau 2006, 809 (809), Beschluss v. 13.12.1983, KRB 3/83, BauR 1984, 302 (303), OLG Koblenz, Beschluss v. 29.12.2004, 1 Verg 6/04, VergabeR 2005, 527 (528), OLG Frankfurt am Main, Beschluss v. 27.06.2003, VergabeR

sich darüber im Klaren sein, ob sie eine einmalige Kooperation, bezogen auf ein konkretes Vergabeverfahren, anstreben oder sich mit anderen zusammenschließen wollen, um sich bei einer unbestimmten Zahl gleichartiger bzw. ähnlicher Ausschreibungen zu bewerben, also eine längerfristige Zusammenarbeit eingehen wollen. Solche Kooperationen treten in der Praxis im Bereich von großen Hoch- und Tiefbaumaßnahmen auf. Bei der ersten Form handelt es sich um einen ad-hoc-Zusammenschluss,[247] bei der zweiten um eine sog. vorformierte Bietergemeinschaft. [248]

Der grundlegende tatsächliche Schritt zur Bildung einer Bieterkooperation besteht in der Suche nach geeigneten Partnern. Während er bei Bietergemeinschaften, die sich immer wiederkehrend um bestimmte Aufträge bemühen, eine einmalige Angelegenheit ist, gestaltet er sich bei einem ad-hoc-Zusammenschluss schwieriger. Hier ist insbesondere der Zeitdruck, der durch die in einem Vergabeverfahren zu beachtenden Fristen entsteht, als Erschwernis zu berücksichtigen. Es stellt für ein Unternehmen eine Herausforderung dar, erst nach Bekanntmachung der beabsichtigten Beschaffung einen oder mehrere geeignete Partner zu suchen, die Eckpunkte der Zusammenarbeit abzuklären, möglichst einen schriftlichen Vertrag über die Inhalte der Kooperation auszuhandeln und abzuschließen sowie darüber hinaus ein qualifiziertes gemeinsames Angebot abzugeben. Insofern kann für die Bildung von Bieterzusammenschlüssen unterstellt werden, dass in der Praxis im Regelfall unverbindliche Kontaktaufnahmen[249] zu potenziellen Kooperationspartnern bereits im Vorfeld einer spezifischen Ausschreibung vorgenommen werden müssen, um sich überhaupt erfolgreich daran beteiligen zu können. Solche Kontaktaufnahmen bestehen aus Sondierungsgesprächen, um herauszufinden, ob eine Zusammenarbeit möglich und sinnvoll ist. Die sog. vorformierten Bietergemeinschaften haben den Vorteil, durch die rechtzeitige Klärung von Vorfragen und das Bereithalten des erforderlichen Materials, wie Referenzen, Produktblättern und Preislisten, notwendige Abstimmungsprozesse nicht erst nach der Bekanntmachung einer Ausschreibung durchführen zu müssen. Hilfreich können in diesem Zusammenhang die bei EU-weiten Vergabeverfahren von den Auftraggebern veröffentlichten Vorinformationen sein, die es Firmen ermöglichen, sich auf mittelfristig geplante Ausschreibungen einzustellen.

In der vorvertraglichen Phase ist eine wichtige Aufgabe der kooperationswilligen Partner die Einbringung finanzieller Mittel, die ggf. zwecks Vorfinanzierung

---

2003, 581 (583), KG, Urteil v. 19.01.1984, Kart a 8/82, WuW 1984 OLG 3115 (3116), *Hardraht*, VergabeR 2005, 530 (532), *Lotze*, EwiR § 1 GWB 2004, 287 (288), *Maasch*, ZHR 150 (1986), 657 (667 ff.), wobei dort die subjektiven Überlegungen eines Unternehmens im Hinblick auf die wettbewerblichen Auswirkungen noch der Bewertung des Tatrichters bedürfen.

247 Vgl. *K. Schmidt*, Gesellschaftsrecht, 4. Auflage, 2002, § 58 II.1.
248 Vgl. *Ruh*, VergabeR 2006, 718 (734).
249 Vgl. OLG Koblenz, Beschluss v. 26.10.2005, Verg 4/05, VergabeR 2006, 392 (400).

im Rahmen eines Auftrags benötigt werden. Zwar ist dies ein Punkt, den eine Bietergemeinschaft noch nicht zwingend in ihre Abreden einbeziehen muss, weil sie nicht weiß, ob überhaupt der Zuschlag auf ihr Angebot erteilt wird. Sie muss aber auf die Zuschlagserteilung, die sie anstrebt, vorbereitet sein. Daher kann es erforderlich oder zumindest sinnvoll sein, bereits vor der Bewerbungs- oder Angebotsphase die Beschaffung der Mittel, möglicherweise durch Kredite, so zu klären, dass sie in dem Zeitraum, in dem sie benötigt werden, sicher zur Verfügung stehen. Die Kooperationspartner müssen sich darüber verständigen, ob sie nach internem Vertragsschluss als Bietergemeinschaft für die Bereitstellung der Mittel sorgen und gegenüber den Finanzierungsinstituten als Kooperation auftreten oder ob jedes Mitglied für einen Teil verantwortlich zeichnet und diesen separat einbringt.

Hinzu kommen die steuerrechtlichen Aspekte, die im Vorfeld der rechtsverbindlichen Bindung der Partner zu bedenken sind. Eine Bietergemeinschaft kann – u. U. nur für bestimmte Steuerarten – selbst Steuersubjekt werden, was im Wesentlichen von der gewählten Rechtsform abhängt.[250] Daran knüpft sich möglicherweise wiederum die Führung einer gemeinsamen Buchhaltung an. In steuerlicher Hinsicht muss die Federführung festgelegt werden.

B. Bedeutung und Auswirkungen des Zusammenschlusses zu einer Bietergemeinschaft für ihre Mitglieder

Die praktischen Überlegungen und Notwendigkeiten lenken den Blick auf die subjektive Seite der Angelegenheit, nämlich darauf, welche Motive und Randbedingungen bei Unternehmen die Entscheidung für oder gegen das Eingehen einer Bietergemeinschaft beeinflussen. Ebenso interessant ist es, die Einschätzung einer Bietergemeinschaft von Seiten des Auftraggebers zu hinterfragen.

Infolge der unternehmerischen und kaufmännischen Gründe, die potenzielle Bieter veranlassen, eine Kooperation zu bilden, verlagert sich das wirtschaftliche Risiko eines Auftrags auf mehrere Personen oder Betriebe.[251] Ein weiterer Vorteil ist, dass alle Mitglieder einer Bietergemeinschaft Vertragspartner des Auftraggebers werden, also keine Hierarchie zwischen den Unternehmen besteht, was einen positiven Einfluss auf die Gewinnkalkulation aller einzelnen Betriebe hat.

---

250 Vgl. *Gabriel/Benecke/Geldsetzer*, Die Bietergemeinschaft, 2007, Rn. 382 ff.
251 Vgl. *Bärwald*, in: Müller/Hoffmann, Beck'sches Handbuch der Personengesellschaften, 3. Auflage, 2009, § 17 Rn. 2, *Opitz*, Marktmacht und Bieterwettbewerb, 2003, S. 132.

Grundsätzlich dürfte der Zusammenschluss auch motivationsfördernd wirken,[252] weil die Firmen ihre Leistung gezielter erbringen und möglicherweise auch streuen können.

Auf Bieterseite können jedoch andererseits subjektive betriebsinterne Gründe gegen einen Zusammenschluss sprechen. Dies ist zum einen der Wunsch nach der Erhaltung der eigenen Unabhängigkeit. Zum anderen spielen Vertrauensprobleme[253] eine Rolle, die verbunden sind mit der Sorge, aufgrund eines unzulänglichen Verhaltens des Partners die eigenen Ziele nicht durchsetzen zu können, sowie die Befürchtung, dass interne Auseinandersetzungen und Reibungsverluste entstehen könnten.[254]

Für den Auftraggeber ist es eher vorteilhaft, dass ihm eine Bietergemeinschaft bzw. im Fall der Beauftragung eine Arbeitsgemeinschaft gegenübersteht. In der Angebotsphase hat er gegenüber einem Einzelbieter keinen Nachteil, weil die Besonderheiten, die sich durch die Teilnahme von Gemeinschaften an einem Vergabeverfahren ergeben, entweder durch das Vergaberecht geregelt sind oder durch ihn selbst im Rahmen der Vergabeunterlagen beeinflussbar sind. In der Vertragsdurchführungsphase besteht der positive Effekt darin, dass dem Auftraggeber ein einziger Vertragspartner gegenübersteht, so dass, insbesondere bezüglich Gewährleistungs- und Haftungsfragen, der Koordinations- und Verwaltungsaufwand geringer ist als bei der Beauftragung verschiedener einzelner Unternehmer.[255] Dem steht jedoch als Nachteil die mangelnde Möglichkeit einer Risikostreuung gegenüber, wenn z. B. erhebliche Probleme in der Leistungserbringung auftreten.

---

252 Vgl. *Ruh,* VergabeR 2005, 718 (732).
253 Vgl. dazu auch *Korbion,* in: Ingenstau/Korbion, VOB, 17. Auflage, 2010, Anhang 2 Rn. 16, der auf das besondere Vertrauensverhältnis unter den Mitgliedern der Arbeitsgemeinschaft abstellt.
254 Vgl. *Ruh,* VergabeR 2006, 718 (733 ff.).
255 Vgl. *Thierau/Messerschmidt,* NZBau 2007, 129 (129).

Kapitel 3: Rechtsform

Das Vergaberecht selbst ist wegen seiner speziellen Zielsetzung weder darauf ausgelegt noch geeignet, Vorgaben für Bietergemeinschaften in Bezug auf die Einzelheiten und Inhalte der Regelungen über ihren Zusammenschluss zu machen. Ein solcher Zusammenschluss regelt und richtet sich nach den allgemeinen zivil- und gesellschaftsrechtlichen Normen.

A. Fehlender Rechtsformzwang für Bietergemeinschaften

Allerdings enthalten die vergaberechtlichen Vorschriften durchgehend nahezu gleichlautende Bestimmungen, die die Rechtsform von Kooperationen betreffen,[256] was auch mittelbar Auswirkungen auf die Gestaltung des Innenverhältnisses hat. Auftraggeber können danach von *„Bietergemeinschaften"* im Fall der Auftragserteilung und wenn dies für die ordnungsgemäße Ausführung des Auftrags erforderlich ist, die Annahme einer bestimmten Rechtsform verlangen. Obwohl auf den ersten Blick Zielgruppen der Regelungen stets Bietergemeinschaften sind, erschließt sich aus dem Gesamtzusammenhang des Normtextes, dass statt derer wohl eher Arbeitsgemeinschaften gemeint sind, weil die Annahme einer bestimmten Rechtsform mit der Auftragserteilung verknüpft wird. Da Bietergemeinschaften bei Auftragserteilung zu Auftragnehmern und damit zu Arbeitsgemeinschaften werden, könnte dies bedeuten, dass Auftraggeber keinen Einfluss auf die Rechtsform von Bieterzusammenschlüssen nehmen dürfen.

B. Rechtsform von Arbeitsgemeinschaften

Aufgrund des Wortlauts der entsprechenden Bestimmungen in der SektVO und in den Vergabe- und Vertragsordnungen besteht jedoch Unklarheit darüber, zu welchem Zeitpunkt genau der Auftraggeber die Annahme einer bestimmten

---

[256] Art. 4 Abs. 2 RL 2004/18/EG, Art. 11 Abs. 2 RL 2004/17/EG, § 22 SektVO, § 12 Abs. 1 Nr. 2 lit. t VOB/A, § 6a Abs. 8 VOB/A, § 6 Abs. 1 VOL/A, § 6 Abs. 2 EG VOL/A.

Rechtsform von Kooperationen verlangen kann. Konkret wird nicht deutlich, ob er dies bereits *vor* der beabsichtigten Beauftragung der Kooperation, also noch von der *Bietergemeinschaft*, oder erst *nach* dem Zuschlag, somit von der *Arbeitsgemeinschaft*, fordern kann. Nach den Normen in der der VOL/A und im zweiten Abschnitts der VOB/A[257] wird die Option des Auftraggebers *„für den Fall"* der Auftragsvergabe ermöglicht. Dies kann sowohl den Zeitraum vor dem nach der Wertung der Angebote geplanten Zuschlag als auch denselben nach der Beauftragung umfassen. Ebenso unpräzise wird in der SektVO[258] formuliert, dass die Annahme einer bestimmten Rechtsform verlangt werden kann, wenn der Auftrag vergeben werden soll. Lediglich die Regelung in dem ersten Abschnitt der VOB/A spricht von der Rechtsform, die die Bietergemeinschaft *„nach der Auftragsvergabe"* haben muss.[259]

Klarheit bringen letztlich die Regelungen in den EG-Vergaberichtlinien sowie die Rechtsprechung des EuGH für Vergaben oberhalb der Schwellenwerte. Aus den Richtlinien geht hervor, dass von einer Gruppe von Wirtschaftsteilnehmern die Annahme einer bestimmten Rechtsform verlangt werden kann, *„nachdem"* der Zuschlag auf ihr Angebot erteilt worden ist.[260] Über diese Vorgaben hinaus gehend darf das nationale Recht keine weitergehenden Bestimmungen enthalten, wonach ein Auftraggeber von einer Bietergemeinschaft fordern kann, dass sie zwecks Einreichung eines Angebots eine bestimmte Rechtsform annimmt.[261] Durch die insoweit eingeräumte Möglichkeit der uneingeschränkten Teilnahme an einer Ausschreibung wird sichergestellt, dass der Zugang von Bietergemeinschaften nicht von solchen unnötigen Erschwernissen abhängt,[262] für die keine sachliche Rechtfertigung besteht. Die Annahme einer bestimmten Rechtsform, die mit einem nicht unerheblichen Aufwand verbunden ist,[263] soll kein Hindernis darstellen,[264] das den Grundsätzen des Wettbewerbs und der Gleichbehandlung mit Einzelbietern letztlich entgegenstehen würde.

---

257 § 6 Abs. 1 VOL/A, § 6 Abs. 2 EG VOL/A.
258 § 22 SektVO.
259 § 12 Abs. 1 Nr. 2 lit. t VOB/A.
260 Art. 4 Abs. 2 RL 2004/18/EG, Art. 11 Abs. 2 RL 2004/17/EG, vgl. auch *Noch,* BauRB 2005 (389), *Prieß,* Handbuch des europäischen Vergaberechts, 3. Auflage, 2005, 269.
261 Vgl. EuGH, Urteil v. 18.12.2007, C-357/06, *„Triuggio",* NZBau 2008, 397 (399), das Urteil bezieht sich auf Art. 26 Abs. 1 und 2 der RL 92/50/EWG, der Art. 4 Abs. 2 RL 2004/18/EG und Art. 11 Abs. 2 RL 2004/17/EG entspricht, vgl. auch EuGH, Urteil v. 23.01.2003, C 57/01, *„Makedoniko Metro",* VergabeR 2003, 155 (161).
262 Vgl. *Schranner,* in: Ingenstau/Korbion, VOB, 17. Auflage, 2010, VOB/A § 6a Rn. 22.
263 Vgl. *Weyand,* Praxiskommentar zu GWB, VgV, VOB/A, VOL/A und VOF, 2. Auflage, § 6 VgV Rn. 3269, auch *Noch,* BauRB 2005, 385 (389).
264 Vgl. EuGH, Urteil v. 18.12.2007, C-357/06, *„Triuggio",* NZBau 2008, 397 (399), auch OLG Naumburg, Beschluss v. 21.12.2000, Juris Tz. 35, dazu auch *Diercks,* VergabeR 2003, 86 (86 f.).

I. Gründe für die Vorgabe der Rechtsform von Arbeitsgemeinschaften

Dass die Vergabestelle dagegen bei Arbeitsgemeinschaften eine Rechtsform vorschreiben kann, wird als Ausgleich zwischen den Interessen von auftretenden Bieterzusammenschlüssen und den Belangen der öffentlichen Auftraggeber angesehen. Den Kooperationen soll einerseits die Teilnahme am Wettbewerb nicht erschwert werden, während andererseits den Auftraggebern eine Möglichkeit eingeräumt wird, auf die ordnungsgemäße Durchführung des Auftrags hinzuwirken.[265]

Auch die Regelungen, die die innerstaatlichen Vergaben betreffen, sind vor diesem Hintergrund auszulegen, so dass bei Ausschreibungen unterhalb der Schwellenwerte das gleiche gelten muss. Dies wird im Übrigen zusätzlich durch praktische Gründe gestützt, da die entsprechenden Vorkehrungen für die Annahme einer bestimmten Rechtsform innerhalb der knappen Binde- und Zuschlagsfristen zeitlich praktisch kaum möglich sind. Damit kann der Auftraggeber Bietergemeinschaften keine Vorgaben hinsichtlich der Ausgestaltung ihrer Rechtsformregelungen machen, so dass die Kooperationen in dem Zeitraum zwischen Beginn des Zusammenschlusses und Beendigung des Vergabeverfahrens diesbezüglich völlig frei in ihrer Entscheidung sind.

II. Voraussetzung für eine bestimmte Rechtsform von Arbeitsgemeinschaften

Der Auftraggeber hat nur dann das Recht, von einer Arbeitsgemeinschaft eine bestimmte Rechtsform zu fordern, wenn dies für die ordnungsgemäße Durchführung des Auftrags notwendig ist. „Ordnungsgemäße Durchführung" ist ein unbestimmter Rechtsbegriff, der je nach den Umständen des Einzelfalls zu konkretisieren ist. Es müssen aber in jedem Fall objektive Gründe vorliegen;[266] einseitige Überlegungen der Vergabestelle reichen nicht aus, um das genannte Tatbestandsmerkmal auszufüllen. Dem Auftraggeber obliegt die Darlegungs- und Beweislast für das Vorhandensein der Gründe, weil er sie zu seinen Gunsten geltend macht.

Die Ausführung eines Auftrags bezieht sich auf die Vertragsphase, die ab dem Zuschlag auf das Angebot beginnt und durch den Inhalt des Angebots, die VOB/B bzw. die VOL/B sowie die gesetzlichen Vorschriften bestimmt wird. Im

---

265 Vgl. KG, Beschluss v. 04.07.2002, KartVerg 8/02, VergabeR 2003, 84 (85).
266 Vgl. *Hausmann*, in: Kulartz/Marx/Portz/Prieß, Kommentar zur VOL/A, 1. Auflage, 2007, § 7a Rn. 138.

Regelfall hängt die ordnungsgemäße Ausführung eines Auftrags nicht von der Rechtsform des Auftragnehmers ab, da dessen Eignung bereits vor dem Zuschlag überprüft und als vorhanden angesehen worden ist. Es kann jedoch Ausnahmefälle geben, die mit den Besonderheiten der jeweiligen vertraglichen Konstellationen zusammenhängen.

Eine solche Ausnahme kann vorliegen, wenn die für die Erfüllung des Auftrags erforderlichen finanziellen Mittel und die Haftung des Auftragnehmers in ausreichendem Maß über einen längeren Zeitraum sichergestellt werden muss. Dafür kann eine juristische Person mitunter bessere Gewähr bieten als eine natürliche Person bzw. eine Personengesellschaft. Derartige Fallkonstellationen sind insbesondere möglich bei Baukonzessionen oder bei ÖPP-Vorhaben,[267] bei denen die Vertragsdauer länger ist als bei üblichen Bauprojekten oder Lieferaufträgen.

Das KG hat die Ansicht vertreten, dass ein Auftraggeber von einer Bieterkooperation die Annahme der Rechtsform einer juristischen Person verlangen kann, wenn der Auftragsgegenstand und die weitere Ausgestaltung des Auftrags es erfordern, dass der Auftragnehmer als beliehenes Unternehmen im Sinn des § 44 Abs. 3 LHO Berlin tätig wird.[268] Dem ist zuzustimmen, da § 44 Abs. 3 LHO Berlin für eine Beleihung objektiv eine juristische Person voraussetzt.

III. Umfang der Vorgabe

Die Forderung nach einer juristischen Person als Vertragspartner führt zu allgemeinen Problemen, die mit der Annahme einer bestimmten Rechtsform verknüpft sind. Zunächst fragt es sich, wie weit das Recht des Auftraggebers geht, d. h. wie konkret die Forderung nach einer spezifischen Rechtsform sein kann. Wenn, wie in dem vom KG zu entscheidenden Fall, eine juristische Person notwendig ist, kann die Vergabestelle auch nur – allgemein – eine derartige Rechtsform verlangen. Damit darf sie nicht über die Erfordernisse, die nach dem objektiven Sachverhalt vorliegen, hinausgehen. Der Arbeitsgemeinschaft verbleibt in dem zu beurteilenden Fall das Recht, zu entscheiden, welche juristische Person sie gründet. Etwas anderes kann nur gelten, wenn der Auftraggeber weitere, wiederum objektive Gründe anführen kann, die die Gründung einer ganz spezifischen juristischen Person erforderlich machen.

---

267 Vgl. dazu *Bornheim*, BauR 2009, 567 (568), *Summa*, in: JurisPK-VergR, 2. Auflage, 2008, § 22 SektVO Rn. 24.
268 Vgl. KG, Beschluss v. 04.07.2002, KartVerg 8/02, VergabeR 2003, 84 (85).

IV. Form der Vorgabe

Im Hinblick darauf, dass die Vergabestelle während der Ausschreibung keine spezielle Rechtsform von einem Bieterzusammenschluss verlangen, im Regelfall aber bereits bei der Einleitung des Vergabeverfahrens deren Notwendigkeit in der Vertragsphase absehen kann, ist die Frage zu klären, wie sie auf dieses Erfordernis hinwirken und es durchsetzen kann. Da der Auftraggeber die Bedingungen des Auftrags im Sinne einer präzisen Beschreibung anzugeben hat,[269] muss er auch darauf hinweisen, dass der Auftragnehmer nach Auftragserteilung eine bestimmte Rechtsform annehmen muss. Dadurch kann zwar der potenzielle Kreis der Wettbewerbsteilnehmer auf diejenigen eingeschränkt werden, die diese Voraussetzung bereits zu diesem Zeitpunkt erfüllen oder ihr jedenfalls später entsprechen wollen. Diese Einschränkung widerspricht nicht dem zu beachtenden Wettbewerbsgrundsatz, denn sie ist sachlich gerechtfertigt. Sie dient vielmehr der Transparenz, denn die Wettbewerber, insbesondere Bietergemeinschaften, werden so in Lage versetzt, rechtzeitig vor einer zeitlich und finanziell aufwändigen Beteiligung an der Ausschreibung zu überprüfen, ob und ggf. wie sie die nach Zuschlag geltenden Bedingungen realisieren können und wollen.

V. Konsequenzen

Ist eine Bietergemeinschaft trotz entsprechender Vorgaben in der Bekanntmachung bzw. in den Vergabeunterlagen nicht bereit, die nach dem Zuschlag vom Auftraggeber geforderte Rechtsform anzunehmen, kann dieser allenfalls Schadenseratzansprüche geltend machen. Abgesehen von den Nachteilen, die mit deren Durchsetzung verbunden ist, muss die Vergabestelle weitere negative Auswirkungen, nämlich evtl. sogar die Wiederholung der Ausschreibung, hinnehmen. An diesem Punkt wird jedoch der vom KG erwogene Ausgleich zwischen den Interessen der Bietergemeinschaft und des Auftraggebers[270] deutlich: Die uneingeschränkte Teilnahme von Kooperationen am Wettbewerb ist höher zu bewerten als das Interesse der Vergabestelle, durch einschränkende Vorgaben schon im Vergabeverfahren auf die vorerwähnte ordnungsgemäße Durchführung des Vertrags hinzuwirken.

---

269 Vgl. § 12 Abs. 1 Nr. 2 lit. t VOB/A.
270 Vgl. KG, Beschluss v. 04.07.2002, KartVerg 8/02, VergabeR 2003, 84 (85).

VI. Ergebnis

Eine bestimmte Rechtsform kann nur von Arbeitsgemeinschaften, also erst nach Zuschlagserteilung durch den Auftraggeber, gefordert werden. Unabdingbares Kriterium dafür ist, dass ohne Annahme der Rechtsform die ordnungsgemäße Ausführung des Auftrags nicht sichergestellt ist. Dafür ist der Auftraggeber darlegungs- und beweispflichtig. Die Art der Rechtsform kann nur vorgegeben werden, wenn sich dies aus zwingenden Notwendigkeiten ergibt.

Ein sachlicher Grund, dass nur von Bietergemeinschaften, nicht jedoch von Einzelbietern unter bestimmten Voraussetzungen die Annahme einer Rechtsform verlangt werden kann, ist jedoch nicht ersichtlich. Aus Gründen der Gleichbehandlung erscheint deshalb die Ausdehnung einer diesbezüglichen gesetzlichen Forderung auf Einzelbieter geboten.[271]

---

[271] *Lux,* Bietergemeinschaften im Schnittfeld von Gesellschafts- und Vergaberecht, 2009, 54, auch unter Hinweis auf *Terwiesche,* VergabeR 2009, 26 (38), der die auf Bietergemeinschaften beschränkte Regelung sogar für europarechtswidrig hält.

Kapitel 4: Rechtsverbindlicher Zusammenschluss einer Bietergemeinschaft

Die eigentliche Bildung einer Bietergemeinschaft erfolgt mittels des rechtsverbindlichen Zusammenschlusses der Mitglieder durch ausdrücklichen oder möglicherweise nur konkludent abgeschlossenen Vertrag. In diesem Zusammenhang ergeben sich zu klärende Fragen nach der Rechtsnatur des Vertrags, den einzelnen Regelungen, die nicht nur das Innenverhältnis betreffen, sondern bereits auf die Teilnahme der Kooperation am Vergabeverfahren ausgerichtet sein müssen, sowie nach den daraus resultierenden Rechtsfolgen.

A. Gesellschaft bürgerlichen Rechts (GbR)

Primäres Ziel der Einzelbieter, die sich zu einer Bietergemeinschaft vereinigen wollen, ist nicht, sich gegenseitig schuldrechtlich zu verpflichten, sondern gemeinsame, gleichgerichtete Interessen zu verfolgen. Dies ist das typische Merkmal einer Personengesellschaft.[272] Soweit Bietergemeinschaften nicht aus besonderen Gründen eine andere, spezielle Rechtsform, insbesondere die einer Kapitalgesellschaft wählen, wird die Kooperation im Regelfall als GbR nach §§ 705 ff. BGB gebildet bzw. einzustufen sein.[273] Bei der GbR handelt es sich um das Grundmodell einer Personengesellschaft.[274]

---

272 Vgl. *Sauter*, in: Müller/Hoffmann, Beck'sches Handbuch der Personengesellschaften, 3. Auflage, 2009, § 2 Rn. 10, *Schücking*, in: Gummert/Weipert, Münchener Handbuch des Gesellschaftsrechts, Band 1, 3. Auflage, 2009, § 1 Rn. 5.

273 Vgl. OLG Celle, Beschluss v. 05.09.2007, 13 Verg 9/07, NZBau 2007, 663 (664), KG Berlin, Beschluss v. 07.05.2007, 23 U 31/06, Veris, S. 3 f., OLG Koblenz, Beschluss v. 08.02.2001, 1 Verg 5/00, VergabeR 2001, 123 (125), VK Brandenburg, Beschluss v. 21.12.2004, VK 64/04, Veris, 11, *Bärwaldt*, in: Müller/Hoffmann, Beck'sches Handbuch der Personengesellschaften, 3. Auflage, 2009, § 17 Rn. 27, *Burchardt/Class*, in: Burchardt/Pfülb, ARGE-Kommentar, 4. Auflage, 2006, Exkurs Bietergemeinschaftsvertrag Rn. 1, *Byok*, NJW 2006, 2076 (2077), *Ewers*, in: Prieß/Hausmann/Kulartz, Beck'sches Formularbuch Vergaberecht, 1. Auflage, 2004, B.III.1.1, *Gabriel/Benecke/Geldsetzer*, Die Bietergemeinschaft, 2007, Rn. 154, *Immenga*, DB 1984, 385 (385), *Baldringer*, in: Jagenburg/Schröder, Der ARGE-Vertrag, 2. Auflage, 2008, Einl. Rn. 50, *Koeble/Schwärzel-Peters*, DStR 1996, 1734 (1734), *Lux*, Bietergemeinschaften im Schnittfeld von Gesellschafts- und Vergaberecht, 2009, 46 ff., 84, *Mantler* in: Gummert/Weipert, Münchener Handbuch des Gesellschaftsrechts, Band 1, 3. Auflage, 2009, § 26 Rn. 72, *Ohrtmann*, VergabeR 2008, 426 (427), vgl. für die ARGE: *Hertwig/Nelskamp*, BauRB 2004,

I. Mustervertrag

Seit Jahrzehnten gibt es für Arbeitsgemeinschaften einen sog. ARGE-Mustervertrag, den der Hauptverband der Deutschen Bauindustrie e.V. erarbeitet und herausgegeben hat.[275] Da Arbeitsgemeinschaften und damit deren vertragliche Grundlagen ursprünglich eher bei der Vergabe von Bauleistungen als bei allgemeinen Dienst- oder Lieferleistungen auftraten,[276] bot es sich in diesem Bereich an, ein Muster zu entwickeln. Nachdem sich Rechtsprechung und Literatur während einiger Jahrzehnte in erster Linie auf Arbeits-, nicht jedoch ausdrücklich auf Bietergemeinschaften bezogen, sich aber eine bewusste Differenzierung in den letzten Jahren herausgebildet hat,[277] kam es – erst viel später – zu der Erarbeitung des Musters eines Bietergemeinschaftsvertrags.[278] Es enthält die wesentlichen Eckpunkte der Zusammenarbeit einer Bieterkooperation und sieht darüber hinaus, aufschiebend bedingt durch die Auftragserteilung, vor, dass sich die Mitglieder zu einer Arbeitsgemeinschaft zusammenschließen. Dafür wird im Voraus vereinbart, dass sich ihre Rechtsbeziehungen nach dem ARGE-Mustervertrag richten.[279]

Der Mustervertrag ist selbstverständlich nicht die einzige Möglichkeit einer Grundlage für den Bietergemeinschaftsvertrag. Er kann aber wesentliche Anhaltspunkte für den Inhalt bieten.

---

183 (183), *Joussen*, BauR 1999, 1063 (1063), *Korbion*, in: Ingenstau/Korbion, VOB, 17. Auflage 2010, Anhang 2, Rn. 5, *Kornblum*, ZfBR 1992, 9 (9), *Maasch*, ZHR 150 (1986), 657 (657), *Messerschmidt/Thierau*, NZBau 2007, 679 (681 f.), MünchKommBGB/*Ulmer*, Band 5, 5. Auflage, 2009, Vor § 705 Rn. 47 ff., *Rusam/Weyand*, in: Heiermann/Riedl/Rusam, Handkommentar zur VOB, 11. Auflage, 2008, A § 8a Rn. 16, *K. Schmidt*, DB 2003, 703 (704), *Schneider/ Terschüren*, IBR-online 2005, Nr. 3, *Schwarz*, ZfBR 2007, 636 (636 f.), Soergel/*Hadding*, Band 5/1, 12. Auflage, 2007, Vor § 705 Rn. 45, Staudinger/*Habermeier*, Buch 2, 13. Auflage, 2003, Vorbem. zu §§ 705-740 Rn. 73, *Thierau/Messerschmidt*, NZBau 2007, 129 (129 f.).

274 Vgl. *Hopt*, in: Baumbach/Hopt, Handelsgesetzbuch, 34. Auflage, 2010, Einl. v. § 105 Rn. 14, *Sauter*, in: Müller/Hoffmann, Beck'sches Handbuch der Personengesellschaften, 3. Auflage, 2009, § 2, Rn. 3, Soergel/*Hadding*, Band 5/1, 12. Auflage, 2007, Vor § 705 Rn. 14.

275 Vgl. Burchardt/Pfülb, ARGE-Kommentar, 4. Auflage, 2006, S. V und XI, wonach der ARGE-Mustervertrag seit der Fassung 1971 kommentiert wird. Die ersten Vorläufer des Mustervertrags wurden in den 30-er Jahren des 20. Jahrhunderts herausgegeben, vgl. auch *Thierau/ Messerschmidt*, NZBau 2007, 129 (133), *Zerhusen/Nieberding*, BauR 2006, 296 (297).

276 Vgl. Einleitung, I und Erster Teil, Kapitel 1, A.

277 Vgl. Einleitung, I und Erster Teil, Kapitel 1, A.

278 Der Bietergemeinschaftsvertrag wird seit der Fassung von 1997 kommentiert, vgl. Burchardt/ Pfülb, ARGE-Kommentar, 4. Auflage, 2006, S. VII und XI.

279 Vgl. *Burchardt/Pfülb*, in: Burchardt/Pfülb, ARGE-Kommentar, 4. Auflage, 2006, Exkurs Bietergemeinschaften Rn. 45 d ff.

II. Grundlegende Voraussetzungen des Gesellschaftsvertrags

1. Gesellschafter der GbR

Eine GbR muss aus mindestens zwei Gesellschaftern bestehen.[280] Grundsätzlich werden sog. zweigliedrige[281] und mehrgliedrige[282] Gesellschaften gleich behandelt. Allerdings können sich bei einer zweigliedrigen Gesellschaft andere Rechtsfolgen ergeben. So führt das Ausscheiden eines Gesellschafters zwangsläufig zu deren Auflösung, was bei einer mehrgliedrigen nicht notwendig der Fall sein muss.[283]

Gesellschafter einer GbR können sowohl natürliche[284] als auch juristische Personen[285] sein. Gleiches gilt für Personengesellschaften, wie die OGH und die KG.[286] Nach der neueren Rechtsprechung des BGH kann selbst eine GbR ihrerseits Gesellschafterin einer anderen GbR werden.[287]

Schranken bezüglich der Mitglieder einer Bietergruppe gibt es allerdings aus vergaberechtlicher Sicht. Keines ihrer Unternehmen darf zu den Teilnehmern gehören, die vom Wettbewerb ausgeschlossen sind.[288] Die entsprechenden Regeln in den Vergabe- und Vertragsordnungen sind allerdings, jedenfalls im Bereich der EU-weiten Vergaben, restriktiv auszulegen, da nach der Rechtsprechung des

---

280 Vgl. BGH, Urteil v. 10.05.1978, VIII ZR 32/77, BGHZ 71, 296 (300), MünchKommBGB/*Ulmer*, Band 5, 5. Auflage, 2009, Vor § 705 Rn.1, *Ulmer*, ZIP 2001, 585 (588).
281 Zum Begriff vgl. OLG Celle, Beschluss v. 03.12.2009, 13 Verg 14/09, VergabeR 2010, 230 (236), *Landsittel*, in: Müller/Hoffmann, Beck'sches Handbuch der Personengesellschaften, 3. Auflage, 2009, § 8 Rn. 13, 129.
282 Vgl. zum Begriff OLG Schleswig-Holstein, Urteil v. 25.04.2008, 1 U 77/07, Juris Tz. 34, *Sauter*, in: Müller/Hoffmann, Beck'sches Handbuch der Personengesellschaften, 3. Auflage, 2009, § 2 Rn. 11.
283 Vgl. § 736 BGB; wegen weiterer Einzelheiten wird auch auf Zweiter Teil, Kapitel 4, III., 3., b., cc. verwiesen.
284 Vgl. *Happ/Möhrle*, in: Gummert/Weipert, Münchener Handbuch des Gesellschaftsrechts, Band 1, 3. Auflage, 2009, § 5 Rn. 14.
285 Vgl. *Müller*, in: Müller/Hoffmann, Beck'sches Handbuch der Personengesellschaften, 3. Auflage, 2009, § 4 Rn. 6.
286 Vgl. BGH, Urteil v. 27.11.1958, II ZR 99/57, WM 1959, 288 (288), Urteil v. 25.01.1984, VIII ZR 227/82, NJW 1984, 2284 (2285), *Hopt* in Baumbach/Hopt, Handelsgesetzbuch, 34. Auflage, 2010, § 105, Rn. 28.
287 Vgl. BGH, Urteil v. 02.10.1997, II ZR 249/96, NJW 1998, 376 (376), Urteil v. 16.07.2001, II ZB 23/00, NJW 2001, 3121 (3122). Dieses Ergebnis entspricht der neuen Rechtsprechung des BGH zur Rechts- und Parteifähigkeit einer Außen-GbR, vgl. dazu Zweiter Teil, Kapitel 4, IV.
288 Vgl. dazu § 6 Abs. 1 Nr. 3 VOB/A. Die Parallelvorschrift in der VOL/A, § 6 Abs. 7, ist gegenüber der Vorgängerfassung, § 7 Nr. 6 VOL/A 2006, hinsichtlich ihres persönlichen Anwendungsbereichs erheblich eingeschränkt worden.

EuGH Bieter nicht auf unternehmerisch strukturierte Wirtschaftsteilnehmer, die in erster Linie Erwerbszwecke verfolgen und ständig auf dem Markt tätig sind, beschränkt sind.[289] Damit sind nicht grundsätzlich öffentlich- oder privatrechtlich organisierte Betriebe der öffentlichen Hand als Bieter ausgeschlossen, sondern nur solche, die primär Aufgaben der Daseinsvorsorge wahrnehmen.[290] Sind derartige Unternehmen Mitglieder einer Bietergemeinschaft, ist die Folge der Ausschluss der gesamten Bieterkooperation vom Vergabeverfahren.[291]

2. Form des Gesellschaftsvertrags

a. Formfreiheit

Die gesetzlichen Regelungen bezüglich des Gesellschaftsvertrags, §§ 705 ff. BGB, beziehen sich ausschließlich auf dessen Inhalt. Der Vertrag bedarf also grundsätzlich keiner Form,[292] es sei denn, er beinhaltet auch bestimmte, formbedürftige Verpflichtungen der Vertragspartner, wie z. B. die Beitragspflicht eines Gesellschafters gegenüber der GbR zum Kauf oder Verkauf eines Grundstücks nach § 311 b BGB i.V.m. §§ 6 ff. BeurkundungsG.[293] Eine derartige Konstellation kann bei Ausschreibungen einer Baukonzession oder eines ÖPP-Projektes eine Rolle spielen.[294] Sollte das der Fall sein, unterliegt der gesamte Gesellschaftsvertrag, also nicht nur die einzelne Abrede, dem Formerfordernis der notariellen Beurkundung.[295]

Wegen der grundsätzlichen Formfreiheit können Verträge wahlweise schriftlich, in Textform oder sogar nur mündlich abgeschlossen werden.[296] Empfehlenswert ist ein mündlicher Vertragsschluss jedoch aus offensichtlichen Gründen nicht. Die Abreden weisen in schriftlicher Form nicht nur die nötige Klarheit, sondern auch die ggf. erforderliche Beweiswirkung auf. Dennoch dürfte es bei

---

289 Vgl. EuGH, Urteil v. 23.12.2009, C-305/08, „*CoNISDMa*", NZBau 2010, 188 (190).
290 Vgl. dazu ausführlich *Schranner*, in: Ingenstau/Korbion, VOB, 17. Auflage, 2010, VOB/A § 6 Rn. 57 ff.
291 Vgl. VK Bund, Beschluss v. 20.08.2008, VK 1-111/08, Juris Tz. 63, auch VK Bremen, Beschluss v. 20.08.2009, VK 4/09, Veris, 10.
292 Vgl. JurisPK-BGB/*Bergmann*, Band 2, 5. Auflage, 2010, § 705 Rn. 5, Palandt/*Sprau*, 69. Auflage, 2010, § 705, Rn. 11, MünchKommBGB/*Ulmer*, Band 5, 5. Auflage, 2009, Vor § 705 Rn. 3, 275 ff.
293 Vgl. MünchKommBGB/*Ulmer*, Band 5, 5. Auflage, 2009, § 705 Rn. 33, 36.
294 Vgl. dazu ausführlich *Lux*, Bietergemeinschaften im Schnittfeld von Gesellschafts- und Vergaberecht, 2009, 48 ff.
295 Vgl. BGH, Urteil v. 05.01.1955, IV ZR 154/54, NJW 1955, 544 (544), OLG Koblenz, Urteil v. 04.07.1991, 5 U 725/91, NJW-RR 1992, 614 (614).
296 Vgl. *Sauter*, in: Müller/Hoffmann, Beck'sches Handbuch der Personengesellschaften, 3. Auflage, 2009, § 2, Rn. 16.

Bietergemeinschaften, die sich spontan für die Teilnahme an einem speziellen Ausschreibungsverfahren bilden und nicht aus größeren Unternehmen, sondern aus natürlichen Personen bestehen, nicht völlig unüblich sein, lediglich mündliche Absprachen zu treffen.

b. Stillschweigender Vertragsschluss durch konkludentes Verhalten

Ebenso möglich und unter bestimmten Voraussetzungen durchaus praxisrelevant dürfte ein stillschweigender Vertragsschluss durch konkludentes Verhalten[297] sein, der ebenfalls gerade bei der kurzfristigen Bildung einer Bieterkooperation und bei Kleinunternehmen sowie Einzelbietern vorkommen kann.[298] Dafür reicht es aus, wenn die Beteiligten die Absicht haben, einen gemeinsamen Zweck zu verfolgen.[299] Das schlüssige Verhalten der Gesellschafter muss dahingehend hinterfragt werden, ob sie einen Rechtsbindungswillen haben, wobei Anhaltspunkt dafür das wirtschaftliche Interesse sein kann.[300] Danach ist bei Bieterkooperationen von dem Vorliegen eines stillschweigend geschlossenen Gesellschaftsvertrags auszugehen, wenn die Mitglieder über interne Sondierungsgespräche hinaus nach außen als Gemeinschaft auftreten und sich an einem Vergabeverfahren beteiligen, indem sie als eine solche eine Bewerbung oder ein Angebot abgeben.

Trotz der grundsätzlichen Zulässigkeit von stillschweigend abgeschlossenen Bietergemeinschaftsverträgen treffen sie aus den gleichen Gründen wie mündliche Vereinbarungen auf Bedenken. Das Aushandeln der einzelnen relevanten Punkte und deren schriftliche Formulierung ist demnach der Bedeutung einer Bietergemeinschaft und ihrer Teilnahme an einer von formalen Regeln geprägten Ausschreibung angemessener. Im Vergabeverfahren und in einem sich möglicherweise anschließenden Nachprüfungsverfahren kann der Inhalt des Bietergemeinschaftsvertrags entscheidungserheblich sein.[301] Liegt jedoch tatsächlich lediglich ein stillschweigend geschlossener Vertrag vor, kann dieser nur aufgrund des Verhaltens der Mitglieder und ihrer nachträglichen Erklärungen ausgelegt werden, wobei im Zweifel die gesetzlichen Vorschriften gelten.

---

297 Vgl. *Happ/Möhrle*, in: Gummert/Weipert, Münchener Handbuch des Gesellschaftsrechts, Band 1, 3. Auflage, 2009, § 5 Rn. 51, *Hickl*, in: Burchardt/Pfülb, ARGE-Kommentar, 4. Auflage, 2006, Einführung Rn. 20.
298 Vgl. für die ARGE *Ewers/Scheef*, BauRB 2005, 24 (24).
299 Vgl. *Sauter*, in: Müller/Hoffmann, Beck'sches Handbuch der Personengesellschaften, 3. Auflage, 2009, § 2, Rn. 20.
300 Vgl. Soergel/*Hadding*, Band 5/1, 12. Auflage, 2007, § 705 Rn. 7.
301 Dies ist z. B. der Fall bei der Beurteilung, ob sich die Gesellschaft infolge der Insolvenz eines Mitglieds auflöst oder fortgeführt wird und sie deshalb noch als Bieterin im Vergabeverfahren verbleibt oder nicht; vgl. dazu näher Dritter Teil, Kapitel 2, C., I.

3. Nicht erforderlicher zielgerichteter Wille zur Gründung einer GbR

Gerade im Hinblick darauf, dass auch Einzelpersonen oder kleine Unternehmen eine Bietergemeinschaft bilden können, die diesbezüglich noch keine Erfahrungen haben, stellt sich die Frage, ob ihr Wille explizit auf die Gründung einer GbR im engen rechtlichen Sinn gerichtet sein muss. Das ist nicht der Fall.[302] Es genügt vielmehr ein über das bloße Zusammenwirken hinausgehender Rechtsbindungswille.[303] Dieser liegt bereits vor, wenn die Kooperation den Zweck ihres Zusammenschlusses realisiert und in ihrer Eigenschaft als Bietergemeinschaft nach außen auftritt.[304]

Entscheidend ist, dass die, auch nur konkludent geschlossene Vereinbarung über die Kooperation die Merkmale eines Gesellschaftsvertrags gemäß § 705 BGB aufweist. Damit bestimmt sich die Einordnung eines Bietergemeinschaftsvertrags nach objektiven Kriterien, nicht nach den subjektiven Motiven der sich zusammenschließenden Unternehmen.[305]

4. Rechtsnatur des Gesellschaftsvertrags – Dauerschuldverhältnis in Abgrenzung zu einer Dauer- und Gelegenheitsgesellschaft

Mit dem Gesellschaftsvertrag wird regelmäßig ein Dauerschuldverhältnis begründet, was bedeutet, dass der einmalige Austausch von Beiträgen grundsätzlich nicht ausreicht, um eine GbR anzunehmen.[306] Der Begriff des Dauerschuldverhältnisses in diesem Sinn hat allerdings nichts mit der für eine Bietergemeinschaft relevanten Unterscheidung zu tun, ob eine Dauer- oder Gelegenheitsgesellschaft vorliegt.[307] Die Differenzierung stellt darauf ab, ob eine GbR langfristig als Dauergesellschaft gegründet wurde[308] oder als Gelegenheitsgesellschaft nur vorübergehend bzw. einmalig einen gemeinsamen Zweck verfolgt.[309] Obwohl die §§ 705 ff. BGB sich nicht ausdrücklich auf Dauergesellschaften oder Gelegen-

---

302 Vgl. BGH, Urteil v. 28.10.1959, NJW 1960, 428 (429), *Messerschmidt/Thierau*, NZBau 2007, 679 (682), Soergel/*Hadding*, Band 5/1, 12. Auflage, 2007, § 705 Rn.6.
303 Vgl. Palandt/*Sprau*, 69. Auflage, 2010, § 705 Rn. 11.
304 Vgl. dazu Zweiter Teil, Kapitel 4, A., IV., 4., a.
305 Vgl. *Koller*, in: Koller/Roth/Morck, HGB, 6. Auflage, 2007, § 105 Rn. 8.
306 Vgl. BGH, Urteil v. 08.04.1991, II ZR 35/90, NJW-RR 1991, 1185 (1187), OLG München, Urteil v. 09.02.1968, 8 U 2225/67, NJW 1968, 1384 (1385), Soergel/*Hadding*, Band 5/1, 12. Auflage, 2007, Vor § 705 Rn. 23, Staudinger/*Habermeier*, Buch 2, 13. Auflage, 2003, § 705, Rn. 18.
307 Vgl. Staudinger/*Habermeier*, Buch 2, 13. Auflage, 2003, § 705 Rn. 18.
308 Vgl. Soergel/*Hadding*, Band 5/1, 12. Auflage, 2007, Vor § 705 Rn. 27.
309 Vgl. *Schücking*, in: Gummert/Weipert, Münchener Handbuch des Gesellschaftsrechts, Band 1, 3. Auflage, 2009, § 4 Rn. 7.

heitsgesellschaften beziehen, kann die Art der GbR in bestimmten Einzelfragen eine andere rechtliche Einordnung und Behandlung rechtfertigen,[310] was bei der Gestaltung des Gesellschaftsvertrags berücksichtigt werden sollte.[311]

Bietergemeinschaften treten typischerweise eher als ad-hoc-Kooperationen[312] auf. In dieser Konstellation schließen sie sich entweder einmalig für die Bewerbung um einen Auftrag in einem für sie passenden Vergabeverfahren zusammen,[313] oder sie vereinbaren in derselben Zusammensetzung die Teilnahme bei zukünftigen Ausschreibungen, wobei sie dafür jedes Mal eine neue vertragliche Grundlage schaffen. Sie sind insoweit als Gelegenheitsgesellschaft zu klassifizieren. Dies schließt es jedoch nicht aus, dass Bieterkooperationen grundsätzlich auch eine Dauergesellschaft bilden können. Das ist der Fall, wenn sich Unternehmen auf der Basis eines einmal ausgehandelten Gesellschaftsvertrags in der gewählten Konstellation an einer unbestimmten Anzahl von zukünftigen Vergabeverfahren beteiligen, um sich damit um gleich gelagerte oder ähnlicher Aufträge bewerben. Es ist aber davon auszugehen, dass dieser Fall eher nicht praxisrelevant ist.

5. Zwischenergebnis

Die allgemeinen Anforderungen, die der Zusammenschluss zu einer Bietergemeinschaft als üblicher Gesellschaftsform, der GbR, impliziert, sind weder in tatsächlicher noch in rechtlicher Hinsicht hoch. Bezüglich der Anforderungen an die einzelnen Gesellschafter sowie hinsichtlich der Form des Vertrags gelten keine besonderen Voraussetzungen.

III. Inhalt des Gesellschaftsvertrags

Die §§ 705 ff. BGB enthalten bestimmte unabdingbare, aber auch fakultative Vorgaben für den Inhalt eines GbR-Vertrags. Diese sind unter den Aspekten der Besonderheiten einer Bietergemeinschaft sowie ihrer Aufgaben und Ziele zu sehen.

---

310 Vgl. Staudinger/*Habermeier*, Buch 2, 13. Auflage, 2003, Vorbem. zu §§ 705-740 Rn. 67, § 705 Rn. 18 mit weiteren Nachweisen.
311 Soweit Unterschiede in Bezug auf Bietergemeinschaften relevant sind, werden diese in dem jeweiligen sachlichen Zusammenhang behandelt.
312 Vgl. dazu allgemein *K. Schmidt*, Gesellschaftsrecht, 4. Auflage, 2002, § 58.II 1.
313 Vgl. für die ARGE *Bärwaldt*, in: Müller/Hoffmann, Beck'sches Handbuch der Personengesellschaften, 3. Auflage, 2009, § 17 Rn. 5.

1. Förderung der Erreichung eines gemeinsamen Zwecks, insbesondere durch Beiträge

a. Gemeinsamer Zweck

Die essentiellen Mindestanforderungen an den Inhalt eines Gesellschaftsvertrags einer GbR bestehen nach § 705 BGB in der Festlegung eines gemeinsam zu verfolgenden Gesellschaftszwecks und der Pflicht der Gesellschafter, diesen Zweck in bestimmter Weise zu fördern. Der gemeinsame Zweck bildet als das gemeinschaftsrechtliche Element das charakteristische Merkmal der Gesellschaft.[314] Zweck kann jegliche gemeinsame, überindividuelle Zielsetzung sein, zu deren Realisierung die Parteien sich zusammenschließen.[315]

Die Gemeinsamkeit des Zwecks zeichnet sich dadurch aus, dass jeder Gesellschafter die Förderung von dem anderen beanspruchen kann[316] und dass jeder ihn als den eigenen wie auch als den Zweck des anderen zu fördern verspricht.[317] Insofern wird er auch als Verbandszweck bezeichnet.[318] Die Gemeinsamkeit bedeutet nicht, dass alle Gesellschafter in gleicher Weise zu der Zielsetzung beitragen oder an den Ergebnissen, z. B. den Gewinnen der Gesellschaft, teilhaben; ausreichend ist lediglich die Einigung über die angestrebte überindividuelle Absicht.[319] Aufgrund dieses Merkmals unterscheidet sich die GbR nicht nur von einer einfachen Gemeinschaft,[320] sondern von allen Vertragstypen des Schuldrechts.[321]

Der gemeinsam zu fördernde Gesellschaftszweck einer Bietergemeinschaft wird in dem Ziel gesehen, in einem Vergabeverfahren zusammen ein Angebot zu erarbeiten und einzureichen, um den ausgeschriebenen Auftrag zu erhalten.[322]

---

314 Vgl. MünchKommBGB/*Ulmer*, Band 5, 5. Auflage, 2009, § 705 Rn. 128.
315 Vgl. BGH, Urteil v. 02.06.1997, II ZR 81/96, NJW 1997, 2592 (2592), Soergel/*Hadding*, Band 5/1, 12. Auflage, 2007, § 705 Rn. 35, Staudinger/*Habermeier*, Buch 2, 13. Auflage, 2003, § 705 Rn. 17.
316 Vgl. BGH, Urteil v. 15.04.1965, II ZR 73/62, WM 1965, 795 (759 f.).
317 Vgl. *Lettl*, DB 2004, 365 (366).
318 Vgl. *Weipert*, in: Gummert/Weipert, Münchener Handbuch des Gesellschaftsrechts, Band 1, 3. Auflage, 2009, § 6 Rn. 4.
319 Vgl. *K. Schmidt*, Gesellschaftsrecht, 4. Auflage, 2002, § 59 I 3 b, *Scholz*, NZG 2002, 153 (155).
320 Vgl. Palandt/*Sprau*, 69. Auflage, 2010, § 705 Rn. 3, auch BGH, Urteil v. 29.11.1956, II ZR 282/56, BGHZ 22, 240 (243 f.).
321 Vgl. *Sauter*, in: Müller/Hoffmann, Beck'sches Handbuch der Personengesellschaften, 3. Auflage, 2009, § 2 Rn. 13, *Weipert*, in: Gummert/Weipert, Münchener Handbuch des Gesellschaftsrechts, Band 1, 3. Auflage, 2009, § 6 Rn. 4.
322 Vgl. KG Berlin, Urteil v. 07.05.2007, 23 U 31/06, Juris, Tz. 17, OLG Jena, Beschluss v. 05.12.2001, 6 Verg 4/01, VergabeR 2002, 256 (258), *Bärwaldt*, in: Müller/Hoffmann, Beck'sches Handbuch der Personengesellschaften, 3. Auflage, 2009, § 17 Rn. 27, *Burchardt/Class* in: Burchardt/Pfülb, ARGE-Kommentar, 4. Auflage, 2006, Exkurs Bietergemeinschaftsvertrag Rn. 1, *Korbion*, in: Ingenstau/Korbion, VOB, 17. Auflage, 2010, Anhang 2

Praktisch wird dies in der Regel durch eine bestimmte Arbeitsteilung in Bezug auf die Vorbereitung, Ausarbeitung und Einreichung des Angebots umgesetzt. Von der Zwecksetzung erfasst wird bei dieser Definition nicht nur die aktive Tätigkeit der Gesellschafter, sondern zusätzlich der von einem Dritten abhängige Erfolg, also dem Zuschlag durch die Vergabestelle. Da der gemeinsame Zweck einer GbR nur geringe Einschränkungen erfährt, bestehen formal keine Zweifel, dass dieses Ziel unter § 705 BGB subsumiert werden kann. Die erweiterte Zwecksetzung unter Einbeziehung des Zuschlags hat darüber hinaus den Vorteil, dass der Auflösungszeitpunkt einer Bietergemeinschaft bei Erreichen oder Unmöglichwerden des Zwecks nach § 726 BGB präziser bestimmt werden[323] und im Übrigen die Überleitung in eine Arbeitsgemeinschaft lückenlos erfolgen kann.

Bei Ausfertigung eines schriftlichen Bietergemeinschaftsvertrags ist die Aufnahme des gemeinsamen Zwecks einerseits essentiell, andererseits problemlos. Wenn Kooperationen in einem Vergabeverfahren auftreten, ohne dass ein ausdrücklicher Vertrag geschlossen wurde, ergibt sich die gemeinsame Zielsetzung aus der tatsächlichen Beteiligung, wobei aus den Umständen ermittelt werden muss, ob eine gleichberechtigte Teilnahme aller Bieter als Gemeinschaft oder eine andere Unternehmenseinsatzform gegeben ist.

Einen Sonderfall bilden Bietergemeinschaften, die sich bereits für eine unbestimmte Anzahl von Vergabeverfahren vorformieren.[324] Möglich wäre es, nur einen Gesellschaftsvertrag abzuschließen, dessen Zweck in der erfolgreichen Beteiligung an einer Vielzahl von Ausschreibungen bestehen könnte. Es entspricht aber eher den tatsächlichen und den rechtlichen Notwendigkeiten, für jede konkrete Maßnahme den Zusammenschluss erneut rechtsverbindlich zu vereinbaren. Die Gründe dafür bestehen darin, dass sich die Rolle der Einzelbieter, insbesondere die konkrete Form und das Ausmaß ihrer Beteiligung, und möglicherweise auch ihre Zusammensetzung an der spezifischen Beschaffungsmaßnahme ausrichten werden müssen. Hinzu kommt, dass jedes Unternehmen die Möglichkeit haben muss, aus individuellen Gründen zu entscheiden, ob es überhaupt an einem Vergabeverfahren teilnimmt, ob es ein Einzelangebot einreicht oder ob es sich in einer anderen Art, z. B. als Nachunternehmer, bewirbt. Daher ergibt sich auch bei vorformierten Bietergemeinschaften keine andere Interessen- und Rechtslage in Bezug auf den Gesellschaftszweck als bei Gelegenheitskooperationen.

Rn. 14, *Mantler*, in: Gummert/Weipert, Münchener Handbuch des Gesellschaftsrechts, Band 1, 3. Auflage, 2009, § 26 Rn. 72, *Thierau/Messerschmidt*, NZBau 2007, 129 (133).
323 Vgl. wegen näherer Einzelheiten Zweiter Teil, Kapitel 4, A., III., 3., a.
324 Vgl. dazu auch Zweiter Teil, Kapitel 2, A.

b. Förderung durch Beiträge

Die Abreden über die Förderpflichten der Gesellschafter sind neben der Festlegung des gemeinsamen Zwecks das obligatorische Element des Gesellschaftsvertrags und gleichzeitig notwendiger Bestandteil der mit der Beteiligung an einer GbR begründeten rechtsgeschäftlichen Bindung.[325] Die Förderung erfolgt in Form von Beiträgen.[326] Dies sind die zur Erreichung des gemeinsamen Ziels geschuldeten Leistungen der Gesellschafter.[327] Möglich ist jegliche Art von Beiträgen, die die Gesellschafter im Gesellschaftsvertrag festlegen.[328] Sie können in finanzieller Form oder durch bestimmte Tätigkeiten, Handlungen oder Unterlassungen,[329] erbracht werden.[330] Zuständig für die Festlegung aller Beiträge ist die Gesamtheit der Gesellschafter.[331] Von den Beiträgen im weiten Sinn sind Einlagen zu unterscheiden, ein Begriff, der in einigen Normen der §§ 705 ff. BGB verwendet wird. Dieses sind Mittel, in der Regel Bar- oder Sacheinlagen, die in das Gesellschaftsvermögen zur Vermehrung der Haftungsmasse eingebracht werden.[332] Die Einlagepflicht im engen Sinn ist kein Begriffsmerkmal einer GbR.[333]

aa. Personelle, sachliche und finanzielle Aufwendungen

Da die Fördermöglichkeiten sehr weit gefasst sind, haben die eine Bietergemeinschaft bildenden Einzelunternehmen einen großen Spielraum, sich an der Erreichung des gemeinsamen Ziels zu beteiligen. Inhaltlich sind die Beiträge über den Zweck der GbR definiert.[334] Auch wenn eine Bieterkooperation im Vergleich zu einer Arbeitsgemeinschaft ein geringeres Maß an personeller, sachlicher und fi-

---

325 Vgl. MünchKommBGB/*Ulmer*, Band 5, 5. Auflage, 2009, § 705 Rn. 128, 153, *K. Schmidt*, Gesellschaftsrecht, 4. Auflage, 2002, § 59 I 4.
326 Vgl. § 706 BGB.
327 Erman/*Westermann*, BGB, Band I, 12. Auflage, 2008, § 706, Rn. 1, Soergel/*Hadding*, Band 5/1, 12. Auflage, 2007, § 706 Rn. 1, Staudinger/*Habermeier*, Buch 2, 13. Auflage, 2003, § 706 Rn. 2.
328 Vgl. Erman/*Westermann*, BGB, Band I, 12. Auflage, 2008, § 706, Rn. 1, MünchKommBGB/*Ulmer/Schäfer*, Band 5, 5. Auflage, 2009, § 706 Rn. 2, *K. Schmidt*, Gesellschaftsrecht, 4. Auflage 2002, § 59 II 4.
329 Vgl. Staudinger/*Habermeier*, Buch 2, 13. Auflage, 2003, § 705, Rn. 19.
330 Vgl. *Sauter*, in: Müller/Hoffmann, Beck'sches Handbuch der Personengesellschaften, 3. Auflage, 2009, § 2 Rn. 34.
331 Vgl. MünchKommBGB/*Ulmer/Schäfer*, Band 5, 5. Auflage, 2009, § 706 Rn. 7.
332 Vgl. BGH, Urteil v. 26.11.1979, II ZR 87/79, NJW 1980, 1744 (1744), MünchKommBGB/*Ulmer/Schäfer*, Band 5, 5. Auflage, 2009, § 706 Rn. 4, *K. Schmidt*, Gesellschaftsrecht, 4. Auflage, 2002, § 20 II 3, Staudinger/*Habermeier*, Buch 2, 13. Auflage, 2003, § 706 Rn. 2.
333 Vgl. MünchKommBGB/*Ulmer/Schäfer*, Band 5, 5. Auflage, 2009, § 706 Rn. 4.
334 Vgl. *Bärwaldt*, in: Müller/Hoffmann, Beck'sches Handbuch der Personengesellschaften, 3. Auflage, 2009, § 17, Rn. 66.

nanzieller Ausstattung[335] benötigt, sind doch die gleichen Grundvoraussetzungen für die auszuführende zweckentsprechende Tätigkeit gegeben. In Betracht kommen Geldleistungen, Sachleistungen, Nutzungsüberlassungen an Sachen oder Rechten sowie Dienstleistungen.[336] Letztere sind im Übrigen explizit in § 706 Abs. 3 BGB als eine Form von Beiträgen genannt. Bei der Bildung von Bietergemeinschaften ist das zentrale Problem die Aufteilung der Aufgaben bei der Erarbeitung des Angebots und eines möglichen Nebenangebots, nämlich, wer welche Teile davon erstellt, insbesondere das Leistungsverzeichnis ausfüllt, die erforderliche Kalkulation durchführt und dazu die notwendigen Anfragen bei Lieferanten oder Nachunternehmen vornimmt, welches Unternehmen welche konkreten Unterlagen, d. h. Eigenerklärungen und Nachweise, beibringt, welches bzw. wessen Personal für den organisatorischen Ablauf verantwortlich und dafür bereitzustellen ist, welche bzw. wessen Sachmittel dafür eingesetzt werden, und ob und wie gemeinsame Sachmittel, z. B. Briefbögen mit den Angaben der Bietergemeinschaft, erstellt und finanziert werden. Die Beiträge der Gesellschafter bestehen demzufolge primär in Dienst- und Sachleistungen, möglicherweise auch in einem eher geringeren Beitrag zur finanziellen Ausstattung der GbR sowie evtl. in reinen Gebrauchsüberlassungen.

bb. Höhe der Beiträge

Soweit die Mitglieder der Bietergemeinschaft keine ausdrückliche abweichende Bestimmung in ihrem schriftlichen Gesellschaftsvertrag treffen oder sich, wenn ein solcher nicht vorliegt, aus ihrem Verhalten keine anderen Schlüsse ziehen lassen, gilt die subsidiäre gesetzliche Regelung des § 706 Abs. 1 BGB, wonach die Gesellschafter gleiche Beiträge zu leisten haben. Diese Vorgabe ist für die Beiträge der Einzelunternehmen bei einer Bewerbung als Bieterkooperation in einem Vergabeverfahren nicht immer passend. Abweichungen können sich ergeben, wenn im Rahmen des angestrebten Vertrags mit dem öffentlichen Auftraggeber die vereinbarten Leistungen, die die Einzelunternehmen erbringen, einen unterschiedlichen Umfang haben, wenn ein Unternehmen für die Gesamterstellung des Angebots verantwortlich zeichnet und es damit einen großen Teil der erforderlichen Arbeiten übernimmt oder wenn Einzelgeschäftsführung gegeben ist, die eine Dienstleistung im Sinn des § 706 Abs. 3 BGB darstellt.[337] In allen

---

335 Vgl. für die Arbeitsgemeinschaft *Bärwaldt*, in: Beck'sches Handbuch der Personengesellschaften, 3. Auflage, 2009, § 17, Rn. 66 ff., *Burchardt*, in: Burchardt/Pfülb, ARGE-Kommentar, 4. Auflage, 2006, § 4 Rn. 10, *Korbion*, in: Ingenstau/Korbion, VOB, 17. Auflage, 2010, Anhang 2 Rn. 25 ff.

336 Vgl. BGH, Urteil v. 26.11.1979, II ZR 87/79, NJW 1980, 1744 f. (1745), Palandt/*Sprau*, 69. Auflage, 2010, § 705 Rn. 4.

337 Vgl. MünchKommBGB/*Ulmer/Schäfer*, Band 5, 5. Auflage, 2009, § 706 Rn. 14.

solchen Fällen ist es empfehlenswert, die Beitragsart und die Bewertung[338] im Gesellschaftsvertrag festzulegen. In der Bewertung, auch von Sacheinlagen, sind die Gesellschafter bis an die Grenze der Sittenwidrigkeit[339] frei.[340] Die Festlegung der Beiträge hat zwar keine unmittelbaren Auswirkungen auf die Teilnahme am Vergabeverfahren, aber auf eine mögliche Haftung im Innenverhältnis, jedenfalls der Höhe nach. Bei mündlichen und insbesondere konkludent geschlossenen Verträgen kann die Auslegung bezüglich des Beitragsanteils Probleme bereiten. Hier können die Eingrenzung der von den Gesellschaftern erbrachten Leistungen und ihr Umfang problematisch sein, so dass es bei evtl. Differenzen der Mitglieder schwierig ist, auf die Höhe der einzelnen Beiträge zu schließen.

cc. Treuepflicht, insbesondere in Form des Wettbewerbsverbots

Grundsätzlich haben alle Gesellschafter einer GbR eine Treuepflicht.[341] Sie wird als ein zentraler Rechtsatz der Personengesellschaften[342] und als eine der bedeutendsten Pflichten des Gesellschaftsrechts[343] bezeichnet. Die Mitglieder einer GbR haben alles zu unterlassen, was die Verwirklichung des Gesellschaftszwecks beeinträchtigt.[344] Die allgemeinen Loyalitätspflichten können sich zu konkreten Förderungs- und Interessenwahrungspflichten verdichten.[345] Zu solchen Pflichten gehört ein Wettbewerbsverbot,[346] das auch die Konkretisierung eines Beitrags durch Unterlassen darstellt.[347]

Das Wettbewerbsverbot hat für Bietergemeinschaften eine zentrale Bedeutung, weil es dabei nicht nur um die Unterlassung von konkurrierenden Tätig-

---

338 Vgl. *v. Falkenhausen/Schneider*, in: Gummert/Weipert, Münchener Handbuch des Gesellschaftsrechts, Band 1, 3. Auflage, 2009, § 60, Rn. 33.
339 Vgl. *v. Falkenhausen/Schneider*, in: Gummert/Weipert, Münchener Handbuch des Gesellschaftsrechts, Band 1, 3. Auflage, 2009, § 60, Rn. 34.
340 Palandt/*Sprau*, 69. Auflage, 2010, § 706 Rn. 3.
341 Vgl. *Hueck*, Der Treuegedanke im Recht der Offenen Handelsgesellschaft, in: Festschrift für Rudolf Hübner zum siebzigsten Geburtstag, Jena 1935, S. 72 f., MünchKommBGB/*Ulmer*, Band 5, 5. Auflage, 2009, § 705 Rn. 221 ff., Palandt/*Sprau*, 69. Auflage, 2010, § 705 Rn. 27, *K. Schmidt*, Gesellschaftsrecht, 4. Auflage, 2002, §§ 20 IV 1, 59 III 1 b, Soergel/*Hadding*, Band 5/1, 12. Auflage, 2007, § 705 Rn. 62, Staudinger/*Habermeier*, Buch 2, 13. Auflage, 2003, § 705 Rn. 50 f., *Weipert*, in: Gummert/Weipert, Münchener Handbuch des Gesellschaftsrechts, Band 1, 3. Auflage, 2009, § 6 Rn. 32.
342 Vgl. MünchKommBGB/*Ulmer*, Band 5, 5. Auflage, 2009, § 705 Rn. 221.
343 Vgl. Staudinger/*Habermeier*, Buch 2, 13. Auflage, 2003, § 705 Rn. 50.
344 Vgl. Soergel/*Hadding*, Band 5/1, 12. Auflage, 2007, § 705 Rn. 62.
345 Vgl. *K. Schmidt*, Gesellschaftsrecht, 4. Auflage, 2002, § 20 IV 1.
346 Vgl. JurisPK-BGB/*Bergmann*, Band 2, 5. Auflage, 2010, § 705 Rn. 51, Soergel/*Hadding*, Band 5/1, 12. Auflage, 2007, § 705 Rn. 62, Staudinger/*Habermeier*, Buch 2, 13. Auflage, 2003, § 705 Rn. 19, auch BGH, Urteil v. 05.12.1983, II ZR 242/82, NJW 1984, 1351 (1352).
347 Vgl. Staudinger/*Habermeier*, Buch 2, 13. Auflage, 2003, § 705 Rn. 19.

keiten gegenüber der Gesellschaft und den Mitgesellschaftern geht,[348] sondern der Schutz des Wettbewerbs als Kernprinzip des Vergaberechts von dem gemeinsamen Zweck einer Bietergemeinschaft – zumindest mittelbar – erfasst sein muss. Vergaberechtlich wird die Frage, ob die Abgabe eines eigenen Angebots durch ein Mitglied einer Bieterkooperation bzw. eine Mehrfachbeteiligung an einer Ausschreibung in anderer Art gegen den Wettbewerbsgrundsatz verstößt und ob dies den Ausschluss auch des Angebots der Gemeinschaft zur Folge hat, diskutiert.[349] Der EuGH hat durch ein Urteil klargestellt, dass ein Unternehmen, das einer Bietergemeinschaft angehört, grundsätzlich auch ein eigenes Angebot abgeben kann.[350] Allerdings müssen die Angebote der Bieterkooperation und des Mitglieds unabhängig voneinander erstellt worden sein.[351] Ist das nicht der Fall, stellt die Einreichung eines eigenen Angebots durch ein der Bieterkooperation angehörendes Einzelunternehmen, ebenso wie eine andere Art der Mehrfachbeteiligung eines Gesellschafters mit der gleichen Leistung in einem Vergabeverfahren,[352] im Regelfall eine Verletzung des Wettbewerbsverbots dar. Im Ergebnis hat daher die Verletzung der Verpflichtung, der GbR keine konkreten Geschäftschancen zu nehmen, die ihr durch die Abgabe eines sorgfältig vorbereiteten und erstellten Angebots entstehen,[353] weitreichende Folgen.

Eine andere Konkretisierung der Treuepflicht ergibt sich für Bieterzusammenschlüsse aus der Notwendigkeit, dass jedes Einzelunternehmen, nicht die Bietergemeinschaft als solche, die Zuverlässigkeit durch adäquate Eigenerklärungen und ggf. vom Auftraggeber geforderte Unterlagen nachweisen muss.[354] Kommt ein Unternehmen dieser Pflicht nicht nach, kann der Zweck der Gesellschaft nicht erreicht werden. Denn dann ist die Eignung der Kooperation im Vergabeverfahren nicht nachgewiesen, was zum Ausschluss des Angebots und damit zu einem Scheitern der Realisierung des gemeinsamen Gesellschaftszwecks führt.

Bei schriftlichen Verträgen ist es angezeigt, die Treuepflicht in konkreten Ausgestaltungen explizit zu vereinbaren. Dies geschieht durch eine entsprechende Regelung im Gesellschaftsvertrag. Der Mustervertrag enthält derartige Klauseln, wonach sich die Gesellschafter verpflichten, sich nicht anderweitig

---

348 Vgl. MünchKommBGB/*Ulmer*, Band 5, 5. Auflage, 2009, § 705 Rn. 223.
349 Die Einzelheiten werden im Dritten Teil, Kapitel 3, B. dargestellt.
350 Vgl. EuGH, Urteil v. 23.12.2009. Rs. C-376/08, „Serrantoni", NZBau 2010, 261.
351 Vgl. EuGH, Urteil v. 23.12.2009. Rs. C-376/08, „*Serrantoni*", NZBau 2010, 261 (263), *Wirner*, IBR 2010, 103 (103).
352 Vgl. *Bärwaldt*, in: Beck'sches Handbuch der Personengesellschaften, 3. Auflage, 2009, § 17 Rn. 32.
353 Vgl. grundsätzlich BGH, Urteil v. 12.06.1989, II ZR 334/87, DB 1989, 1762 (1764).
354 Wegen der Einzelheiten wird auf den Dritten Teil, Kapitel 3, A., V., 2., b. verwiesen.

um einen Auftrag zu bemühen,[355] sowie jedes Unternehmen versichert, dass keine Gründe für seinen Ausschluss von der Vergabe öffentlicher Aufträge vorliegen und es eine steuerrechtliche Freistellungsbescheinigung vorweisen kann.[356] Ausreichend ist es allerdings einerseits, bei dem Verbot der Mehrfachbeteiligungen Offerten auszunehmen, die unabhängig von der der Bietergemeinschaft erfolgen. Günstiger ist es dagegen andererseits, die Verpflichtungen der Mitglieder bezüglich ihrer Zuverlässigkeit sowohl zeitlich, also auch für die Zukunft, als auch inhaltlich auszudehnen. Danach müssten sich die Gesellschafter verpflichten, sämtliche Voraussetzungen ihrer absoluten Zuverlässigkeit während des gesamten Vergabeverfahrens zu schaffen und zu erhalten. Bei lediglich konkludent abgeschlossenen Verträgen ist der Umfang der Treuepflicht aus dem vereinbarten Gesellschaftszweck und den sonstigen Bestimmungen abzuleiten, so dass alle Handlungen der Gesellschafter an diesem Maßstab zu messen sind. Eine Pflichtverletzung kann im Innenverhältnis zu Haftungsansprüchen gegen denjenigen führen, der den Verstoß schuldhaft realisiert hat.

c. Zwischenergebnis

Gesellschaftszweck einer sich zu einer GbR zusammenschließenden Bietergemeinschaft ist die Teilnahme an Vergabeverfahren mit dem Ziel, den jeweiligen Auftrag zu erhalten. Diesen Zweck fördern die Gesellschafter durch in der Regel unterschiedlich zu bemessende Beiträge, die primär in Dienst-, daneben aber auch in Sachleistungen bestehen. Besonders hervorzuheben ist bei Bieterkooperationen die mit der Erreichung des Gesellschaftszwecks verbundene Treuepflicht in Form eines Wettbewerbsverbotes.

2. Geschäftsführung und Vertretung

Nach den vergaberechtlichen Bestimmungen müssen Bietergemeinschaften in ihrem Angebot, spätestens vor Zuschlagserteilung, eines ihrer Mitglieder als bevollmächtigten Vertreter für den Abschluss und die Durchführung des Vertrags mit dem öffentlichen Auftraggeber benennen. Obwohl nach dem Wortlaut offensichtlich nicht klar ist, ob es sich um eine Vertretung der Bieter- oder erst

---

355 Vgl. *Burchardt/Class,* in: Burchardt/Pfülb, ARGE-Kommentar, 4. Auflage, 2006, Exkurs Bietergemeinschaftsvertrag Rn. 22b, 24.
356 Vgl. *Burchardt/Class,* in: Burchardt/Pfülb, ARGE-Kommentar, 4. Auflage, 2006, Exkurs Bietergemeinschaftsvertrag Rn. 66.

der darauf folgenden Arbeitsgemeinschaft handelt,[357] steht es Bieterkooperationen frei, einen Vertreter zu bestimmen. Die Option entspricht zwar nicht dem Regelfall, den die gesellschaftsrechtlichen Vorschriften zu der Vertretung einer GbR, §§ 709 ff. BGB, vorgeben. Diese sind ihrerseits jedoch dispositiv[358] und lassen verschiedene Abweichungsmöglichkeiten zu. Das gesellschaftsrechtliche Merkmal der Vertretungsregelungen ist die Verknüpfung mit den Bestimmungen über die Geschäftsführung. Somit kann unter Beachtung des Bedeutungsunterschiedes zwischen der Geschäftsführung und der Vertretung eine Vereinbarung im Bietergemeinschaftsvertrag oder eine gesonderte Regelung getroffen werden. Eine solche sieht auch der Mustervertrag vor.[359]

Geschäftsführung und Vertretung sind insoweit zu unterscheiden, als dass aus der Geschäftsführungsbefugnis folgt, ob eine Maßnahme wirksam vorgenommen werden kann oder sogar muss;[360] die Befugnis regelt das rechtliche „Dürfen".[361] Die Geschäftsführung wird nicht für die einzelnen Gesellschafter persönlich, sondern für die Gruppe als Personenverband ausgeübt.[362]

Aus der Vertretungsmacht, die sich auf das rechtliche „Können"[363] bezieht, ergibt sich, ob eine Maßnahme als rechtsgeschäftliches Handeln namens der Gesellschaft[364] wirksam gegenüber Dritten vorgenommen werden kann.[365] Vertre-

---

357 § 13 Abs. 5 VOB/A, § 13 Abs. 6 VOL/A, § 16 Abs. 6 EG VOL/A, vgl. wegen der Einzelheiten Dritter Teil, Kapitel 1, B.
358 Vgl. MünchKommBGB/*Ulmer/Schäfer*, Band 5, 5. Auflage, 2009, § 709 Rn.1.
359 Vgl. Burchardt/Pfülb, ARGE-Kommentar, 4. Auflage, 2006, Bietergemeinschaftsvertrag, § 2, 92.
360 Vgl. Soergel/*Hadding*, Band 5/1, 12. Auflage, 2007, § 709 Rn. 2.
361 Vgl. MünchKommBGB/*Ulmer/Schäfer*, Band 5, 5. Auflage, 2009, § 709 Rn. 9.
362 Vgl. MünchKommBGB/*Ulmer/Schäfer*, Band 5, 5. Auflage, 2009, § 709 Rn. 4, *v. Difurth*, in: Gummert/Weipert, Münchener Handbuch des Gesellschaftsrechts, Band 1, 3. Auflage, 2009, § 7 Rn. 3.
363 Vgl. MünchKommBGB/*Ulmer/Schäfer*, Band 5, 5. Auflage, 2009, § 709 Rn. 9.
364 Nach dem Wortlaut des § 714 BGB ist der Geschäftsführer im Zweifel auch ermächtigt, die „anderen Gesellschafter" Dritten gegenüber zu vertreten. Dieser spricht somit für eine Vertretung der einzelnen Mitgesellschafter. Die GbR ist jedoch als rechtsfähig anzusehen, soweit sie durch Teilnahme am Rechtsverkehr eigene Rechte und Pflichten begründet. Insoweit wird entgegen dem Wortlaut des § 714 BGB die Gesellschaft vertreten. Dieser Ansicht wird hier gefolgt. Wegen weiterer Einzelheiten und der Begründung wird auf den Zweiten Teil, Kapitel 4, A., IV. verwiesen; vgl. für eine Vertretung der Gesellschafter: *Derleder*, BB 2001, 2485 (2486), *Heil*, NZG 2001, 300 (302), für eine mögliche Vertretung der Gesellschaft: BGH, Urteil v. 29.01.2001, II ZR 331/00, BauR 2001, 775 (777 f.), *Geibel*, WM 2007, 1496 (1499), MünchKommBGB/*Ulmer/Schäfer*, Band 5, 5. Auflage, 2009, § 714 Rn. 13 f., Palandt/*Sprau*, 69. Auflage, 2010, § 711 Rn. 1, *Pohlmann*, WM 2002, 1421 (1424), *Stengel* in: Beck'sches Handbuch der Personengesellschaften, 3. Auflage, 2009, § 3 Rn. 236, *v. Ditfurth*, in: Gummert/Weipert, Münchener Handbuch des Gesellschaftsrechts, Band 1, 3. Auflage, 2009, § 7 Rn. 77.
365 Vgl. Soergel/*Hadding*, Band 5/1, 12. Auflage, 2007, § 709 Rn. 2.

tungsmaßnahmen sind immer zugleich Geschäftsführungsmaßnahmen,[366] was jedoch umgekehrt nicht der Fall ist.[367]

a. Geschäftsführungsbefugnis

Das Recht zur Geschäftsführung folgt aus der Gesellschafterstellung.[368] Sie ist jede zur Förderung des Gesellschaftszwecks ausgeübte Tätigkeit, mit Ausnahme solcher Maßnahmen, die die Grundlagen der Gesellschaft betreffen.[369] Ihr sachlicher Umfang richtet sich damit nach dem Gesellschaftszweck.[370] Unerheblich ist, ob rechtsgeschäftliche oder tatsächliche Handlungen vorgenommen werden.[371]

Als Regelfall ist in § 709 Abs. 1 BGB die Gesamtgeschäftsführung gesetzlich normiert, so dass das Recht allen Gesellschaftern gemeinschaftlich zusteht. Dabei gilt gemäß § 709 Abs. 1 BGB das Einstimmigkeitsprinzip, wenn nicht nach Abs. 2 vertraglich der Mehrheitsgrundsatz vereinbart wurde. Wie aus den §§ 710, 711 BGB folgt, können jedoch abweichend durch Vertrag, durch eine spätere Abrede[372] oder auch durch schlüssiges Handeln[373] ein einzelner oder mehrere Gesellschafter unter Ausschluss der anderen zu Geschäftsführern bestimmt werden. Im Fall von mehreren Geschäftsführern gilt wiederum grundsätzlich das Prinzip der Gesamtgeschäftsführung.[374] Es kann aber, wie auch notwendigerweise bei nur einem Geschäftsführer, formlos oder sogar stillschweigend[375] vereinbart werden, dass jeder allein zu handeln berechtigt ist. Bei mehreren Geschäftsführern ist es denkbar, die Geschäftsführung jeweils in Teilbereiche gegenständlicher oder qualitativer Art aufzugliedern.[376]

---

366 Aus diesem Grund ist die Definition, dass Geschäftsführungsmaßnahmen das Innenverhältnis, Vertretungsmaßnahmen dagegen das Außenverhältnis betreffen, nicht präzise genug; vgl. *Kornblum*, ZfBR 1992, 9 (10), MünchKommBGB/*Ulmer/Schäfer*, Band 5, 5. Auflage, 2009, § 709 Rn. 9.
367 Vgl. Soergel/*Hadding*, Band 5/1, 12. Auflage, 2007, § 709 Rn. 2.
368 Vgl. *Stengel*, in: Beck'sches Handbuch der Personengesellschaften, 3. Auflage, 2009, § 3, Rn. 29.
369 Vgl. BGH, Urteil v. 11.02.1980, II ZR 41/79, NJW 1980, 1463 (1464), *Hopt*, in: Baumbach/Hopt, Handelsgesetzbuch, 34. Auflage, 2010, § 114 Rn. 3, *Stengel*, in: Müller/Hoffmann, Beck'sches Handbuch der Personengesellschaften, 3. Auflage, 2009, § 3 Rn. 320, Staudinger/*Habermeier*, Buch 2, 13. Auflage, 2003, § 709 Rn. 1.
370 Vgl. Palandt/*Sprau*, 69. Auflage, 2010, Vorb. v. § 709 Rn. 1.
371 Vgl. *Stengel*, in: Beck'sches Handbuch der Personengesellschaften, 3. Auflage, 2009, § 3 Rn. 25.
372 Vgl. Soergel/*Hadding*, Band 5/1, 12. Auflage, 2007, § 709 Rn. 18.
373 Vgl. *v. Difurth*, in: Gummert/Weipert, Münchener Handbuch des Gesellschaftsrechts, Band 1, 3. Auflage, 2009, § 7 Rn. 48.
374 Vgl. Soergel/*Hadding*, Band 5/1, 12. Auflage, 2007, § 709 Rn. 18.
375 Vgl. Soergel/*Hadding*, Band 5/1, 12. Auflage, 2007, § 709 Rn. 19.
376 Vgl. Staudinger/*Habermeier*, Buch 2, 13. Auflage, 2003, § 710 Rn. 3.

b. Vertretungsbefugnis

Die in § 714 BGB geregelte Vertretungsbefugnis ist das Handeln in fremdem Namen im Rahmen der bestehenden Vertretungsmacht.[377] Die Vertretungsmacht ist Ausfluss der Mitgliedschaft und organschaftlicher Art.[378] Dementsprechend wird sie nach herrschender Meinung als gesetzliche Vertretung angesehen.[379] Die Gegenmeinung geht von einer rechtsgeschäftlichen Bevollmächtigung aus,[380] wobei der Meinungsstreit in der Praxis so gut wie nicht relevant ist.[381] Insbesondere können bei der gesetzlichen Vertretung im Einzelfall die Vorschriften über die rechtsgeschäftliche Vollmacht (§§ 164 ff. BGB) herangezogen werden.[382] Da die Vertretungsmacht grundsätzlich den Geschäftsführungsbefugnissen entspricht, gilt mangels abweichender Regelung die Gesamtvertretung,[383] die jedoch durch alle für die Geschäftsführung geltenden vertraglichen Ausgestaltungsmöglichkeiten modifizierbar ist.

Demzufolge kann einem oder mehreren zur Einzelgeschäftsführung berechtigten Gesellschaftern auch jeweils Einzelvertretungsberechtigung eingeräumt werden.[384] Im Gesellschaftsvertrag kann darüber hinaus eine von der Geschäftsführungsbefugnis abweichende Vertretungsregelung erfolgen.[385] Inhaltlich wird die Vertretungsmacht – analog der Geschäftsführungsbefugnis – durch den Gesellschaftszweck bestimmt und begrenzt.[386] Bei Überschreitung der Vertre-

---

377 Vgl. *Stengel*, in: Beck'sches Handbuch der Personengesellschaften, 3. Auflage, 2009, § 3 Rn. 236.
378 Vgl. MünchKommBGB/*Ulmer/Schäfer*, Band 5, 5. Auflage, 2009, § 714 Rn.16 f., Palandt/*Sprau*, 69. Auflage, 2010, Vorb. v. § 714 Rn. 1, *Stengel*, in: Beck'sches Handbuch der Personengesellschaften, 3. Auflage, 2009, § 3 Rn. 239, *v. Ditfurth*, in: Gummert/eipert, Münchener Handbuch des Gesellschaftsrechts, Band 1, 3. Auflage, 2009, § 7 Rn. 8.
379 Vgl. BGH, Urteil v. 14.02.2005, II ZR 11/03, DB 2005, 822 (823), MünchKommBGB/*Ulmer/Schäfer*, Band 5, 5. Auflage, 2009, § 714 Rn.17, *Stengel*, in: Beck'sches Handbuch der Personengesellschaften, 3. Auflage, 2009, § 3 Rn. 240, *v. Ditfurth*, in: Gummert/Weipert, Münchener Handbuch des Gesellschaftsrechts, Band 1, 3. Auflage, 2009, § 54 Rn. 3. Diese Rechtsfolge ergibt sich aus der Anerkennung der Rechtsfähigkeit einer Außen-GbR; vgl. dazu Zweiter Teil, Kapitel 4, A., IV.
380 Vgl. *v. Ditfurth*, in: Gummert/Weipert, Münchener Handbuch des Gesellschaftsrechts, Band 1, 3. Auflage, 2009, § 54 Rn. 3 mit weiteren Nachweisen.
381 *Stengel*, in: Beck'sches Handbuch der Personengesellschaften, 3. Auflage, 2009, § 3 Rn. 240.
382 Vgl. *v. Ditfurth*, in: Gummert/Weipert, Münchener Handbuch des Gesellschaftsrechts, Band 1, 3. Auflage, 2009, § 54 Rn. 3, *Hopt* in Baumbach/Hopt, Handelsgesetzbuch, 34. Auflage, 2010, § 125 Rn. 2.
383 Vgl. Palandt/*Sprau*, 69. Auflage, 2010, Vorb. v. § 711 Rn. 1.
384 Vgl. Soergel/*Hadding*, Band 5/1, 12. Auflage, 2007, § 714. Rn. 13.
385 Vgl. MünchKommBGB/*Ulmer/Schäfer*, Band 5, 5. Auflage, 2009, § 714 Rn. 21.
386 Vgl. *Stengel*, in: Beck'sches Handbuch der Personengesellschaften, 3. Auflage, 2009, § 3 Rn. 320.

tungsmacht finden die Grundsätze über die Überschreitung der Vollmacht gemäß §§ 177 ff. BGB sowie über die Anscheins- und Duldungsvollmacht Anwendung.[387]

c. Regelungsoptionen für Bietergemeinschaften

Entsprechend den vergaberechtlichen Vorgaben[388] bzw. Notwendigkeiten ist es für Bietergemeinschaften angezeigt,[389] einem Gesellschafter die Alleinvertretungsberechtigung zu übertragen. Der sachliche Bereich der Alleinvertretungsbefugnis kann allerdings eingeschränkt werden. Außerdem kann sie im Innenverhältnis beschränkt werden.[390] So sieht der Mustervertrag vor, dass die verbindliche Angebotsabgabe sowie nachträgliche Änderungen oder Ergänzungen, soweit sie essenziell sind, der vorherigen Zustimmung aller Gesellschafter bedürfen.[391]

Wird ein Gesellschafter der GbR, der seinerseits eine Personengesellschaft oder juristische Person ist, für die Vertretungsbefugnis gegenüber dem Auftraggeber vorgesehen, ist die Vertretung nur wirksam, wenn zusätzlich die Vorschriften eingehalten werden, die für diesen Gesellschafter gelten. Insofern liegt eine Kette von Vertretungsverhältnissen vor, die im Hinblick auf das rechtsgeschäftliche Handeln der Bieterkooperation im Außenverhältnis zum öffentlichen Auftraggeber wirksam sein und eingehalten werden muss.

Die §§ 709 ff. BGB legen es nahe, die Vertretungsberechtigung an die Geschäftsführungsbefugnis zu koppeln. Dies ist nicht zwingend notwendig, aber gerade auch bei Bietergemeinschaften zweckmäßig, weil die Koordinierungsaufgaben, die mit der formalen und inhaltlichen Erstellung und Einreichung des Angebots zusammenhängen, dann in einer Hand bleiben.[392]

Aufgrund der vergaberechtlichen Voraussetzungen wäre es in zeitlicher Hinsicht ausreichend, wenn die Bestimmung des Vertretungsberechtigten kurz vor dem Zuschlag erfolgte. Dies ist dennoch nicht optimal. Denn gemäß den Vorschriften in den Vergabe- und Vertragsordnungen ist der entsprechende Nachweis bereits zusammen mit dem Angebot vorzulegen; es besteht lediglich eine Nachreichungsmöglichkeit.[393] Außerdem wird der Bietergemeinschaftsvertrag

---

387 Vgl. MünchKommBGB/*Ulmer/Schäfer*, Band 5, 5. Auflage, 2009, § 714 Rn. 28.
388 Vgl. § 13 Abs. 5 VOB/A, § 13 Abs. 6 VOL/A, § 16 Abs. 6 EG VOL/A.
389 Vgl. wegen Einzelheiten Dritter Teil, Kapitel 1, B.
390 Vgl. *Burchardt/Class,* in: Burchardt/Pfülb, ARGE-Kommentar, 4. Auflage, 2006, Exkurs Bietergemeinschaftsvertrag Rn. 32.
391 Vgl. Burchardt/Pfülb, ARGE-Kommentar, 4. Auflage, 2006, Bietergemeinschaftsvertrag, § 2, 92.
392 Vgl. *Burchardt/Class,* in: Burchardt/Pfülb, ARGE-Kommentar, 4. Auflage, 2006, Exkurs Bietergemeinschaftsvertrag Rn. 28 f.
393 Vgl. § 13 Abs. 5 VOB/A, § 13 Abs. 6 VOL/A, § 16 Abs. 6 EG VOL/A. In der Praxis wird darüber hinaus häufig die Vorlage des Nachweises bereits mit dem Angebot durch die dem

vor Beginn der Teilnahme an dem Vergabeverfahren geschlossen und sollte dann bereits vollständig sein.

In formaler Hinsicht muss zwar die Bestimmung eines Vertreters und Geschäftsführers nicht im Vertrag vorgenommen werden, sondern kann formlos sein. Aus Gründen der Klarheit und der besseren Nachweisbarkeit der Abweichung von der gesetzlichen Regelung sollte sie aber in die Vereinbarung mit aufgenommen werden. Liegt dagegen nur ein durch schlüssiges Verhalten zustande gekommener Vertrag vor, muss die Vertretungsberechtigung aufgrund des Auftretens der Bietergemeinschaft im Vergabeverfahren und der weiteren Umstände ausgelegt werden.

d. Zwischenergebnis

Optimal ist es im Hinblick auf die vergaberechtlichen Festsetzungen, aber auch wegen der Praktikabilität, zu einem möglichst frühen Zeitpunkt einen Vertreter der Bieterkooperation zu bestimmen, der diese nach außen, insbesondere gegenüber dem öffentlichen Auftraggeber, vertritt und der gleichzeitig Geschäftsführer ist. Wie der gesamte Vertrag sollte die Abrede schriftlich erfolgen.

3. Beendigung und Fortführungsmöglichkeit der GbR

Für die Beendigung der GbR und deren Fortführungsmöglichkeit, auch bei Vorliegen eines Auflösungsgrundes, gelten gesetzliche Vorschriften, bei denen jedoch u. U. vertragliche Ergänzungen oder, soweit zulässig, Modifizierungen angebracht sind. Praxisrelevant sind insbesondere der Regelfall, die Beendigung der Bietergemeinschaft durch Erreichen oder Unmöglichwerden des Zwecks und der Sonderfall der Auflösung infolge der Insolvenz eines Gesellschafters sowie die bestehende Möglichkeit der Fortführung der GbR.

a. Auflösung wegen Erreichens oder Unmöglichwerdens des Zwecks

Grundsätzlich gilt – sämtlichen vertraglichen Abreden vorgelagert – die zwingende Vorschrift[394] des § 726 BGB, wonach die Gesellschaft endet, wenn der vereinbarte Zweck erreicht oder dessen Erreichung unmöglich geworden ist. Unkritisch ist die Variante der Realisierung des Gesellschaftszwecks durch Zuschlag

---

Angebotsblankett beigefügten Bewerbungsbedingungen aus dem VHB (Vergabe- und Vertragshandbuch für die Baumaßnahmen des Bundes, herausgegeben vom BMVBS) verbindlich gefordert, vgl. auch Dritter Teil, Kapitel 1, B.

394 Vgl. BGH, Urteil v. 20.12.1962, VII ZR 264/60, WM 1963, 728 (730), Palandt/*Sprau*, 69. Auflage, 2010, § 726 Rn. 1, Soergel/*Hadding*, Band 5/1, 12. Auflage, 2007, § 726 Rn. 5.

auf das Angebot der Bietergemeinschaft.[395] Die Partner der Bietergemeinschaft schließen dann einen Arbeitsgemeinschaftsvertrag ab. Als Alternative kann eine automatische Überleitung in eine Arbeitsgemeinschaft erfolgen, wenn die Gesellschafter bereits in der Bietergemeinschaftsvereinbarung dessen Zustandekommen, aufschiebend bedingt durch den Zuschlag, vorgesehen haben.[396]

Nimmt der öffentliche Auftraggeber nicht das Angebot der Bietergemeinschaft, sondern das eines Konkurrenten an, ist die Zweckerreichung unmöglich geworden, so dass bei einer solchen Konstellation die Alternative für die Beendigung der GbR eintritt. Der Abschluss eines Vergabeverfahrens durch Zuschlag wird also in jedem Fall gesellschaftsrechtlich von § 726 BGB erfasst. Rechtsfolge ist die Auflösung der Gesellschaft.[397] Damit ist entgegen dem Wortlaut des § 726 BGB nicht der sofortige Wegfall der Existenz der GbR, sondern deren Umwandlung in eine Liquidationsgesellschaft mit dem Ziel der Auseinandersetzung im Sinn des § 730 BGB gemeint, es sei denn, diese ist insbesondere wegen fehlenden Gesellschaftsvermögens nicht erforderlich.[398]

Kritischer ist die Konstellation, bei der das offene oder nicht offene Vergabeverfahren oder das Verhandlungsverfahren,[399] an dem sich die Bietergemeinschaft beteiligt hat, aufgehoben oder eingestellt[400] wird.[401] Mit einer Aufhebung wird das Verfahren formal beendet.[402] Allerdings schließt sich mitunter ein neues Verfahren an die aufgehobene Ausschreibung an.[403] Wenn dieses Verfahren inhaltlich und zeitlich mit dem ersten in zumutbarem Zusammenhang steht, soll

---

395 Vgl. *Hunger*, in: Prieß/Hausmann/Kulartz, Beck'sches Formularbuch Vergaberecht, 1. Auflage, 2004, A. I. 14.6, *Mantler*, in: Gummert/Weipert, Münchener Handbuch des Gesellschaftsrechts, Band 1, 3. Auflage, 2009, § 26 Rn. 72.
396 Vgl. dazu Zweiter Teil, Kapitel 4, C.
397 *Gummert*, in: Gummert/Weipert, Münchener Handbuch des Gesellschaftsrechts, Band 1, 3. Auflage, 2009, § 21 Rn. 58.
398 Vgl. MünchKommBGB/*Ulmer/Schäfer*, Band 5, 5. Auflage, 2009, § 726 Rn. 7, Staudinger/*Habermeier*,Buch 2, 13. Auflage, 2003, § 726 Rn. 6.
399 Die Bezeichnungen für die EU-weiten Vergabearten gelten stellvertretend auch für die innerstaatlichen: öffentliche und beschränkte Ausschreibung einerseits und freihändige Vergabe andererseits.
400 Vgl. *Portz*, in: Ingenstau/Korbion, VOB, 17. Auflage, 2010, VOB/A § 17 Rn. 12 wegen der unterschiedlichen Terminologie – bei offenem und nicht offenem Verfahren wird von „Aufhebung", bei Verhandlungsverfahren wird von „Einstellung" gesprochen. Im Folgenden wird der Begriff der „Aufhebung" als Allgemeinbegriff verwendet, der beide Tatbestände erfassen soll.
401 § 17 VOB/A, § 17 VOL/A, § 20 EG VOL/A.
402 Vgl. *Rusam*, in: Heiermann/Riedl/Rusam, Handkommentar zur VOB, 11. Auflage, 2008, A § 26 Rn. 1.
403 Vgl. § 3 Abs. 3 Nr. 2 und Abs. 5 Nr. 4 VOB/A, § 3a Abs. 3, Abs. 5 Nr. 1 und Abs. 6 Nr. 1 und 2 VOB/A, § 3 Abs. 4 lit. a und Abs. 5 lit. a VOL/A, § 3 Abs. 2 lit. c, Abs. 3 lit. a und Abs. 4 lit. a EG VOL/A.

keine endgültige Unmöglichkeit im Sinn des § 726 BGB gegeben sein.[404] Ein solcher zumutbarer Zusammenhang ist in zwei Fällen gegeben, nämlich zum einen bei einem Verhandlungsverfahren nach § 3a Abs. 6 Nr. 1 VOB/A, bei dem alle geeigneten Bieter aus dem vorhergehenden aufgehobenen Verfahren zur Angebotsabgabe aufzufordern sind. Zum anderen kann sich nach der – von der Vergabestelle schuldhaft verursachten – Aufhebung einer Ausschreibung das Auswahlermessen des Auftraggebers in Bezug auf die Auswahl der aufzufordernden Bieter auf Null reduzieren,[405] oder es kann zumindest empfehlenswert sein, den ursprünglichen Bieterkreis nochmals einzubeziehen.[406] Dann besteht ein sog. Fortsetzungszusammenhang[407] zwischen dem ersten und dem zweiten Vergabeverfahren, so dass sich die Bietergemeinschaft vor einer wiederholten Beteiligung nicht automatisch auflöst. Daneben gibt es aber auch Anschlussausschreibungen, bei denen die Bietergemeinschaft möglicherweise zur erneuten Angebotsabgabe aufgefordert wird oder sich initiativ bewirbt, ohne dass ein zumutbarer Zusammenhang in diesem Sinn vorliegt.

Die nachträgliche Klärung der Frage, ob ein derartiger Fortsetzungszusammenhang gegeben war und die Bietergemeinschaft fortbestanden oder sich aufgelöst hat, hängt von einer Wertung ab und ist somit rechtsunsicher. Deshalb ist es für Kooperationen empfehlenswert, in den Gesellschaftsvertrag präventiv eine Klarstellung aufzunehmen. Danach kann der Zweck der GbR, die Erreichung des Zuschlags, nicht nur in Bezug auf ein konkretes Vergabeverfahren definiert werden, sondern auch hinsichtlich eines sich nach der möglichen Aufhebung anschließenden Verfahrens. Damit beugt die Bietergemeinschaft sogar ihrer Auflösung als GbR vor, wenn zwischen der ersten und der Anschlussausschreibung kein Fortsetzungszusammenhang besteht. Der Vorteil einer solchen Lösung besteht darin, dass Bedenken, ob die GbR noch wirksam als Bieterin aufgetreten ist, nicht entstehen bzw. ausgeräumt werden können.

b. Auflösung wegen Insolvenz eines Mitglieds der Bietergemeinschaft und Fortführungsmöglichkeit

Von Bedeutung ist die kraft Gesetzes eintretende Auflösung der Bietergemeinschaft als GbR, noch bevor ihr Zweck erreicht oder unmöglich geworden ist. Denn dies kann, was noch genauer zu untersuchen ist, erhebliche Auswirkungen

---

404 Vgl. *Burchardt/Class*, in: Burchardt/Pfülb, ARGE-Kommentar, 4. Auflage, 2006, Exkurs Bietergemeinschaftsvertrag Rn. 38.
405 Vgl. *Portz*, in: Ingenstau/Korbion, VOB, 17. Auflage, 2010, VOB/A § 17 Rn. 46.
406 Vgl. *Rusam*, in: Heiermann/Riedl/Rusam, Handkommentar zur VOB, 11. Auflage, 2008, A § 26 Rn. 26a.
407 Vgl. *Burchardt/Class*, in: Burchardt/Pfülb, ARGE-Kommentar, 4. Auflage, 2006, Exkurs Bietergemeinschaftsvertrag Rn. 38.

auf die Teilnahme der Kooperation am Vergabeverfahren haben.[408] Neben anderen Gründen kommt dafür die Insolvenz eines Gesellschafters in Betracht. Wird ein Insolvenzverfahren über das Privatvermögen[409] eines Gesellschafters eröffnet, bestimmt § 728 Abs. 2 BGB als Rechtsfolge die Auflösung der Gesellschaft. Der Zweck der Regelung besteht darin, den Gläubigern den Zugriff auf Vermögen des Schuldners zu eröffnen, das jedoch zuvor von der gesamthänderischen Bindung befreit werden muss.[410] Es erfolgt die Auflösung der GbR nicht im engen Wortsinn sofort, sondern sie wird abgewickelt,[411] indem die übrigen Gesellschafter gemäß § 727 Abs. 2 S. 2 und 3 BGB zur einstweiligen Fortführung der Geschäfte verpflichtet sind.[412]

aa. Gesellschaftsvertragliche Fortsetzungsklausel

Die Bietergemeinschaft hat aber die Möglichkeit, die an die Insolvenz eines Gesellschafters geknüpfte Auflösungsfolge der Gesellschaft abzuwenden, denn die gesetzliche Vorschrift ist dispositiv.[413] Die Gesellschafter können stattdessen nach § 736 Abs. 1 BGB die Fortsetzung der GbR unter Ausscheiden des insolventen Mitglieds vorsehen. Mit dieser Maßnahme wird der Gläubigerschutz ebenso erreicht.[414] Unabhängig davon, ob und wie die dadurch bedingte Änderung der Zusammensetzung der Bietergemeinschaften in einem Vergabeverfahren relevant sein wird,[415] kann mit einer derartigen gesellschaftsrechtlichen Regelung jedenfalls der Tatsache vorgebeugt werden, dass die Bietergemeinschaft automatisch, ohne weitere Prüfung infolge ihrer Auflösung aus dem Vergabeverfahren ausscheidet.

Die Kooperation kann gemäß § 736 Abs. 1 BGB in den Gesellschaftsvertrag eine sog. Fortsetzungsklausel aufnehmen.[416] Konsequenz ist dann das mit Wirksamwerden des Eröffnungsbeschlusses des Insolvenzgerichtes[417] zwangsläufige

---

408 Wegen der Einzelheiten wird auf den Dritten Teil, Kapitel 3, A., V., b. verwiesen.
409 Vgl. Palandt/*Sprau*, 69. Auflage 2010, § 728 Rn. 2.
410 Vgl. *Jordans*, in: Jagenburg/Schröder, Der ARGE-Vertrag, 2. Auflage, 2008, Vor §§ 22-24 Mustervertrag Rn. 601, Soergel/*Hadding/Kießling*, Band 5/1, 12. Auflage, 2007, § 728 Rn. 10.
411 Vgl. VK Sachsen, Beschluss v. 13.09.2002, 1/SVK/082-02, Veris, 12.
412 Vgl. auch VK Münster, Beschluss v. 22.08.2002, VK 07/02, Veris, 21.
413 Vgl. MünchKommBGB/*Ulmer/Schäfer*, Band 5, 5. Auflage, 2009, § 728 Rn. 31.
414 Vgl. Staudinger/*Habermeier*,Buch 2, 13. Auflage, 2003, § 728 Rn. 4.
415 Vgl. dazu Dritter Teil, Kapitel 2, C., I.
416 Vgl. OLG Celle, Beschluss v. 05.09.2007, 13 Verg 9/07, „*Jade-Weser-Port*", NZBau 2007, 663 (664), *Heiermann*, ZfBR 2007, 759 (762), *Kirch/Kues*, VergabeR 2008, 32 (35), Palandt/*Sprau*, 10. Auflage, 2010, § 736 Rn. 1
417 Vgl. *Burchardt/Class*, in: Burchardt/Pfülb, ARGE-Kommentar, 4. Auflage, 2006, Vorbem. zu §§ 23 und 24, Rn. 21, *Heiermann*, ZfBR 2007, 759 (762).

Ausscheiden des Gesellschafters aus der GbR,[418] das keines weiteren Beschlusses mehr bedarf.

bb. Beschluss der Gesellschafter

Alternativ müssen die Mitglieder die Fortführung der Gesellschaft nicht abschließend im Gesellschaftsvertrag vereinbaren, sondern können sie von einem Beschluss der Gesellschafter abhängig machen.[419] Dann sind zwei Konstellationen zu unterscheiden. Enthält der Vertrag bereits eine Klausel, wonach die Mitglieder bei Eintritt der Insolvenz eines Partners berechtigt sein sollen, die GbR nach seinem Ausschluss fortzuführen, genügt ein Beschluss ohne Mitwirkung des Betreffenden. Dieser Beschluss der übrigen Gesellschafter muss aber einstimmig sein.[420] Fehlt eine vertragliche Grundlage, kann zwar auch ein Fortsetzungsbeschluss gefasst werden. Er muss dann allerdings unter Einbeziehung des ausscheidenden Gesellschafters erfolgen.[421] Der Gesellschafterbestand gehört zu den Grundlagengeschäften einer GbR, so dass darüber nur alle gemeinsam entscheiden können,[422] was auch gewährleistet ist, wenn der Betroffene an dem Grundlagenbeschluss über die vertragliche Regelung beteiligt war.

Das OLG Celle hatte über einen Fall zu entscheiden, in dem in einem Bietergemeinschaftsvertrag eine von einem Beschluss abhängige Fortsetzungsklausel enthalten war.[423] Die Bestimmung war so formuliert, dass der Ausschluss erfolgen *konnte*, nicht zwangsläufig *musste*. Das OLG hat, wie auch die in erster Instanz zuständige Vergabekammer Lüneburg, die Regelung für unwirksam gehalten, weil sie unter Abweichung von § 736 Abs. 1 BGB es dem Beschluss der übrigen Gesellschafter überließ, ob das insolvente Mitglied ausgeschlossen und die GbR nach wie vor mit allen Gesellschaftern, einschließlich des insolventen, fortgesetzt werden sollte. Letzteres widerspricht jedoch der Gesetzeslage, wonach entweder nur die Auflösung der Gesellschaft oder deren Fortführung ohne das insolvente Unternehmen möglich ist. Würden die Gesellschafter darüber entscheiden dür-

---

418 Vgl. Burchardt/Pfülb, ARGE-Kommentar, 4. Auflage, 2006, Muster ARGE-Vertrag, § 23.5, 51, MünchKommBGB/*Ulmer/Schäfer*, Band 5, 5. Auflage, 2009, § 736 Rn. 8, 20.
419 Vgl. nur *Gabriel/Benecke/Geldsetzer*, Die Bietergemeinschaft, 2007, Rn. 89.
420 So MünchKommBGB/*Ulmer/Schäfer*, Band 5, 5. Auflage, 2009, § 736 Rn. 17, vgl. auch JurisPK-BGB/*Bergmann*, Band 2, 5. Auflage, 2010, § 736 Rn. 5.
421 Vgl. JurisPK-BGB/*Bergmann*, Band 2, 5. Auflage, 2010, § 736 Rn. 5, *Sauter*, in: Müller/Hoffmann (Hrsg.), Beck'sches Handbuch der Personengesellschaften, 3. Auflage, 2009, § 7, Rn. 9, Soergel/*Hadding*, Band 5/1, 12. Auflage, 2007, § 736 Rn. 4, wohl auch Palandt/*Sprau*, 69. Auflage 2010, § 736 Rn. 2.
422 Vgl. Palandt/*Sprau*, 69. Auflage 2010, § 705 Rn. 16, Vorb. v. § 709 Rn. 12.
423 Vgl. OLG Celle, Beschluss v. 17.08.2007, 13 Verg 9/07, *„Tiefwasserhafen"*, VergabeR 2007, 765 (767), vgl. auch den Beschluss der Vorinstanz, VK Lüneburg, v. 12.06.2007, VgK-23/2007, Juris Tz. 96 ff. (101).

fen, dass die GbR unter Einschluss des insolventen Partners weitergeführt wird, würde damit im Ergebnis dem Insolvenzverwalter jede Möglichkeit genommen, den Gesellschaftsanteil für die Masse zu verwerten, was dem intendierten Gläubigerschutz zuwider liefe.[424]

Wie diese Konstellationen zeigen, ist gegenüber einer unmittelbar geltenden vertraglichen Fortsetzungsklausel die Beschluss-Variante mit einer größeren Rechtsunsicherheit verbunden und daher mit erheblichen Risiken behaftet. Damit Bietergemeinschaften sich im Fall der Insolvenz eines Mitglieds nicht auflösen und die Teilnahme an einem Vergabeverfahren gefährden, ist die Aufnahme einer unbedingten Fortsetzungsvereinbarung in den Vertrag, verbunden mit dem obligatorischen Ausschluss des betreffenden Partners, die am besten geeignete Lösung, um die Realisierung des Gesellschaftszwecks nicht zu gefährden.

Bei nicht schriftlich abgeschlossenen Verträgen können Abweichungen von den gesetzlichen Regelungen nicht ohne Weiteres unterstellt werden. Dafür bedarf es konkreter Anhaltspunkte, um die Art und den Inhalt solcher Abreden zu ermitteln. Da im Zweifel die Bietergemeinschaft die Nachweis- und Beweispflicht hat, bestehen für sie ganz offensichtlich Risiken.

cc. Zweigliedrige Gesellschaft

Bei einer zweigliedrigen Gesellschaft ergibt der Ausschluss eines Gesellschafters in Verbindung mit einer Fortsetzungsklausel keinen Sinn, da dann der verbliebene Gesellschafter allein die GbR bilden würde. Eine Ein-Personen-Gesellschaft ist aber nach überwiegender Rechtsauffassung weder zulässig[425] noch überhaupt logisch. Das Argument, dass eine Ein-Personen-Gründung nur auf juristische Personen beschränkt und mit der Struktur einer Personengesellschaft unvereinbar ist,[426] ist stichhaltig.

Im Fall einer zweigliedrigen GbR, die bei Bietergemeinschaften nicht selten vorkommt, führt die gesetzlich normierte Auflösung der Gesellschaft infolge

---

424 Vgl. OLG Celle, Beschluss v. 17.08.2007, 13 Verg 9/07, „*Tiefwasserhafen*", VergabeR 2007, 765 (767), auch *Kirch/Kues*, VergabeR 2008, 32 (40).
425 Vgl. BGH, Urteil v. 10.05.1978, VIII ZR 32/78, NJW 1978, 1525 (1525), OLG Düsseldorf, Beschluss v. 14.09.1998, 3 Wx 209/98, NJW-RR 1999, 619 (619 f.), OLG Köln, Urteil v. 30.11.2007, 20 U 172/06, Juris Tz. 118, *Baumann*, NZG 2005, 919 (920), *Jordans*, in: Jagenburg/Schröder, Der ARGE-Vertrag, 2. Auflage, 2008, § 22 Rn. 617, *Lettl*, DB 2004, 365 (365), MünchKommBGB/*Ulmer*, Band 5, 5. Auflage, 2009, § 705 Rn. 60, 62, Palandt/*Sprau*, 69. Auflage 2010, § 705 Rn. 16, Vorb. v. § 705 Rn. 1, *Schücking*, in: Gummert/Weipert, Münchener Handbuch des Gesellschaftsrechts, Band 1, 3. Auflage, 2009, § 3 Rn. 2, a. A. Staudinger/*Habermeier*, Buch 2, 13. Auflage, 2003, Vorbem. zu §§ 705-740 Rn. 29a, § 736 Rn.14, einschränkend *Burchardt/Class*, in: Burchardt/Pfülb, ARGE-Kommentar, 4. Auflage, 2006, Vorbem. zu §§ 23 und 24 Rn. 68.
426 Vgl. MünchKommBGB/*Ulmer*, Band 5, 5. Auflage, 2009, § 705 Rn. 60.

der Insolvenz eines Mitglieds – genauso wie der Ausschluss des vorletzten Gesellschafters bei einer mehrgliedrigen GbR – zu deren Beendigung.[427] Die Mitglieder können entweder im Vertrag oder gesondert vereinbaren, dass der verbleibende Gesellschafter das Gesellschaftsvermögen als Gesamtrechtsnachfolger übernimmt.[428] Bei einer derartigen Übernahmevereinbarung wandelt es sich in Alleineigentum des Gesellschafters um.[429] Diese Lösung ist jedoch in Bezug auf die Teilnahme am Vergabeverfahren nicht zielführend, weil damit die rechtliche Verselbstständigung der GbR durchbrochen wird[430] und die Bietergemeinschaft als solche erlischt. Ob der verbleibende Einzelbieter in deren Bieterstellung eintritt, ist an den vergaberechtlichen Grundsätzen zu messen.[431]

c. Kündigung eines Gesellschafters

Die Kündigung eines Gesellschafters nach § 723 BGB hat zunächst die gleichen Rechtsfolgen wie die Insolvenz eines Mitglieds der Gesellschaft. Die GbR wird aufgelöst, d. h. sie wandelt sich mit Wirksamwerden der Kündigungserklärung regelmäßig von einer werbenden in eine Abwicklungsgesellschaft um.[432] Mit einer Fortsetzungsklausel, sei es einer unmittelbaren oder durch Beschluss auszuübenden, kann die Gesellschaft unter Ausschluss des Kündigenden fortgeführt werden.[433]

Eine Bietergemeinschaft ist eine befristete Gesellschaft. Denn die zeitliche Begrenzung einer GbR muss nicht explizit durch konkrete Daten vereinbart werden, sondern kann sich aus dem Zweck des Zusammenschlusses und den sonstigen Umständen ergeben.[434] Für eine Befristung genügt es daher, wenn die Gesellschaft für die Durchführung eines bestimmten Geschäfts gegründet wurde,[435] was bei einer Bieterkooperation, die an einem Vergabeverfahren teilnimmt, der Fall ist.

---

427 Vgl. nur OLG Köln, Urteil v. 30.11.2007, 20 U 172/06, Juris Tz. 118,), MünchKommBGB/*Ulmer*, Band 5, 5. Auflage, 2009, § 705 Rn. 60, Palandt/*Sprau*, 69. Auflage 2010, § 736 Rn. 4, 9.
428 Vgl. BGH, Urteil v. 06.12.1993, II ZR 242/92, NJW 1994, 796 (796),
429 Vgl. BGH, Urteil v.14.11.1988, II ZR77/88, NJW 1989, 1030 (1031), *Piehler/Schulte*, in: Gummert/Weipert, Münchener Handbuch des Gesellschaftsrechts, Band 1, 3. Auflage, 2009, § 10 Rn. 55.
430 Staudinger/*Habermeier*, Buch 2, 13. Auflage, 2003, § 719 Rn. 5.
431 Wegen weiterer Einzelheiten wird auf den DrittenTeil, Kapitel 2, C., I. verwiesen.
432 Vgl. JurisPK-BGB/*Bergmann*, Band 2, 5. Auflage, 2010, § 723 Rn. 1, Staudinger/*Habermeier*, Buch 2, 13. Auflage, 2003, § 723 Rn. 5.
433 Vgl. MünchKommBGB/*Ulmer/Schäfer*, Band 5, 5. Auflage, 2009, § 723 Rn. 19, Palandt/*Sprau*, 69. Auflage, 2010, § 723 Rn. 1.
434 Vgl. BGH, Urteil v. 29.06.1992, II ZR 284/91, NJW 1992, 2696 (2698).
435 Vgl. Staudinger/*Habermeier*, Buch 2, 13. Auflage, 2003, § 723 Rn. 7.

Bei einer befristeten Gesellschaft ist eine ordentliche Kündigung gemäß § 723 Abs. 1 BGB ausgeschlossen. In Betracht kommt nur eine Kündigung der Gesellschaft aus wichtigem Grund. Soweit nicht einer der in § 723 Abs. 1 BGB exemplarisch genannten Gründe gegeben ist, bedarf es einer umfassenden auf den Einzelfall bezogenen Interessenabwägung.[436] Kernfrage dabei ist, ob dem kündigenden Bieter nach der Gesamtwürdigung aller Umstände eine Fortsetzung des Gesellschaftsverhältnisses zumutbar ist, wobei die Beeinträchtigung des Vertrauensverhältnisses entscheidend ist.[437] Ursachen einer Kündigung innerhalb einer Bietergemeinschaft können insbesondere die Verletzung der ordnungsgemäßen und sorgfältigen Mitwirkungspflicht bei der Erstellung des Angebots sein wie auch ein Verstoß im Rahmen des vorvertraglichen Verhältnisses gegenüber dem öffentlichen Auftraggeber. Die Pflichtverletzung muss dann allerdings so gravierend sein, dass eine weitere Zusammenarbeit nicht mehr akzeptabel ist. Das Kündigungsrecht selbst kann gemäß § 723 Abs. 3 BGB nicht durch den Gesellschaftsvertrag eingeschränkt werden.

d. Gesellschafterwechsel

Das Ausscheiden von Gesellschaftern aus der GbR führt zu der Frage, wie ein Wechsel von Mitgliedern zu bewerten ist. Eine derartige Veränderung in der Zusammensetzung einer Bieterkooperation ist vergaberechtlich durchaus problematisch.[438] Dessen ungeachtet ist aber die gesellschaftsrechtliche Seite, gewissermaßen als Grundlage für einen Austausch, in diesem Zusammenhang zu skizzieren. Praxisrelevant ist nicht der Neueintritt eines zusätzlichen Gesellschafters, sondern der Austausch eines oder mehrerer Mitglieder der GbR. Dabei sind zwei Fallkonstellationen möglich. Zum einen kann die Übertragung des Gesellschaftsanteils von dem ursprünglichen auf den neuen Gesellschafter erfolgen.[439] Dieses Verfügungsgeschäft über das Recht der Mitgliedschaft bedarf der Zustimmung aller übrigen Gesellschafter, die entweder bereits im Gesellschaftsvertrag vorgesehen ist oder im Einzelfall ad hoc erteilt werden kann.[440] Die Rechtsfolge ist der grundsätzliche Eintritt des neuen Gesellschafters in die Stellung des ursprüngli-

---

436 Vgl. BGH, Urteil v. 12.07.1982, II ZR 157/82, NJW 1982, S. 2821, *Hopt* in Baumbach/Hopt, Handelsgesetzbuch, 10. Auflage, 2010, § 133, Rn. 5.
437 Vgl. BGH, Urteil v. 18.07.2005, II ZR 159/03, NJW 2005, 3061 (3062), Urteil v. 21.11.2005, II ZR 367/03, NJW 2006, 844 (845).
438 Vgl. wegen näherer Einzelheiten Dritter Teil, Kapitel 2, C.
439 Vgl. JurisPK-BGB/*Bergmann*, Band 2, 5. Auflage, 2010, § 705 Rn. 5, Palandt/*Sprau*, 69. Auflage, 2010, § 736 Rn. 7.
440 Vgl. *K. Schmidt*, Gesellschaftsrecht, 2. Auflage, 2002, § 45 III 2 b, Staudinger/*Habermeier*, Buch 2, 13. Auflage, 2003, § 719 Rn. 8.

chen,[441] wobei höchstpersönliche Rechte, wie z. B. die Geschäftsführungsbefugnis, nicht berührt werden.[442] Der Gesellschafterwechsel vollzieht sich in einem Rechtsakt.[443]

Zum anderen kann es, insbesondere durch eine Fortsetzungsvereinbarung, zum Ausscheiden eines Gesellschafters kommen. Ein neuer Gesellschafter tritt dann durch Vertrag mit den übrigen Mitgliedern in die GbR ein. Dann wächst der Anteil des ausscheidenden Gesellschafters den verbliebenen an, die ihn wiederum an den neu eingetretenen übertragen.[444] Gesellschaftsrechtlich ist ein Wechsel der Gesellschafter somit möglich. Wegen der Problematik eines Mitgliederwechsels aus vergaberechtlichen Gründen sollte der Gesellschaftsvertrag daher sicherheitshalber den Wechsel, mit Ausnahme der zu definierenden zulässigen Fälle ausschließen.

e. Zwischenergebnis

Wegen atypischer Verläufe von Vergabeverfahren, die nicht durch Zuschlag, sondern durch Aufhebung beendet werden, ist es für Bietergemeinschaften angezeigt, den Zweck des Vertrags so zu präzisieren, dass dessen Erreichen oder Unmöglichwerden ohne Schwierigkeiten festgestellt werden kann. Daneben sind, um die Bieterstellung bei der Teilnahme an einer Ausschreibung nicht zu gefährden, Regelungen notwendig, die die gesetzlich vorgesehenen Fälle der Auflösung der GbR abdingen und nur den Ausschluss des Gesellschafters vorsehen, in dessen Person die Auflösungsgründe vorliegen. Gesellschafterwechsel sind grundsätzlich auszuschließen, außer es handelt sich um einen vergaberechtlich zulässigen Fall.

IV. Rechts- und Parteifähigkeit der Bietergemeinschaft als GbR

Von Bedeutung ist die Frage, ob die Bietergemeinschaft als GbR Rechtsfähigkeit hat, also im Rechtsverkehr eigene Rechten und Pflichten begründet, oder ob dies nur die Mitglieder in ihrer Verbundenheit tun können. Aufbauend darauf ist zu klären, ob die GbR auch parteifähig ist. Von den Ergebnissen ist die Beantwor-

---

441 Vgl. BGH, Urteil v. 02.12.2002, II ZR 194/00, BB 2003, 545 (546), Urteil v. 09.12.1998, VII ZR 170/96, NJW 1999, 715 (716), Urteil v. 05.05.1986, II ZR 163/85, WM 1986, 1314 (1315), Palandt/*Sprau*, 69. Auflage, 2010, § 236 Rn. 7.
442 Staudinger/*Habermeier*, Buch 2, 13. Auflage, 2003, § 719 Rn. 14.
443 Vgl. Palandt/*Sprau*, 69. Auflage, 2010, § 719 Rn. 7, § 736 Rn. 7.
444 Vgl. Palandt/*Sprau*, 69. Auflage, 2010, § 719 Rn. 7, § 736 Rn. 8.

tung wesentlicher Folgefragen abhängig, die die Teilnahme der Bietergemeinschaft an Vergabeverfahren und im sich anschließenden Nachprüfungsverfahren betreffen, nämlich, ob die Gesellschaft oder deren einzelne Gesellschafter die Stellung als Bieter erlangen, ob sich die Zusammensetzung der Kooperation ändern darf, ob es für die Eignungsprüfung auf die Gesellschaft oder die Gesellschafter ankommt und wer die Beteiligtenstellung im Nachprüfungsverfahren erlangt.

1. Traditionelle Lehre

Gesetzlich ist die Rechtsnatur einer GbR nicht ausdrücklich geregelt.[445] Entsprechend dem ursprünglichen Willen des historischen Gesetzgebers war eine GbR nicht mit den Merkmalen der Rechtsträgerschaft und der Parteifähigkeit ausgestattet.[446] Gemäß §§ 1 ff. und 21 ff. BGB werden nämlich nur natürliche und juristische Personen für rechtsfähig erklärt, wobei die GbR keine juristische Person ist. Nach der bis in die 80-er Jahre des 20. Jahrhunderts immer noch vorrangigen Lehre[447] war Kennzeichen einer Gesellschaft im Sinn der §§ 705 ff. BGB, dass deren Gesellschafter eine Gesamthandsgemeinschaft bildeten.[448] Nach dem Wortlaut des § 718 BGB wurde nicht davon ausgegangen, dass das gemeinschaftliche Vermögen der Gesellschaft, sondern vielmehr den Gesellschaftern als Gesamthand zustand. Entsprechend der „Gesamthandstheorie" waren die Gesamthänder, und nicht ein von ihnen begrifflich unterschiedliches Rechtssubjekt der GbR als solche Träger der Rechte und Pflichten des Gesamthandsvermögens.[449] Der Vertretungsbefugte vertrat somit die Gesellschafter, nicht die Gesellschaft.[450]

2. Gruppenlehre

Die in den 70-er Jahren des 20. Jahrhunderts von *Flume* entwickelte „Gruppenlehre" basierte demgegenüber auf der Ansicht, dass die Gesamthand der Gesell-

---

445 Vgl. *Gummert,* in: Gummert/Weipert, Münchener Handbuch des Gesellschaftsrechts, Band 1, 3. Auflage, 2009, § 17 Rn. 2.
446 Vgl. *K. Schmidt,* Gesellschaftsrecht, 2. Auflage, 2002, § 58 IV, 2 c mit weiteren Nachweisen.
447 Vgl. MünchKommBGB/*Ulmer,* Band 5, 5. Auflage, 2009, Vor § 705 Rn. 9 mit weiteren Nachweisen, § 705 Rn. 296.
448 Vgl. Palandt/*Sprau,* 69. Auflage, 2010, Einf. v. § 21 Rn. 2, § 705 Rn. 24.
449 Vgl. BGH, Urteil v. 24.01.1990, IV ZR 270/88, NJW 1990, 1181 (1181), Urteil v. 07.10.1987, IVa ZR 67/86, NJW 1988, 556 (566), Urteil v. 26.03.1981, VII ZR 160/81, NJW 1981, 1953 (1954). *Gummert,* in: Gummert/Weipert, Münchener Handbuch des Gesellschaftsrechts, Band 1, 3. Auflage, 2009, § 17 Rn. 2.
450 Vgl. MünchKommBGB/*Ulmer,* Band 5, 5. Auflage, 2009, § 705 Rn. 296.

schafter als Personenverbundenheit – anders ausgedrückt als Gruppe – ein eigenes teilrechtsfähiges Rechtssubjekt sei. Danach sollte die GbR Rechte erwerben und Verbindlichkeiten eingehen können und insoweit am Rechtsverkehr teilnehmen können. Als Zuordnungssubjekt für das Gesellschaftsvermögen wurde die Gruppe der Gesellschafter als solche, unabhängig von ihrer Zusammensetzung, gesehen.[451] Parteifähigkeit im zivilprozessualen Sinn sollte die GbR damit allerdings noch nicht erlangen.[452]

3. Die Rechtsprechung des BGH

Flumes Gruppenlehre setzte sich in den letzten Jahrzehnten des 20. Jahrhunderts mehr und mehr durch.[453] Die Rechtsprechung folgte ihrem Grundgedanken, wobei der BGH der GbR sukzessive konzedierte, Vertragspartnerin eines Schuldvertrags mit Dritten,[454] Gründerin einer AG,[455] Mitglied einer Genossenschaft[456] und scheckfähig[457] sein zu können. Diese Entwicklung fand schließlich in einem Grundsatzurteil des BGH vom 29.01.2001 seinen Abschluss, wonach eine (Außen-)GbR, in dem zu entscheidenden Fall eine Arbeitsgemeinschaft, Rechts- und Parteifähigkeit haben sollte, soweit sie durch Teilnahme am Rechtsverkehr eigene Rechte und Pflichten begründet.[458] Der BGH hat seine Auffassung insbesondere damit begründet, dass die Ausweisung der Gesellschaftsverbindlichkeiten als bloße gemeinschaftliche Verbindlichkeiten der Gesellschafter dem Gesamthandsprinzip widerspricht, dass der Vorzug der nunmehr gefundenen Lösung ist, dass ein Wechsel im Mitgliederbestand grundsätzlich keinen Einfluss auf den Fortbestand der Gesellschaft hat, und dass der Gesetzgeber zwischenzeitlich durch entsprechende Normen[459] die GbR an sich als Trägerin von Rechten ansieht und

---

451 Vgl. *Flume,* Allgemeiner Teil des bürgerlichen Rechts, Erster Band, Erster Teil, Die Personengesellschaft, 1977, § 4 II, *ders.,* ZHR 136 (1972), 177 (188 ff.), auch: *Beuthien,* NJW 2005, 855 (856), *Dauner-Lieb,* DStR 2001, 356 (356), *Elsing,* BB 2003, 909 (909), *Habersack,* BB 2001, 477 (477), *Kindl,* NZG 1999, 517 (517), MünchKommBGB/*Ulmer,* Band 5, 5. Auflage, 2009, § 705 Rn. 298 f. mit weiteren Nachweisen, *K. Schmidt,* NJW 2001, 993 (995), *Wertenbruch,* NJW 2002, 324 (325).
452 Vgl. *Beuthien,* NJW 2005, 855 (856), *K. Schmidt,* NJW 2001, 993 (995).
453 Vgl. MünchKommBGB/*Ulmer,* Band 5, 5. Auflage, 2009, § 705 Rn. 299 mit weiteren Nachweisen.
454 Vgl. BGH, Urteil v. 15.12.1980, II ZR 52/80, NJW 1981, 1213 (1214).
455 Vgl. BGH, Urteil v. 13.04.1992, II ZR 277/90, NJW 1992, 2222 (2226).
456 Vgl. BGH, Urteil v. 04.11.1991, II ZB 10/91, NJW 1992, 499 (499 f.).
457 Vgl. BGH, Urteil v. 15.07.1997, VI ZR 154/96, NJW 1997, 2754 (2755).
458 Vgl. BGH, Urteil v. 29.01.2001, II ZR 331/00, BauR 2001, 775 (776).
459 § 11 Abs. 2 Nr. 1 InsO, § 1 Abs. 1 GesO.

ihr damit eine eigene Rechtssubjektivität verleiht.[460] Nach dieser Rechtsprechung wird aus dem Gesamthandsvermögen als dem Gemeinschaftsvermögen mehrerer Personen das Vermögen eines Rechtssubjekts, der GbR. Ein Vertreter handelt damit für die GbR, nicht für die Gesellschafter. Zu dem entgegenstehenden Wortlaut des § 714 BGB hat der BGH die Rechtsauffassung vertreten, dass dieser nicht erkennen lasse, dass der historische Gesetzgeber die Rechtsfähigkeit der GbR habe ausschließen wollen.[461] In einem weiteren Beschluss erfolgte die zunächst fehlende Abstimmung mit zuvor divergierenden Entscheidungen anderer Senate des BGH.[462] Letztlich hat auch das BVerfG die Grundsatzentscheidung des BGH zustimmend zur Kenntnis genommen.[463] Diese Auffassung ist zz. als herrschende Lehre anzusehen.[464]

4. Merkmale einer Außen-GbR

Nach dem Grundsatzurteil des BGH besteht die Rechts- und Parteifähigkeit allerdings nur bei einer Außen-GbR.[465] Abzuklären ist daher, welche Merkmale eine AußenGbR haben muss und ob es sich bei einer Bietergemeinschaft um eine solche handelt.

a. Teilnahme am Rechtsverkehr

Abgegrenzt wird zwischen Außen- und Innengesellschaft. Die Differenzierung wird nach dem Basiskriterium vorgenommen, ob die GbR am Rechtsverkehr teilnimmt und damit nach außen in Erscheinung treten soll.[466] Bezüglich der Teil-

---

460 Vgl. BGH, Urteil v. 29.01.2001, II ZR 331/00, BauR 2001, 775 (776 f.).
461 Vgl. BGH, Urteil v. 29.01.2001, II ZR 331/00, BauR 2001, 775 (777 f.).
462 Vgl. BGH, Beschluss v. 18.02.2002, II ZR 331/00, NJW 2002, 1207.
463 Vgl. BVerfG, Urteil v. 02.09.2002, 1 BvR 1103/02, NJW 2002, 3533.
464 Vgl. *Bärwaldt*, in: Müller/Hoffmann, Beck'sches Handbuch der Personengesellschaften, 3. Auflage, 2009, § 17 Rn. 85 für die ARGE, *Gummert*, in: Gummert/Weipert, Münchener Handbuch des Gesellschaftsrechts, Band 1, 3. Auflage, 2009, § 17 Rn. 10, *Habersack*, BB 2001, 477 (478), *Hadding*, ZGR 2001, 712 (713), MünchKommBGB/*Ulmer*, Band 5, 5. Auflage, 2009, § 705 Rn. 301, Palandt/*Sprau*, 69. Auflage, 2010, § 705 Rn. 24 ff., *Sauter*, in: Müller/Hoffmann, Beck'sches Handbuch der Personengesellschaften, 3. Auflage, 2009, § 2 Rn. 165, *K. Schmidt*, Gesellschaftsrecht, 2. Auflage, 2002, § 58 V 1, Soergel/*Hadding*, Band 5/1, 12. Auflage, 2007, Vor § 705, Rn. 20 ff., Staudinger/*Habermeier*, Buch 2, 13. Auflage, 2003, Vorbem. zu §§ 705-740 Rn. 16, *Ulmer*, ZIP 2001, 585 (585), *Wertenbruch*, NJW 2002, 324 (324 f.).
465 Vgl. BGH, Urteil v. 29.01.2001, II ZR 331/00, BauR 2001, 775 (781).
466 Vgl. *Geibel*, WM 2007, 1496 (1497 f.), *Habersack*, BB 2001, 477 (478), *Hadding*, ZGR 2001, 712 (714 f.), *Hopt*, in: Baumbach/Hopt, Handelsgesetzbuch, 10. Auflage, 2010, Einl. § 105 Rn. 11, *Kraemer*, NZM 2002, 465 (466), *Müller*, in: Müller/Hoffmann, Beck'sches Handbuch der Personengesellschaften, 3. Auflage, 2009, § 4 Rn. 220, MünchKommBGB/*Ulmer*, Band

nahme am Rechtsverkehr wird eine weitere Unterscheidung getroffen. Es soll darauf ankommen, dass diese im Gesellschaftsvertrag vereinbart wurde, nicht auf die Erkennbarkeit von außen.[467] Die Teilnahme am Rechtsverkehr nach außen setzt eine Handlungsorganisation voraus,[468] so dass die Gesellschaft über organschaftliche Vertreter handelt.[469]

b. Gesamthandsvermögen

Neben der Teilnahme am Rechtsverkehr wird ein zusätzliches Kriterium, das für eine Außen-GbR sprechen soll, herangezogen. Aus der Annahme, dass eine Innengesellschaft nicht notwendig über Gesamthandsvermögen verfügt, wird der Schluss gezogen, dass das Vorhandensein von Gesamthandsvermögen charakteristisch oder zumindest ein Indiz für eine Außen-GbR ist. Dieses Merkmal wird jedoch nach wohl überwiegender Ansicht in Rechtsprechung und Literatur als nicht zwingend notwendig für die Qualifizierung einer Außen-GbR erachtet.[470]

c. Weitere Kriterien

Im Schrifttum sind noch weitere Unterscheidungscharakteristika entwickelt worden. Erwähnenswert sind insbesondere zwei Ansätze: Der erste geht davon aus, dass die Außen-GbR nicht nur mit eigenen Geschäftsführern gegenüber Dritten rechtsgeschäftlich tätig wird und dadurch Gesamthandsvermögen begründet, sondern auch mit eigener Identitätsausstattung auftreten muss.[471] Der zweite stellt

---

5, 5. Auflage, 2009, § 705 Rn. 254, 279, 305, Palandt/*Sprau*, 69. Auflage, 2010, § 705 Rn. 33, *Scholz*, NZG 2002, 153 (156), *Schücking*, in: Gummert/Weipert, Münchener Handbuch des Gesellschaftsrechts, Band 1, 3. Auflage, 2009, § 3 Rn. 2, Soergel/*Hadding*, Band 5/1, 12. Auflage, 2007, Vor § 705, Rn. 28, Staudinger/*Habermeier*, Buch 2, 13. Auflage, 2003, § 705 Rn. 61, *K. Schmidt*, Gesellschaftsrecht, 2. Auflage, 2002, § 58 II 2.

467 Vgl. *Geibel*, WM 2007, 1496 (1499), MünchKommBGB/*Ulmer*, Band 5, 5. Auflage, 2009, § 705 Rn. 279, *K. Schmidt*, Gesellschaftsrecht, 2. Auflage, 2002, § 58 II 2, *Schücking*, in: Gummert/Weipert, Münchener Handbuch des Gesellschaftsrechts, Band 1, 3. Auflage, 2009, § 3 Rn. 2.
468 Vgl. Habersack, BB 2001, 477 (478).
469 Vgl. MünchKommBGB/*Ulmer*, Band 5, 5. Auflage, 2009, § 705 Rn. 253.
470 Vgl. für das Vorhandensein von Gesamthandsvermögen: BGH, Urteil v. 22.06.1982, II ZR 94/80, NJW 1982, 99 (100), Urteil v. 13.06.1994, II ZR 38/93, NJW 1994, 2536 (2538), Palandt/*Sprau*, 69. Auflage, 2010, § 705 Rn. 23, dagegen: *Derleder*, BB 2001, 2485 (2489 f.), *Müller*, in: Müller/Hoffmann, Beck'sches Handbuch der Personengesellschaften, 3. Auflage, 2009, § 4 Rn. 220, MünchKommBGB/*Ulmer*, Band 5, 5. Auflage, 2009, § 705 Rn. 254, 266, 280, 305, Soergel/*Hadding*, Band 5/1, 12. Auflage, 2007, Vor § 705, Rn. 28, differenzierend: *K. Schmidt*, NJW 2001, 993 (1001), Staudinger/*Habermeier*, Buch 2, 13. Auflage, 2003, § 705 Rn. 58.
471 Vgl. *Ulmer*, ZIP 2001, 585 (593 f.), auch *Dauner-Lieb*, DStR 2001, 356 (359), *Hadding*, ZGR 2001, 712 (720 f.), *Peifer*, NZG 2001, 296 (297).

auf sog. unternehmenstragende GbR ab.[472] Eine Außengesellschaft soll nur dann vorliegen, wenn sie ein Unternehmen betreibt und nicht etwa nur eine Gelegenheitsgesellschaft darstellt.[473]

5. Stellungnahme

Die grundsätzliche Rechts- und Parteifähigkeit einer Außen-GbR wird seit dem Urteil des BGH vom 29.01.2001 nicht mehr in Frage gestellt. Die Argumente der damals getroffenen Entscheidung sind als Abschluss einer langjährigen Entwicklung so stichhaltig, dass dieser – nunmehr herrschenden – Meinung zu folgen ist. Abzugrenzen bleibt, nach welchen Kriterien das Vorliegen einer Außen-GbR bestimmt wird und ob die Bietergemeinschaft danach als solche einzuordnen ist.

a. Auftreten nach außen

Das Grundsatzurteil des BGH selbst lässt nicht erkennen, dass es auf einen bestimmten Typ einer Außen-GbR beschränkt bleiben soll.[474] Als Mindestvoraussetzung für eine Außen-GbR ist ein Auftreten nach außen zu fordern. Dazu gehört die entsprechende Organisation,[475] die jedoch bereits aufgrund der gesetzlichen Vorschriften, auch ohne gesonderte Festlegung oder Abwandlung im Gesellschaftsvertrag, gegeben ist, da im Zweifel alle Gesellschafter geschäftsführungs- und vertretungsbefugt sind.

b. Wille der Gesellschafter

Als problematisch erscheint, dass es für die Teilnahme am Rechtsverkehr auf den Willen der Gesellschafter, also auf die Abreden im Gesellschaftsvertrag, nicht auf das praktizierte Auftreten ankommen soll. Dagegen könnte sprechen, dass für Dritte, schon im Hinblick auf die Durchsetzung ihrer Rechte, erkennbar sein muss, ob ihnen eine Außen- oder Innengesellschaft gegenübersteht.[476] Dennoch entspricht es der Interessenlage der Beteiligten, auf den Willen der Gesellschafter abzustellen. Maßgeblich für die inhaltliche Ausgestaltung einer Gesellschaft und die damit verbundenen Handlungsspielräume der Gesellschafter ist nämlich

---

472 Vgl. *K. Schmidt*, NJW 2001, 993 (1002), auch *Dauner-Lieb*, DStR 2001, 356 (359 f.).
473 Vgl. *Geibel*, WM 2007, 1496 (1496).
474 Vgl. BGH, Urteil v. 29.01.2001, II ZR 331/00, BauR 2001, 775 (776 ff.), *Habersack*, BB 2001, 477 (478), *Peifer*, NZG 2001, 296 (298), *Pohlmann*, WM 2002, 1421 (1423).
475 Vgl. MünchKommBGB/*Ulmer*, Band 5, 5. Auflage, 2009, § 705 Rn. 254.
476 Vgl. *Scholz*, NZG 2002, 153 (156).

stets der durch die Mitglieder subjektiv ausgestaltete Gesellschaftszweck.[477] Außerdem lässt sich aus dem gemeinsamen Auftreten der Gesellschafter oder eines einzelnen von ihnen nicht immer mit Sicherheit der Schluss ziehen, dass Rechte bzw. Pflichten der Gesellschaft begründet werden sollen,[478] also eine Teilnahme am Rechtsverkehr gewollt ist. Im Übrigen wäre diese Lösung bei nur gelegentlichem Auftreten einer Gesellschaft im Rechtsverkehr auch nicht praktikabel.[479]

c. Gesamthandsvermögen

Es ist kein Grund ersichtlich, wonach aus der Annahme, dass eine Innengesellschaft regelmäßig kein Gesamthandsvermögen bildet, der Umkehrschluss gezogen werden muss, dass dies bei einer Außen-GbR der Fall ist. Allerdings ist es typisch, dass eine Außen-GbR über Gesamthandsvermögen verfügt.[480] Denn die sog. Sozialansprüche, d. h. die sich aus dem Gesellschaftsvertrag ergebenden Ansprüche der Gesellschaft gegen die Gesellschafter, insbesondere die Beitrags-, Geschäftsführungs- und Treuepflicht, stehen der Außen-Gesellschaft als solcher zu und bilden damit, soweit sie auf vermögenswerte Leistungen gerichtet sind, Gesamthandsvermögen.[481] Das Vorhandensein von derartigem Vermögen ist aber dennoch nicht als obligatorisches Merkmal einer Außen-GbR anzusehen, weil dies kein trennscharfes Abgrenzungscharakteristikum zu Innengesellschaften ist und damit unkalkulierbare Rechtsunsicherheiten verbunden wären.

d. Identitätsausstattung

Die Identitätsausstattung einer GbR scheint auf den ersten Blick die logische Folge der Anerkennung der Gesellschaft als Rechtssubjekt zu sein. Sie ist transparent und rechtssicher.[482] Der Sinn oder zumindest die Folge dieser Anerkennung bestünde dann darin, den Besonderheiten der Personengesellschaft gerecht zu werden und ihr Auftreten im Rechtsverkehr zu erleichtern. Dazu ist es erforderlich, die Gesellschaft als solche identifizieren zu können.[483] Idealerweise tritt sie daher mit eigenem Namen und Sitz auf. Das ist jedoch dann nicht zwingend notwendig, wenn auch aus anderen Umständen erkennbar ist, dass hier eine GbR

---

477 Vgl. *Hadding*, ZGR 2001, 712 (714 f.).
478 Vgl. auch *Schücking*, in: Gummert/Weipert, Münchener Handbuch des Gesellschaftsrechts, Band 1, 3. Auflage, 2009, § 3 Rn. 4 f.
479 *Geibel*, WM 2007, 1496 (1499).
480 Vgl. *Ulmer*, ZIP 2001, 585 (592).
481 Vgl. *Müller*, in: Müller/Hoffmann, Beck'sches Handbuch der Personengesellschaften, 3. Auflage, 2009, § 4 Rn. 209, MünchKommBGB/*Ulmer*, Band 5, 5. Auflage, 2009, § 705 Rn. 269, Staudinger/*Habermeier*, Buch 2, 13. Auflage, 2003, § 705 Rn. 41
482 Vgl. *Dauner-Lieb*, DStR 2001, 356 (359).
483 Vgl. auch *Hadding*, ZGR 2001, 712 (721).

handelt, so z. B. wenn die Namen der Gesellschafter und der Zusatz „GbR" angegeben werden. Eines Kriteriums der strengen, ausnahmslosen Identitätsausstattung mit Namen und Sitz für eine Außen-GbR bedarf es daher nicht.

Bereits die Entscheidung des BGH vom 29.01.2001 lässt Zweifel daran aufkommen, dass nur unternehmenstragende Gesellschaften als Außen-GbR eingestuft werden sollten. Partei in dem seinerzeitigem Rechtsstreit war eine Arbeitsgemeinschaft, die nicht auf Dauer, sondern nur zur Durchführung eines bestimmten Bauauftrags gebildet worden war, so dass eine Beschränkung von Außen-GbRs auf unternehmenstragende Gesellschaften sowie auf Gesellschaften jeglichen anderen Typs[484] zu eng ist.[485] Hinzu kommt, dass eine jeweils individuelle Überprüfungspflicht des Gesellschaftszwecks durch Dritte immer zu einer Rechtsunsicherheit führen würde,[486] insbesondere wenn kein schriftlicher Gesellschaftsvertrag vorliegt. Schließlich wird eine Personengesellschaft, die kein Gewerbe betreibt, sondern nur eigenes Vermögen verwaltet, nach § 105 Abs. 2 HGB sogar als OHG qualifiziert.[487] Der Kreis der mit Rechtsfähigkeit ausgestatteten, nach bürgerlichem Recht zu beurteilenden GbRs kann aber nicht enger gezogen werden als der, der dem Handelsrecht, einer Spezialmaterie, unterliegt.[488] Daher ist auch dieses einschränkende Merkmal abzulehnen.

Insgesamt ist somit die Frage, ob eine Außen-GbR gegeben ist, ausschließlich nach ihrem Auftreten im Rechtsverkehr mittels ihrer Organe und aufgrund des Gesellschaftszwecks zu beurteilen. Die Beschränkung auf diese Kriterien als Merkmale einer GbR dient entschieden der Rechtssicherheit.[489]

6. Zwischenergebnis

Der Gesellschaftszweck von Bietergemeinschaften zielt ausschließlich darauf ab, sich mit einem Angebot an einem Vergabeverfahren zu beteiligen und den Zuschlag darauf zu erhalten. Das Angebot ist ein Antrag auf Schließung eines Vertrags im Sinn des § 145 BGB. Mit dessen Einreichung nimmt die Kooperation am Rechtsverkehr nach außen teil. Sie begründet ein vorvertragliches Verhältnis mit dem öffentlichen Auftraggeber und damit eigene Rechte und Pflichten. Die dafür erforderliche externe Handlungsorganisation, d. h. konkret die Einreichung durch einen oder mehrere Vertretungsberechtigte, ist gegeben, weil entweder die Gesellschafter entsprechend den gesetzlichen Vorschriften gemeinschaftlich

---

484 Vgl. *Scholz*, NZG 2002, 153 (155).
485 Vgl. *Habersack*, BB 2001, 477 (478), *Ulmer*, ZIP 2001, 585 (593).
486 Vgl. *Wertenbruch*, NJW 2002, 324 (328).
487 Vgl. *Hopt*, in: Baumbach/Hopt, Handelsgesetzbuch, 34. Auflage, 2010, § 105, Rn. 13.
488 Vgl. *Habersack*, BB 2001, 477 (478).
489 Vgl. *Pohlmann*, WM 2002, 1421 (1423).

handeln oder bereits einen Vertreter bestimmt haben, der für die Gemeinschaft nach außen auftritt. Damit sind im Fall einer Bieterkooperation die erforderlichen Voraussetzungen für eine Außen-GbR erfüllt, so dass sie als solche einzuordnen ist.

Obwohl dies keine notwendige Bedingung für das Vorliegen einer Außen-GbR ist, ist unabhängig davon auch davon auszugehen, dass eine Bietergemeinschaft ein gesondertes Gesellschaftsvermögen bildet. Dagegen wird eingewandt, dass die Kooperation keine wirtschaftliche Tätigkeit ausübt und demnach kein eigenes Vermögen erwirbt. Außerdem agiere sie kostenneutral, so dass ihr die wirtschaftliche Grundlage für Aktiva und Passiva fehle.[490] Diese Argumentation berücksichtigt jedoch nicht, dass die Erstellung des Angebots durch die Einzelbieter als Dienstleistungen und zumindest zusätzlich die Geschäftsführung als Sozialansprüche der Gesellschaft vermögenswerte Leistungen sind, die dem Gesellschaftsvermögen zufließen.[491]

Zwar ist die Identitätsausstattung im engeren Sinn ebenfalls kein notwendiges Kennzeichen einer Außen-GbR. Dennoch ist bei Bietergemeinschaften, die an einem Vergabeverfahren teilnehmen, die Identifizierung ohne Weiteres möglich. Abgesehen von den Fällen, in denen sie sich ohnehin einen Namen geben, müssen sie nach den vergaberechtlichen Vorschriften spätestens vor Zuschlagserteilung ihre Mitglieder benennen. Damit ist jedenfalls noch im vorvertraglichen Stadium sichergestellt, dass Urheber des Angebots eine GbR ist, die aus den angegebenen Unternehmen besteht.

Eine Bietergemeinschaft ist als Außen-GbR somit rechts- und parteifähig. Damit kommt es für die Teilnahme im Vergabe- und im Nachprüfungsverfahren zunächst auf die Kooperation als ganze, nicht auf die einzelnen Mitglieder im Verbund an. Was dies im Einzelnen bedeutet, ob und inwieweit das Prinzip durchbrochen werden muss, ist im Rahmen der einzelnen vergaberechtlichen Themenfelder abzuhandeln.

V. Haftung der Gesellschafter

Mit der Anerkennung einer Außen-GbR als rechts- und parteifähig wurde auch ein Wandel bezüglich der Haftung der Gesellschafter im Außenverhältnis, d. h. gegenüber Drittgläubigerforderungen,[492] vollzogen. Bereits vor dem Grundsatz-

---

490 *Burchardt/Class*, in: Burchardt/Pfülb, ARGE-Kommentar, 4. Auflage, 2006, Exkurs Bietergemeinschaftsvertrag Rn. 45b, *L. P. Schmidt*, NZBau 2008, 41 (42).
491 MünchKommBGB/*Ulmer*, Band 5, 5. Auflage, 2009, § 705 Rn. 269, Soergel/*Hadding*, Band 5/1, 12. Auflage, 2007, § 705 Rn. 47.
492 Vgl. *K. Schmidt*, Gesellschaftsrecht, 4. Auflage, 2002, § 60 III 2.

urteil aus dem Jahr 2001 hatte der BGH die Haftung der Gesellschafter für Verbindlichkeiten der Gesellschaft als eine gesetzliche bezeichnet.[493] Sie wird nunmehr aus §§ 128 ff. HGB analog hergeleitet, so dass die Mitglieder persönlich als Gesamtschuldner für sämtliche Gesellschaftsschulden, vertragliche[494] und gesetzliche,[495] haften.[496] Gesellschaft und Gesellschafter haften nicht gesamtschuldnerisch.[497]

VI. Ergebnis

Bietergemeinschaften bilden in der Regel eine GbR. Diese ist rechts- und parteifähig, so dass die Gesellschaft als solche, nicht die einzelnen Gesellschafter im Vergabeverfahren die Bieterstellung erlangen. Die Mitglieder der GbR schließen einen Gesellschaftsvertrag ab, wobei dieser grundsätzlich keinem Formzwang unterliegt. Wegen der besseren Nachweismöglichkeit ist jedoch ein schriftlicher Vertrag empfehlenswert. Notwendig muss der Vertrag den Gesellschaftszweck, die Teilnahme an einem konkreten Vergabeverfahren und einem sich nach Aufhebung möglicherweise anschließendem zweiten Verfahren mit dem Ziel der Beauftragung festlegen. Darüber hinaus muss er die Art und nach Möglichkeit auch das Ausmaß der Beiträge der Gesellschafter enthalten. Diese bestehen typischerweise in Dienstleistungen, aber auch Sachleistungen, die zur Erstellung und Einreichung des Angebots erbracht werden.

Die gesellschaftsrechtlichen Bestimmungen müssen vertraglich insoweit modifiziert werden, als dass ein Gesellschafter bestimmt wird, der die Bietergemeinschaft gegenüber dem öffentlichen Auftraggeber und gegenüber Dritten vertritt. Dieser Gesellschafter sollte gleichzeitig als Einzelgeschäftsführer der GbR benannt werden.

Der Gesellschaftsvertrag sollte darüber hinaus eine Fortsetzungsklausel für die Fälle enthalten, in denen die GbR sich aus gesetzlichen Gründen auflöst. Lediglich der Ausschluss des Gesellschafters, in dessen Person sich einer der Gründe realisiert, sollte vorher vereinbart werden.

Liegt kein schriftlicher Vertrag vor, ist der Inhalt der mündlichen oder konkludent geschlossenen Vereinbarung auszulegen. Es kommt darauf an, wie ein objektiver Erklärungsempfänger die Willenserklärungen der Gesellschafter ver-

---

493 Vgl. BGH, Urteil v. 27.09.1999, I ZR 371/98, NJW 1999, 3483 (3484).
494 Vgl. Staudinger/*Habermeier*, Buch 2, 13. Auflage, 2003, Vorbem zu §§ 705-740 Rn. 35.
495 Vgl. *Hadding*, ZGR 2001, 712 (735).
496 Vgl. BGH, Urteil v. 29.01.2001, II ZR 331/00, BauR 2001, 775 (782 f.), auch *Kraemer*, NZM 2002, 465 (469), *Scholz*, NZG 2002, 153 (161 ff.),
497 Vgl. *Elsing*, BB 2003, 909 (911), *Hadding*, ZGR 2001, 712 (742).

stehen muss. Anhaltspunkte dafür sind insbesondere das Auftreten der Gesellschafter im Vergabeverfahren und ihr Verhalten.

B. Offene Handelsgesellschaft (OHG)

Es bleibt zu fragen, ob eine Bietergemeinschaft in der Rechtsform einer OHG organisiert sein könnte und welche Bedingungen dafür vorliegen müssten. Die OHG ist eine Gesellschaft im Sinn des § 705 BGB und ein Spezialfall der GbR.[498] Bei dem Zusammenschluss zu einer OHG ist eine Einigung über die Rechtsform nicht erforderlich, es besteht jedoch ein Rechtsformzwang, sobald die objektiven Voraussetzungen dafür erfüllt sind.[499]

Das bedeutet, dass die für die OHG geltenden Spezialbestimmungen, §§ 105 ff. HGB, primär vor den subsidiär zugrunde zu legenden §§ 705 ff. BGB anwendbar wären, wenn eine Bietergemeinschaft die Merkmale einer OHG aufweist. Das Recht der OHG unterscheidet sich in einigen Punkten signifikant von dem Recht der GbR. Die OHG ist gemäß §§ 238 ff. HGB zur kaufmännischen Buchführung und zur Erstellung von Jahresabschlüssen verpflichtet und muss in das Handelsregister eingetragen werden, was den organisatorischen Aufwand gegenüber einer GbR erhöht.[500]

Kennzeichnender Zweck einer OHG ist, dass sie auf den Betrieb eines Handelsgewerbes unter gemeinschaftlicher Firma gerichtet ist.[501] Ein Handelsgewerbe ist gemäß § 1 Abs. 2 HGB jeder Gewerbebetrieb, es sei denn, dass das Unternehmen nach Art und Umfang einen in kaufmännischer Weise eingerichteten Geschäftsbetrieb nicht erfordert. Ein Gewerbebetrieb wird als erkennbar planmäßige, auf Dauer angelegte, selbstständige, auf Gewinnerzielungsabsicht ausgerichtete oder jedenfalls wirtschaftliche Tätigkeit am Markt unter Ausschluss freiberuflicher, wissenschaftlicher und künstlerischer Tätigkeit definiert.[502]

Bezüglich der Tätigkeit wird nach einem objektiven und einem subjektiven

---

498 Vgl. *K. Schmidt*, in: K. Schmidt, Münchener Kommentar zum Handelsgesetzbuch, Band 2, 2. Auflage, 2006, § 105 Rn. 4.
499 Vgl. *K. Schmidt*, in: K. Schmidt, Münchener Kommentar zum Handelsgesetzbuch, Band 2, 2. Auflage, 2006, § 105 Rn. 31, *Zerhusen/Nieberding*, BauR 2006, 296 (297).
500 *Ewers/Scheef,* BauRB 2005, 24 (24).
501 Vgl. *Baldringer*, in: Jagenburg/Schröder, Der ARGE-Vertrag, 2. Auflage, 2008, Einl. Rn. 24, *Bärwaldt*, in: Beck'sches Handbuch der Personengesellschaften, 3. Auflage, 2009, § 17 Rn. 8, *Joussen*, BauR 1999, 1063 (1063), *Koeble/Schwärzel-Peters*, DStR 1996, 1734 (1735), *Kornblum*, ZfBR 1992, 9 (10), *K. Schmidt*, Gesellschaftsrecht, 4. Auflage, 2002, § 46 I 1.
502 Vgl. BGH, Urteil v. 18.01.1968, VII ZR 101/65, NJW 1968, 639 (639), *Hopt*, in: Baumbach/Hopt, Handelsgesetzbuch, 34. Auflage, 2010, § 1 Rn. 12.

Element unterschieden. Die Planmäßigkeit und Dauer der Tätigkeit müssen objektiv gegeben sein.[503] Eine Befristung ist grundsätzlich von vornherein nicht schädlich,[504] aber Gelegenheitsgeschäfte reichen keinesfalls aus.[505] Subjektiv muss die Absicht des Gewerbetreibenden vorliegen, eine Vielzahl von Geschäften als Einheit abzuschließen.[506] Das bedeutet, dass die Absicht dauernder Gewinnerzielung vorhanden sein muss.[507]

An diesen Voraussetzungen fehlt es üblicherweise selbst bei einer Arbeitsgemeinschaft, weil diese nur auf die Realisierung eines Projekts hin angelegt ist.[508] Infolge ihres Zwecks, einen konkreten Vertrag mit einem Auftraggeber durchzuführen und abzuwickeln, liegt weder die Dauerhaftigkeit noch die Absicht stetiger Gewinnerzielung durch wiederholte Geschäfte vor. Die Arbeitsgemeinschaft beteiligt sich ihrem Wesen nach erkennbar nicht generell an einem Nachfragemarkt, sie übt keine anbietende Tätigkeit aus.[509] Wenn für eine Arbeitsgemeinschaft ausnahmsweise die Rechtsform der OHG anerkannt wird, liegt der Grund darin, dass sie etwa ein Bauvorhaben von erheblichem Umfang und längerer Dauer ausführt.[510] Diese Kriterien sind jedoch nicht auf eine Bieterkooperation übertragbar. Wenn außerhalb des Ausnahmetatbestands eine Arbeitsgemeinschaft schon nicht grundsätzlich als Gewerbebetrieb einzustufen ist, gilt dies erst recht für eine Bieterkooperation. Sie wird ausschließlich zu dem Zweck gebildet, sich als Nachfrager an einem spezifischen Vergabeverfahren zu beteiligen und den Zuschlag auf ihr Angebot zu erhalten. Dadurch ist sie eine typische Gelegenheitsgesellschaft, die nur für die kurze Dauer der Ausschreibung besteht, und nicht die Absicht einer ständigen Gewinnerzielung als Anbieter auf dem Markt hat.[511]

---

503 Vgl. *Baldringer*, in: Jagenburg/Schröder, Der ARGE-Vertrag, 2. Auflage, 2008, Einl. Rn. 25, *Joussen*, BauR 1999, 1063 (1069).

504 Vgl. *Joussen*, BauR 1999, 1063 (1069), *K. Schmidt*, DB 2003, 703 (704).

505 Vgl. *Baldringer*, in: Jagenburg/Schröder, Der ARGE-Vertrag, 2. Auflage, 2008, Einl. Rn. 25, *Hickl*, in: Burchardt/Pfülb, ARGE-Kommentar, 4. Auflage, 2006, Exkurs Bietergemeinschaftsvertrag Rn. 1, *Hopt*, in: Baumbach/Hopt, Handelsgesetzbuch, 34. Auflage, 2010, § 1 Rn. 12, *Kornblum*, ZfBR 1992, 9 (10).

506 Vgl. *Baldringer*, in: Jagenburg/Schröder, Der ARGE-Vertrag, 2. Auflage, 2008, Einl. Rn. 25, *Joussen*, BauR 1999, 1063 (1069 f.).

507 Vgl. BGH, Urteil v. 02.07.1985, X ZR 77/84, NJW 1985, 3063 (3063), Urteil v. 22.04.1982, VII ZR 191/81, NJW 1982, 1815 (1816), *Hopt*, in: Baumbach/Hopt, Handelsgesetzbuch, 34. Auflage, 2010, § 1 Rn. 15.

508 Vgl. *Bärwaldt*, in: Beck'sches Handbuch der Personengesellschaften, 3. Auflage, 2009, § 17 Rn. 8.

509 Vgl. OLG Karlsruhe, Urteil v. 07.03.2006, 17 U 73/05, Juris Tz. 19 f., *K. Schmidt*, DB 2003, 703 (704), *Schwarz*, ZfBR 2007, 636 (637).

510 OLG Frankfurt am Main, Urteil v. 10.12.2004, 21 AR 138/04, Juris Tz. 16, KG, Urteil v. 22.08.2001, 29 AR 54/01, BauR 2001, 1790 (1790 f.).

511 Dies gilt selbst für Bietergemeinschaften, die sich wiederholt an Ausschreibungen beteiligen, denn sie schließen in der Regel immer wieder einen neuen Gesellschaftsvertrag ab.

Damit fehlt bei einer Bietergemeinschaft die Voraussetzung zur Ausübung eines Handelsgewerbes, so dass sie nicht in Form einer OHG organisiert ist. Jedenfalls behält die übliche Kooperation, die nicht aus besonderen Gründen eine spezielle Rechtsform annimmt, den Status einer GbR.

C. Übergang in eine Arbeitsgemeinschaft – Arbeitsgemeinschaftsvertrag

Für den Fall der erfolgreichen Teilnahme an einem Vergabeverfahren, der Zuschlagserteilung, erhält die Bieterkooperation die Stellung des Auftragnehmers und muss eine Arbeitsgemeinschaft bilden. Gesellschaftsrechtlich muss also eine neue GbR gegründet werden, da die ursprüngliche durch Erreichung des Zwecks beendet ist. Hier sind zwei Vertragskonstellationen denkbar. Entweder wird der Arbeitsgemeinschaftsvertrag unmittelbar nach der Beauftragung unabhängig von dem vorherigen Bietergemeinschaftsvertrag, abgeschlossen oder dessen Abschluss ist bereits in der Vereinbarung der Bieterkooperation, die insoweit als Vorvertrag bezeichnet wird,[512] festgelegt worden. Bezüglich des Vorvertrags bieten sich wiederum zwei Fallgestaltungen an. Der Bietergemeinschaftsvertrag enthält – möglicherweise auch partiell in Form von Verweisungen auf den ARGE-Mustervertrag – die Regelungen des späteren Arbeitsgemeinschaftsvertrags und sieht dessen Abschluss, aufschiebend bedingt durch den Zuschlag, vor. Derartig ist z. B. der Muster-Bietergemeinschaftsvertrag ausgestaltet.[513] Als Alternative kann in den Vorvertrag die Vereinbarung aufgenommen werden, nach Zuschlagserteilung einen Arbeitsgemeinschaftsvertrag abzuschließen.[514]

Formal ist ein Vorvertrag eine Vereinbarung, die die Verpflichtung zum späteren Abschluss eines Hauptvertrags begründet.[515] An einen Vorvertrag sind deshalb gewisse inhaltliche Bestimmtheitsanforderungen zu stellen.[516] Ein wirksa-

---

512 Vgl. *Bärwaldt*, in: Beck'sches Handbuch der Personengesellschaften, 3. Auflage, 2009, § 17, Rn. 27, *Baldringer*, in: Jagenburg/Schröder, Der ARGE-Vertrag, 2. Auflage, 2008, Einl. Rn. 62, *Hickl*, in: Burchardt/Pfülb, ARGE-Kommentar, 4. Auflage, 2006, Einführung Rn. 19, *Korbion*, in: Ingenstau/Korbion, VOB, 17. Auflage 2010, Anhang 2, Rn. 19.
513 Vgl. *Burchardt/Class*, in: Burchardt/Pfülb, ARGE-Kommentar, 4. Auflage, 2006, Exkurs Bietergemeinschaftsvertrag, Rn. 45d.
514 Vgl. *Bärwaldt*, in: Beck'sches Handbuch der Personengesellschaften, 3. Auflage, 2009, § 17, Rn. 28.
515 Vgl. BGH, Urteil v. 17.12.1987, VII ZR 307/86, NJW 1988, 1261 (1261), JurisPK-BGB/*Backmann*, Band 1, 5. Auflage, 2010, § 145 Rn. 49, Palandt/*Ellenberger*, 69. Auflage, 2010, Einf. v. § 145 Rn. 19.
516 Vgl. *Bärwaldt*, in: Beck'sches Handbuch der Personengesellschaften, 3. Auflage, 2009, § 17, Rn. 29, *Baldringer*, in: Jagenburg/Schröder, Der ARGE-Vertrag, 2. Auflage, 2008, Einl.

mer Vorvertrag setzt voraus, dass sich die Partner über alle wesentlichen Punkte geeinigt haben und der Inhalt des abzuschließenden Hauptvertrags bestimmt oder zumindest durch Auslegung bestimmbar ist.[517] Bei dem Gesellschaftsvertrag einer Arbeitsgemeinschaft bedarf es einer Vereinbarung über den gemeinsamen Zweck und die Beitragspflichten als den wesentlichen Grundlagen.[518] Daneben sollten die essentiellen Kriterien der zu bildenden Auftragnehmerkooperation festgelegt werden.[519] Unabhängig von der Art des Vorvertrags – aufschiebend bedingter Übergang oder bloße Verpflichtung zum Abschluss der Arbeitsgemeinschaftsvereinbarung – muss er den Bestimmtheitsanforderungen genügen, damit ein wirksamer Arbeitsgemeinschaftsvertrag zustande kommt.

Die Lösung mittels des Vorvertrags, der den aufschiebend bedingten Abschluss des Arbeitsgemeinschaftsvertrags vorsieht, hat den Vorteil, dass die Schnittstelle zwischen Beendigung der Bieterkooperation und der Gründung der Arbeitsgemeinschaft durch eine automatische Überleitung erfasst wird.[520] Das bedeutet, dass nach dem Abschluss der Bietergemeinschaft und dem Beginn der Arbeitsgemeinschaft kein vertragsfreier Zwischenraum entsteht. Dies entspricht zum einen den vergaberechtlichen Vorgaben, die von einem nahtlosen Übergang des Bieters in den Auftragnehmer, der mit Zugang des Zuschlagsschreibens eintritt, ausgehen. Zum anderen reduziert der reibungslose Übergang einer Bieter- in eine Arbeitsgemeinschaft sowohl für die Gesellschafter als auch für den Auftraggeber etwaige rechtliche Risiken, sei es in Bezug auf die Erfüllung des Gesellschafts- oder des mit dem Auftraggeber zustande gekommenen Beschaffungsvertrags, sei es hinsichtlich etwaiger Haftungsfragen.

Die Lösung, bei der lediglich die Verpflichtung zum Abschluss des Arbeitsgemeinschaftsvertrags in die Bietergemeinschaftsvereinbarung aufgenommen wird, hat immerhin den Vorteil, dass die Gesellschafter sich vorab über die wesentlichen Eckpunkte einig geworden sind. Ungeachtet dessen bedarf es aber noch des tatsächlichen formalen Abschlusses des Vertrags, denn der Vorvertrag verpflichtet die Gesellschafter nur, ein Angebot zum Vertragsabschluss abzuge-

---

Rn. 62, *Burchardt/Class,* in: Burchardt/Pfülb, ARGE-Kommentar, 4. Auflage, 2006, Exkurs Bietergemeinschaftsvertrag, Rn. 47, MünchKommBGB/*Ulmer,* Band 5, 5. Auflage, 2009, Vor § 705 Rn.178.

517 Vgl. BGH, Urteil v. 20.09.1989, VIII ZR 143/88, NJW 1990, 1234 (1235), OLG Karlsruhe, Urteil v. 24.04.2009, 14 U 53/06, Juris Tz. 181, 197, JurisPK-BGB/*Backmann,* Band 1, 5. Auflage, 2010, § 145 Rn. 50.
518 Vgl. MünchKommBGB/*Ulmer,* Band 5, 5. Auflage, 2009, Vor § 705 Rn.178.
519 Vgl. *Bärwaldt,* in: Beck'sches Handbuch der Personengesellschaften, 3. Auflage, 2009, § 17, Rn. 29, *Baldringer,* in: Jagenburg/Schröder, Der ARGE-Vertrag, 2. Auflage, 2008, Einl. Rn. 62.
520 Vgl. *Burchardt/Class,* in: Burchardt/Pfülb, ARGE-Kommentar, 4. Auflage, 2006, Exkurs Bietergemeinschaftsvertrag, Rn. 46,

ben bzw. es anzunehmen.[521] Dadurch entsteht auch in diesem Fall – genauso wie bei Nichtvorhandensein eines Vorvertrags – zwischen dem Übergang von der Bieter- zur Arbeitsgemeinschaft eine Zeitspanne ohne Regelung durch einen Gesellschaftsvertrag.

Allerdings ist die begriffliche Reduzierung eines Bietergemeinschaftsvertrags lediglich auf einen Vorvertrag nicht gerechtfertigt. Sie mag zwar vor dem Hintergrund der historischen Entwicklung erklärbar sein,[522] es handelt sich aber um einen Gesellschaftsvertrag, der neben den möglichen vorvertraglichen Elementen auch wesentliche eigene Regelungsinhalte hat. Außer dem notwendigen Inhalt, dem Gesellschaftszweck und den Fördermaßnahmen der Gesellschafter der Bieterkooperation, ist es erforderlich oder zumindest sinnvoll, im Hinblick auf das streng formalisierte Vergabeverfahren und ein sich möglicherweise anschließendes Nachprüfungsverfahren klare und spezifisch darauf ausgerichtete Übereinkünfte aufzunehmen, die für die Bietergemeinschaft als eigenes Rechtssubjekt gelten. Insofern ist der Bietergemeinschaftsvertrag in wesentlichen Teilen ein separates Regelwerk ohne unmittelbaren Bezug zu dem Zeitraum nach der Beauftragung. Deshalb ist er nicht als bloßer Vorvertrag, sondern als eine Mischvereinbarung zu klassifizieren. Damit wird er der Bedeutung einer Bietergemeinschaft und ihrer Stellung im Vergabeverfahren gerecht. Die Auffassung, ihn ausschließlich als eine Vorstufe zur Arbeitsgemeinschaft anzusehen, ist durch die Entwicklung des Vergaberechts überholt worden.

---

521 Vgl. BGH, Urteil v. 21.01.1958, VIII ZR 119/57, DB 1958, 305 (305), JurisPK-BGB/*Backmann*, Band 1, 5. Auflage, 2010, § 145 Rn. 53, Palandt/*Ellenberger*, 69. Auflage, 2010, Einf. v. § 145 Rn. 21.
522 Vgl. Zweiter Teil, Kapitel 4, A., I.

Dritter Teil
Bietergemeinschaften als Teilnehmer im Vergabeverfahren

Nach dem internen Zusammenschluss folgt die entscheidende Phase, in der sich die Bietergemeinschaft an einem Vergabeverfahren beteiligt. Hierbei treten wesentliche Rechtsfragen auf, die sich aufgrund der Vereinigung der Einzelbieter oder im Zusammenhang damit ergeben. Durch die Einführung des Primärrechtsschutzes hat sich eine umfassende Rechtsprechung zu den einzelnen rechtlichen Themen entwickelt. Um zu sachgerechten Ergebnissen zu gelangen, ist neben der primären vergaberechtlichen auch die gesellschaftsrechtliche Seite der Kooperation zu berücksichtigen.

Kapitel 1: Das Angebot der Bietergemeinschaft

Herauszuarbeiten ist nunmehr, welche Form und welchen Inhalt das Angebot einer Bietergemeinschaft haben sollte. Ferner ist zu klären, ob es spezielle Anforderungen erfüllen muss. Neben den formalen Aspekten ist zu untersuchen, ob die Beteiligung an einer Bietergemeinschaft die Abgabe eines eigenen Angebots durch ein Mitglied in demselben Vergabeverfahren ausschließt oder nicht und welche Grundsätze hierbei zu gelten haben.

A. Benennung der Mitglieder im Angebot

In den Vergabe- und Vertragsordnungen wird für innerstaatliche und EU-weite Ausschreibungen verlangt, dass Bietergemeinschaften ihre Mitglieder benennen und eines ihrer Mitglieder als bevollmächtigten Vertreter für den Abschluss und die Durchführung des Vertrags angeben müssen. Die diesbezüglichen Angaben werden unter der Bezeichnung „Bietergemeinschaftserklärung" subsumiert.[523]

Die Forderung ist in der VOL/A[524] insoweit präziser als in VOB/A,[525] als dass in ersterer die Angaben in den Angeboten vorgeschrieben sind. Sowohl nach den Regelungen der VOL/A als auch nach denen der VOB/A müssen sie jedenfalls bis „vor der Zuschlagserteilung" beim Auftraggeber vorliegen. Es stellt sich die Frage nach der Einordnung, der Berechtigung und letztlich dem Zweck der Verpflichtung, die einzelnen Mitglieder der Bietergemeinschaft benennen zu müssen.

I. Bieteridentität

Das BayObLG hat in einem Fall, in dem nicht eindeutig war, ob das streitgegenständliche Angebot von einer Bietervereinigung stammte, im Hinblick auf die Feststellung der Antragsbefugnis in einem Nachprüfungsverfahren entschieden,

---

523 Vgl. *Gabriel/Benecke/Geldsetzer*, Die Bietergemeinschaft, 2007, Rn. 120, *Rusam*, in: Heiermann/Riedl/Rusam, Handkommentar zur VOB, 11. Auflage, 2008, § 21 VOB/A Rn. 30.
524 § 13 Abs. 6 VOL/A, § 16 Abs. 6 EG VOL/A.
525 § 13 Abs. 5 VOB/A.

dass Angebote die Identität des Bieters erkennen lassen müssen. Es müsse ersichtlich sein, ob es sich um ein Angebot einer Bietergemeinschaft handele und welche Unternehmen diese bildeten.[526] Damit ist der im Vergaberecht geltende Grundsatz der Bieteridentität[527] angesprochen, der wesentlicher Bestandteil eines Angebots ist.[528] Dieser Grundsatz ist weder im europäischen noch im nationalen Vergaberecht normiert, sondern wird mit verschiedenen Begründungen hergeleitet.[529]

1. Formeller Bieterbegriff

Der Begriff der Bieteridentität kann auf formelle Kriterien zurückgeführt werden, insbesondere auf die Tatsache, dass es sich bei dem Angebot um ein Vertragsangebot im Sinn des § 145 BGB handelt. Die Person des Erklärenden muss schon deshalb bekannt sein, um festzustellen, ob der Antrag mit ihrem Willen abgegeben wurde,[530] also letztlich, um ihr die Willenserklärung zuzurechnen. Auf das Vergaberecht übertragen, wird die formelle Bieteridentität aus den Vorschriften der Vergabe- und Vertragsordnungen abgeleitet, die vorsehen, dass „der Bieter" bis zum Ablauf der Zuschlagsfrist an sein Angebot gebunden ist,[531] und die Verhandlungen über die Angebote für unstatthaft erklären.[532] Somit wird nicht nur das Angebot, sondern auch die Person des Bieters bis zum Zuschlag als unveränderbar angesehen.[533]

2. Materieller Bieterbegriff

Bezüglich des Zugangs zu einem Nachprüfungsverfahren hat der EuGH festgestellt, dass es auf den formellen Bieterbegriff nicht ankommt.[534] Die richtlinienkonforme Auslegung soll vielmehr einen materiellen Bieterbegriff erfordern.[535] Herge-

---

526 Vgl. BayObLG, Beschluss v. 20.08.2001, Verg 11/01, VergabeR 2002, 77 (78), zustimmend: VK Bremen, Beschluss v. 31.10.2003, VK 16/03, Veris, 11, *Gulich,* VergabeR 2002, 80 (81), *Noch,* IBR 2004, 91.
527 Vgl. *Burbulla,* NZBau 2010, 145 (146).
528 BayObLG, Beschluss v. 20.08.2001, Verg 11/01, VergabeR 2002, 77 (80).
529 Vgl. *Burbulla,* NZBau 2010, 145 (146), *Heiermann,* ZfBR 2007, 759 (760), *Hoffmann,* NZBau 2008, 749 (749 f.).
530 Vgl. Palandt/*Ellenberger,* 69. Auflage, 2010, § 130 Rn. 4.
531 § 10 Abs. 7 VOB/A; dies ergibt sich im Umkehrschluss aus § 10 Abs. 2 VOL/A und § 12 Abs. 10 EG VOL/A.
532 Vgl. *Burbulla,* NZBau 2010, 145 (147).
533 Vgl. *Kratzenberg,* in: Ingenstau/Korbion, VOB, 17. Auflage, 2010, VOB/A Vor §§ 13 ff. Rn. 4.
534 Vgl. EuGH, Urteil v. 11.01.2005, C-26/03, „*Stadt Halle",* NZBau 2005, 111 (114).
535 Vgl. *Burbulla,* NZBau 2010, 145 (147), *Hoffmann,* NZBau 2008, 749 (750).

leitet wird er aus dem Prinzip der praktischen Wirksamkeit des Europarechts, dem sog. effet utile,[536] anders ausgedrückt, aus den vergaberechtlichen Grundsätzen des Wettbewerbs, der Gleichbehandlung und der Transparenz[537] sowie aus dem Prinzip des Geheimwettbewerbs.[538] Die Bieteridentität ist nämlich kein übergeordneter Leitgedanke eigener Art, sondern sie dient ausschließlich den vergaberechtlichen Grundsätzen.[539] Damit ist die Bestimmung des Bieters durch die Möglichkeit des Zugangs zu einem Nachprüfungsverfahren definiert. In diesem Sinn ist nicht die Abgabe eines Angebots entscheidend, sondern das dem Auftraggeber bekannte Interesse eines Unternehmens an einem bestimmten Auftrag.[540]

3. Stellungnahme

Die vergaberechtlichen Regelungen schreiben die Nennung der Bietergemeinschaftsmitglieder vor, damit der Auftraggeber erkennen kann, dass es sich um das Angebot mehrerer zu einer Kooperation zusammengeschlossener Unternehmen handelt.[541] Insoweit sollen von vornherein Zweifel und Auslegungsspielräume bei der Zuordnung des Angebots zu seinem Urheber vermieden werden.

Für die Zugrundelegung des formellen Bieterbegriffs in diesem Zusammenhang spricht, dass es sich um ein zivilrechtliches Angebot handelt, das einer bestimmten Person zugerechnet werden muss. Da auch im vergaberechtlichen Sinn die Bindung des Bieters an sein Angebot besteht, kann dieser Grundsatz übertragen werden. Im Fall einer Bietergemeinschaft reicht es aber aus, wenn erkennbar ist, dass das Angebot von einer GbR anstelle von einem Einzelunternehmen stammt. Da die GbR nach außen auftritt, ist sie rechtsfähig und somit auch Zuordnungssubjekt. Der Mitgliederbestand ist dabei nicht relevant, so dass auch eine Auflistung der Gesellschafter nicht gerechtfertigt werden kann.[542] Durch die eindeutige Angabe, dass ein Bieterzusammenschluss bzw. eine GbR das Angebot abgegeben hat, können bereits Unklarheiten bezüglich der Zuordnung des Angebots ausgeschlossen werden, ohne dass es auf die einzelnen Gesellschafter und deren Nennung ankommt.

---

536 Vgl. *Hoffmann*, NZBau 2008, 749 (751).
537 Vgl. *Burbulla*, NZBau 2010, 145 (147), *Prieß/Sachs*. NZBau 2007, 763 (764), auch *Rittwage*, NZBau 2007, 232 (233).
538 Vgl. *Rittwage*, VergabeR 2006, 327 (330 f.).
539 Vgl. *Prieß/Sachs*. NZBau 2007, 763 (765).
540 Vgl. *Hoffmann*, NZBau 2008, 749 (751).
541 Vgl. *Wilke*, in: Kulartz/Marx/Portz/Prieß, Kommentar zur VOL/A, 1. Auflage, 2007, § 21 Rn. 123.
542 Vgl. gegen die Benennung aller Gesellschafter im Rubrum einer Klage *Pohlmann*, WM 2002, 1421 (1422).

Der materielle Bieterbegriff ist zwar einseitig geprägt, weil seine Herleitung eng mit dem Zugang zu einem Rechtsschutzverfahren zusammenhängt, er zeigt aber, dass an bestimmten Punkten eine Durchbrechung gesellschaftsrechtlicher Grundregeln durch vergaberechtliche Vorgaben erforderlich ist. Obwohl es rein formal für die Identität einer GbR nicht erforderlich ist, die Mitglieder einzeln anzugeben, ist dies aus zwingenden Gründen des Vergaberechts für bestimmte Zwecke notwendig. Unabhängig davon, dass eine rechtsfähige Personengesellschaft sich um den Auftrag bewirbt, muss der Auftraggeber im Rahmen der Ausschreibung wissen, mit welchen Einzelbietern er es zu tun hat, insbesondere, um deren Zuverlässigkeit im Rahmen der Eignung zu prüfen,[543] und um festzustellen, ob eine Doppelbewerbung vorliegt[544] oder ob ein rechtswidriger Mitgliederwechsel vorgenommen wurde bzw. wird.[545] Diese Notwendigkeiten sind letztlich auf die Grundprinzipien des Vergaberechts zurückzuführen, nämlich einen echten, ordnungsgemäßen Wettbewerb mit dem Ziel, das wirtschaftlichste Angebot zu beauftragen, die Gleichbehandlung der Marktteilnehmer und die Transparenz des Verfahrens. Der formelle Bieterbegriff muss aber immer dort durch sein materielles Pendant ersetzt werden, wo es darum geht, dass der Auftraggeber nicht nur die Bietergemeinschaft als GbR, sondern auch deren Mitglieder identifizieren können muss. Zusammenfassend kann konstatiert werden: Für die Bestimmung der Person des Bieters sind formelle Kriterien hinreichend, für Fragen der Eignung des Bieters sind materielle Kriterien notwendig.[546]

II. Unzureichende Vorgaben in den Vergabe- und Vertragsordnungen

Die in der VOB/A und in der VOL/A enthaltenen Normen können den skizzierten Zweck nicht sicherstellen. Beide Vorschriften, letztlich auch die präzisere in der VOL/A, lassen noch eine Nachreichung der Angaben bis vor dem Zuschlag zu. Damit ist nicht gewährleistet, dass der Auftraggeber tatsächlich zum Zeitpunkt der Wertung der Angebote, konkret bei der Prüfung etwaigen Vorliegens von Ausschlussgründen sowie bei der Eignungsprüfung, Kenntnis von der Identität der einzelnen Gesellschafter einer Bieterkooperation erlangt.

---

543 Vgl. wegen näherer Einzelheiten Dritter Teil, Kapitel 3, A., V., 2. b., s. dazu auch *Hausmann/Mestwerdt*, in: Prieß/Hausmann/Kulartz, Beck'sches Formularbuch Vergaberecht, 1. Auflage, 2004, A.II.1.12 8.
544 Vgl. dazu Dritter Teil, Kapitel 3, B.
545 Vgl. wegen näherer Einzelheiten.Dritter Teil, Kapitel 2, C.
546 Vgl auch *Ohrtmann*, VergabeR 2008, 426 (436).

In der Praxis wird dem Angebotsblankett häufig ein Formblatt „Bewerbungsbedingungen"[547] aus dem Vergabehandbuch des Bundes[548] beigefügt. Darin ist vorgesehen, dass u. a. die Auflistung der Mitglieder der Bietergemeinschaft bereits zwingend mit dem Angebot vorzulegen ist. Derartige Bewerbungsbedingungen sind als Bestandteil der Vergabeunterlagen grundsätzlich zulässig,[549] soweit sie nicht gegen zwingende Vorschriften des AGB-Rechts verstoßen.[550] Das kann jedoch weitgehend ausgeschlossen werden, da sie insbesondere die Bieterseite in diesem Punkt nicht benachteiligen, sondern lediglich auf einem sachlichen Interesse des Auftraggebers beruhen. Wenn die Vergabestelle diese oder ähnliche Bewerbungsbedingungen zum Bestandteil des Angebots macht, wahrt sie ihre Interessen, indem sie die Kenntnis über die einzelnen Mitglieder der Bietergemeinschaften bei der Wertung des Angebots berücksichtigen kann.

III. Ergebnis

Die Pflicht zur Benennung der einzelnen Mitglieder einer Bietergemeinschaft ist gerechtfertigt, obwohl die Bieterkooperation als GbR als solche rechtsfähig ist und es somit nicht auf ihren Gesellschafterbestand ankommt. Die vergaberechtlichen Grundsätze erfordern aber eine Prüfung und Wertung des Angebots durch den Auftraggeber mit dem Wissen, aus welchen Einzelbietern ein Bieterzusammenschluss besteht. Die Kenntnis ist insbesondere erforderlich bezüglich der Eignungsprüfung, einer Änderung in dem Bestand der Bieterkooperation und dem Vorliegen von Parallelangeboten der Gemeinschaft und eines ihrer Mitglieder. Die vergaberechtlichen Vorschriften auf der Ebene der Vergabe- und Vertragsordnungen sind jedoch allein nicht geeignet, den berechtigten Interessen des Auftraggebers zu entsprechen.

B. Bekanntgabe eines Vertreters

Genau wie bei der Forderung nach der Benennung der einzelnen Mitglieder einer Bietergruppe stellt sich bezüglich der notwendigen Angabe des für Abschluss

---

547 Formblatt 212 oder 212EG.
548 VHB (Vergabe- und Vertragshandbuch für die Baumaßnahmen des Bundes, Ausgabe 2008, Stand Mai 2010, herausgegeben vom BMVBS). Das VHB muss bei Vergaben von öffentlichen Auftraggebern des Bundes aufgrund eines Erlasses des BMVBS vom 02.06.2008, 816 4.2/1, verbindlich angewandt werden, für andere Auftraggeber ist es empfohlen.
549 Vgl. § 8 Abs. 2 Nr. 4 VOB/A, § 8 Abs. 1 lit. b VOL/A, § 9 Abs. 1 lit. b EG VOL/A.
550 Vgl. *von Wietersheim*, in: Ingenstau/Korbion, VOB, 17. Auflage, 2010, VOB/A § 8 Rn. 20.

und Durchführung des Vertrags bevollmächtigten Vertreters die Frage nach der Einordnung, nach der Berechtigung und nach dem Zweck der Vorschrift. Ungeachtet der unterschiedlichen Formulierungen in der VOB/A[551] und der VOL/A[552] muss die Mitteilung jedenfalls bis zur Zuschlagserteilung vorgenommen werden.

I. Zweck der Regelungen in den Vergabe- und Vertragsordnungen

Der Zweck der Regelungen in den Vergabe- und Vertragsordnungen soll darin bestehen, dass der Auftraggeber spätestens kurz vor dem Vertragsschluss wissen muss, wer von der Bietergruppe verantwortlich ist, wer diese mit allen Rechten und Pflichten vertritt und wer der Ansprechpartner eben des Auftraggebers sein soll.[553] Die Interessen des Auftraggebers sollen es rechtfertigen, dass er nur mit einem Mitglied des Bieterzusammenschlusses – der sog. federführenden Firma –[554] verhandeln kann, damit eindeutige, zweifelsfreie und übereinstimmende Abreden getroffen werden können.[555] Einige Stimmen aus der Literatur stellen darauf ab, dass es sich bei dem zu benennenden bevollmächtigten Vertreter – zumindest auch – um den Vertreter der Bietergemeinschaft handelt.[556] Andere Positionen aus Rechtsprechung und Schrifttum gehen davon aus, dass der Vertreter der Arbeitsgemeinschaft gemeint ist.[557]

Die Forderung entspricht damit nicht dem bei einer GbR grundsätzlich geltenden Gesamtvertretungsprinzip. Deshalb soll sie auch implizieren, dass der Bie-

---

551 § 13 Abs. 5 VOB/A.
552 § 13 Abs. 6 VOL/A, § 16 Abs. 6 EG VOL/A.
553 Vgl. OLG Karlsruhe, Beschluss v. 24.07.2007, 17 Verg 6/07, Juris Tz. 33, *Burchardt/Class,* in: Burchardt/Pfülb, ARGE-Kommentar, 4. Auflage, 2006, Exkurs Bietergemeinschaftsvertrag Rn. 13, *Gabriel/Benecke/Geldsetzer,* Die Bietergemeinschaft, 2007, Rn. 120, *Kratzenberg* in Ingenstau/Korbion, VOB, 17. Auflage, 2010, VOB/A § 13 Rn. 35, *Rusam,* in: Heiermann/Riedl/Rusam, Handkommentar zur VOB, 11. Auflage, 2008, A § 21 Rn. 29, *Wilke,* in: Kulartz/Marx/Portz/Prieß, Kommentar zur VOL/A, 1. Auflage, 2007, § 21 Rn. 128.
554 Vgl. *Kratzenberg* in Ingenstau/Korbion, VOB, 17. Auflage, 2010, VOB/A § 13 Rn. 35.
555 Vgl. *Kratzenberg* in Ingenstau/Korbion, VOB, 17. Auflage, 2010, VOB/A § 13 Rn. 35, Beck'scher VOB-Komm./*Prieß,* 1. Auflage, 2001, § 21 Rn. 56, *Wilke,* in: Kulartz/Marx/Portz/Prieß, Kommentar zur VOL/A, 1. Auflage, 2007, § 21 Rn. 128.
556 Vgl. *Burchardt/Class,* in: Burchardt/Pfülb, ARGE-Kommentar, 4. Auflage, 2006, Exkurs Bietergemeinschaftsvertrag Rn. 13, *Gabriel/Benecke/Geldsetzer,* Die Bietergemeinschaft, 2007, Rn. 120, Beck'scher VOB-Komm./*Prieß,* 1. Auflage, 2001, § 21 Rn. 56, *Rusam,* in: Heiermann/Riedl/Rusam, Handkommentar zur VOB, 11. Auflage, 2008, § 21 VOB/A Rn. 29, *Wilke,* in: Kulartz/Marx/Portz/Prieß, Kommentar zur VOL/A, 1. Auflage, 2007, § 21 Rn. 128.
557 Vgl. OLG Karlsruhe, Beschluss v. 24.07.2007, 17 Verg 6/07, Juris Tz. 33, *Kratzenberg* in Ingenstau/Korbion, VOB, 17. Auflage, 2010, VOB/A § 13 Rn. 35.

tergemeinschaft – bzw. die Arbeitsgemeinschaft – eine von § 709 Abs. 1 BGB abweichende Gestaltung des Gesellschaftsvertrags abverlangt wird.[558] Dem wird allerdings entgegen gehalten, dass kein bestimmter Inhalt des Gesellschaftsvertrags, sondern lediglich eine klare Verdeutlichung gegenüber dem Auftraggeber gefordert wird, wer die Gemeinschaft als berechtigter und verantwortlicher Vertreter vertritt.[559]

II. Stellungnahme

1. Bevollmächtigter Vertreter der Arbeits- oder der Bietergemeinschaft

Zunächst ist zu klären, ob mit den Regelungen der Vertreter der Bieter- oder der der Arbeitsgemeinschaft erfasst ist. Nach dem Wortlaut der Bestimmungen soll die betreffende Person für „den Abschluss und die Durchführung des Vertrags" verantwortlich sein. Mit der Durchführung wird bereits über das Vergabeverfahren hinaus auf das Stadium der Vertragsabwicklung und damit auf die zukünftige Arbeitsgemeinschaft abgestellt. Deshalb ist jedenfalls (auch) ein Vertreter der Arbeitsgemeinschaft gemeint, der nach den Bestimmungen in beiden Vergabe- und Vertragsordnungen bis spätestens zur Zuschlagserteilung bekannt gemacht werden muss.

Der Abschluss des Vertrags betrifft dagegen noch die Bietergemeinschaft. Abgesehen davon, dass der Erhalt des Auftrags ihr gesellschaftsrechtliches Ziel ist, bedeutet der Zuschlag im zivilrechtlichen Sinn die Annahme des Vertragsangebots und damit den Vertragsabschluss. Dieser beendet erst das Vergabeverfahren, in dem (noch) die Bietergemeinschaft, nicht die Arbeitsgemeinschaft, Partnerin des Auftraggebers ist. Damit beziehen sich die Regelungen in der VOB/A und der VOL/A auf einen bevollmächtigten Vertreter jeder der beiden Formationen.

2. Regelungen im Gesellschaftsvertrag

Die Benennung eines bevollmächtigten Vertreters bedeutet, dass ein Gesellschafter angegeben werden muss, der die GbR gegenüber dem Auftraggeber vertritt, also befugt ist, rechtsgeschäftliche Erklärungen zu Gunsten und zu Lasten der Gesellschaft abzugeben. Der Auffassung, dass diese vergaberechtliche Vorgabe bei der Gestaltung des Gesellschaftsvertrags Berücksichtigung finden muss, ist zuzustimmen. Aus gesellschaftsrechtlicher Sicht wird damit eine Modifizierung

---

558 *Wilke*, in: Kulartz/Marx/Portz/Prieß, Kommentar zur VOL/A, 1. Auflage, 2007, § 21 Rn. 128.
559 *Kratzenberg* in Ingenstau/Korbion, VOB, 17. Auflage, 2010, VOB/A § 13 Rn. 35.

der gesetzlichen Vorschriften der §§ 714, 709 Abs. 1 BGB nötig, wonach in der Regel eine gemeinschaftliche Geschäftsführung aller Gesellschafter gilt und die Geschäftsführer im Zweifel befugt sind, die Gesellschaft gemeinsam nach außen zu vertreten. Der Gesellschaftsvertrag muss eine diesen vergaberechtlichen Erfordernissen angepasste Abrede über eine Einzelvertretungsbefugnis enthalten.[560]

Die entgegenstehende Auffassung ist abzulehnen. Die klare Verdeutlichung, wer als berechtigter und verantwortlicher Vertreter für die Bietergemeinschaft (und später für die Arbeitsgemeinschaft) gegenüber dem Auftraggeber auftritt, bedarf einer Regelung im Innenverhältnis. Denkbar wäre allerdings, dass kein vertretungsberechtigter Gesellschafter benannt wird – mit der Folge, dass es keiner vertraglichen Modifizierung der gesetzlichen Gesamtvertretungsbefugnisse bedarf –, sondern dass ein Mitglied der Bietergemeinschaft nach den Regeln der §§ 164 ff. BGB mit rechtsgeschäftlicher Vollmacht versehen wird. Die Vertretungsbefugnisse bei einer GbR sind organschaftlicher Natur, wobei jedoch rechtsgeschäftliche Vollmachten dadurch nicht ausgeschlossen sind.[561] Diese dürfen nicht einen so großen Umfang erreichen, dass sie einer allgemeinen Ermächtigung zur Alleinvertretung gleichkommen.[562] Das ist aber bei dem Abschluss und der Durchführung des gesamten Vertrags der Fall, da die erfolgreiche Beteiligung an dem Vergabeverfahren dem Gesellschaftszweck der Bieterkooperation entspricht. Daher kann eine so weit reichende rechtsgeschäftliche Vollmacht nicht wirksam erteilt werden. Die Wortwahl „bevollmächtigter Vertreter" kann mithin nur als unscharf kritisiert werden.[563] Entsprechendes gilt in Bezug auf den bevollmächtigten Vertreter der späteren Arbeitsgemeinschaft. Soweit dieser als federführendes Mitglied gegenüber dem Auftraggeber auftritt, sind die Befugnisse in der Regel so weitreichend, dass sie einer organschaftlichen Vertretung entsprechen.

---

560 Vgl. Zweiter Teil, Kapitel 4, A., III., 2.
561 Vgl. Palandt/Sprau, 69. Auflage, 2010, § 714 Rn. 2, MünchKommBGB/*Ulmer*, Band 5, 5. Auflage, 2009, § 714 Rn.16 f., Staudinger/*Habermeier,* Buch 2, 13. Auflage, 2003, § 714 Rn. 9.
562 Vgl. BGH, Urteil v. 25.11.1985, II ZR 115/85, NJW-RR 1986, 778 (778), Palandt/Sprau, 69. Auflage, 2010, § 714 Rn. 2.
563 Sie wird aber weiterhin aufgegriffen, wenn Normen, Rechtsprechung oder Literatur sie vorgeben. Wo nichts anderes angemerkt ist, ist davon auszugehen, dass damit die Vertretungsbefugnis für die Bietergemeinschaft als GbR gemeint ist.

3. Zulässigkeit der Vorschriften über die Benennung eines bevollmächtigten Vertreters und unzureichender Regelungsbereich

Die Regelungen über die Benennung eines bevollmächtigten Vertreters für den Abschluss und die Durchführung des Vertrags in den Vergabe- und Vertragsordnungen sind als zulässig anzusehen. Allerdings sind sie nicht weitreichend genug, um den damit verfolgten Zweck zu erfüllen.

Aus vergaberechtlicher Sicht ist dem öffentlichen Auftraggeber tatsächlich ein berechtigtes Interesse zuzuerkennen, nur mit einer federführenden Firma verhandeln zu müssen, so dass die insoweit erforderliche Einschränkung der Vertragsfreiheit im Innenverhältnis der Bietergemeinschaft nicht zu einem besonderen Erschwernis oder einer Diskriminierung im Vergabeverfahren führt.[564] Gerade bei Bieterkooperationen, die aus mehreren Mitgliedern bestehen, wären die für den Abschluss des Vertrags erforderlichen Handlungen und Erklärungen zumindest wesentlich erschwert, wenn der Auftraggeber mit allen gleichberechtigten Gesellschaftern verhandeln und zu einer Einigung kommen müsste. Im Übrigen würden auf diesem Weg tatsächlich sich widersprechende Erklärungen ausgeschlossen.

Die Forderung nach einem Vertreter für den Abschluss des Vertrags ist so auszulegen, dass dessen Funktion nicht auf die eines Empfangsbevollmächtigten für den Zuschlag und ggf. für die Mitteilung nach § 101a GWB reduziert werden soll. Das ergibt sich weder aus dem Wortlaut noch aus dem Sinn und Zweck der – im Übrigen schon vor Inkrafttreten des Vierten Teils des GWB bestehenden – vergaberechtlichen Normen. Vielmehr sollte der Vertreter während der Vergabephase, also innerhalb des Zeitrahmens ab Angebotsabgabe bzw. spätestens ab Öffnung des Angebots bis zu dem Zuschlag, als Ansprechpartner benannt sein. Gerade in diesem Zeitraum hat die Vergabestelle ein berechtigtes Interesse, ausschließlich mit einem einzelvertretungsberechtigten Mitglied einer Bietergemeinschaft in Kontakt zu treten. Dies dient der Verfahrenserleichterung für beide Seiten und der Sicherstellung eindeutiger Abreden. Zu denken ist nur an den Fall der erforderlichen Aufklärung des Angebotsinhalts[565] oder an ein Verhandlungsverfahren, in dem über Auftragsinhalt und -bedingungen verhandelt wird.[566] Wegen der Nachreichungsmöglichkeit der entsprechenden Angaben bis kurz vor dem Zuschlag stellen die Bestimmungen in der VOB/A und in der VOL/A gerade nicht sicher, dass ein Mitglied der Bietergemeinschaft als bevollmächtigter Vertreter

---

564 Vgl. *Kratzenberg* in Ingenstau/Korbion, VOB, 17. Auflage 2010, VOB/A § 13 Rn. 35, *Wilke*, in: Kulartz/Marx/Portz/Prieß, Kommentar zur VOL/A, 1. Auflage, 2007, § 21 Rn. 128.
565 Vgl. § 15 VOB/A, § 15 VOL/A, § 18 EG VOL/A.
566 Vgl. . *Kulartz*, in: Kulartz/Kus/Portz, Kommentar zum GWB-Vergaberecht, 2. Auflage, 2009, § 101 Rn. 37.

für den Abschluss des Vertrags in diesem Sinn zur Verfügung steht.

Hinzu kommt, dass die in der VOL/A ausdrücklich enthaltene, in der VOB/A implizierte Option der Nachreichung „vor der Zuschlagserteilung" sich kaum zeitlich präzisieren lässt. Bei EU-weiten Vergabeverfahren ist dies eher möglich als bei innerstaatlichen. Hier gibt der Erhalt des Informationsschreibens über die beabsichtigte Auftragsvergabe nach § 101a GWB[567] eine zeitliche Vorgabe, denn daraus kann die Bieterkooperation die Tatsache der bevorstehenden Beauftragung und deren Zeitpunkt ableiten. Damit kann die Benennung des Vertretungsberechtigten noch bis zu dem errechneten Zuschlagszeitpunkt erfolgen. Bei innerstaatlichen Vergaben ist dies anders. Hier muss der Zuschlag nicht angekündigt werden. Eine zeitliche Grenze kann nur die Bindefrist bieten. Entscheidend ist, dass in allen Fällen die beabsichtigte Erleichterung für die Vergabestelle, schon während der Ausschreibungsphase ausschließlich einen Ansprechpartner zu haben, durch die vergaberechtlichen Vorschriften weder gesichert ist noch durchgesetzt werden kann.

Die Forderung der Benennung eines Vertreters der später zu bildenden Arbeitsgemeinschaft ist als zulässig anzusehen. Eine Diskriminierung oder eine unzumutbare Belastung liegt nicht vor, da es auch den Interessen der Kooperation im Hinblick auf klare und zweifelsfreie Absprachen entspricht, in der Phase der Vertragsabwicklung ein federführendes Mitglied gegenüber dem Auftraggeber auftreten zu lassen.

In der Praxis werden die Schwächen im Hinblick auf die Angaben den Vertreter der Bietergemeinschaft betreffend weitgehend durch präzisere Bestimmungen in den Bewerbungsbedingungen positiv ausgeglichen. Die vielfach verwendeten Formblätter des VHB[568] sehen vor, dass Bietergemeinschaften „*mit ihrem Angebot*" den für die Durchführung des Vertrags bevollmächtigten Vertreter benennen und dass dieser die Arbeitsgemeinschaft gegenüber dem Auftraggeber rechtsverbindlich vertritt.[569] Damit ist sichergestellt, dass bereits mit der Öffnung des Angebots ein Vertreter für die Durchführung bekannt ist.

III. Ungleichbehandlung

Eine Meinung in der Literatur leitet aus der Tatsache, dass nur Bietergemeinschaften, nicht aber sonstige Gesellschaften einen Vertretungsberechtigten be-

---

567 Bereits für die Versendung des Schreibens wäre die Kenntnis von einem vertretungsbefugten Mitglied der Bietergemeinschaft wichtig.
568 Vgl. Dritter Teil, Kapitel 1, A., II.
569 Vgl. Bewerbungsbedingungen, Formblatt 212 und 212EG des VHB, Nr. 6.1.

nennen müssen, eine Ungleichbehandlung her.[570] Dem ist nur bedingt zuzustimmen. Bei einer Bietergemeinschaft ist kennzeichnend, dass mehrere Firmen auf einer Ebene gleichberechtigt nebeneinander stehen und die Vertretungsverhältnisse lediglich aus dem Gesellschaftsvertrag ersichtlich sind, der aber Dritten, auch dem öffentlichen Auftraggeber, nicht unbedingt zugänglich gemacht werden muss. Bei anderen Gesellschaften kann dies anders sein. Hier muss differenziert werden. Sobald die Vertretungsverhältnisse eines Unternehmens oder eines Verbundes aus anderen Quellen abgeleitet werden können, die allgemein zugänglich sind, liegt keine Ungleichbehandlung vor. Ein solches Publikwerden ist möglich, wenn Gesellschaften Geschäftsbriefe nach §§ 125a, 177a HGB oder § 35a GmbHG verwenden müssen. Daraus ergeben sich entweder unmittelbar die Vertretungsverhältnisse oder es muss auf die Eintragung im Handelsregister des zuständigen Registergerichts verwiesen werden. Nur bei Gesellschaften, bei denen die Vertretungsbefugnisse aus den Pflichtangaben selbst oder aus öffentlich zugänglichen Dokumenten nicht ersichtlich sind, ist eine Ungleichbehandlung im Verhältnis zu Bietergemeinschaften gegeben, soweit diese nicht ebenso aufgefordert werden, einen Vertreter anzugeben.

IV. Ergebnis

Der Auftraggeber hat durchaus ein berechtigtes Interesse daran, dass ihm ein Mitglied der Bieterkooperation und der späteren Arbeitsgemeinschaft benannt wird, das bevollmächtigter Vertreter für den Abschluss und die Durchführung des Vertrags ist. Dieses Interesse besteht schon ab der Öffnung des Angebots durch die Vergabestelle. Die Vorschriften in den Vergabe- und Vertragsordnungen, die keine zwingende sofortige Vorlage zusammen mit dem Angebot verlangen bzw. sogar noch eine Nachreichungsmöglichkeit bis zu dem Zuschlag einräumen, sind im Hinblick auf die berechtigten Interessen des Auftraggebers nicht in vollem Umfang zweckdienlich.

---

570 Vgl. *Lux*, Bietergemeinschaften im Schnittfeld von Gesellschafts- und Vergaberecht, 2009, 137.

C. Die Unterschrift

Angebote müssen unterschrieben sein.[571] Bei fehlender Unterzeichnung werden sie zwingend von der Wertung ausgeschlossen.[572]
Die Unterschrift hat Klarstellungs- und Beweisfunktion und dient dazu, die Identität des Ausstellers erkennbar zu machen sowie dem Empfänger die Prüfung zu ermöglichen, wer die Erklärung abgegeben hat[573] bzw. welchem Bieter das Angebot zuzurechnen ist.[574] Maßgeblich ist die zum Eröffnungstermin vorliegende Offerte.[575] Dieser Termin, im Bereich von Vergaben nach der VOB/A konkretisiert durch den Beginn der Öffnung der Angebote durch den Verhandlungsleiter,[576] fixiert das Ende der Angebotsfrist sowie die Gelegenheit zur Rücknahme.[577] Das Angebot ist dann zugegangen und verbindlich im zivilrechtlichen Sinn.[578]

I. Unterschrift aller Mitglieder der Bietergemeinschaft oder eines bevollmächtigten Vertreters

Etliche Meinungen in der Literatur gehen grundsätzlich davon aus, dass alle Mitglieder einer Bietergemeinschaft das Angebot zu unterzeichnen haben, wobei übereinstimmend die alternative Möglichkeit der Unterschrift durch ein bevollmächtigtes oder vertretungsbefugtes Mitglied für zulässig erachtet wird.[579] Die

---

571 § 13 Abs. 1 Nr. 1 VOB/A, § 13 Abs. 1 VOL/A, § 16 Abs. 1 EG VOL/A.
572 § 16 Abs. 1 Nr. 1 lit. b VOB/A, § 16 Abs. 3 lit. b VOL/A, § 19 Abs. 3 lit. b EG VOL/A.
573 Vgl. JurisPK-BGB/*Junker*, Band 1, 5. Auflage, 2010, § 126 Rn. 1, Palandt/*Ellenberger*, 69. Auflage, 2010, § 126 Rn. 6.
574 Vgl. Dritter Teil, Kapitel 1, A., I.
575 Vgl. OLG Düsseldorf, Beschluss v. 03.01.2005, VII Verg 82/04, Veris, 4, VK Bremen, Beschluss v. 31.10.2003, VK 16/03, Veris, 13.
576 § 10 Abs. 2 VOB/A.
577 § 10 Abs. 3 VOB/A, § 10 Abs. 2 VOL/A, § 12 Abs. 10 EG VOL/A.
578 Mit der Eröffnung beginnt die Zuschlagsfrist, auch Bindefrist genannt, ab der der Bieter an sein Angebot gebunden ist (§ 10 Abs. 5 und § 14 VOB/A, § 10 VOL/A, § 12 Abs. 1 EG VOL/A). Diese Frist konkretisiert § 147 BGB. Da ein Angebot so bestimmt sein muss, dass es durch einfache Zustimmung angenommen werden kann, sind Änderungen ab Beginn der Zuschlags- und Bindefrist ausgeschlossen.
579 Vgl. *Burchardt/Class*, in: Burchardt/Pfülb, ARGE-Kommentar, 4. Auflage, 2006, Exkurs Bietergemeinschaftsvertrag Rn. 17 f., *Planker*, in: Kapellmann/Messerschmidt, VOB, 3. Auflage, 2010, § 13 VOB/A Rn. 47, *Dittmann*, in: Kulartz/Marx/Portz/Prieß, Kommentar zur VOL/A, 1. Auflage, 2007, § 21 Rn. 61, *Kratzenberg*, in: Ingenstau/Korbion, VOB, 17. Auflage, 2010, VOB/A § 13 Rn. 4, *Ohrtmann*, VergabeR 2008, 426 (428), *Rusam*, in: Heiermann/Riedl/Rusam, Handkommentar zur VOB, 11. Auflage, 2008, § 21 VOB/A Rn. 3.

gleichen Auffassungen finden sich in der älteren Rechtsprechung.[580] Die neuere Rechtsprechung geht nicht mehr von dem Grundsatz aus, dass das Angebot von allen Mitgliedern der Kooperation zu unterzeichnen ist, sondern hebt durchgängig hervor, dass die Unterschrift durch einen bevollmächtigten Vertreter der Bietergemeinschaften geleistet werden kann.[581]

II. Vertretungsbefugnis

Unterschiedliche Auffassungen gibt es allerdings bezüglich der Frage, ob und wie die Vertretungsbefugnis nachgewiesen werden muss. Sie reichen von der Forderung eines strengen Nachweises bis zu der Anwendung der Grundsätze der Anscheins- und Duldungsvollmacht.

1. Meinungen in der Literatur

Ein Teil der Stimmen im Schrifttum verlangt, dass in dem Fall, in dem ein Mitglied der Bietergemeinschaft das Angebot als Bevollmächtigter unterschrieben hat, die schriftlichen Ermächtigungen der anderen Mitglieder dem Angebot beigefügt sein müssen.[582] Eine Auffassung hält einen zwingenden Vollmachtsnachweis mit dem Angebot für unzulässig. Dieser könne nur bei sachlich begründeten Zweifeln bis zur Angebotsöffnung verlangt werden.[583] Eine andere Meinung geht

---

580 Vgl. BayObLG, Beschluss v. 20.08.2001, Verg 11/01, VergabeR 2002, 77 (79), OLG Jena, Beschluss v. 13.10.1999, 6 Verg 1/99, BauR 2000, 388 (394), VK Bremen, Beschluss v. 31.10.2003, VK 16/03, Veris, 13, VK Niedersachsen, Beschluss v. 17.10.2003, 203-VgK-20/2003, Veris, 10, VK Detmold, Beschluss v. 04.12.2000, VK.21-27/00, Veris, 13 f.
581 Vgl. OLG Frankfurt am Main, Beschluss v. 15.07.2008, 11 Verg 4/08, ZfBR 2009, 86 (91), OLG Karlsruhe, Beschluss v. 24.07.2007, 17 Verg 6/07, Juris Tz. 27, OLG Schleswig, Beschluss v. 15.02.2005, 6 Verg 6/04, VergabeR 2005, 357 (359), OLG Düsseldorf, Beschluss v. 11.04.2003, Verg 9/03, VergabeR 2003, 465 (466), VK Sachsen-Anhalt, Beschluss v. 03.07.2008, VK 2-LvwA LSA-05/08, Juris Tz. 108, VK Brandenburg, Beschluss v. 18.10.2007, VK 38/07, Veris, 16, VK Bremen, Beschluss v. 31.10.2003, VK 16/03, Veris, 13, wohl auch VK Bund, Beschluss v. 04.10.2004, VK 3-152/04, Veris, 24.
582 Vgl. *Planker*, in: Kapellmann/Messerschmidt, VOB, 3. Auflage, 2010, § 13 VOB/A Rn. 47, *Kratzenberg*, in: Ingenstau/Korbion, VOB, 17. Auflage, 2010, VOB/A § 13 Rn. 4, *Ohrtmann*, VergabeR 2008, 426 (428), *Rusam*, in: Heiermann/Riedl/Rusam, Handkommentar zur VOB, 11. Auflage, 2008, § 21 VOB/A Rn. 3.
583 Vgl. Beck'scher VOB-Komm./*Prieß*, 1. Auflage, 2001, § 21 Rn. 17. Zu beachten ist, dass die VOB/A und die VOL/A zu der Zeit der Kommentierung vorschrieben, dass ein Angebot „rechtsverbindlich" unterschrieben sein musste. Ähnlich wohl auch VK Lüneburg, Beschluss v. 17.10.2003, 203-VgK-20/2003, Veris, 10, *Rusam*, in: Heiermann/Riedl/Rusam, Handkommentar zur VOB, 11. Auflage, 2008, § 21 VOB/A Rn. 4.

133

davon aus, dass die nach den Vergabe- und Vertragsordnungen geforderte Erklärung, ein bevollmächtigtes Mitglied für den Abschluss und die Durchführung des Vertrags zu benennen, nicht die rechtsverbindliche Abgabe eines Angebots mit abdeckt, also keine Bevollmächtigung für die Unterschriftsbefugnis darstellt.[584] Weitere Ansichten stellen darauf ab, dass aus der objektiven Empfängersicht deutlich sein müsse, dass das Angebot im Namen der vertretenen Bietergemeinschaft unterzeichnet wurde und dass es möglich ist, der Kooperation das Angebot über die Grundsätze der Anscheins- und Duldungsvollmacht zuzurechnen.[585] Nach anderer Auffassung soll es seit dem Wegfall des Erfordernisses einer „rechtsverbindlichen" Unterschrift in der VOB/A und VOL/A ab den Fassungen 2000 nicht mehr erforderlich sein, dass ein Vertreter mit Vertretungsmacht handelt. Die Regelungen über die Anscheins- und Duldungsvollmacht sollen gelten.[586] *Rusam* lässt die Anwendung der Grundsätze über die nachträgliche Genehmigungsfähigkeit der rechtsgeschäftlichen Willenserklärung von vollmachtlosen Vertretern nicht zu. Die ausschließlich in der Befugnis der Bietergemeinschaft liegende Zustimmung oder Verweigerung der Genehmigung schließe Manipulationen nicht aus und sei mit den strengen vergaberechtlichen Grundsätzen nicht vereinbar.[587] Demgegenüber wird vertreten, dass das Handeln eines vollmachtlosen Vertreters nachträglich gemäß § 177 BGB genehmigt werden kann, allerdings nur bis zu dem Eröffnungstermin, weil eine darüber hinaus gehende Möglichkeit die Gefahr von Manipulationen schaffe.[588]

2. Auffassungen in der Rechtsprechung

Das OLG Frankfurt am Main hat bei einem von einem Mitglied der Bietergemeinschaft unterzeichneten Angebot die Vorlage der Vollmacht zeitgleich mit dem Angebot für entbehrlich gehalten. Das Gericht hat auf den objektiven Empfängerhorizont abgestellt und ausgeführt, dass entscheidend sei, wie ein mit den Umständen des Einzelfalls vertrauter Dritter in der Lage der Vergabestelle die Erklärung nach Treu und Glauben und mit Rücksicht auf die Verkehrssitte verstehen müsse. Zur Auslegung hat es verschiedene Faktoren herangezogen, wie

---

584 Vgl. *Ohrtmann,* VergabeR 2008, 426 (428 f.).
585 Vgl. *Dittmann* und *Wilke,* in: Kulartz/Marx/Portz/Prieß, Kommentar zur VOL/A, 1. Auflage, 2007, § 21 Rn. 60 f., 130.
586 Vgl. *Burchardt/Class,* in: Burchardt/Pfülb, ARGE-Kommentar, 4. Auflage, 2006, Exkurs Bietergemeinschaftsvertrag Rn. 18.
587 Vgl. *Rusam,* in: Heiermann/Riedl/Rusam, Handkommentar zur VOB, 11. Auflage, 2008, § 21 VOB/A Rn. 4.
588 Vgl. Beck'scher VOB-Komm./*Brinker,* 1. Auflage, 2001, § 25 Rn. 147, zur Manipulationsgefahr durch nachträglich erteilte Vollmachten vgl. auch *Derher/Kling,* VersR 2007, 1040 (1043).

etwa die Erklärung über den bevollmächtigten Vertreter und den mit dem Angebot eingereichten Bietergemeinschaftsvertrag. Das Gericht hat eine nachträgliche Genehmigung eines zunächst ohne Vollmacht abgegebenen Angebots für zulässig erachtet.[589]

Ebenso hat das OLG Karlruhe geurteilt, das für die Frage, ob das Angebot hinsichtlich der Person des Bieters hinreichend bestimmt ist, der objektive Empfängerhorizont maßgebend ist. Es hat einzelne Faktoren zur Auslegung herangezogen, nämlich den Namen der Bietergemeinschaft im Briefkopf, ein Begleitschreiben zu dem Angebot, in dem auf das Bestehen einer Bieterkooperation hingewiesen wurde, sowie die Erklärung, dass das Mitglied, das das Angebot unterzeichnet hatte, die „Arbeitsgemeinschaft" gegenüber dem Auftraggeber rechtsverbindlich vertreten hat. Das Gericht hat die nachträgliche Genehmigung eines vollmachtlos abgegebenen Angebots bis zu dem Zeitpunkt der Aufforderung durch den anderen Vertragspartner gemäß § 177 Abs. 2 BGB für zulässig gehalten.[590]

Das OLG Düsseldorf hat – bezüglich der Unterschrift von abzugebenden Erklärungen – ebenfalls eine Auslegung aus der Sicht des objektiven Empfängerhorizonts vorgenommen. Es hat im Übrigen eine während des Nachprüfungsverfahrens nachgereichte Vollmacht für das Mitglied der Bietergemeinschaft, das das Angebot allein unterschrieben hatte, akzeptiert.[591] Demgegenüber hat das BayObLG eine solche nicht gelten lassen, weil sie nicht bis zum Eröffnungstermin vorlag. Unabhängig davon hat es auch die Auslegung des Angebots nach den Maßstäben des objektiven Empfängerhorizonts zugelassen.[592] Das OLG Celle hat schließlich für die Vertretung konkrete Nachweise, entweder eine Vollmacht oder die Vorlage des Bietergemeinschaftsvertrags, verlangt.[593]

Die VK Bremen hat eine nachträgliche Genehmigung der Unterschrift eines zunächst vollmachtslosen Vertreters nach dem Eröffnungstermin für unzulässig gehalten, weil es dann die Bietergemeinschaft in der Hand hätte, durch die Ausübung oder Nichtausübung ihr Angebot gelten zu lassen oder nicht, was im Ergebnis zu einer Wettbewerbsverzerrung führe.[594]

---

589 Vgl. OLG Frankfurt am Main, Beschluss v. 15.07.2008, 11 Verg 4/08, ZfBR 2009, 86 (91 f.).
590 Vgl. OLG Karlsruhe, Beschluss v. 24.07.2007, 17 Verg 6/07, Juris Tz. 25 ff.
591 Vgl. OLG Düsseldorf, Beschluss v. 11.04.2003, Verg 9/03, VergabeR 2003, 465 (466).
592 Vgl. BayObLG, Beschluss v. 20.08.2001, Verg 11/01, VergabeR 2002, 77 (79).
593 Vgl. OLG Jena, Beschluss v. 13.10.1999, 6 Verg 1/99, BauR 2000, 388 (394).
594 Vgl. VK Bremen, Beschluss v. 31.10.2003, VJ 16/03, Veris, 13.

III. Stellungnahme

1. Gemeinsame Unterschriften

Die unterschiedliche, nicht immer präzise Terminologie – teilweise wird von „Vertretungsbefugnis", teilweise von „Bevollmächtigung" gesprochen – deutet darauf hin, dass nicht stringent von der aus der Anerkennung der Rechtsfähigkeit der Außen-GbR folgenden gesetzlichen, sondern von einer rechtsgeschäftlichen Vertretung der Bietergemeinschaft ausgegangen wird. Da sich aber praktisch daraus keine Unterschiede ergeben, insbesondere die §§ 164 ff. BGB grundsätzlich anwendbar sind, hat dies für die Beurteilung keine Auswirkungen.[595]

Unterschreiben alle Mitglieder der Bietergemeinschaft das Angebot, entspricht dies den gesetzlichen Vorgaben des § 714 BGB i.V.m. § 711 BGB, wonach im Zweifel von einer gemeinsamen Vertretungsbefugnis auszugehen ist, die der gemeinschaftlichen Geschäftsführungsbefugnis folgt. Hat eine Bieterkooperation diese gesetzlichen Regelungen in ihrem Gesellschaftsvertrag modifiziert und einen Gesellschafter als Vertretungsberechtigten bestimmt, entspricht dennoch ein von allen unterzeichnetes Angebot den Vorgaben der Vergabe- und Vertragsordnungen. Denn es spricht nichts dagegen, dass die Gesellschafter trotz bestehender Einzelvertretungsbefugnis in besonderen Fällen gemeinsam nach außen für ein Rechtsgeschäft verantwortlich zeichnen. Dies stellt insbesondere keine unzulässige Einschränkung der Vertretungsmacht dar, weil alle Mitglieder der GbR gemeinsam, auch durch Einzelbeschluss und konkludent, Abweichungen von dem Gesellschaftsvertrag vereinbaren können.

2. Unterschrift des Vertretungsbefugten

Im Umkehrschluss bedeutet dies – in Übereinstimmung mit der herrschenden Meinung in Rechtsprechung und Literatur – jedoch nicht, dass ein von allen Gesellschaftern unterschriebenes Angebot zwingend erforderlich ist. Vielmehr ist im Regelfall davon auszugehen, dass Bietergemeinschaften ein Mitglied als Vertretungsbefugten bestimmen, um den vergaberechtlichen Vorgaben, ein Unternehmen für den Abschluss und die Durchführung des Vertrags benennen zu müssen, zu entsprechen. Dann ist es rechtmäßig, wenn dieser Partner allein das Angebot unterschreibt. Eine ggf. im Innenverhältnis der Gesellschafter vorgese-

---

595 Vgl. dazu Zweiter Teil, Kapitel 4, A., III., 2., b.

hene Beschränkung, wie sie z. B. der Mustervertrag enthält,[596] muss der Auftraggeber sich nicht entgegen halten lassen, es sei denn, sie ist ihm bekannt.[597]

3. Nachweis der Vertretungsbefugnis

Wesentlich ist allerdings die Frage, ob und ggf. wie und wann der Vergabestelle die Vertretungsmacht nachgewiesen werden muss, ob eine Auslegung aus der Sicht des Empfängerhorizonts ausreicht und ob die Grundsätze der Anscheins- und Duldungsvollmacht anwendbar sind. In der VOB/A und der VOL/A wird keine „rechtsverbindliche" Unterschrift des Angebots mehr verlangt. Dieses Erfordernis bestand noch in den Fassungen bis 2000.[598] Das Merkmal der Rechtsverbindlichkeit hielt den Auftraggeber dazu an, die Vertretungsbefugnis des Unterzeichners und die Rechtswirksamkeit des Angebots im zivilrechtlichen Sinn zu überprüfen.[599] Mit dem Verzicht auf die Voraussetzung sollte eine Nachprüfungspflicht des Auftraggebers entfallen,[600] da es unzweckmäßig erschien, dem Auftraggeber die nicht selten mit weiteren Nachforschungen verbundene Prüfung einer Bevollmächtigung des Unterzeichners des Angebots aufzuerlegen.[601]

Etwas anderes gilt allerdings, wenn der Auftraggeber ausdrücklich eine rechtsverbindliche Unterschrift und ggf. zusätzlich den Nachweis dafür mit dem Angebot, evtl. auch zu einem späteren Zeitpunkt, fordert. Eine solche Abweichung von den vergaberechtlichen Normen ist zulässig. Der Vergabestelle steht es danach frei, in den Bewerbungsbedingungen die Rechtsverbindlichkeit der Angebotserklärung und den Beleg dafür zu einem von ihr zu bestimmenden Zeitpunkt zu verlangen.[602] Allerdings liegt nur dann kein Verstoß gegen den Gleichbehandlungsgrundsatz vor, wenn die Verpflichtung für alle Bieter bindend ist und für

---

596 Vgl. *Burchardt/Class,* in: Burchardt/Pfülb, ARGE-Kommentar, 4. Auflage, 2006, Bietergemeinschaftsvertrag, § 2, 92.
597 Vgl. *Burchardt/Class,* in: Burchardt/Pfülb, ARGE-Kommentar, 4. Auflage, 2006, Exkurs Bietergemeinschaftsvertrag Rn. 32.
598 Vgl. OLG Düsseldorf, Beschluss v. 22.12.2004, Verg 81/04, VergabeR 2005, 222 (223).
599 Vgl. OLG Düsseldorf, Beschluss v. 22.12.2004, Verg 81/04, VergabeR 2005, 222 (223), *Dittmann,* in: Kulartz/Marx/Portz/Prieß, Kommentar zur VOL/A, 1. Auflage, 2007, § 21 Rn.59.
600 Vgl. OLG Düsseldorf, Beschluss v. 22.12.2004, Verg 81/04, VergabeR 2005, 222 (223), VK Bund, Beschluss v. 29.06.2006, VK 3-48/06, Juris Tz. 101, *Eberstein,* in Daub/Eberstein, Kommentar zur VOL/A, 5. Auflage, 2000, § 21 Rn. 19.
601 Vgl. *Burchardt/Class,* in: Burchardt/Pfülb, ARGE-Kommentar, 4. Auflage, 2006, Exkurs Bietergemeinschaftsvertrag Rn. 18.
602 Vgl. OLG Naumburg, Beschluss v. 02.04.2009, 1 Verg 10/08, Veris, 4, Beschluss v. 29.01.2004, 1 Verg 10/08, VergabeR 2009, 642 (644 f.). OLG Frankfurt am Main, Beschluss v. 26.08.2008, 11 Verg 8/08, Veris, 7 f., OLG Düsseldorf, Beschluss v. 22.12.2004, Verg 81/04, VergabeR 2005, 222 (223).

alle die gleichen Bedingungen vorgegeben werden. Dagegen stellt es einen Verstoß gegen das Vergaberecht in Form einer Diskriminierung dar, wenn es sich um eine ausschließlich an Bietergemeinschaften gerichtete Forderung handelt. Gilt das Verlangen dagegen allgemein, müssen alle Bieter, auch Bieterkooperationen, den Vollmachtsnachweis zu dem von der Vergabestelle bestimmten Zeitpunkt vorlegen. Dieser Nachweis ist bei Bieterkooperationen durch eine von allen Mitgliedern unterzeichnete Erklärung zu führen. Alternativ kann der Gesellschaftsvertrag eingereicht werden, wenn er die Alleinvertretung des Unterzeichners des Angebots vorsieht. In diesem Fall muss das Original oder eine beglaubigte Abschrift übergeben werden, weil bei einer einfachen Kopie die Manipulationsmöglichkeiten zu groß sind.

Die Angabe des für den Abschluss und die Durchführung des Vertrags bevollmächtigten Mitglieds kann nicht gleichzeitig als Bevollmächtigung für die Unterzeichnung des Angebots angesehen werden. Zwar stellt das Angebot eine rechtsgeschäftliche Handlung dar, die den Abschluss eines Vertrags einleitet, jedoch ist der Wortlaut der vergaberechtlichen Vorschriften zu ungenau, um daraus eindeutig auch eine Vertretungsbefugnis für die Unterschrift des Angebots herleiten zu können.

Im Regelfall, in dem der Auftraggeber die vergaberechtlichen Vorschriften nicht modifiziert und keine rechtsverbindliche Unterschrift verlangt, muss die Vertretungsbefugnis des Unterzeichners nicht zeitgleich mit dem Angebot nachgewiesen werden. Hier ist der überwiegenden Meinung in der Rechtsprechung und den diesbezüglichen Stimmen in der Literatur zu folgen, dass auf den objektiven Empfängerhorizont abzustellen ist und eine Auslegung aufgrund der Umstände des Einzelfalls erfolgen muss. Maßgebend ist dabei die Frage, wem die in dem Angebot enthaltenen Erklärungen zuzurechnen sind, welcher Bieter sie also abgegeben hat. Bei Bietergemeinschaften besteht, wie die von der Rechtsprechung zu entscheidenden Fälle zeigen, das typische Problem darin, eine Zuordnung zu der Kooperation als solcher oder nur zu einem Mitglied vorzunehmen.

Bei der Auslegung der Umstände, d. h. des Angebots mit seinen Bestandteilen, ist entscheidend, ob erkennbar ist, dass der Unterschreibende im Namen der Bietergemeinschaft zeichnen wollte. Dies ist der Fall, wenn er in deren Vertretung unterschreibt, zur Übersendung einen Briefbogen der Gemeinschaft verwendet und aus dem Text des Angebotsschreibens hervorgeht, dass das Angebot von der Kooperation stammt. Weniger deutlich sind dagegen die Fälle, in denen die Unterschrift in Verbindung mit dem Anschreiben – sei es wegen fehlender Angaben über die Bietergemeinschaft in dem Briefkopf oder in dem Deckblatt des Angebots, sei es, weil der Unterzeichner nicht anders kenntlich macht, dass er das Angebot für die Gemeinschaft abgibt – keine eindeutige Zuordnung ermöglicht. Dann müssen, wie die Fälle aus der Rechtsprechung zeigen, nicht nur alle

Bestandteile des Angebots und die darin enthaltenen Erklärungen zur Auslegung herangezogen, sondern auch sich evtl. widersprechende Aussagen gegeneinander abgewogen werden. Nach diesen Grundregeln entfällt die Zuordnung eines Angebots zu einer Bietergemeinschaft dann, wenn keine Verbindung zwischen dem Unterzeichner und der Kooperation herzustellen ist, beispielsweise dann, wenn das dem Angebot beigefügte Schreiben nur den Briefkopf einer Einzelfirma aufweist und die Unterschrift auf dem Deckblatt des Angebots auch nicht mit einem Stempel der Bietergemeinschaft oder den Stempeln aller Einzelmitglieder versehen ist.

4. Nachträgliche Genehmigung

Grundsätzlich denkbar ist eine Anscheins- oder Duldungsvollmacht und damit die Möglichkeit der nachträglichen Genehmigung durch die Vertretene, also die Bietergemeinschaft. Eine nachträgliche Genehmigung eines zunächst vollmachtslosen Handelns kann in einem Vergabeverfahren jedoch rechtmäßig nur bis zum Ablauf der Angebotsfrist, bei Vergaben nach der VOB/A konkretisiert durch den Eröffnungstermin, erfolgen, denn bis zu diesem Zeitpunkt können die Bieter allein uneingeschränkt über das Angebot verfügen und es sogar zurücknehmen. Eine nachträgliche Genehmigung nach Ablauf der Angebotsfrist würde dagegen dazu führen, dass ein Bieter durch ihre Verweigerung einseitig die Bindung an sein Angebot auflösen könnte. Damit läge aber ein Widerspruch zu dem Wettbewerbsprinzip und der Chancengleichheit der Verfahrensteilnehmer vor. Dies gilt umso mehr, als dass Bieter bei Vergaben nach der VOB/A an dem Eröffnungstermin teilnehmen können und dort die angebotenen Preise der Konkurrenten erfahren. Allein diese Kenntnis könnte zu Manipulationen der Entscheidung, ob eine Genehmigung erteilt wird oder nicht, führen. Durch die zeitliche Begrenzung der Genehmigungsmöglichkeit verliert sie jedoch an praktischer Bedeutung, weil Zweifel an der Unterschrift erst nach Öffnung der Angebote auftauchen können, dann aber die nachträgliche Zustimmung nicht mehr zulässig ist.

IV. Ergebnis

Das Angebot eines Bieterzusammenschlusses kann von allen Partnerunternehmen unterzeichnet sein. Zwingend ist dies nicht. Ausreichend ist die Unterschrift eines Mitglieds. Die Vertretungsbefugnis muss nicht durch eine von allen Mitgliedern unterschriebene Erklärung mit der Angebotseinreichung nachgewiesen werden, es sei denn, der Auftraggeber verlangt ausnahmsweise den Nachweis einer rechtsverbindlichen Unterschrift von allen Bietern. Es ist auf den objektiven Empfängerhorizont abzustellen und zu fragen, wie ein mit den Umständen des Einzelfalls vertrauter Dritter in der Lage der Vergabestelle die Erklärung nach Treu und Glauben und mit Rücksicht auf die Verkehrssitte verstehen müsste. Dabei sind das Angebot mit seinen Bestandteilen und die darin enthaltenen Erklärungen auszulegen. Eine nachträgliche Genehmigung einer Erklärung, die durch einen nicht Bevollmächtigten abgegeben wurde, kommt nur bis zur Öffnung der Angebote in Betracht.

Kapitel 2: Die Bietergemeinschaft als Bieter

Bei der Stellung der Bietergemeinschaft als Bieter im Vergabeverfahren sind drei Themenkomplexe von Interesse. Es handelt sich um die Gleichstellung mit Einzelbietern, die durch Vorschriften im Vergaberecht vorgegeben ist. Daneben sind es die Fragen bezüglich des Zeitpunkts der zulässigen Bildung einer Bieterkooperation und der Änderung ihrer Zusammensetzung, für die keine gesetzlichen Bestimmungen, aber Lösungswege in Rechtsprechung und Literatur vorhanden sind.

A. Gleichstellung der Bietergemeinschaft mit Einzelbietern

Die Vergabe- und Vertragsordnunugen normieren ausdrücklich die Gleichstellung von Einzelbietern mit Bietergemeinschaften,[603] wobei die VOB/A die Voraussetzung aufstellt, dass dies gilt, wenn sie die Arbeiten im eigenen Betrieb oder im Betrieb der Mitglieder ausführen.[604] Grundsätzlich soll mit den Vorgaben die Gleichbehandlung von Kooperationen und Einzelbietern im Sinn von einem gleichberechtigten Zugang zu einem Vergabeverfahren und deren nicht diskriminierende Behandlung während der Ausschreibung sichergestellt werden, wie die EG-Vergaberichtlinien dies ebenfalls fordern.[605] Es handelt sich dabei um eine Ausprägung des allgemeinen Gleichbehandlungsgrundsatzes.[606] Demnach kann nur dort eine Gleichbehandlung gefordert und durchgesetzt werden, wo sich der zugrundeliegende Sachverhalt tatsächlich gleicht. In Fällen, in denen aus sachlichen Gründen Unterschiede für Bietergemeinschaften bestehen, sei es z. B. bei der Eignung[607] oder der gleichzeitigen Beteiligung einer Bietergemeinschaft und

---

603 § 6 Abs. 1 Satz 1 VOL/A, § 6 Abs. 2 Satz 1 EG VOL/A.
604 § 6 Abs. 1 Nr. 2 VOB/A.
605 Vgl. dazu auch Erster Teil, Kapitel 1, C., III.
606 *Müller-Wrede*, in: Müller-Wrede, Vergabe- und Vertragsordnung für Leistungen, VOL/A, 3. Auflage, 2010, § 6 EG Rn. 16.
607 Vgl. wegen näherer Einzelheiten Dritter Teil, Kapitel 3, A., auch *Kirch/Kues*, VergabeR 2008, 32 (37 f.).

eines Einzelmitglieds an einer Vergabe,[608] müssen sachliche Differenzierungen vorgenommen werden,[609] die aber nie zu einer ungerechtfertigten Benachteiligung der Kooperation führen dürfen.

Die für innerstaatliche Vergaben im Bereich der VOB/A geltende Einschränkung soll dem Selbstausführungsgebot[610] dienen (das nach der Rechtsprechung des EuGH bei EU-weiten Ausschreibungen nicht gilt). Ob diese Einschränkung, jedenfalls bei Vergaben mit Binnenmarktrelevanz europarechtskonform und mit dem Gleichbehandlungsprinzip vereinbar ist, ist zweifelhaft.[611] Jedenfalls muss bei einer konkreten Ausschreibung sichergestellt sein, dass dieselbe Bedingung auch für Einzelbieter gilt.

B. Zeitpunkt der Bildung von Bietergemeinschaften

Für die Frage der Zulässigkeit der Bildung von Bieterkooperationen ist im Hinblick auf ihre Teilnahme am Vergabeverfahren der Zeitpunkt entscheidend. Dafür ist wiederum zunächst die Verfahrensart maßgebend. Im Weiteren kommt es dann auf das konkrete Stadium des Vergabeverfahrens an.

I. Offenes Verfahren und öffentliche Ausschreibung

Das offene Verfahren[612] ist dadurch gekennzeichnet, dass eine unbeschränkte Zahl von Unternehmen nach öffentlicher Aufforderung ein Angebot einreichen kann.[613] Bieter können sich daher ohne eine an sie gerichtete spezifische Aufforderung zur Angebotsabgabe um den Auftrag bemühen.

---

608 Vgl. dazu Dritter Teil, Kapitel 3, B.
609 Vgl. *Hausmann,* in: Kulartz/Marx/Portz/Prieß, Kommentar zur VOL/A, 1. Auflage, 2007, § 7 Rn. 81.
610 Vgl. *Schranner,* in: Ingenstau/Korbion, VOB, 17. Auflage, 2010, VOB/A, § 6 Rn. 33.
611 Vgl. dazu, auch bezüglich der Nachweise, Zweiter Teil, Kapitel 1, C., I.
612 Die im Folgenden verwendeten Begriffe für die EU-weiten Vergabeverfahren sollen auch die entsprechenden nationalen Vergabeverfahren mit erfassen, wenn nicht ausdrücklich etwas anderes gesagt wird oder wenn sich aus dem Zusammenhang nichts anderes ergibt.
613 § 3 Abs. 1 VOB/A, § 3a Abs. 1 Nr. 1 VOB/A, § 3 Abs. 1 S. 1 VOL/A, § 3 Abs. 1 S. 1 EG VOL/A.

1. Stadium bis zum Ablauf der Angebotsfrist

Kritisch diskutiert worden ist, ob sich Bieterkooperationen nach der – öffentlichen – Aufforderung zur Angebotsabgabe, aber vor Ablauf der Angebotsfrist, wirksam zusammenschließen können. In einem Fall, der von der VK Thüringen zu entscheiden war, hatte der Auftraggeber dies, sogar in Form eines Zuschlagskriteriums, ausgeschlossen. Zwei Einzelfirmen hatten separat die Vergabeunterlagen angefordert und später ein Angebot als Bietergemeinschaft abgegeben.[614]

Jegliches Verbot der Bildung von Bietergemeinschaften vor Ablauf der Angebotsfrist im offenen Verfahren ist als rechtswidrig anzusehen. Die VK Thüringen hat zutreffend entschieden, dass ein Verstoß gegen das Gleichbehandlungsgebot vorliegt,[615] was bereits aus der Gleichstellung von Kooperationen mit Einzelbietern resultiert. Darüber hinaus ist mit dem unzulässigen Vorgehen eine nicht zu rechtfertigende Einschränkung des Wettbewerbs verbunden.[616] Mit der Pflicht des Auftraggebers, die Vergabeunterlagen an alle interessierten Bewerber herauszugeben,[617] korrespondiert keinerlei Verpflichtung der interessierten Unternehmen aus deren Erhalt. D. h., sie können ihrerseits nicht nur entscheiden, ob sie überhaupt eine Offerte abgeben, sondern auch, ob sie allein oder ggf. mit anderen Unternehmen an dem Verfahren teilnehmen. Damit ist die Bildung von Bietergemeinschaften im offenen Verfahren bis zum Ablauf der Angebotsfrist[618] unproblematisch und zulässig.[619]

---

614 Vgl. VK Thüringen, Beschluss v. 13.02.2003, 216-4002.20-003/03-EF-S.
615 Vgl. VK Thüringen, Beschluss v. 13.02.2003, 216-4002.20-003/03-EF-S, Veris, S. 24 f.; für die Zulässigkeit des Ausschlusses *Franz*, IBR 2003, 209 mit der Begründung, dass der Wettbewerb durch den Zusammenschluss (gemeint ist wohl durch die Reduzierung der Anzahl der Bieter) eingeschränkt werde.
616 Vgl. *Dreher/Kling*, VersR 2007, 1040 (1043).
617 Diese ist in der VOB/A in § 6a Abs. 2 ausdrücklich normiert, in § 6 Abs. 2 Nr. 1 mit der Einschränkung, dass die Herausgabe an alle Bewerber erfolgen muss, die sich gewerbsmäßig mit der Ausführung von Leistungen der ausgeschriebenen Art befassen. In der VOL/A ist keine Regelung getroffen, aber die uneingeschränkte Pflicht zur Herausgabe ergibt sich aus den allgemeinen Prinzipien des Vergaberechts, insbesondere dem Gleichbehandlungsgrundsatz.
618 Häufig wird als Zeitpunkt nicht der Ablauf der Angebotsfrist, sondern die Abgabe des Angebots angegeben. Dies ist insofern unpräzise, als dass die Bindung an das Angebot im zivilrechtlichen Sinn erst mit Ablauf der Angebotsfrist eintritt; vgl. auch Dritter Teil, Kapitel 1, C.
619 Vgl. OLG Celle, Beschluss v. 05.09.2007, 13 Verg 9/07, NZBau 2007, 663 (665), OLG Düsseldorf, Beschluss v. 26.01.2005, Verg 45/04, NZBau 2005, 354 (355), *Anders*, BauRB 2003, 14 (14), *Dreher*, NZBau 2005, 427 (432), *Hertwig/Nelskamp*, BauRB 2004, 183 (184), *Mantler*, in: Gummert/Weipert, Münchener Handbuch des Gesellschaftsrechts, Band 1, 3. Auflage 2009, § 26, Rn. 78, *Ohrtmann*, VergabeR 2008, 426 (434), *f. Roth*, NZBau 2005, 316 (317 f.), *Wiedemann*, ZfBR 2002, 240 (242).

2. Stadium zwischen Ablauf der Angebotsfrist und Zuschlag

Auf den ersten Blick erscheint der Zusammenschluss zu einer Bietergemeinschaft in der Phase zwischen Ablauf der Angebotsfrist und Zuschlag nicht möglich, weil die bei dem Auftraggeber eingereichte Offerte einen Urheber, d. h. im zivilrechtlichen Sinn einen Antragenden haben muss. Eher sind Änderungen in der Zusammensetzung einer Kooperation denkbar. Dennoch gibt es auch im offenen Verfahren Fälle, in denen eine Bietergemeinschaft sich erst nach Angebotsabgabe bildet, so z. B. wenn sich zwei Einzelbieter, die jeweils ein Angebot abgegeben haben, zusammenschließen[620] oder ein Bieter sich mit einem bisher nicht an dem Vergabeverfahren beteiligten Unternehmen verbindet.

a. Ansichten in der Rechtsprechung und in der Literatur

Der EuGH hat in seiner Entscheidung „*Makedoniko Metro*" festgestellt,[621] dass die Richtlinie 93/37[622] einer nationalen Regelung nicht entgegensteht, die es untersagt, die Zusammensetzung einer Bietergemeinschaft nach Abgabe der Angebote zu ändern. Diese Rechtsprechung muss erst recht für die Neubildung einer Kooperation gelten. Allerdings bestehen keine derartigen innerstaatlichen Bestimmungen.

Den Ansatz aufgreifend, wird nach wohl überwiegender Meinung in dem Stadium zwischen Ablauf der Angebotsfrist und Zuschlag die Bildung einer Bietergemeinschaft abgelehnt. Aufgrund der Bindung der Bieter an ihre Angebote können diese sie nicht mehr ändern.[623] Insbesondere Veränderungen in der Person des Bieters, Identitätswechsel, werden als unstatthaft erachtet.[624]

---

620 Über einen solchen Fall hatte die VK Südbayern zu entscheiden, Beschluss v. 11.07.2001, 21-06/01.
621 Vgl. EuGH, Urteil v. 23.01.2003, C 57/01, „*Makedoniko Metro*", VergabeR 2003, 155 (161), zustimmend *Krist*, VergabeR 2003, 162 (163), *Lotze*, EuGH EwiR Art. 21 RL 93/37/EWG 1/03, 541 (542), *Wirner*, IBR 2003, 149 (149), differenzierend *Schimanek*, ZfBR 2003, 285 (286).
622 RL 93/37/EWG des Rates v. 14.06.1993 zur Koordinierung der Verfahren zur Vergabe öffentlicher Bauaufträge – Baukoordinierungsrichtlinie -, ABl. L 199, 54, jetzt abgelöst durch RL 2004/18/EG.
623 *Gabriel/Benecke/Geldsetzer*, Die Bietergemeinschaft, 2007, Rn. 76.
624 Vgl. OLG Celle, Beschluss v. 05.09.2007, 13 Verg 9/07, NZBau 2007, 663 (664 f.), OLG Düsseldorf, Beschluss v. 26.01.2005, VII-Verg 45/04, NZBau 2005, 354 (355), VK Bund, Beschluss v. 30.05.2006, VK 2-29/06, Juris Tz. 66, VK Hessen, Beschluss v. 28.06.2005, 69d VK-7/05, Juris Tz. 44, *Burchardt/Class*, in: Burchardt/Pfülb, ARGE-Kommentar, 4. Auflage, 2006, Exkurs Bietergemeinschaftsvertrag Rn. 22d, *Byok*, NJW 2006, 2076 (2078), *Hausmann*, in: Kulartz/Marx/Portz/Prieß, Kommentar zur VOL/A, 1. Auflage, 2007, § 7 Rn. 95, *Heiermann*, ZfBR 2007, 759 (759), *Leinemann*, VergabeR 2005, 382 (383), *Ohrtmann*, VergabeR 2008, 426 (434), *Prieß/Gabriel*, WuW 2006, 385 (388), *f. Roth*, NZBau 2005, 316 (317).

Dies wird aus dem Nachverhandlungsverbot[625] hergeleitet. Ausnahmslos soll die Bildung einer Kooperation in dieser Zeitspanne nicht mit den vergaberechtlichen Prinzipien, insbesondere dem Wettbewerb,[626] vereinbar sein und zu einem Zustand der Intransparenz[627] führen. Denn die Eignungsprüfung werde für den Auftraggeber unmöglich gemacht oder zumindest erheblich erschwert.[628]

Eine Ausnahme soll nur dann zulässig sein, wenn die Neubildung der Bietergemeinschaft in keiner Weise den ordnungsgemäßen Wettbewerb beeinträchtigt, insbesondere zu keiner Wettbewerbsverzerrung[629] führt, was nur zutreffen soll, wenn dem bisherigen Bieter, der mit anderen die Kooperation eingeht, der Auftrag unter strenger Einhaltung der vergaberechtlichen Vorschriften über die Öffnung und Wertung der Angebote sowie des Nachverhandlungsverbots erteilt worden wäre.[630] Außerdem wird die Bildung einer Bietergemeinschaft im Stadium nach Ablauf der Angebotsfrist dann für möglich erachtet, wenn ihr Bestehen im Wettbewerb nicht zwingend erforderlich ist.[631]

b. Stellungnahme

Der strengeren Auffassung, wonach die Bildung von Bietergemeinschaften in dem Zeitraum zwischen Ablauf der Angebotsfrist und Zuschlag ohne Ausnahme unzulässig ist, ist zu folgen. Wird eine Bietergemeinschaft neu gebildet, ändert sich zwangsläufig die Person des bisherigen Bieters. Bereits aus zivilrechtlichen Gründen muss diese jedoch als diejenige, die dem Auftraggeber den Vertragsschluss anträgt, unverändert bleiben. Das gilt ebenfalls aus vergaberechtlichen Überlegungen. Die Bieteridentität muss im Hinblick auf die Prinzipien des Vergaberechts unbedingt gewahrt bleiben[632] und darf in dem Zeitraum zwischen Ab-

---

625 Vgl. OLG Düsseldorf, Beschluss v. 26.01.2005, VII-Verg 45/04, NZBau 2005, 354 (355), *Kratzenberg,*, in: Ingenstau/Korbion, VOB, 17. Auflage, 2010, VOB/A Vor §§ 13 ff. Rn. 5.
626 Vgl. *Kratzenberg,* in: Ingenstau/Korbion, VOB, 17. Auflage, 2010, VOB/A Vor §§ 13 ff. Rn. 5, *Schneider/Terschüren,* IBR-online 2005, Nr. 7.1, *Wiedemann,* ZfBR 2002, 240 (242).
627 Vgl. OLG Düsseldorf, Beschluss v. 18.10.2006, VII-Verg 30/06, NZBau 2007, 254 (255).
628 Vgl. OLG Düsseldorf, Beschluss v. 18.10.2006, VII-Verg 30/06, NZBau 2007, 254 (255), dagegen differenzierend *Opitz,* Marktmacht und Bieterwettbewerb, 2003, 132 f.
629 Vgl. VK Lüneburg, Beschluss v. 18.12.2002, 203-VgK-34/2002, Veris, 14, Beschluss v. 28.08.2001, 203-VgK-17/2001, Veris, 11.
630 Vgl. Beck'scher VOB-Komm./*Brinker,* 1. Auflage, 2001, § 25 Rn. 151, *Heiermann,* ZfBR 2007, 759 (760), *Kratzenberg,* in: Ingenstau/Korbion, VOB, 17. Auflage, 2010, VOB/A, Vor §§ 13 ff. Rn. 7, *Rusam* in: Heiermann/Riedl/Rusam, Handkommentar zur VOB, 11. Auflage, 2008, A § 25 Rn. 111 f., differenzierend *Hertwig/Nelskamp,* BauRB 2004, 183 (184).
631 Vgl. VK Südbayern, Beschluss v. 11.07.2001, 21-06/01, Veris, 9.
632 Vgl. wegen der Einzelheiten die Ausführungen im Dritten Teil, Kapitel 1, A., I.

lauf der Angebotsfrist und Zuschlag nicht verändert werden.[633] Die (künftigen) Vertragsparteien stellen als „essentialia negotii" ein so wesentliches Angebotsmerkmal dar, dass die Änderung in der Person des Bieters gleichzeitig eine Änderung des Angebots bedeutet.[634]

Mit dem Wechsel in der Person des Bieters werden tatsächlich auch andere Inhalte des Angebots erfasst. Die Eignung einer Kooperation beruht gegenüber der des vorher aufgetretenen Einzelbieters auf geänderten Voraussetzungen. Zwar ist die Eignungsprüfung auch in anderen Fällen u. U. neuen Bedingungen anzupassen, die erst nach Öffnung der Angebote eingetreten sind.[635] Dabei handelt es sich jedoch um Faktoren, die nicht von der nachträglichen Disposition eines Unternehmens, am Vergabeverfahren teilzunehmen bzw. eine Kooperation mit einem Bewerber zu bilden, abhängig sind, sondern regelmäßig anderer Art sind. Außerdem können sich durch den Zusammenschluss weitere Grundlagen des Angebots ändern. Im Ergebnis sind daher nicht dieselben Wettbewerbsbedingungen für alle Teilnehmer gewahrt; diese werden nur einseitig in Bezug auf die Kooperation angepasst. Dadurch wird wiederum die Chancengleichheit, also das Prinzip der Nichtdiskriminierung, sowie der Transparenzgrundsatz nicht gewahrt.

3. Zwischenergebnis

Die Bildung von Bietergemeinschaften ist im offenen Verfahren nur bis zum Ablauf der Angebotsfrist zulässig. Danach ist sie ohne Ausnahme als nicht rechtmäßig zu erachten.

II. Nicht offenes Verfahren und beschränkte Ausschreibung mit öffentlichem Teilnahmewettbewerb

Das nicht offene Verfahren und die beschränkte Ausschreibung sind zweistufige Verfahren, die aus dem öffentlichen Teilnahmewettbewerb und der Angebotsphase bestehen.[636] Anhand der Bewerbungen trifft der Auftraggeber aufgrund

---

633 Vgl. OLG Celle, Beschluss v. 05.09.2007, 13 Verg 9/07, NZBau 2007, 663 (664), OLG Düsseldorf, Beschluss v. 18.10.2006, VII-Verg 30/06, NZBau 2007, 254 (255), Beschluss v. 26.01.2005, VII-Verg 45/04, NZBau 2004, 354 (355).
634 *Ohrtmann*, VergabeR 2008, 426 (435).
635 Das ist z. B. der Fall, wenn zwischenzeitlich ein Unternehmen insolvent geworden ist oder dem Auftraggeber nach bereits erfolgter Eignungsprüfung noch wesentliche Tatsachen bekannt werden, die diese entscheidend beeinflussen.
636 Vgl. *Müller-Wrede*, in: Ingenstau/Korbion, VOB, 17. Auflage, 2010, VOB/A § 3 Rn. 22, § 3a Rn. 11.

der Ergebnisse der Eignungsprüfung und ggf. weiteren sachlichen, auftragsbezogenen Kriterien[637] eine Vorauswahl und fordert einen begrenzten Kreis von Unternehmen zur Angebotsabgabe auf.[638] Die Vergabestelle kann eine, ggf. in der Bekanntmachung oder den Vergabeunterlagen anzugebende, Höchstzahl von Unternehmen bestimmen, die zur Angebotseinreichung aufgefordert werden. Bei nicht offenen Verfahren darf sie nicht unter fünf liegen,[639] bei beschränkten Ausschreibungen soll sie mindestens drei betragen.[640] Auf jeden Fall muss, auch bei Begrenzung der Höchstzahl, ein echter Wettbewerb sichergestellt bleiben.[641] Im Vergleich zu einstufigen Verfahren sind im Hinblick auf die Bildung von Bietergemeinschaften daher mehrere Zeiträume zu prüfen.

1. Stadium bis zum Ablauf der Bewerbungsfrist

Diese Zeitspanne ist für die Bildung von Kooperationen unproblematisch. Sie ist vergleichbar mit der Phase bis zum Ablauf der Angebotsfrist in offenen Verfahren.[642] Anstelle des Angebots tritt hier die Bewerbung. Bis zur Einreichung einer verbindlichen Bewerbung kann uneingeschränkt ein Zusammenschluss vorgenommen werden.[643]

2. Stadium von der Aufforderung zur Angebotsabgabe bis zum Ablauf der Angebotsfrist

Die Phase nach Ablauf der Bewerbungsfrist bis zum Ende der Angebotsfrist ist eigentlich noch einmal zu unterteilen in den Zeitraum bis zur Aufforderung zur Angebotsabgabe und die Spanne danach. Diese Unterscheidung findet sich aber, soweit ersichtlich, in der Rechtsprechung und im Schrifttum nur ganz vereinzelt. Dort wird hauptsächlich auf den Zeitraum von der Aufforderung zur Einreichung von Angeboten bis zum Ablauf der Angebotsfrist abgestellt. Daher soll im Folgenden diese Phase in den Mittelpunkt gestellt werden, um danach Ableitungen für die davor liegende Zeitspanne zu entwickeln.

---

637 Vgl. BayObLG, Beschluss v. 20.04.2005, Verg 26/04, VergabeR 2005, 532 (535).
638 § 101 Abs. 3 GWB, § 6 Abs. 2 Nr. 2 und Abs. 3 Nr. 6 VOB/A, § 6a Abs. 3 und Abs. 6 VOB/A, § 3 Abs. 1 VOL/A, § 3 Abs. 5 EG VOL/A.
639 § 6a Abs. 3 und 6 VOB/A, § 3 Abs. 5 EG VOL/A.
640 § 6 Abs. 2 Nr. 2 VOB/A, § 3 Abs. 1 VOL/A.
641 Vgl. nur § 6a Abs. 3 VOB/A.
642 Vgl. Dritter Teil, Kapitel 2, B., I., 1.
643 Vgl. *Gabriel/Benecke/Geldsetzer*, Die Bietergemeinschaft, 2007, Rn. 82, *Wiedemann*, ZfBR 2003, 240 (242).

Denkbar sind verschiedene Fallkonstellationen. So können sich zwei oder mehr Einzelbieter zusammenschließen, die jeweils zur Einreichung eines Angebots aufgefordert wurden, oder ein erfolgreicher Bewerber kann sich mit einem oder mehreren Unternehmen verbinden, die bisher noch nicht an der Ausschreibung teilgenommen hatten. Schließlich ist eine Kooperation zwischen Bewerbern möglich, die nicht zur Abgabe einer Offerte aufgefordert wurden.

a. Auffassungen in der Rechtsprechung und im Schrifttum

Die überwiegende Meinung hält die Bildung von Bietergemeinschaften zwischen der Aufforderung zur Abgabe eines Angebots und dem Ablauf der Angebotsfrist für unzulässig. Ein derartiges Vorgehen wird deshalb abgelehnt, weil die Bietergruppe keinen eigenen Teilnahmeantrag gestellt[644] und der Auftraggeber sie nicht zur Abgabe einer Offerte aufgefordert hat. Grundsätzlich können nur aus dem Teilnahmewettbewerb hervorgegangene erfolgreiche Bewerber ein wirksames Angebot abgeben. Nicht aufgeforderte Bewerber sollen keine Möglichkeit haben, der Vergabestelle ihr Angebot aufzudrängen.[645] Ansonsten würden die Grundsätze des nicht offenen Verfahrens unterlaufen.[646]

Ferner soll die Neubildung einer Bietergemeinschaft nicht zulässig sein, weil die Vergabe- und Vertragsordnungen eine Mindestzahl von aufzufordernden Bewerbern vorsehen, die durch die Vereinigung von Unternehmen verringert werden kann.[647] Darin wird eine unzulässige Einschränkung des Wettbewerbs gesehen.[648] Sogar die erhöhte Gefahr von Wettbewerbsabsprachen wird befürchtet.[649]

Als Folge der Neubildung einer zuvor nicht zur Angebotsabgabe zugelassenen Bietergemeinschaft wird eine Verletzung des Gleichbehandlungsgrundsatzes angenommen.[650] Die ausgewählten Teilnehmer sollen einen Anspruch darauf haben,

---

644 Vgl. VK Südbayern, Beschluss v. 09.04.2003, 11-03/03, Veris, 11, für ein Verhandlungsverfahren mit Teilnahmewettbewerb, *Boesen,* Vergaberecht, 1. Auflage, 2000, § 101 Rn. 38.
645 Vgl. VK Köln, Beschluss v. 25.02.2005, VK VOL 48/2004, Veris, 10, Beschluss v. 30.09.2003, VK VOB 27/2003, Veris, 11, Beck'scher VOB-Komm./*Brinker,* 1. Auflage, 2001, § 8 Rn. 149.
646 Vgl. VK Bund, Beschluss v. 22.02.2008, VK 1-4/08, Juris Tz. 79, auch VK Südbayern, Beschluss v. 09.04.2003, 11-03/03, Veris, 11, für ein Verhandlungsverfahren mit Teilnahmewettbewerb.
647 Vgl. VK Bund, Beschluss v. 22.02.2008, VK 1-4/08, Juris Tz. 81, VK Thüringen, Beschluss v. 13.02.2003, 216-4002.20-003/03-EF-S, Veris, 24, VK Brandenburg, Beschluss v. 01.02.2002, Veris, 7.
648 Vgl. VK Köln, Beschluss v. 30.09.2003, VK VOB 27/2003, Veris, 11, VK Bund, Beschluss v. 30.05.2006, VK 2-29/06, Juris Tz. 66, VK Brandenburg, Beschluss v. 18.07.2001, 1 VK 55/01, Veris, 23, VÜA Bund, Beschluss vom 09.09.1997, 1 VÜ 12/97, BauR 1997, 326 (329), Beck'scher VOB-Komm./*Brinker,* 1. Auflage, 2001, § 8 Rn. 149, *Franz,* IBR 2003, 209.
649 Vgl. *Malotki,* BauR 1997, 564 (565 f.).
650 Vgl. OLG Karlsruhe, Beschluss v. 15.10.2008, 15 Verg 9/08, VergabeR 2009, 164 (169), VK Bund, Beschluss v. 22.02.2008, VK 1-4/08, Juris Tz. 80.

sich nur mit Bietern zu messen, die zuvor die Kriterien des Teilnahmewettbewerbs erfolgreich erfüllt und die Eignungsprüfung bestanden haben.[651] Insbesondere würde die durch die Neubildung erforderliche Nachholung der Eignungsprüfung die Bieter benachteiligen, die sich an die Fristen gehalten hätten.[652] Eine erneute Eignungsprüfung soll auch für den Auftraggeber nicht zumutbar sein.[653]

Die Unzulässigkeit der Verbindung zu einer Kooperation in der Angebotsphase wird auch dann vertreten, wenn sie aus Einzelunternehmen besteht, die jeweils den Teilnahmewettbewerb positiv abgeschlossen haben. Darin soll jedenfalls eine unzulässige Einschränkung des Wettbewerbs liegen.[654]

Aus Entscheidungen, die zwar nicht ausdrücklich zu der Neubildung einer Bietergemeinschaft, sondern zu deren Änderung in der Zusammensetzung ergangen sind, lässt sich herleiten, dass gegen die Rechtmäßigkeit einer Neuformation in dem Stadium zwischen der Aufforderung zur Angebotsabgabe und dem Ablauf der Angebotsfrist wiederum der Wechsel in der Person des Bieters als unzulässiger Identitätswechsel spricht.[655] Der gewissermaßen neu entstandene Bieter hat sich weder im Teilnahmewettbewerb qualifiziert noch war er Adressat der Aufforderung zur Angebotsabgabe.[656]

Differenzierende Meinungen stellen auf die Zusammensetzung der neu gebildeten Bietergemeinschaft sowie auf deren Eignung ab. Bei einer Kooperation aus

---

651 Vgl. OLG Karlsruhe, Beschluss v. 15.10.2008, 15 Verg 9/08, VergabeR 2009, 164 (169), VK Südbayern, Beschluss v. 09.04.2003, 11-03/03, Veris, 11 f., für ein Verhandlungsverfahren mit Teilnahmewettbewerb, *Boesen*, Vergaberecht, 1. Auflage, 2000, § 101 Rn. 38, *Gabriel/ Benecke/Geldsetzer*, Die Bietergemeinschaft, 2007, Rn. 82, *Kulartz*, in: Kulartz/Kus/Portz, Kommentar zum GWB-Vergaberecht, 2. Auflage, 2009, § 101 Rn. 13, *Prieß/Gabriel*, WuW 2006, 385 (389), f. *Roth*, NZBau 2005, 316 (317), auch *Malotki*, BauR 1997, 564 (566).
652 Vgl. VK Bund, Beschluss v. 22.02.2008, VK 1-4/08, Juris Tz. 80.
653 Vgl. VK Thüringen, Beschluss v. 13.02.2003, 216-4002.20-003/03-EF-S, Veris, 24, *Malotki*, BauR 1997, 564 (566).
654 Vgl. VK Bund, Beschluss v. 22.02.2008, VK 1-4/08, Juris Tz. 80 f., Beschluss v. 30.05.2006, VK 2-29/06, Juris Tz. 66, VÜA Bund, Beschluss vom 09.09.1997, 1 VÜ 12/97, BauR 1997, 326 (329), *Hausmann*, in: Kulartz/Marx/Portz/Prieß, Kommentar zur VOL/A, 1. Auflage, 2007, § 7 Rn. 96, *Prieß/Gabriel*, WuW 2006, 385 (389), f. *Roth*, NZBau 2005, 316 (317).
655 Vgl. OLG Karlsruhe, Beschluss v. 15.10.2008, 15 Verg 9/08, VergabeR 2009, 164 (168), zustimmend *Haug*, VergabeR 2009, 171 (172), vgl. auch VK Hessen, Beschluss v. 28.06.2005, 69d VK-07/2005, Juris Tz. 44, VK Bund, Beschluss v. 30.05.2006, VK 2-29/06, Juris Tz. 66, *Mantler*, in: Gummert/Weipert, Münchener Handbuch des Gesellschaftsrechts, Band 1, 3. Auflage, 2009, § 26 Rn. 78, *Ohrtmann*, VergabeR 2008, 426 (435), *Prieß/Gabriel*, WuW 2006, 385 (388), f. *Roth*, NZBau 2005, 316 (317), auch *Anders*, BauRB 2003, 14 (14).
656 Vgl. OLG Karlsruhe, Beschluss v. 15.10.2008, 15 Verg 9/08, VergabeR 2009, 164 (168), auch VK Nordbayern, Beschluss vom 14.04.2005, 320.VK-3194-09/05, Veris, 10, Beschluss v. 18.09.2003, 320.VK-3194-31/03, Veris, 16, Beck'scher VOB-Komm./*Prieß*, 1. Auflage, 2001, § 8a Rn. 25, *Burchardt/Class*, in: Burchardt/Pfülb, ARGE-Kommentar, 4. Auflage, 2006, Exkurs Bietergemeinschaftsvertrag Rn. 22d, *Prieß/Gabriel*, WuW 2006, 385 (388 f.).

Einzelbietern, die den Teilnahmewettbewerb erfolgreich abgeschlossen haben, soll sich eine Wettbewerberweiterung durch Erhöhung der Zahl der aussichtsreichen Angebote ergeben können.[657] Findet sich ein zur Angebotsabgabe aufgeforderter Bewerber mit einem nicht aufgeforderten Unternehmen zusammen, kann die Umgehung der Eignungsprüfung nur bezüglich dieses Unternehmens gegeben sein.[658] Bei zwei oder mehr erfolgreichen Einzelbewerbern besteht die Gefahr jedoch nicht.[659]

b. Stellungnahme

aa. Wechsel in der Person des Bieters

Die Aufforderung zur Angebotsabgabe durch den Auftraggeber basiert auf den Teilnahmeanträgen der Bieter und auf der Prüfung der Eignung und des Vorliegens evtl. vorher bekannt gegebener auftragsbezogener Kriterien, deren Grundlage wiederum der Inhalt der Teilnahmeanträge ist. Bildet sich eine Bietergemeinschaft nach der Aufforderung zur Einreichung eines Angebots, stellt sich zunächst die Frage, ob der Wechsel in der Person des Bieters für sich genommen bereits ein diesem Zusammenschluss entgegenstehender Grund ist. Zivilrechtlich handelt es sich bei einem Teilnahmeantrag nicht um den Antrag zu einem Angebot im Sinne der §§ 145 ff. BGB, da das eigentliche Angebot erst der nächste Schritt ist und der endgültige und unbedingte Rechtsbindungswille seitens des Bieters nicht vorhanden ist, denn er kann, auch nach erfolgter Aufforderung, immer noch von der Einreichung einer Offerte absehen. Insofern ist der Urheber des Teilnahmeantrags durchaus noch veränderbar oder auswechselbar. Vergaberechtlich ist allerdings die formelle Bieteridentität von entscheidender Bedeutung. Von dem Begriff selbst her ist auch ein Teilnehmer an einem Vergabeverfahren, der formal noch keine Bieterstellung, sondern die Stellung eines Bewerbers erlangt hat, erfasst.[660] Bildet sich eine Bietergruppe aus Bewerbern, die zur Angebotsabgabe aufgefordert wurden, ist ein unzulässiger Wechsel in der Person des Verfahrensbeteiligten, nämlich von Einzelbewerbern zu einer Personengesellschaft, gegeben. Schließen sich dagegen Interessenten zusammen, die gar nicht

---

657 Vgl. *Wiedemann*, ZfBR 2003, 240 (242), der allerdings den Zusammenschluss vornehmlich unter dem kartellrechtlichen Aspekt betrachtet.
658 Vgl. *Dreher*, NZBau 2005, 427 (432).
659 Vgl. *Baldringer*, in: Jagenburg/Schröder, Der ARGE-Vertrag, 2. Auflage, 2008, Einl. Rn. 54, Opitz, Marktmacht und Bieterwettbewerb, 2003, 133, *Schneider/Terschüren*, IBR-online 2005, Nr. 7.2.
660 § 97 Abs. 7 GWB erfasst vom Wortlaut her „Unternehmen", so dass Bieter und Bewerber gemeint sind; vgl. auch *Dreher* in: Dreher/Stockmann, Kartellvergaberecht, 4. Auflage, 2008, § 97 Rn. 268 ff., *Otting*, in: Bechtold, GWB, 5. Auflage, 2008, § 97 Rn. 45.

als Bewerber aufgetreten sind oder den Teilnahmewettbewerb nicht erfolgreich abgeschlossen haben, liegt kein Wechsel in der Person des Bieters vor, sondern es tritt ein völlig neuer Bieter auf. Ein solcher neuer Zusammenschluss ist jedoch ebenfalls nicht zulässig, weil er sich nicht den gleichen Verfahrensbedingungen wie die Konkurrenten gestellt hat und deshalb eine Diskriminierung vorliegen würde.

bb. Erneute Eignungsprüfung

Besonderes Kriterium eines nicht offenen Verfahrens ist die vorgezogene Eignungsprüfung in dem separaten Verfahrensabschnitt des Teilnahmewettbewerbs. Diese Besonderheit könnte dafür sprechen, dass eine spätere – neue oder ergänzende – Eignungsprüfung bereits aus formalen Gründen ausgeschlossen ist. Grundsätzlich ist das aber nicht der Fall. Bei der Eignungsprüfung handelt es sich um eine Prognoseentscheidung.[661] Dem Auftraggeber steht ein Beurteilungsspielraum auf der Grundlage der bekannten Tatsachen zu.[662] Dementsprechend führen Umstände, die der Vergabestelle erst nach der Aufforderung zur Angebotsabgabe zur Kenntnis gelangen und die Zweifel an der Eignung des Bieters begründen, zu der Notwendigkeit einer erneuten Eignungsprüfung, die allerdings auf die neuen Tatsachen beschränkt ist.[663] Das ist sogar in der VOB/A durch die Vorschrift des § 16 Abs. 2 Nr. 2 ausdrücklich normiert worden. Aus der sachlichen Begrenzung des Neueintritts in die Eignungsprüfung lässt sich aber ableiten, dass davon nicht die Prüfung betroffen ist, die bei dem erstmaligen Zusammenschluss einer Bietervereinigung nach der Aufforderung zur Angebotsabgabe notwendig würde. Dies gilt jedenfalls, soweit ein Bieter, der sich vorher noch nicht an dem Teilnahmewettbewerb beteiligt oder diesen nicht erfolgreich abgeschlossen hat, Mitglied einer Kooperation wird. Denn dann liegt kein Fall vor, in dem Zweifel an der bereits festgestellten Eignung entstehen. Vielmehr ist die Eignung zuvor niemals überprüft worden oder sie hat nicht vorgelegen.

Es fragt sich jedoch noch, ob der Zusammenschluss von mindestens zwei, nach dem Teilnahmewettbewerb zur Angebotsabgabe aufgeforderten Bietern eine wiederholte Eignungsprüfung nach Abschluss des Teilnahmewettbewerbs notwen-

---

661 Vgl. OLG Düsseldorf, Beschluss v. 02.12.2009, VII-Verg 39/09, VergabeR 2010, 487 (496), Juris Tz. 89, OLG München, Beschluss v. 05.11.2009, Verg 13/09, Juris Tz. 76, OLG Koblenz, Beschluss v. 15.10.2009, 1 Verg 9/09, Juris Tz. 23.
662 Vgl. , OLG Koblenz, Beschluss v. 15.10.2009, 1 Verg 9/09, Juris Tz. 23, OLG Düsseldorf, Beschluss v. 22.09.2005, VII-Verg 49/05 und VII-Verg 50/05, Juris Tz. 59, *Prieß*, Handbuch des europäischen Vergaberechts, 3. Auflage, 2005, 254.
663 Vgl. OLG Düsseldorf, Beschluss v. 18.07.2001, Verg 16/01, VergabeR 2001, 419 (422 f.), VK Bund, Beschluss v. 26.08.1999, VK 2-20/99, NZBau 2000, 398 (399), *Kratzenberg*, in: Ingenstau/Korbion, VOB, 17. Auflage, 2010, VOB/A § 16 Rn. 86.

dig macht und rechtfertigt. Für die jeweiligen Einzelbieter sind diese Prüfungen auf der Grundlage der bekannten Tatsachen aus den Teilnahmeanträgen durchgeführt worden. Eine neue Bewertung könnte sich allenfalls aus unmittelbar aus dem Zusammenschluss resultierenden Umständen ergeben. Hier sind aber zumindest keine typischen Möglichkeiten der Verschlechterung oder des Wegfalls der Eignung ersichtlich. Das bedeutet, dass aus einer – isolierten – Sichtweise, die nur die Eignungsprüfung im Fokus hat – jedenfalls der Zusammenschluss von Bietern möglich wäre, die ihrerseits den Teilnahmewettbewerb erfolgreich abgeschlossen haben und zur Abgabe eines Angebots aufgefordert wurden.

cc. Formale Kriterien

Im Hinblick auf die Regelungen eines nicht offenen Verfahrens sind zwei formale Argumente bezüglich der späteren Bildung von Bietergemeinschaften von Bedeutung, nämlich, dass nicht aufgeforderte Bewerber keine Möglichkeit haben sollen, dem Auftraggeber ein Angebot aufzudrängen, und dass die von den Vergabe- und Vertragsordnungen vorgesehene Mindestzahl der aufzufordernden Bieter bestehen bleibt. Nach den Regeln eines nicht offenen Verfahrens, das der Auftraggeber nur bei Vorliegen bestimmter sachlicher Gründe wählt, wird, anders als bei einem offenen Verfahren, in dem nach der Öffnung die Prüfung und Wertung der Angebote stufenweise erfolgt, die Eignungsprüfung vorgezogen. Verbunden mit deren Abschluss hat die Vergabestelle, soweit sie in dem Verfahren die Grundsätze der Gleichbehandlung und der Transparenz einhält, das Recht bzw. die Freiheit, nicht alle als geeignet festgestellten Bewerber zur Einreichung eines Angebots aufzufordern. Unter der Voraussetzung, dass das Verfahren ordnungsgemäß abgewickelt wird, steht es also allein in der Macht der Vergabestelle, den Kreis derjenigen Bewerber festzulegen, die um Abgabe von Offerten gebeten werden. Aufgrund dieser Regelungen ist die Bildung von Bietergemeinschaften nach Aufforderung zur Angebotsabgabe abzulehnen. Dies gilt auch dann, wenn die Kooperation mit einem aus dem Teilnahmewettbewerb erfolgreich hervorgegangenen Einzelbieter vorgenommen wird. Die Aufforderung des Auftraggebers richtet sich nämlich an einen bestimmten Bieter. Die Vergabestelle muss daher – worauf die Ansichten in der Rechtsprechung und Literatur zu Recht hinweisen – keine ihr aufgedrängten Änderungen hinnehmen. Dies würde eine Durchbrechung der Verfahrensregeln zu Lasten des Auftraggebers bedeuten, da der Bieterseite insoweit, weder durch entsprechende Normen noch im Wege der Rechtsfortbildung, Ansprüche eingeräumt worden sind.

Hinzu kommt die als unzulässig zu erachtende Möglichkeit der Veränderung der Mindestzahl der Anbieter durch die Bieter ihrerseits. Aus den entsprechenden Vorschriften in den Vergabe- und Vertragsordnungen ist ersichtlich, dass die Mindestteilnehmerzahl auch ein Mittel zur Sicherstellung des echten Wettbewerbs ist. Gleichgültig, ob der Auftraggeber im Einzelfall nur diese Mindestzahl von Bietern oder weitere in das Angebotsverfahren einbezieht, ist es jedenfalls nicht Sache der Bieterseite, die von der Vergabestelle unter Beachtung der gesetzlichen Regeln festgelegte Anzahl zu verringern, was dann der Fall wäre, wenn sich zwei oder mehr erfolgreiche Einzelbewerber zusammenschließen würden. Umgekehrt gilt dies auch für die Höchstzahl von aufzufordernden Bietern, soweit der Auftraggeber eine solche vorgesehen hat. Es ist kein sachlicher Grund ersichtlich, warum bietende Unternehmen darauf Einfluss nehmen dürften. Die Vergabestelle hat diesbezüglich das alleinige Bestimmungs- und Überwachungsrecht. Demnach sprechen die formalen Gründe gegen die Bildung von nicht zur Angebotsabgabe aufgeforderten Bietergemeinschaften.

dd. Grundsätze des Wettbewerbs, der Gleichbehandlung und der Transparenz

Letztlich müssen jedoch alle Einzelkriterien unter dem Einfluss der Grundsätze des Wettbewerbs und der Gleichbehandlung ausgelegt werden. Eine Beeinträchtigung des Wettbewerbs und eine Ungleichbehandlung der Mitbewerber ergibt sich bereits dann, wenn Bieter im Gegensatz zu ihren Konkurrenten die Möglichkeit zur Abgabe eines Angebots erhalten, ohne die dafür vorgesehenen Verfahrensschritte, nämlich den Teilnahmewettbewerb mit der Eignungsprüfung, durchlaufen zu müssen. In diesem Zusammenhang ist anerkannt, dass schon ein Verstoß gegen den Gleichbehandlungsgrundsatz vorliegt, wenn die Vergabestelle einen Teilnahmeantrag berücksichtigt, der nach dem Schlusstermin eingegangen ist.[664] Die zwingende Vorgabe würde umgangen, wenn eine Bietergemeinschaft infolge ihrer späteren Neubildung gewissermaßen das Privileg eines gesonderten Zugangs zu dem Vergabeverfahren erhalten würde.

Eine Ausnahme ist auch dann nicht einzuräumen, wenn mindestens zwei Einzelbieter in dem Teilnahmewettbewerb als geeignet angesehen werden, die sich später zusammenschließen. Auch dann ist nämlich eine Verletzung von Prinzipien des Vergaberechts festzustellen. Denn die Änderung in der Person des Bieters, d. h. den Identitätswechsel, müssen weder der Auftraggeber noch die Konkurrenten hinnehmen, weil sie eine Diskriminierung impliziert. Schließlich ergeben sich Wettbewerbsbeeinträchtigungen durch die einseitig von einem Bieter zu beeinflussende Verringerung der Mindestzahl der vom Auftraggeber erwarteten Angebote, die gesetzlich festgelegt ist und gerade der Sicherstellung eines echten Wettbewerbs dienen soll.

---

664 Vgl. OLG Frankfurt am Main, Beschluss v. 23.01.2007, 11 Verg 11/06, Juris Tz. 36, OLG Düsseldorf, Beschluss v. 30.05.2001, Verg 23/00, Juris Tz. 38.

c. Zwischenergebnis

Die Bildung von Bietergemeinschaften in der Zeitspanne zwischen der Aufforderung zur Angebotsabgabe und dem Ablauf der Angebotsfrist ist nicht zulässig. Denn der Wettbewerbs-, Gleichbehandlungs- und Transparenzgrundsatz muss unter allen Umständen gewahrt bleiben.

3. Stadium vom Ende der Bewerbungsfrist bis zur Aufforderung zur Angebotsabgabe

Soweit dieses Problem überhaupt behandelt wird, sieht die Rechtsprechung und die Literatur die Bildung einer Bietergemeinschaft in der Phase zwischen dem Ende der Bewerbungsfrist und der Aufforderung zur Abgabe eines Angebots als unzulässig an.[665] Eine gesonderte Begründung dafür gibt es nicht. Vielmehr werden die gleichen Gründe angeführt, die auch gegen die Zulassung einer neu gebildeten Bieterkooperation nach Abschluss des Teilnahmewettbewerbs bis zur Aufforderung zur Angebotsabgabe gelten sollen. Zu prüfen bleibt nunmehr, ob diesen Auffassungen zu folgen ist oder ob Argumente für eine aus den unterschiedlichen Zeitspannen resultierende Differenzierung sprechen.

Aus zivilrechtlicher Sicht wäre zunächst nichts gegen eine Änderung der Bewerbung, auch nach Ablauf der Eingangsfrist, einzuwenden, weil diese, anders als ein Vertragsangebot, keine rechtliche Bindung im Sinn der §§ 145 ff. BGB entfaltet. Entscheidend ist aber die vergaberechtliche Seite. Das Ende der Bewerbungsfrist stellt auch das Ende des ersten Abschnitts des zweigeteilten nicht offenen Verfahrens dar. Damit verbunden sind vielfältige Auswirkungen, die unter dem Blickwinkel der vergaberechtlichen Grundsätze des freien Wettbewerbs, der Gleichbehandlung der Teilnehmer und der Transparenz des Verfahrens gesehen werden müssen. Zu betonen ist nur, dass aus Gründen der Gleichbehandlung kein Teilnahmeantrag mehr berücksichtigt werden darf, der nach Ablauf der Bewerbungsfrist bei der Vergabestelle eingeht. Allein aufgrund dieser Festlegung käme ohnehin nur die Bildung einer Bietergemeinschaft in Betracht, deren Mitglied ein Einzelbieter ist, der fristgerecht eine Bewerbung eingereicht hat. Auch in diesem Fall hätte aber das hinzukommende Unternehmen einen Wettbewerbsvorteil gegenüber den Konkurrenten, weil es selbst eben nicht die förmlichen Voraussetzungen für die Bewerbung erfüllt hat. Darüber hinaus läge eine Ungleichbehand-

---

[665] Vgl. OLG Hamburg, Beschluss v. 02.10.2002, 1 Verg 1/00, NZBau 2003, 223 (223 f.), VK Bund, Beschluss v. 30.05.2006, VK-2 29/06, Juris Tz. 66, VK Südbayern, Beschluss v. 09.04.2003, 11-03/03, Veris, 11, Beck'scher VOB-Komm./*Brinker*, 1. Auflage, 2001, § 25 Rn. 149, *Franz*, IBR 2005, 112, *Gabriel/Benecke/Geldsetzer*, Die Bietergemeinschaft, 2007, Rn. 82, *Prieß/Gabriel*, WuW 2006, 385 (388), *F. Roth*, NZBau 2005, 316 (317).

lung zu Gunsten des Einzelbieters vor. Möglicherweise hätte er, wegen der zu erfüllenden Eignungs- und sonstigen Kriterien sowie auch wegen einer starken Konkurrenz, keine oder nur geringe Chancen, zur Angebotsabgabe aufgefordert zu werden. Diese Chancen könnten sich durch den Zusammenschluss mit einem anderen Bieter erhöhen. Allein die theoretische Möglichkeit führt dazu, dass jegliche Änderungen bezüglich des Urhebers des Teilnahmeantrags und dessen Inhalts nach Ablauf der Bewerbungsfrist nicht zuzulassen sind. Schließlich ist zu beachten, dass die Zeitspanne zwischen dem Ende der Teilnahmefrist und der Aufforderung zur Angebotsabgabe dazu gedacht und auch in ihrer Dauer so angesetzt worden ist, dass sie dem Auftraggeber zu einer sorgfältigen Eignungsprüfung zur Verfügung steht. Bei der Bildung einer Bietergemeinschaft in diesem Stadium würde diese Zeit aber nicht mehr für die auf die Kooperation bezogene Prüfung zur Verfügung stehen,[666] ganz abgesehen davon, dass damit der Bieterseite eine gewisse Disposition über eine vom Auftraggeber zu setzenden Frist eingeräumt würde. Insgesamt ist daher der Zeitraum vom Ende der Bewerbungsfrist bis zur Aufforderung zur Angebotsabgabe nicht anders zu beurteilen als der bis zum Ablauf der Angebotsfrist, so dass die Bildung von Bietergemeinschaften auch innerhalb dieser Zeitspanne als nicht zulässig zu erachten ist.

4. Stadium nach Ablauf der Angebotsfrist

In dem Stadium nach Ablauf der Angebotsfrist bei einem nicht offenen Verfahren gelten dieselben Voraussetzungen und Grundsätze wie bei einem offenen Verfahren. Daher ist in dieser Phase die Bildung einer Bietervereinigung aus denselben Gründen nicht zulässig.[667]

5. Zwischenergebnis

In nicht offenen Verfahren ist der Zusammenschluss zu Bieterkooperationen nur bis zum Ablauf der Bewerbungsfrist zulässig. Alle Vereinigungen in späteren Phasen, gleichgültig in welcher Konstellation, sind nicht mit dem Wettbewerbs-, Gleichbehandlungs- und Transparenzgrundsatz vereinbar.

---

666 Vgl. *Lux*, Bietergemeinschaften im Schnittfeld von Gesellschafts- und Vergaberecht, 2009, 90.
667 Wegen der Einzelheiten wird auf Dritter Teil, Kapitel 2, B., I., 2. verwiesen.

III. Verhandlungsverfahren und freihändige Vergabe mit Teilnahmewettbewerb

Verhandlungsverfahren und freihändige Vergaben mit Teilnahmewettbewerb setzen sich, ebenso wie nicht offene Verfahren und beschränkte Ausschreibungen mit öffentlicher Vergabebekanntmachung, aus zwei Verfahrensabschnitten zusammen. Es handelt sich um das formale Bekanntmachungs- und Teilnahmewettbewerbsverfahren und die anschließenden Verhandlungen mit den erfolgreichen Bewerbern, die die Angebotsphase in nicht offenen Verfahren ersetzen.[668] Der Teilnahmewettbewerb entspricht weitgehend dem in nicht offenen Verfahren.[669] Bei Verhandlungsverfahren mit Teilnahmewettbewerb kann der Auftraggeber wiederum eine Höchstzahl von zur Angebotsabgabe aufzufordernden Unternehmen bestimmen, die nicht weniger als drei betragen darf.[670] Bei freihändigen Vergaben im Anwendungsbereich der VOL/A sollen mindestens drei Bewerber um Angebote ersucht werden.[671] Damit soll ein ausreichender Wettbewerb sichergestellt werden.

Wegen der Vergleichbarkeit des formalen Verfahrensabschnitts des Teilnahmewettbewerbs mit dem in einem nicht offenen Verfahren sieht die Rechtsprechung und Literatur bei Verhandlungsverfahren und freihändigen Vergaben mit Teilnahmewettbewerb die Bildung von Bietergemeinschaften nach Ablauf der Bewerbungsfrist aus denselben Gründen für unzulässig an.[672] Diesem Ergebnis ist zuzustimmen. Daher kann sich eine Bietergruppe nur bis zu dem Ende der Bewerbungsfrist zulässig zusammenfinden.

---

668 § 101 Abs. 5 GWB, § 3a Abs. 1 Nr. 4 und Abs. 5 und 7, § 3 Abs. 1 und Abs. 5 VOB/A, § 6 Abs. 3 Nr. 6 VOB/A, § 3 Abs. 1 und 3 bis 6 EGVOL/A, § 3 Abs. 1 und Abs. 5 VOL/A.
669 Vgl. *Kulartz*, in: Kulartz/Kus/Portz, Kommentar zum GWB-Vergaberecht, 2. Auflage, 2009, § 101 Rn. 36.
670 § 6a Abs. 4 und 6 VOB/A, § 3 Abs. 5 EG VOL/A.
671 § 3 Abs. 1 VOL/A.
672 Vgl. VK Bund, Beschluss v. 30.05.2006, VK 2-29/06, Juris Tz. 66, VK Köln, Beschluss v. 30.09.2003, VK VOB 27/2003, Veris, 11, VK Südbayern, Beschluss v. 09.04.2003, 11-03/03, Veris, 11, *Gabriel/Benecke/Geldsetzer*, Die Bietergemeinschaft, 2007, Rn. 82, *Hausmann*, in: Kulartz/Marx/Portz/Prieß, Kommentar zur VOL/A, 1. Auflage, 2007, § 7 Rn. 96, *Kulartz*, in: Kulartz/Kus/Portz, Kommentar zum GWB-Vergaberecht, 2. Auflage, 2009, § 101 Rn. 13, *Ohrtmann*, VergabeR 2008, 426 (435), *Prieß/Gabriel*, WuW 2006, 385 (388), *F. Roth*, NZBau 2005, 316 (317), *Schneider/Terschüren*, IBR-online 2005, Nr. 7.3, differenzierend *Wiedemann*, ZfBR 2003, 240 (242).

IV. Wettbewerblicher Dialog

Der wettbewerbliche Dialog ist ein Verfahren zur Vergabe besonders komplexer Aufträge,[673] das in drei Abschnitte unterteilt ist, nämlich einen Teilnahmewettbewerb zwecks Eignungsprüfung, eine Dialogphase und die Angebotsphase nach Aufforderung zur Angebotsabgabe.[674] Da der erste Abschnitt identisch ist mit der Phase der öffentlichen Aufforderung zur Abgabe von Teilnahmeanträgen im nicht offenen Verfahren, sind die insoweit herausgearbeiteten Ergebnisse bezüglich der Zulässigkeit von Bieterkooperationen übertragbar.

V. Beschränkte Ausschreibung ohne Teilnahmewettbewerb

Bei einer beschränkten Ausschreibung ohne Teilnahmewettbewerb erfolgt die Auswahl der Bewerber weitgehend formfrei, wobei die Vergabestelle jedoch an die Grundsätze des Vergabeverfahrens und die Regelungen in Bezug auf die Teilnehmer am Wettbewerb, insbesondere die Regelung der Eignungsprüfung, gebunden ist.[675] Um die Gleichbehandlung zu wahren, besteht die Verpflichtung, die ausgesuchten, als für die Ausführung des Auftrags geeignet erachteten Unternehmen gleichzeitig zur Abgabe von Angeboten aufzufordern, damit ihnen bis zum Ablauf der einheitlich festzusetzenden Angebotsfrist derselbe Zeitraum zur Erarbeitung der Offerten zur Verfügung steht.

Eine neue, dem Auftraggeber zuvor nicht bekannte Bietergemeinschaft könnte in der Phase ab Aufforderung zur Angebotsabgabe bis zum Ende der Angebotsfrist gegründet werden. Denkbar sind Fälle, in denen sich von der Vergabestelle aufgeforderte Einzelbieter entweder miteinander verbinden oder eine Kooperation mit Dritten bilden. Solche Vereinigungen sind aber als unzulässig abzulehnen. Die Gründe sind die gleichen wie bei Verfahren mit vorgeschaltetem Teilnahmewettbewerb. Die Änderung würde einen Wechsel in der Bieteridentität bezüglich der für geeignet gehaltenen und der das Angebot einreichenden Person bedeuten, der vergaberechtlich nicht zu akzeptieren ist.[676] Außerdem muss der Auftraggeber es nicht hinnehmen, dass ihm Angebote nicht aufgeforderter Bieter aufgedrängt werden.[677] Insgesamt ist daher bei einer beschränkten Ausschreibung ohne Teilnahmewettbewerb die Zulässigkeit der Neubildung einer Kooperation nach Aufforderung zur Angebotsabgabe abzulehnen.

---

673 § 101 Abs. 4 GWB, § 3a Abs. 4 VOB/A, § 3 Abs. 7 EG VOL/A.
674 *Kulartz,* in: Kulartz/Kus/Portz, Kommentar zum GWB-Vergaberecht, 2. Auflage, 2009, § 101 Rn. 21.
675 Vgl. Müller-Wrede, in: Ingenstau/Korbion, VOB, 17. Auflage, 2010, § 3 VOB/A Rn. 21
676 Vgl. dazu Dritter Teil, Kapitel 2, B., II., 2., b., aa.
677 Vgl. dazu Dritter Teil, Kapitel 2, B., II., 2., b., cc.

VI. Verhandlungsverfahren und freihändige Vergabe ohne Teilnahmewettbewerb

Verhandlungsverfahren und freihändige Vergaben sind auch, unter den in den Vergabe- und Verdingungsordnungen genannten Voraussetzungen, ohne vorherigen Teilnahmewettbewerb möglich.[678] In diesem Fall wendet der Auftraggeber sich an von ihm ausgewählte Unternehmen. Die einstufigen Verhandlungsverfahren sind weitgehend formfrei konzipiert[679] und stellen einen dynamischen Prozess dar.[680] Freihändige Vergabe werden als „Vergaben ohne förmliches Verfahren" bezeichnet.[681] Bei der Gestaltung des Verfahrensablaufes wird der Vergabestelle eine hohe Flexibilität zugebilligt.[682] Dennoch müssen selbstverständlich die grundlegenden Prinzipien des Vergaberechts beachtet werden,[683] was sich in der Anwendung bestimmter Vorschriften aus den Vergabe- und Verdingungsordnungen konkretisiert.[684] Der Auftraggeber kann über den Gegenstand des Auftrags oder über den Preis verhandeln,[685] wobei die Identität der Leistung gewahrt bleiben muss.[686] Entscheidend ist, dass der Auftraggeber wegen des Gleichbehandlungs- und Transparenzgrundsatzes verpflichtet ist, allen Bietern die gleiche Chance zu geben, innerhalb gleicher Fristen zu gleichen Anforderungen Angebote abzugeben.[687]

Bei einem von der VK Hessen entschiedenen Fall waren nach Aufhebung eines offenen Verfahrens alle daran beteiligt gewesenen Bieter im Rahmen eines nachfolgenden Verhandlungsverfahrens ohne Teilnahmewettbewerb zu Verhandlungen aufgefordert worden. Zwei Einzelbieter schlossen sich zu einer Bieter-

---

678 § 101 Abs. 5 GWB, § 3a Abs. 1 Nr. 4, Abs. 6 und 7 VOB/A, § 3 Abs. 1 und Abs. 5 VOB/A, § 6a Abs. 5 VOB/A, § 6 Abs. 2 Nr. 3 und Abs. 3 Nr. 6 VOB/A, § 3 Abs. 1 und 4 EG VOL/A; § 3 Abs. 1 und 5 VOL/A.
679 Vgl. *Dreher* in: Dreher/Stockmann, Kartellvergaberecht, 4. Auflage, 2008, § 101 Rn. 30.
680 Vgl. *Werner*, in: Byok/Jaeger, Kommentar zum Vergaberecht, 2. Auflage 2005, § 101 Rn. 642.
681 Vgl. Müller-Wrede, in: Ingenstau/Korbion, VOB, 17. Auflage, 2010, § 3 VOB/A Rn. 38, *Rusam/Weyand*, in: Heiermann/Riedl/Rusam, Handkommentar zur VOB, 11. Auflage, 2008, A § 3 Rn. 35.
682 Vgl. Müller-Wrede, in: Ingenstau/Korbion, VOB, 17. Auflage, 2010, § 3a VOB/A Rn. 33.
683 Vgl. OLG München, Beschluss v. 20.04.2005, Verg 8/05, Juris Tz. 17, *Dreher* in: Dreher/Stockmann, Kartellvergaberecht, 4. Auflage, 2008, § 101 Rn. 30, *Otting*, in: Bechtold, GWB. 5. Auflage 2008, § 101 Rn. 6.
684 Vgl. *Werner*, in: Byok/Jaeger, Kommentar zum Vergaberecht, 2. Auflage 2005, § 101 Rn. 639.
685 Vgl. Müller-Wrede, in: Ingenstau/Korbion, VOB, 17. Auflage, 2010, § 3a VOB/A Rn. 33.
686 Vgl. OLG Celle, Beschluss v. 16.01.2002, 13 Verg 1/02, VergabeR 2002, 299 (301).
687 Vgl. OLG Brandenburg, Beschluss v. 13.09.2005, Verg W 8/05, VergabeR 2006, 261 (265), OLG Düsseldorf, Beschluss v. 18.06.2003, VII-Verg15/03, Juris Tz. 29, *Dreher* in: Dreher/Stockmann, Kartellvergaberecht, 4. Auflage, 2008, § 101 Rn. 30, *Kulartz*, in: Kulartz/Kus/Portz, Kommentar zum GWB-Vergaberecht, 2. Auflage, 2009, § 101 Rn.35.

gemeinschaft zusammen und gaben ein Angebot ab. Die Kammer hat dies für unzulässig gehalten, weil die Kooperation nicht als solche zur Angebotsabgabe aufgefordert worden war und die Eignungsprüfung durchlaufen hatte. Dadurch sah sie den Grundsatz der Gleichbehandlung als verletzt an.[688] Dem ist insoweit zuzustimmen, als dass die gleiche Sach- und Interessenlage besteht wie bei einer beschränkten Ausschreibung ohne Teilnahmewettbewerb. Der einzige Unterschied besteht darin, dass die Fristen, insbesondere für die Abgabe von Angeboten, nicht vorab veröffentlicht werden und der Auftraggeber bei der Festsetzung einen größeren Aktionsspielraum hat. Hat er den Teilnehmerkreis abschließend festgelegt und alle Unternehmen bis zu einem bestimmten Zeitpunkt zur Vorlage von Angeboten gebeten, ist im Ergebnis eine Änderung des ausgewählten Bieterkreises, auch durch den Zusammenschluss von zwei Einzelbietern, abzulehnen. Allerdings ist der Grund dafür nicht nur, dass der Auftraggeber keine Offerten von nicht aufgeforderten Bietern annehmen muss,[689] sondern auch der Wechsel in der Person des Bieters.

Da die Vergabestelle bei Verhandlungsverfahren ohne Teilnahmewettbewerb aber im Rahmen der zulässigen Grenzen einen größeren Handlungsspielraum als bei den anderen förmlichen Verfahren hat, ist es denkbar, dass sie vor der Abgabe von Angeboten allen aufgeforderten Bewerbern die Bildung von Kooperationen untereinander gestattet. Sichergestellt sein muss dann allerdings, dass die Prinzipien des Vergaberechts, insbesondere das der Chancengleichheit, gewahrt werden. Eine Wettbewerbsverzerrung durch die notwendigen erneuten Eignungsprüfungen ist nicht zu befürchten, da nur als geeignet befundenen Einzelbewerbern der Zusammenschluss gestattet würde, so dass nicht die Gefahr besteht, dass zuvor ungeeignete Einzelunternehmen auf diesem Weg am Wettbewerb teilnehmen können. Nach Ablauf der Angebotsfrist ist die Bildung von Bietergemeinschaften aus denselben Gründen, die im offenen Verfahren gelten, jedoch nicht mehr möglich.[690]

VII. Ergebnis

In Vergabeverfahren können sich Bietergemeinschaften in offenen Verfahren zulässigerweise bis zum Ablauf der Angebotsfrist bilden. Bei allen Verfahren mit vorgeschalteten öffentlichen Teilnahmewettbewerben kann eine Kooperation bis zum Ende der Bewerbungsfrist eingegangen werden. Nach Aufforderung zur Angebotsabgabe sind neue Zusammenschlüsse im Rahmen von beschränkten

---
688 Vgl. VK Hessen, Beschluss v. 30.07.2008, 69d VK-34/2008, Juris Tz. 47.
689 Vgl. VK Hessen, Beschluss v. 30.07.2008, 69d VK-34/2008, Juris Tz. 47.
690 Vgl. Dritter Teil, Kapitel 2, B., I., 2.

Ausschreibungen und Verhandlungsverfahren bzw. freihändigen Vergaben ohne Teilnahmewettbewerb nicht mehr möglich.

C. Änderungen in der Zusammensetzung von Bietergemeinschaften

Explizit von rechtlicher Bedeutung sind Änderungen im Bestand einer Bietergemeinschaft und ihre Auswirkungen auf die Teilnahme der Kooperation im Vergabeverfahren. Von einer Neubildung unterscheidet sich eine Änderung insoweit, als dass bei einer bereits bestehenden Bietergemeinschaft ein Mitglied ausscheidet, ein neues hinzukommt oder ein Unternehmen ausgetauscht wird.

Alle Fälle und Zeiträume, in denen die Neubildung von Kooperationen vergaberechtlich zulässig ist, sind auch auf die Veränderung eines bereits bestehenden Zusammenschlusses übertragbar. Denn eine Änderung im Bestand einer Gesellschaft hat keine weiterreichenden Konsequenzen als die Gründung einer Gemeinschaft. Soweit also Änderungen in der Zusammensetzung einer Kooperation überprüft werden, bezieht sich die Prüfung auf die Zeiträume, in denen auch die Neubildung einer Bietergemeinschaft kritisch zu sehen ist, also im wesentlichen auf die Zeit nach Ablauf der Angebotsfrist in offenen Verfahren und nach der Aufforderung zur Teilnahme in sonstigen einstufigen Verfahren sowie nach Ende der Bewerbungsfrist in zweistufigen Verfahren.

I. Ausscheiden eines Mitglieds wegen Eröffnung des Insolvenzverfahrens über das Vermögen des Unternehmens

Der Grund für eine Veränderung der Bietergemeinschaft ist in der Praxis nicht selten die Insolvenz eines Mitglieds. Die daraus folgenden vergaberechtlichen Konsequenzen sind umstritten.

Nach den entsprechenden Vorschriften in den Vergabe- und Vertragsordnungen können Angebote von Bietern bzw. Bieter selber von der Teilnahme am Wettbewerb ausgeschlossen werden, über deren Vermögen ein Insolvenz- oder vergleichbares Verfahren eröffnet wurde.[691] Von diesen Bestimmungen sind offensichtlich Einzelbieter und ihre Angebote erfasst. Darüber hinaus setzen sie den Ausschluss nicht als zwingende Folge fest. Er ist vielmehr in das Ermessen der Vergabestelle gelegt festzustellen, ob ein solcher Bieter noch die erforderliche

---

691 Vgl. § 16 Abs. 1 Nr. 2 lit. a VOB/A, § 6 Abs. 5 lit. a VOL/A, § 6 Abs. 6 lit. a EG VOL/A.

Eignung, insbesondere die finanzielle Leistungsfähigkeit,[692] hat. Unter Beachtung dieser Vorgaben stellt sich die Frage, ob das Angebot einer Bietergemeinschaft ausgeschlossen werden muss, wenn über das Vermögen eines ihrer Mitglieder das Insolvenzverfahren eröffnet wird.

1. Meinungen gegen den Ausschluss des Angebots der Bietergemeinschaft

a. Rechtsprechung

Das OLG Celle entschied durch Beschluss vom 05.09.2007[693] einen Fall, in dem eine Bietergemeinschaft in einem nicht offenen Verfahren ein Angebot abgegeben hatte und nach der Submission das Insolvenzverfahren über das Vermögen eines Mitglieds eröffnet worden war. In dem Gesellschaftsvertrag hatte die Kooperation die Möglichkeit des Ausschlusses eines insolventen Mitglieds durch Gesellschafterbeschluss und die Fortsetzung der GbR unter den übrigen Mitgliedern vorgesehen. Obwohl grundsätzlich nach der Rechtsprechung des OLG ein Wechsel in der Person des Bieters nach dem Eröffnungstermin zum zwingenden Ausschluss eines Angebots führt, verneint das Gericht, wie bereits die in erster Instanz zuständige VK Lüneburg,[694] in diesem Fall unter Berufung auf das Urteil des BGH zur Rechtsfähigkeit einer Außen-GbR[695] den Wechsel in der Identität des Bieters infolge des Ausscheidens des insolventen Partners. Allerdings ändern sich nach der Beurteilung des OLG Celle die Umstände, die für die Feststellung der Eignung des Bieters, namentlich der fachlichen und personellen, aber auch der finanziellen Leistungsfähigkeit, von Bedeutung sind, so dass eine erneute Eignungsprüfung erforderlich wird. Um den Grundsatz des fairen Wettbewerbs zu wahren, lässt das Gericht eine neue Prüfung jedoch nur zu, wenn sich nachträglich Aspekte ergeben haben, die die bisher bereits nachgewiesene Eignung des Bieters in Frage stellen. Als Unterstützung für diese Argumentation führt das Gericht ergänzend an, dass auch die Insolvenz eines Einzelbieters kein automatischer Ausschlussgrund ist,[696] sondern ihrerseits nur Grund einer erneuten Eignungsprüfung.[697]

---

692 Vgl. *Kirch/Kues,* VergabeR 2008, 32 (33).
693 13 Verg 9/07, *„Jade-Weser-Port",* NZBau 2007, 663.
694 Vgl. VK Lüneburg, Beschluss v. 12.06.2007, VgK-23/2007.
695 BGH, Urteil v. 29.01.2001, II ZR 331/00, BauR 2001, 775.
696 Nach den einschlägigen, zum Zeitpunkt der Entscheidung geltenden Vorschriften in den Vergabe- und Vertragsordnungen handelte es sich, wie auch bei den aktuellen, um Kann-Vorschriften, so dass der Ausschluss eines Angebots bzw. eines Bieters vom Wettbewerb nach Eröffnung des Insolvenzverfahrens über sein Vermögen in das Ermessen der Vergabestelle gestellt war und noch ist.
697 Vgl. OLG Celle, Beschluss v. 05.09.2007, 13 Verg 9/07, *„Jade-Weser-Port",* NZBau 2007, 663 (664).

Das OLG Rostock entschied, dass die eingetretene Insolvenz eines Mitgliedsunternehmens einer Bietergemeinschaft nicht zu einem zwingenden Ausschluss wegen Nichteignung führe. Es handele sich lediglich um einen ermessensgebundenen Ausschlussgrund.[698]

Die VK Baden-Württemberg hatte bereits vorher die Auffassung vertreten, dass das Angebot einer zweigliedrigen GbR, die sich infolge der Insolvenz eines Partners aufgelöst hatte, aus formalrechtlichen Gründen weiter im Verfahren verbleiben könne. Der Wechsel in der Person des Bieters verstoße nicht gegen den Regelungssinn der vergaberechtlichen Vorschriften. Insbesondere komme es nicht zu einer Verletzung des Wettbewerbsgrundsatzes. Allerdings sei die Eignung des nunmehr auftretenden Einzelbieters neu zu prüfen.[699]

Eine ähnliche Auffassung vertrat die VK Arnsberg, die es für nicht erforderlich hielt, ein Angebot einer u. a. wegen Insolvenz eines Mitglieds aufgelösten Bietergemeinschaft aus dem Verfahren auszuschließen. Sie befürwortete die Fortsetzung des Verfahrens mit dem verbleibenden letzten Mitglied der GbR als Einzelbieter, weil dies nicht wettbewerbsverzerrend wirke. Die Kammer hielt allerdings ebenfalls eine neue Eignungsprüfung für notwendig.[700]

Die VK Sachsen entschied in einem Fall, in dem ein Partner wegen Insolvenz aus einer aus drei Unternehmen bestehenden Bieterkooperation, deren Gesellschaftsvertrag eine Fortsetzungsklausel enthielt, aus der Verbindung ausschied, dass dadurch kein automatischer Ausschluss des Angebots aus dem Vergabeverfahren gerechtfertigt war. Vielmehr stehe dem Auftraggeber unter Zugrundelegung der entsprechenden Vorschriften in den Vergabe- und Vertragsordnungen[701] eine ermessensgebundene Prüfung hinsichtlich der Eignung der verbleibenden Mitglieder der Bietergemeinschaft zu.[702]

Auch gegen den Ausschluss des Angebots einer Bietergemeinschaft votierte die VK Münster in einem Fall, in dem die Gesellschafter einer zweigliedrigen Kooperation vereinbart hatten, dass „der Auftrag von nur einem Unternehmen im Fall des Zuschlags ausgeführt werde", wenn es zu der Eröffnung des Insolvenzverfahrens kommen sollte. Die VK war der Auffassung, dass dieser Übernahme nichts entgegenstand, und akzeptierte die von der Vergabestelle vorgenommene Prüfung der Eignung des verbliebenen Unternehmens.[703]

---

698 Vgl. OLG Rostock, Beschluss v. 10.06.2005, 17 Verg 9/05, Juris Tz. 63.
699 Vgl. VK Baden-Württemberg, Beschluss v. 23.06.2003, 1 VK 28/03, Veris, 14 f.
700 Vgl. VK Arnsberg, Beschluss v. 25.04.2005, VK-03/2005, Veris, 11 f.
701 Dies waren zum Zeitpunkt der Entscheidung § 25 Nr. 1 Abs. 2 i. V. m. § 8 Nr. 5 lit. a VOB/A (bzw. die Parallelvorschriften § 25 Nr. 1 Abs. 2 lit. b i. V. m. § 7 Nr. 5 lit. a VOL/A), deren Inhalt dem der aktuellen Vorschriften entsprechen.
702 Vgl. VK Sachsen, Beschluss v. 01.10.2002, 1/SVK/084-02, Veris, 27 f.
703 Vgl. VK Münster, Beschluss v. 22.08.2002, VK 07/02, Veris, 22 f.

b. Literatur

Eine Ansicht in der Literatur hält die Rechtsprechung des OLG Celle für uneingeschränkt richtig.[704] Sie stellt heraus, dass ein unzulässiger Wechsel in der Person des Bieters zwar vorliegen würde, wenn die gesetzliche Rechtsfolge der Auflösung der GbR bei Insolvenz eines Mitglieds einträte. Das sei aber nicht der Fall, wenn die Bietergemeinschaft in dem Gesellschaftsvertrag eine Klausel oder einen Beschluss aufgenommen habe, wonach die GbR ohne den insolventen Partner fortgesetzt wird. Da es sich um eine rechtsfähige Außengesellschaft handele, sei ihre Identität unabhängig von einem Wechsel in ihrem Mitgliederbestand gewahrt. Ein Ausschluss des Angebots sei nur dann gerechtfertigt, wenn die personelle Veränderung zu einer Wettbewerbsverzerrung führe, weil sie die Leistung ihrerseits verändere, anpasse oder erst zuschlagsfähig mache. Die Wettbewerbssituation für die Konkurrenten könne sich aber bei dem Wegfall eines Partners aus einer Bietergruppe nicht verschlechtern. Rechtliche Folge des Ausscheidens des insolventen Unternehmens aus der Bietergemeinschaft sei die erneute Eignungsprüfung.[705]

Weitere Meinungen folgen dieser Argumentation. Das Bestehen einer vertraglichen Fortsetzungsklausel vorausgesetzt, lasse ein Wechsel im Gesellschafterbestand die Rechtsverhältnisse der Gesellschaft im Außenverhältnis unberührt. Ein zwingender Angebotsausschluss komme daher nicht in Betracht. Es müsse eine erneute Eignungsprüfung vorgenommen werden, wobei gerade eine Gemeinschaft in der Lage sein werde, ihre Leistungsfähigkeit zu bewahren.[706] Scheide bei einer zweigliedrigen GbR ein Partner wegen Insolvenz aus, sei die Auffassung, dass dies zu einem Wechsel in der Person des Bieters führe, zu formalistisch, weil es sich um einen Fall der gesetzlichen Rechtsnachfolge handele. Bei positiv verlaufender Eignungsprüfung könne das Angebot im Verfahren verbleiben.[707]

Ebenso hält eine andere Ansicht den Beschluss des OLG Celle in Bezug auf die Rechtssicherheit für „kaum zu unterschätzen."[708] Es komme auf die weitere Eignung der Bietergruppe in der veränderten Konstellation an, die erneut zu überprüfen sei.[709]

In dieselbe Richtung argumentieren auch weitere Stimmen. Deutlich gemacht wird, dass ein zwingender Ausschlussgrund nur bei einer Veränderung in der Person des Bieters, also bei Fehlen einer vertraglichen Fortsetzungsklausel, ge-

---

704 Vgl. *Heiermann*, ZfBR 2007, 759.
705 Vgl. *Heiermann*, ZfBR 2007, 759 (760 ff.).
706 Vgl. *Kirch/Kues*, VergabeR 2008, 32 (36 f.).
707 Vgl. *Kirch/Kues*, VergabeR 2008, 32 (38 f.).
708 Vgl. *Leinemann*, VergabeR 2007, 775 (775).
709 Vgl. *Leinemann*, VergabeR 2007, 775 (776).

geben sein soll.⁷¹⁰ Bleibt die Identität der GbR als solche unverändert, wird der Eintritt in eine nochmalige Eignungsprüfung für sinnvoll erachtet, wobei es der Kooperation obliegen soll, etwaige Zweifel an ihrer Eignung nach dem Wechsel in ihrem Mitgliederbestand auszuräumen und unaufgefordert und unverzüglich Darlegungen zu ihrer fortbestehenden Eignung zu machen.⁷¹¹

Eine divergierende Ansicht stellt, ähnlich wie die VK Arnsberg, schließlich darauf ab, dass es darauf ankommen soll, dass der Bestandswechsel infolge der Insolvenz eines Unternehmens den Wettbewerb lediglich nicht verfälscht. Das sei der Fall, wenn die Bietergemeinschaft auch ohne das ausgeschiedene Mitglied grundsätzlich in der Lage ist, den Auftrag ordnungsgemäß auszuführen.⁷¹²

2. Voten für den Ausschluss des Angebots der Bietergemeinschaft

a. Rechtsprechung

Das OLG Düsseldorf hat demgegenüber bei der Insolvenz über das Vermögen eines Mitglieds einer zweigliedrigen Bietergemeinschaft nach Ablauf der Angebotsfrist den Ausschluss des Angebots für zwingend erforderlich gehalten.⁷¹³ Es hat dies mit der Änderung der rechtlichen Identität begründet, weil mit Ausscheiden des einen Mitglieds die GbR beendet⁷¹⁴ und anstelle der Kooperation nur noch ein Einzelbieter vorhanden gewesen sei. Danach hatte sich die Person des Leistenden geändert, die, neben der Leistung selbst, Bestandteil des Angebots ist. Das OLG hat außerdem mit der durch den Wechsel in der Person des Bieters verursachten Veränderung der Wettbewerbssituation argumentiert, die, gleichgültig ob sie positiv oder negativ ist, den Grundsatz der Chancengleichheit beeinflusst. Im Übrigen hat das Gericht insbesondere eine Beeinflussung der Eignung gesehen.⁷¹⁵

Das OLG Düsseldorf hat sich auf die Rechtsprechung des EuGH bezogen. Der EuGH hat hinsichtlich eines nicht offenen Verfahrens entschieden, dass die zum Zeitpunkt des Urteils geltende Richtlinie 93/97/EWG⁷¹⁶ nicht einer nationalen

---

710 Vgl. *F. Roth,* NZBau 2005, 316 (318).
711 Vgl. *Ohrtmann,* VergabeR 2008, 426 (437 f.) unter Bezugnahme auf OLG Düsseldorf, Beschluss v. 26.01.2005, VII-Verg 45/04, NZBau 2005, 354 (355), auch *F. Roth,* NZBau 2005, 316 (318).
712 Vgl. *Hausmann,* in: Kulartz/Marx/Portz/Prieß, Kommentar zur VOL/A, 1. Auflage, 2007, § 7 Rn. 99.
713 Vgl. OLG Düsseldorf, Beschluss v. 24.05.2005, VII-Verg 28/05, NZBau 2005, 710.
714 Vgl. BGH, Urteil v. 12.07.1999, II ZR 4/98, BB 1999, 1947 (1948).
715 Vgl. OLG Düsseldorf, Beschluss v. 24.05.2005, VII-Verg 28/05, NZBau 2005, 710 (712).
716 Richtlinie des Rates vom 14.06.1993 zur Koordinierung der Verfahren zur Vergabe öffentlicher Bauaufträge, ABl. L 199, 54, die zwischenzeitlich von der Richtlinie 2004/18/EG vom

Regelung entgegensteht, die es untersagt, die Zusammensetzung einer Bietergemeinschaft, die an einem Vergabeverfahren teilnimmt, nach Abgabe des Angebots zu ändern.[717] Eine derartige Bestimmung existiert im innerstaatlichen Vergaberecht zwar nicht, das OLG Düsseldorf hat jedoch dem Urteil des EuGH entnommen, dass die Regelung über die Zusammensetzung einer Bietergemeinschaft jedenfalls in den Zuständigkeitsbereich eines Mitgliedsstaats fällt und daher wohl eine Rechtsfortbildung möglich ist.

Ähnlich wie das OLG Düsseldorf urteilte die VK Nordbayern.[718] Sie entschied, dass ein nach Angebotsabgabe eröffnetes Insolvenzverfahren über ein Mitglied einer aus vier Unternehmen bestehenden Kooperation zu einer unzulässigen Änderung der Zusammensetzung einer Bietergemeinschaft und damit gleichzeitig zu einer Änderung des Angebots führt.[719] Im Übrigen kann nach Ansicht der VK Nordbayern die gesamte Bietergemeinschaft bei der Insolvenz eines Partners wegen nicht vorliegender Eignung vom Wettbewerb ausgeschlossen werden. Unter Bezugnahme auf die §§ 728 Abs. 2 S. 1 BGB und 730 ff. BGB hat die Kammer es für unzumutbar gehalten, der Vergabestelle die rechtliche Ungewissheit über die Befugnis der Bietergemeinschaft zur Eingehung neuer Geschäfte aufzuerlegen.[720]

b. Schrifttum

Eine Meinung in der Literatur wendet gegen die Entscheidung des OLG Celle ein, dass es bei mangelndem Gesellschaftsvermögen einer Bietergemeinschaft zumindest begründungsbedürftig sei, dass ihr eigene Rechtsfähigkeit zukomme. Jedenfalls führe das Ausscheiden eines Partners aus einer zweigliedrigen GbR zu einem Angebotsausschluss wegen nachträglicher Änderung des Rechtsträgers. Die Ungleichbehandlung von zweigliedrigen und mehrgliedrigen Gesellschaften, bei denen der Ausschluss nicht erfolgen müsse, sondern im Ermessen des Auftraggebers stehe, sei nicht gerechtfertigt.[721]

Teilweise schließen sich Stimmen im Schrifttum der Meinung der VK Nordbayern an und begründen dies damit, dass jedes Mitglied die für den Auftrag notwendige finanzielle Leistungsfähigkeit aufweisen müsse.[722] Eine andere Auf-

---

31.03.2004, ABl. L 134, 114, abgelöst worden ist. Inhaltlich haben sich keine Änderungen ergeben, die für die Entscheidung des EuGH relevant sind.
717 EuGH, Urteil v. 23.01.2003, C 57/01, „*Makedoniko Metro*", VergabeR 2003, 155.
718 Beschluss v. 14.04.2005, 320.VK-3194-09/05.
719 Vgl. VK Nordbayern, Beschluss v. 14.04.2005, 320.VK-3194-09/05, Veris, 10.
720 Vgl. VK Nordbayern, Beschluss v. 14.04.2005, 320.VK-3194-09/05, Veris, 10.
721 Vgl. *L. P. Schmidt*, NZBau 2008, 41 (42 f.).
722 Vgl. *Rusam*, in: Heiermann/Riedl/Rusam, Handkommentar zur VOB, 11. Auflage, 2008, Einf. zu A § 25 Rn. 114.

fassung stellt darauf ab, dass die Eignung in Form der Zuverlässigkeit nach dem Wegfall eines insolventen Mitglieds nicht mehr gegeben sei. Außerdem soll die Insolvenz eines Mitglieds der Übernahme des Angebots der Bietergemeinschaft überhaupt entgegenstehen, weil die GbR nach § 728 Abs. 2 S. 1 BGB aufgelöst wird.[723]

Eine weitere Ansicht hält bei einer im Gesellschaftsvertrag enthaltenen Fortsetzungsklausel den Ausschluss wegen der Insolvenz eines Mitglieds nur bis zum Ablauf der Angebotsfrist für folgenlos. Danach soll eine Ausschließung aus vergaberechtlichen Gründen wegen einer unzulässigen Änderung in der Zusammensetzung der Bietergemeinschaft nicht möglich sein.[724]

Scheidet ein Mitglied einer zweigliedrigen Gesellschaft aus, wird gemäß der Rechtsprechung des OLG Düsseldorf die Fortführung der Bietergemeinschaft als unzulässig erachtet, weil sich die GbR damit zwingend auflöst. Konsequenz ist der Ausschluss des Angebots aus der Wertung.[725]

3. Stellungnahme

Unter Zugrundelegung der Feststellung, dass die Bietergemeinschaft eine Außen-GbR ist, die Rechtsfähigkeit entfaltet,[726] ist es konsequent und richtig, diesen Ansatz auch für die vergaberechtliche Beurteilung fortzuführen. Entscheidend ist allerdings, wie die Besonderheiten des Vergabeverfahrens damit in Einklang zu bringen sind.

a. Bieteridentität wegen der rechtsfähigen Außen-GbR

aa. Mehrgliedrige Gesellschaft

Die im Vergaberecht streng zu wahrende Bieteridentität[727] ist nicht gefährdet, wenn wegen eines sich auf den Mitgliederbestand der Bietergemeinschaft auswirkenden Ereignisses, sei es die Insolvenz über das Vermögen eines Unternehmens, sei es die Kündigung eines Gesellschafters, nicht die gesetzliche Rechtsfolge der Auflösung eintritt. Gesichert durch eine Fortsetzungsklausel im Gesellschaftsvertrag oder durch eine rechtswirksame Vereinbarung über einen Fortsetzungsbeschluss,[728] wird die Kooperation nicht aufgelöst, es bleibt vielmehr

---

723 Vgl. *Prieß/Gabriel*, WuW 2006, 385 (389 f.).
724 Vgl. *Gabriel/Benecke/Geldsetzer*, Die Bietergemeinschaft, 2007, Rn. 89.
725 Vgl. *Gabriel/Benecke/Geldsetzer*, Die Bietergemeinschaft, 2007, Rn. 90.
726 Vgl. wegen der Einzelheiten Zweiter Teil, Kapitel 4, A., IV., 1 bis 6, insbesondere 5.
727 Vgl. wegen Einzelheiten Dritter Teil, Kapitel 1, A., I. und Kapitel 2, B., II., 2., b. aa.
728 Vgl. dazu näher Zweiter Teil, Kapitel 4, A., III., 3., b.

die rechtliche Identität der mehr-, mindestens dreigliedrigen GbR, auch nach dem Ausscheiden eines ihrer Gesellschafter, erhalten. Somit ist den Auffassungen zu folgen, die diesen Ausgangspunkt wählen, wobei allerdings von den Lösungen Abstand zu nehmen ist, die zwar zu demselben Ergebnis kommen, die aber nicht explizit die Rechtsfähigkeit der Bieterkooperation als Außen-GbR in Verbindung mit den gesellschaftsrechtlichen Vorschriften als Begründung dafür anführen.

Für die Vorgehensweise der Vergabestelle ist entscheidend, dass sie Kenntnis von dem im Innenverhältnis der Bietergemeinschaft vereinbarten Ausschluss der gesetzlichen Auflösungsfolge erhält und dass dafür der Nachweis erbracht wird. Da sowohl das Wissen von der Insolvenz als auch von den internen Vereinbarungen Angelegenheiten sind, die der Sphäre der Bieterseite zuzurechnen sind, ist es gerechtfertigt, der Bietergemeinschaft die Verpflichtung aufzuerlegen, den Auftraggeber unverzüglich über die relevanten Fakten zu informieren und unaufgefordert den Nachweis dafür, dass die gesetzliche Rechtsfolge der Auflösung der Gesellschaft nicht eintreten soll, in Form des Gesellschaftsvertrags vorzulegen. In diesem Zusammenhang sind Manipulationsmöglichkeiten nicht auszuschließen. Die Vergabestelle muss ihnen jedoch, soweit es ihr möglich ist, entgegenwirken, indem sie sich beispielsweise das Original des Gesellschaftsvertrags vorlegen lässt.

Letztlich obliegt es daher ausschließlich der Bieterseite, zu bestimmen, ob ein Angebot identitätswahrend in einem Vergabeverfahren verbleibt, indem eine Kooperation nämlich entsprechende vertragliche Vorkehrungen trifft oder sie unterlässt. Dieses Ergebnis ist mit den vergaberechtlichen Grundsätzen in Einklang zu bringen. Die Bietergemeinschaft selbst muss bzw. sollte bereits im Vorfeld der Angebotsabgabe darüber entscheiden, ob und ggf. wie sie das Angebot auch unter Wegfall eines Partners aufrechterhalten kann und will. Ausgehend von diesen Überlegungen kann sie entsprechende Vorkehrungen treffen, die letztlich auch der Vergabestelle zugute kommen und den zügigen Ablauf des Vergabeverfahrens fördern.

Enthält der Gesellschaftsvertrag jedoch keine Vereinbarungen zur Fortsetzung der GbR nach der Insolvenz über das Vermögen eines Mitglieds, ist die notwendige Folge, dass das Angebot der Bietergemeinschaft aus dem Verfahren ausscheidet. Denn dann ist die verbliebene Person nicht mehr identisch mit der, die das Angebot abgegeben hat. Zu einer erneuten Eignungsprüfung kommt es dann nicht mehr.

bb. Zweigliedrige Gesellschaft

Ein Wechsel in der Identität ist bei zweigliedrigen Bieterkooperationen nicht vermeidbar. Wenn eines ihrer Mitglieder ausscheidet, erlischt die Gesellschaft.[729] Selbst wenn der Einzelbieter sich bereit erklärte, an dem Angebot festhalten und den Auftrag auch allein ausführen zu wollen, wäre es bereits wegen der nicht vorhandenen Kongruenz zwischen dem Bieter, der das Angebot abgegeben hat, und dem noch verbliebenen Bieter aus der Wertung auszuschließen. Hier vollzieht sich nämlich ein Übergang von einer GbR zu einer natürlichen Person, so dass die Bieteridentität nicht mehr gewahrt wird. Allen Entscheidungen und Meinungen in der Literatur, die dennoch einen „Angebotsübergang" für zulässig erachten, ist eine Absage zu erteilen.

Soweit eine Meinung in der Literatur[730] auf die Ungleichbehandlung von zwei- und mehrgliedrigen Bietergemeinschaften hinweist, ist diese Differenzierung mit sachlichen Gesichtspunkten begründet. Da infolge der gesellschaftsrechtlichen Regelungen und ihrer Auslegung bei der Auflösung einer zweigliedrigen Gesellschaft ein Identitätswechsel von einer Personengesellschaft zu einer Einzelperson vollzogen wird, wirkt sich dies auch auf die Bieteridentität aus. Zwangsläufig wird damit den vergaberechtlichen Erfordernissen, anders als bei einer noch weiterhin bestehenden mehrgliedrigen GbR, nicht mehr entsprochen.

b. Erneute Eignungsprüfung

Unter der Voraussetzung, dass sich die Bietergemeinschaft nicht aufgelöst hat und identitätswahrend weiterhin als Urheberin des Angebots gilt, wird – wie fast alle Auffassungen es, wenn auch mit unterschiedlicher Begründung, fordern – eine erneute Eignungsprüfung der verbleibenden Mitglieder der Bietergemeinschaft erforderlich. In diesem Zusammenhang wird nochmals eine wichtige Schnittstelle zwischen Gesellschafts- und Vergaberecht deutlich: Es genügt nicht durchgängig, die Bietergemeinschaft als Außen-GbR ohne Rücksicht auf ihren Mitgliederbestand zu behandeln. Gerade in Bezug auf die Eignung von Bietern kommt es in bestimmten Fällen nicht nur auf die Vereinigung als solche, sondern auch auf die einzelnen Mitglieder der Kooperation an.[731]

Der Eintritt in die neue Eignungsprüfung verletzt nicht den Grundsatz der Gleichbehandlung. Zu Recht heben die befürwortenden Stimmen hervor, dass der Wegfall eines Mitglieds nicht dazu führen kann, dass eine vorher ungeeignete Bietergemeinschaft nunmehr als geeignet zu gelten hat.[732] Vielmehr stellt sich die

---

729 Vgl. wegen Einzelheiten Zweiter Teil, Kapitel 4, A., III., 3., b., cc.
730 Vgl. *L. P. Schmidt*, NZBau 2008, 41 (42 f.).
731 Zu der Eignungsprüfung und den Einzelheiten vgl. Dritter Teil, Kapitel 3, A.
732 Vgl. VK Nordbayern, Beschluss v. 20.06.2000, 320.VK-3194-12/00, Veris, 5 f.

Frage, ob eine bereits geeignete Kooperation auch unter den veränderten Voraussetzungen noch ihre Eignung beibehält. Abgesehen davon, dass nachträglich aufgetretene Zweifel an der Eignung eines Bieters unter bestimmten Bedingungen nach den Vorschriften der VOB/A einen Neueintritt in die Eignungsprüfung erfordern,[733] führt eine solche Prüfung nicht zu einem sachlich ungerechtfertigten Nachteil für die Konkurrenten. Denn diese müssen sich weder einem Vergleich mit einem neuen Bieter stellen noch nachträgliche Tatsachen akzeptieren, die einem vorhandenen Bieter erst zu der Eignung und damit zu einem Zugang zu der folgenden Wertung des Angebots verhelfen können. Insoweit ist eine neue Eignungsprüfung, bei der der Auftraggeber nach den allgemeinen für eine ordnungsgemäße Ausübung des Ermessens geltenden Grundsätzen zu verfahren hat, ein unabdingbarer Schritt nach dem Ausscheiden eines Mitglieds aus einer Bietergemeinschaft. Die Eignungsprüfung kann allerdings nur nachgeholt werden, bis die Wertung mit der Bestimmung des wirtschaftlichsten Angebots abgeschlossen ist.

4. Zwischenergebnis

Bei Ausscheiden eines Mitglieds aus einer Bietergemeinschaft wegen der Eröffnung des Insolvenzverfahrens über sein Vermögen tritt grundsätzlich die gesetzliche Rechtsfolge der Auflösung der GbR ein mit wiederum der Folge, dass das Angebot wegen Identitätswechsels aus dem Verfahren auszuschließen ist. Dem kann die Kooperation durch eine Fortsetzungsklausel oder die Vereinbarung eines Fortsetzungsbeschlusses in dem Gesellschaftsvertrag entgegenwirken. Kommt es tatsächlich zu einer Insolvenz, scheidet das Mitglied aus der Kooperation aus, wobei es bei der Identitätswahrung der Bietergemeinschaft als Außen-GbR mit eigener Rechtspersönlichkeit bleibt. Die Eignung der einzelnen verbliebenen Mitglieder ist von der Vergabestelle erneut unter Ausübung pflichtgemäßen Ermessens zu prüfen, wobei die Bietergemeinschaft ihr unverzüglich alle erforderlichen Angaben und Nachweise für die veränderte Sachlage zur Verfügung stellen muss. Das Ergebnis der ordnungsgemäßen Ermessensprüfung bestimmt über den Verbleib des Angebots im Vergabeverfahren oder über den Ausschluss aus demselben.

---

733 Vgl. § 16 Abs. 2 Nr. 2 VOB/A, wonach bei beschränkter Ausschreibung und freihändiger Vergabe eine erneute Eignungsprüfung bezüglich der Umstände erfolgen muss, die nach Aufforderung zur Angebotsabgabe Zweifel an der Eignung des Bieters begründen.

II. Ausscheiden eines Mitglieds aus anderen Gründen, insbesondere wegen Kündigung

1. Meinungen in der Rechtsprechung und Literatur

Bei dem Wegfall eines Mitglieds einer Bietergemeinschaft aus anderen Gründen als der Insolvenz ist keine stringente Linie in der Spruchpraxis der Nachprüfungsinstanzen und dem Schrifttum erkennbar. Das OLG Karlsruhe entschied in einem Fall, in dem ein Bieter nach einem Teilnahmewettbewerb und der Abgabe des Angebots aus einer zweigliedrigen Kooperation ausgeschieden war, dass der Ausschluss des Angebots wegen Identitätsänderung zwingend notwendig war.[734] In einer Fallkonstellation, die dem OLG Hamburg vorlag, war eine aus vier Mitgliedern bestehende Bietergemeinschaft nach einem Teilnahmewettbewerb zur Angebotsabgabe aufgefordert worden. Danach kündigten zwei der Unternehmen ihre Mitgliedschaft. Das OLG verneinte die Antragsbefugnis der Kooperation, weil die Bietergemeinschaft faktisch nicht mehr aus vier Partnern bestand und wies darauf hin, dass es auf die gesellschaftsrechtliche Beurteilung der (Kündigungs-)Erklärungen der ausgeschiedenen Partner deshalb nicht mehr ankomme.[735] Bei einem Fall, der von der VK Nordbayern zu entscheiden war, hatte eine aus ursprünglich drei Mitgliedern bestehende Bietergemeinschaft den Teilnahmewettbewerb in einem Verhandlungsverfahren erfolgreich absolviert. Als die Gemeinschaft zum Verhandlungsverfahren eingeladen wurde, war bereits ein Unternehmen ausgeschieden, was die Vergabestelle wusste. Die Vergabekammer billigte der Kooperation in ihrer neuen Form eine Beteiligtenstellung und die Antragsbefugnis sowie das Rechtsschutzbedürfnis in einem Nachprüfungsverfahren zu.[736] Die VK Brandenburg hatte über einen Fall zu entscheiden, bei dem in einem offenen Verfahren ein Mitglied einer dreigliedrigen Bietergemeinschaft während des von ihr eingeleiteten Nachprüfungsverfahrens die Mitgliedschaft kündigte. Mit der Begründung, eine Bieterkooperation sei für einen bestimmten Zeitraum, nämlich bis zum Ablauf der Zuschlagsfrist, eingegangen worden, erkannte die Kammer die Kündigung mangels Vorliegens eines wichtigen Grundes nach § 723 Abs. 1 BGB nicht an und ging von dem Weiterbestehen der Gemeinschaft aus.[737] Schließlich entschied die VK Köln in einem Fall, in dem eine aus drei Unternehmen bestehende Bietergemeinschaft in einem nicht offenen Ver-

---

734 Vgl. OLG Karlsruhe, Beschluss v. 15.10.2008, 15 Verg 9/08, VergabeR 2008, 164 (169) unter Zustimmung von *Haug*, VergabeR 2009, 171 (172).
735 OLG Hamburg, Beschluss v. 02.10.2002, Veris, 8 f.
736 Vgl. VK Nordbayern, Beschluss v. 01.02.2008, 21.VK-3194-54/07, Veris, 8.
737 Vgl. VK Brandenburg, Beschluss v. 21.12.2004, VK 64/04, Veris, 11 mit Zustimmung von *Franz*, IBR 2005, 112.

fahren mit Teilnahmewettbewerb einen Teilnahmeantrag abgegeben hatte und von der Vergabestelle zur Einreichung eines Angebots aufgefordert worden war, dass die Kooperation wegen der vorgezogenen Eignungsprüfung kein wertbares Angebot mehr abgegeben konnte, nachdem ein Mitglied ausgeschieden war.[738]

2. Stellungnahme

Klar ist, dass sich eine ursprünglich zweigliedrige GbR bei Ausscheiden eines Partners, unabhängig von dem Grund, aus gesellschaftsrechtlichen Gründen auflöst und dies vergaberechtlich den Verlust der Identität des Bieters bewirkt. Die Folge davon ist, wie das OLG Karlsruhe zutreffend festgestellt hat, der Ausschluss des Angebots aus der Wertung.

Die anderen Lösungen machen aber deutlich, dass eine Unsicherheit besteht, ob und wie die gesellschaftsrechtlichen Vorgaben zu berücksichtigen und mit den vergaberechtlichen Bestimmungen in Einklang zu bringen sind. Eine Stringenz ist nicht erkennbar. Vielmehr bleibt es teilweise lediglich bei nicht zu Ende verfolgten Ansätzen. Rechtssystematisch ist es für sachgerechte Ergebnisse jedoch erforderlich, dass zunächst die gesellschaftsrechtliche Seite mit den entsprechenden Normen und vertraglichen Vereinbarungen sowie sodann die vergaberechtliche Komponente einbezogen werden muss. Danach ist zu fragen, ob die Bietergemeinschaft als Außen-GbR mit eigener Rechtsfähigkeit nach dem Wegfall des Mitglieds bestehen geblieben ist. Bei der Kündigung eines Partners, die nur aus wichtigem Grund möglich ist,[739] liegt eine Parallele zur Insolvenz vor. Hier ist die gesetzliche Rechtsfolge ebenfalls die Auflösung der Gesellschaft, es sei denn, es besteht eine Fortsetzungsklausel in dem Gesellschaftsvertrag.[740] Insofern ist der Fall der Kündigung genauso wie der der Insolvenz zu behandeln: Zunächst obliegt es der Bietergemeinschaft, im Vergabeverfahren geltend zu machen und nachzuweisen, dass eine Fortsetzung der Gesellschaft vereinbart ist. Der Nachweis verhindert den automatischen Ausschluss des Angebots. Der Auftraggeber prüft anschließend, ob die Eignung der Kooperation immer noch vorhanden ist.

Der Fall einer außerordentlichen Kündigung eines Mitglieds einer Bietergruppe wirft, unabhängig vom Bestehen einer Fortsetzungsvereinbarung, dann Probleme auf, wenn die Mitglieder sich über deren Wirksamkeit nicht einig sind und der Fortbestand bzw. die Auflösung der Gesellschaft in Frage stehen. Es kann nicht Aufgabe der Vergabestelle sein, die Rechtmäßigkeit der Willenserklärungen und Abläufe im Innenverhältnis der Kooperation im Rahmen eines streng

---

738 Vgl. VK Köln, Beschluss v. 25.02.2005, VK VOL 48/2004, Veris, 10.
739 Vgl. wegen der näheren Einzelheiten Zweiter Teil, Kapitel 4, III., 3., c.
740 Vgl. auch dazu Zweiter Teil, Kapitel 4, III., 3., c.

formalisierten und zeitlich eingeschränkten Vergabeverfahrens zu überprüfen und sich darüber mit der Bietervereinigung auseinanderzusetzen. Gibt die Bietergemeinschaft entweder durch alle Gesellschafter oder ihren Vertreter daher gegenüber dem Auftraggeber keine unzweifelhafte und eindeutige Erklärung über eine erfolgte Kündigung und die damit verbundene Änderung im Bestand der Mitglieder ab, muss das Angebot wegen unklarer Angaben ausgeschieden werden. Es fehlt dann nämlich zumindest an eindeutigen Informationen darüber, welche Unternehmen Zurechnungssubjekte für die Eignungsprüfung sind.

Anders verhält es sich, wenn die Kündigung im Zuge des Nachprüfungsverfahrens oder, wie in dem Fall, den die VK Brandenburg zu entscheiden hatte,[741] im sachlichen Zusammenhang damit erfolgt bzw. von einem der Beteiligten, Antragsteller oder Beigeladenen, geltend gemacht wird. Es ist dann Aufgabe der Nachprüfungsorgane, deren Wirksamkeit zu überprüfen. Dafür spricht zum einen die Bindungswirkung von deren Entscheidungen für nachfolgende Schadensersatzprozesse. Zum anderen ist nur so ein Ausschluss von Manipulationen möglich, denn ohne eine Überprüfung könnten Bieterkooperationen versuchen, sich durch eine Kündigungserklärung rechtsfolgenlos von der Bindung an ihr Angebot zu distanzieren, was weder den Interessen der Vergabestelle entspricht noch mit dem Gleichbehandlungsgrundsatz in Einklang zu bringen ist.

Die Ansätze der Rechtsprechung, allein auf den faktischen Bestandswechsel abzustellen, ohne die gesellschaftsrechtlichen Rechtsfolgen in Betracht zu ziehen, sowie das Wissen des Auftraggebers von dem Wechsel als relevant zu erachten, sind abzulehnen. Abgesehen davon, dass die gesellschaftsrechtlichen Vorgaben als Grundlagen der Beurteilung nicht außer Betracht bleiben dürfen, verletzt die alleinige Blickrichtung auf den tatsächlichen Bestand die vergaberechtlichen Grundsätze. Selbst wenn die Vergabestelle den Mitgliederwechsel billigt, liegt dennoch objektiv ein Verstoß gegen das Vergaberecht vor, namentlich eine Verletzung des Grundsatzes der Bieteridentität und der Prinzipien des Wettbewerbs, der Gleichbehandlung und der Transparenz des Verfahrens. Zum Schutz der Bietergemeinschaft selbst und der Mitbewerber, die ein Recht auf ein faires und nicht diskriminierendes Verfahren haben, muss es bei einer die Mitglieder betreffenden Änderung innerhalb einer Kooperation auf die objektive Rechtslage und nicht auf angebliche Tatsachen bzw. auf das subjektive Wissen von tatsächlichen Verhältnissen ankommen.

Ein Ausscheiden aus anderen Gründen ist bei einer auf kurze Dauer angelegten Bietergemeinschaft eher nicht praxisrelevant und möglicherweise im Gesellschaftsvertrag ausgeschlossen. Grundsätzlich gilt aber § 738 BGB, so dass die verbleibenden Gesellschafter die GbR fortsetzen. Hinsichtlich der Anzeigepflicht gegenüber der Vergabestelle und der weiteren Fortführung des Vergabe-

---

741 Vgl. VK Brandenburg, Beschluss v. 21.12.2004, VK 64/04, Veris, insb. 11.

verfahrens sind dann die gleichen Grundsätze wie im Fall der Kündigung mit der Rechtsfolge einer nicht aufgelösten Vereinigung anwendbar.

3. Zwischenergebnis

Bei dem Ausscheiden eines Mitglieds aus einer Bietergemeinschaft, insbesondere infolge Kündigung, liegt ein mit dem Ausscheiden aufgrund von Insolvenz vergleichbarer Fall vor. Das Angebot ist in beiden Konstellationen nur zwingend auszuschließen, wenn sich die Kooperation aufgelöst hat. Besteht sie fort, erfolgt eine im pflichtgemäßen Ermessen des Auftraggebers stehende erneute Eignungsprüfung.

III. Austausch von Mitgliedern und Hinzutreten eines neuen Mitglieds

Fälle, in denen Mitglieder einer Bietergemeinschaft ausgetauscht werden oder ein neues Mitglied hinzukommt, sind in der Praxis eher selten. Voraussetzung für die Zulässigkeit ist zunächst, dass der Gesellschaftsvertrag zu dem Gesellschafterwechsel insoweit Regelungen trifft, als dass die Gesellschaft unabhängig von dem individuellen Mitgliederbestand bestehen bleibt. Nur wenn dies zutrifft, bleibt die Identität des Bieters als GbR erhalten.

Der Austausch von Mitgliedern der Gesellschaft oder das Hinzutreten eines neuen Gesellschafters ist differenziert zu beurteilen. Wird zusätzlich zu den die Vereinigung bildenden Unternehmen ein weiteres aufgenommen, liegt kein Anlass für eine erneute Eignungsprüfung vor. Denn soweit die Eignung der GbR bereits positiv festgestellt war, bestehen keine Zweifel, die der einzige sachliche Grund für einen Wiedereintritt in die Prüfung sind. Hatte vorher die Eignungsprüfung mit einem negativen Ergebnis geendet, ist eine erneute Überprüfung bereits nach allgemeinen vergaberechtlichen Grundsätzen nicht mehr zulässig. Dies gilt erst recht in Bezug auf die besondere Fallkonstellation eines in eine Bietergemeinschaft eintretenden neuen Unternehmens, weil die Chancengleichheit, insbesondere gegenüber Einzelbietern, dann nicht gewahrt wäre, wenn die Eignung durch diese nachträgliche Veränderung der Personengesellschaft erst hergestellt werden würde.

Der Austausch eines Mitglieds einer Kooperation scheint unproblematischer zu sein. Hier wäre der Weg in die neue Eignungsprüfung eröffnet, weil durch den Wegfall eines Unternehmens Zweifel an der festgestellten Eignung entstehen könnten. Ist die Eignung tatsächlich mit Ausscheiden eines Unternehmens entfallen, würde der Bietergemeinschaft gleichwohl durch die Möglichkeit der Ersetzung dieses Mitglieds jedoch eine Nachbesserungsmöglichkeit eingeräumt, die mit den allgemeinen Grundprinzipien des Vergaberechts nicht vereinbar wäre. Denn dieser Austausch resultiert aus den mit einer Personengesellschaft verbundenen Charakteristika, die aber nicht zu einer Besserstellung führen dürfen. Daher wird das sog. „Einschlüpfen" bislang nicht am Vergabeverfahren beteiligter Unternehmen in den „Mantel der Bietergemeinschaft" zutreffend als Ungleichbehandlung und Wettbewerbsverzerrung angesehen.[742] Mithin sind sowohl der Austausch als auch der Neueintritt eines Gesellschafters in eine Kooperation als unzulässig anzusehen. Bei dieser Lösung wird in Kauf genommen, dass die vergaberechtlichen Aspekte die gesellschaftsrechtlichen überlagern, also gewissermaßen eine Durchbrechung der Grundsätze über die GbR erforderlich ist.

IV. Änderungen auf Seiten der Mitglieder der Bietergemeinschaft

Letztlich ist zu untersuchen, wie sich Änderungen in der Rechtspersönlichkeit, insbesondere Umwandlungen, bei einem Mitglied einer Bietergemeinschaft, das keine natürliche Person ist, auswirken. D. h., es ist zu fragen, ob und welche Veränderungen des Einzelunternehmens Folgen für die Kooperation und ihre Beteiligung am Vergabeverfahren haben.

1. Verschmelzung

Das OLG Celle hat in einem Obiter Dictum dargelegt, dass die Änderung einer Rechtspersönlichkeit eines Mitglieds einer Bietergemeinschaft nicht zu einem Wechsel in der Person des Bieters, der rechtsfähigen Außen-GbR führt, so dass die Änderung in der Zusammensetzung der Gemeinschaft allenfalls für die Beurteilung der Eignung von Bedeutung sein könnte.[743] In diese Richtung weist auch ein Beschluss des OLG Schleswig-Holstein, in dem konkret entschieden wurde, dass eine Verschmelzung eines Mitglieds dazu führt, dass die Bieterkooperation identitätswahrend fortbesteht.[744] Dem stehen Entscheidungen des OLG Düsseldorf entgegen, wonach eine Verschmelzung eines Unternehmens zu einer Änderung in der Person des Bieters und damit zu einem Angebotsausschluss führt.[745]

---

742 So *Ohrtmann*, VergabeR 2008, 426 (439).
743 Vgl. OLG Celle, Beschluss v. 03.12.2009, 13 Verg 14/09, VergabeR 2010, 230 (236).
744 Vgl. OLG Schleswig-Holstein, Beschluss v. 13.04.2006, 1 (6) Verg 10/05, Juris Tz. 24.
745 Vgl. OLG Düsseldorf, Beschluss v. 18.10.2006, VII-Verg 30/06, NZBau 2006, 254 (255), Beschluss v. 11.10.2006, VII-Verg 34/06, Juris Tz. 13.

Eine Verschmelzung ist eine von insgesamt vier Möglichkeiten der nach § 1 UmwG zugelassenen Umwandlung von bestimmten Rechtsträgern, insbesondere Personenhandels- und Kapitalgesellschaften.[746] Dabei geht das gesamte Vermögen des übertragenden Rechtsträgers im Wege der Gesamtrechtsnachfolge als Einheit kraft Gesetzes auf den übernehmenden Rechtsträger über.[747]

Kennzeichnend für eine Verschmelzung und alle Formen der Umwandlung ist, dass der Bieter eine andere Rechtsform annimmt, aber wirtschaftlich erhalten bleibt.[748] Das Unternehmen im Sinne einer Zusammenfassung von Sachvermögen, Kapital, menschlicher Arbeitskraft und Know-how bleibt unverändert.[749] An dem zivilrechtlichen Fortbestand des Angebots gibt es nach allgemein übereinstimmender Meinung keine Zweifel.[750] Damit bleibt die Bieteridentität des Einzelunternehmens aufgrund des lediglich förmlichen Wechsels[751] bestehen.[752]

Unabhängig davon würde aber auch unter Zugrundelegung der Meinung, dass sich die Rechtspersönlichkeit eines Mitglieds einer Kooperation ändert, nicht zwangsläufig auch die Identität der Gemeinschaft als solche betroffen. Die Rechtsnatur der Bietergemeinschaft als Außen-GbR bleibt erhalten. Nach wie vor steht dem Auftraggeber faktisch auch eine Mehrzahl von zusammengeschlossenen Unternehmen gegenüber.

Ein davon zu trennendes Problem ist aber, ob und wie die vergaberechtlichen Grundsätze gewahrt werden können. Entscheidend ist hier, dass eine ergänzende Eignungsprüfung stattfindet,[753] wenn die Voraussetzungen dafür, nämlich Zweifel an der bereits festgestellten Eignung, gegeben sind. Ernst zu nehmen ist allerdings die kritische Frage nach der Sicherstellung der Transparenz des Verfahrens,[754] weil der Auftraggeber den Bieterwechsel kennen muss, um überhaupt eine neue Eignungsprüfung einleiten und adäquat durchführen zu können. Da die Umwandlung ein Prozess ist, der ausschließlich in der Sphäre des Bieters liegt und von ihm initiiert wird, ist eine Anzeigepflicht, die spätestens unverzüglich nach Wirksamkeit der Umwandlung, besser jedoch bereits nach Kenntnis

---

746 Vgl. § 3 UmwG.
747 Vgl. *Rittwage*, VergabeR 2006, 327 (336).
748 Vgl. *Rittwage*, NZBau 2007, 232 (234), VergabeR 2006, 327 (335 f.).
749 Vgl. *Prieß/Sachs*, NZBau 2007, 763 (765).
750 Davon geht selbst das OLG Düsseldorf aus, das eine Änderung in der Person des Bieters annimmt; vgl. Beschluss v. 11.10.2006, VII-Verg 34/06, Juris Tz. 13.
751 Vgl. *Prieß/Sachs*, NZBau 2007, 763 (764).
752 Vgl. auch VK Hessen, Beschluss v. 28.06.2005, 69d VK-7/2005, JurisTz. 44.
753 Diesen Lösungsweg wählte auch das OLG Düsseldorf in einem Fall, in dem lediglich ein Betriebsteil eines Mitgliedsunternehmens einer Bietergemeinschaft veräußert, nicht jedoch dessen Rechtspersönlichkeit geändert wurde; Beschluss v. 26.01.2005, VII-Verg 45/04, NZBau 2005, 354 (355) vgl. auch *Byok*, NJW 2006, 2077 (2078).
754 Vgl. nur OLG Düsseldorf, Beschluss v. 18.10.2006, VII-Verg 30/06, NZBau 2007, 254 (255 f.) mit Anmerkung *Kus*, VergabeR 2007, 97 (97 f.).

der Bietergemeinschaft von der Planung, erfolgen muss, zu fordern.[755] Die Obliegenheit ist als eine aus der vorvertraglichen Vertrauensbeziehung resultierende Nebenpflicht einzuordnen,[756] deren Verletzung vergaberechtlich den Ausschluss des Angebots zur Folge haben kann. Verkannt wird nicht, dass diese Lösung im Hinblick auf die strengen Formvorschriften eines Vergabeverfahrens, die primär neben der Sicherstellung der Wirtschaftlichkeit des Angebots dem Schutz der Mitbieter dienen, nicht unerhebliche Risiken birgt. Denn der korrekte Ablauf des Vergabeverfahrens und dessen ordnungsgemäßes Ergebnis werden gewissermaßen von dem Vertrauen auf ein rechtmäßiges Verhalten des Bieters abhängig gemacht. Dennoch ist das Ergebnis in Kauf zu nehmen. Denn zum einen muss der Bieter, gerade wegen der Publizitätspflicht der Verschmelzung, mit Sanktionen rechnen. Zum anderen würde ein pauschaler Ausschluss seines Angebots ausschließlich wegen der Umwandlung zu einer nicht zu rechtfertigenden Benachteiligung des betreffenden Bieters führen. Schließlich ist zu berücksichtigen, dass sich bei Verschmelzungen tatsächlich nur ein Formenwandel vollzieht und nicht nur das Vermögen,[757] sondern regelmäßig auch der Personenkreis erhalten bleibt, der vorher und nachher an dem Rechtsträger beteiligt ist. Dieser ist, neben den wirtschaftlichen Faktoren, mit ausschlaggebend für die Eignung. Das bedeutet, dass bei Verschmelzungen die Gefahr des Wegfalls der Eignung eher gering ist.

2. Andere Formen der Umwandlung und Wechsel in der Rechtspersönlichkeit eines Unternehmens

Bei anderen Arten der Umwandlung – Spaltung, Übertragung und Formwechsel – kommt es wie bei der Verschmelzung darauf an, ob sich die Änderungen in der Rechtspersönlichkeit des Unternehmens auch auf die Identität der Bietergemeinschaft als solche auswirken. Das ist bei allen Umwandlungen, in denen das Unternehmen trotz Annahme einer anderen Rechtsform wirtschaftlich erhalten bleibt, nicht der Fall. Etwas anderes gilt, wenn ein Unternehmen, z. B. nach einer Spaltung, nicht in der ursprünglichen Form wirtschaftlich erhalten bleibt. Dann ist eine ergänzende Eignungsprüfung zwingend notwendig, während sie bei bei den anderen Formen der Umwandlung lediglich angezeigt sein kann. Die Eignungsprüfung darf jedoch niemals einer zuvor ungeeigneten Bietergemeinschaft zur Eignung verhelfen, sondern kann lediglich das Ziel haben, das einmal festgestellte positive Ergebnis zu bestätigen.

---

755 Vgl. dazu auch die Erwägungen des OLG Düsseldorf, Beschluss v. 18.10.2006, VII-Verg 30/06, NZBau 2007, 254 (256), *Prieß/Sachs*, NZBau 2007, 763 (766), *Rittwage*, NZBau 2007, 232 (233).
756 Vgl. § 311 Abs. 2 BGB.
757 Vgl. § 20 Abs. 1 Nr. 1, § 36 Abs. 1 UmwG.

V. Ergebnis

Änderungen in der Zusammensetzung sind grundsätzlich nicht in den zeitlichen Phasen möglich, in denen auch die Neubildung einer Bietergemeinschaft unzulässig ist. Für die anderen Zeiträume muss eine differenzierte Betrachtung vorgenommen werden. Bei einer zweigliedrigen Bietergemeinschaft führt ein Ausscheiden eines Mitglieds immer zum Erlöschen der Kooperation mit der Folge, dass das Angebot von dem laufenden Verfahren auszuschließen ist. Bei Insolvenz oder Kündigung eines Partnerunternehmens tritt die gesetzliche Rechtsfolge der Auflösung der GbR ein, es sei denn, diese hat in zulässiger Form die Fortsetzung der Gesellschaft vereinbart. Dann verbleibt das Angebot in der Wertung, wobei eine neue Eignungsprüfung vorzunehmen ist.

Der Eintritt eines neuen Mitglieds in eine bestehende Kooperation und der Austausch eines Gesellschafters sind wegen Verstoßes gegen den Gleichbehandlungsgrundsatz und das Wettbewerbsgebot unzulässig. Verschmelzungen und andere Formen der Umwandlung bei den der Bietergemeinschaft angehörenden Unternehmen führen in der Regel nicht zur Änderung der Identität der GbR.

Kapitel 3: Die Wertung des Angebots der Bietergemeinschaft

In der Phase der Wertung des Angebots einer Bietergemeinschaft sind zwei Aspekte von Interesse. Bei dem einen handelt es sich um die Eignungsprüfung, die, je nach Art des Vergabeverfahrens, zu unterschiedlichen Zeitpunkten erfolgt, aber immer einen Wertungsschritt darstellt. Bei der anderen Problematik geht es um die Zulässigkeit von parallelen Angeboten der Gemeinschaft und eines ihrer Mitglieder, um die sog. Doppelbeteiligung.

A. Eignung der Bietergemeinschaft

Die Eignungsprüfung ist ein Bestandteil der Auswahl des wirtschaftlichsten Angebots. Sie ist personen- bzw. betriebs-, also im weiten Sinn bieterbezogen und unterscheidet sich insoweit von den leistungsbezogenen Elementen der Angebotsprüfung und -wertung. Bei Bietergemeinschaften ergeben sich aus der Personenmehrheit und ausgehend von dem Grund des Zusammenschlusses Besonderheiten.

I. Zweck der Eignungsprüfung

Die Eignungsprüfung stellt eine Bietervorauswahl dar, die der Auswertung des Angebots vorausgeht und die das Vertrauen sowie die Sicherheit im Hinblick auf die ordnungsgemäße Erfüllung des Auftrags schaffen soll.[758] Sie ist im System der öffentlichen Auftragsvergabe, in dem der Auftraggeber den Auftragnehmer unter Rückgriff auf positive Erfahrungen nicht direkt auswählen darf, bei jeder einzelnen Ausschreibung erforderlich.[759] Bei allen zweistufigen Verfahren, bei denen sich die Angebotsphase an einen Teilnahmewettbewerb anschließt, erfolgt die Eignungsprüfung vor Aufforderung der Bewerber zur Angebotsabgabe. Bei offenen Verfahren und öffentlicher Ausschreibung wird sie in einer zweiten Wertungsstufe, nach der formalen Angebotsprüfung, vorgenommen.[760]

---

758 Vgl. *Opitz,* Marktmacht und Bieterwettbewerb, 2003, 96, auch *Schranner,* in: Ingenstau/Korbion, VOB, 17. Auflage, 2010, § 2 VOB/A Rn. 23.
759 Vgl. ausführlich zu dem Hintergrund einer Eignungsprüfung *Opitz,* Marktmacht und Bieterwettbewerb, 2003, 95 ff.
760 Vgl. *Kulartz,* in: Kulartz/Kus/Portz, Kommentar zum GWB-Vergaberecht, 2. Auflage, 2009, § 97 Rn.100, *Schranner,* in: Ingenstau/Korbion, VOB, 17. Auflage, 2010, § 6 VOB/A Rn. 89.

II. Normativer Hintergrund und Eignungskriterien

Die EG-Vergaberichtlinien sehen vor, dass die Prüfung der Eignung und des Auftrags zwei separate Vorgänge sind.[761] Dem entspricht das innerstaatliche Recht,[762] wobei diese Zweiteilung bereits in den vor Inkrafttreten des Vierten Teils des GWB geltenden damaligen Verdingungsordnungen festgelegt war. Dass Aufträge nur an geeignete Unternehmen vergeben werden dürfen, ist darüber hinaus in § 97 Abs. 4 GWB normiert und damit zu einem Vergaberechtsgrundsatz[763] erhoben worden.

In den entsprechenden Bestimmungen[764] ist die Eignung als Oberbegriff für Fachkunde, Leistungsfähigkeit und Zuverlässigkeit definiert.[765] Mit der Festlegung dieser maßgeblichen Kriterien soll Rechts- und Planungssicherheit für die Bieter erzielt werden.[766] Es handelt sich dabei allerdings um unbestimmte Rechtsbegriffe, die einen Beurteilungsspielraum für den Auftraggeber eröffnen.[767] Dieser besteht in zweifacher Hinsicht, nämlich bezüglich der Bestimmung der Eignungskriterien einerseits und der Eignungsprüfung selbst andererseits.[768] Um die Prüfung zu ermöglichen bzw. zu erleichtern, haben Bieter nach den Anforderungen des Auftraggebers durch den Gegenstand des Auftrags gerechtfertigte Nachweise zu erbringen, bei denen es sich seit Inkrafttreten der Vergabe- und Vertragsordnungen von 2009 regelmäßig um Eigenerklärungen handeln soll.[769] Durch die Auftragsbezogenheit der Nachweise[770] wird sichergestellt, dass keine vergabefremden Aspekte einfließen und die Prüfung im Hinblick auf den jeweils speziellen Vergabefall erfolgt.[771]

---

761 Art. 44 Abs. 1 RL 2004/18/EG, Art. 51 RL 2004/17/EG.
762 § 16 Abs. 2 bis 9 VOB/A, § 16 Abs. 5 VOL/A, § 19 Abs. 5 EG VOL/A.
763 Vgl. *Opitz*, Marktmacht und Bieterwettbewerb, 2003, 95.
764 § 97 Abs. 4 GWB, § 6 Abs. 3 Nr. 1 VOB/A, § 6 Abs. 3 VOL/A, § 7 Abs. 1 EG VOL/A.
765 Seit dem Gesetz zur Modernisierung des Vergaberechts kam das Element der „Gesetzestreue" hinzu. Vgl. dazu Dritter Teil, Kapitel 3, A., V., 2., b., bb.
766 Vgl. *Dreher*, in: Dreher/Stockmann, Kartellvergaberecht, 4. Auflage, 2008, § 97 Rn. 131 f.
767 Vgl. BayObLG, Beschluss v. 03.07.2002, Verg 13/02, VergabeR 2002, 637 (639), *Boesen*, Vergaberecht, 1. Auflage, 2000, § 97 Rn. 68.
768 Vgl. *Dreher/Hoffmann*, NZBau 2008, 545 (546).
769 § 6 Abs. 3 VOB/A, § 6a Abs. 7 VOB/A, § 6 Abs. 3 bis 5 VOL/A, § 7 EG VOL/A.
770 Der Begriff „Nachweis" hat eine doppelte Bedeutung: Zum einen wird er als (schriftlicher) Beleg oder als Bescheinigung in Abgrenzung zu einer bloßen Eigenerklärung verwandt. Zum anderen ist er aber auch der Oberbegriff für Eigenerklärungen und schriftliche Belege im Zusammenhang mit der Eignungsprüfung. Der jeweils gemeinte Sinn ergibt sich aus dem jeweiligen Zusammenhang.
771 Vgl. *Dreher/Hoffmann*, NZBau 2008, 545 (546).

III. Rechtssubjekt der Eignungsprüfung bei Bietergemeinschaften

Die Prüfung der Fachkunde ist personenbezogen, die der Leistungsfähigkeit sach- und betriebsbezogen und die der Zuverlässigkeit weist beide Elemente auf.[772] Der Ansatz macht deutlich, dass es für die Eignung einer Bietergemeinschaft auf das konkrete Bezugssubjekt ankommt. Daher stellt sich die Frage, ob die Kooperation selbst oder die einzelnen Mitglieder Subjekte der inhaltlichen Eignungsprüfung sind und ob Differenzierungen möglich oder geboten sind. In diesem Zusammenhang sind der Umfang, der Inhalt und die Zurechenbarkeit der tatsächlichen Nachweispflicht von Bedeutung.

Ausgehend von der Feststellung, dass die GbR als solche rechtsfähig ist, liegt es aus formalen Gründen zunächst nahe, die Eignungsprüfung auf den Zusammenschluss auszurichten. Dies entspricht aber weder deren Ziel noch den tatsächlichen Gegebenheiten. Zum wiederholten Mal wird – hier an den überwiegend an der Person und dem Betrieb des Bieters ausgerichteten Eignungselementen – deutlich, dass die vergaberechtlichen Notwendigkeiten die gesellschaftsrechtlichen Vorgaben an bestimmten Stellen überlagern.[773]

Fast alle üblichen Eignungsnachweise,[774] beispielsweise Erklärungen zur finanziellen Lage oder Angaben über die personelle und sachliche Ausstattung eines Betriebes, können regelmäßig de facto nicht für die Bietergemeinschaft erbracht werden.[775] Mag eine Kooperation im Ausnahmefall noch eigene fachliche Referenzen vorlegen können, weil sie in dieser Konstellation bereits vergleichbare Aufträge ausgeführt hat, sind die sonst üblichen Eignungsnachweise, wie z. B. steuerliche oder sozialversicherungsrechtliche Angaben, grundsätzlich auf den Einzelbetrieb bezogen.

Dieser besonderen Sachlage ist dadurch zu entsprechen, dass das Bezugssubjekt für die Eignungsprüfung – formal – die Kooperation ist, weil sie vergaberechtlich und gesellschaftsrechtlich als „der Bieter" behandelt wird.[776] Es muss aber aufgrund der Personen- und Betriebsbezogenheit gewissermaßen ein Durchgriff auf die Einzelunternehmen erfolgen, was bedeutet, dass es für den

---
772   Vgl. *Rusam/Weyand*, in: Heiermann/Riedl/Rusam, Handkommentar zur VOB, 11. Auflage, 2008, A § 2 Rn. 6 ff., *Stickler*, in: Reidt/Stickler/Glahs, Vergaberecht, 2. Auflage, 2003, § 97 Rn. 15 f.
773   Vgl. dazu auch Dritter Teil, Kapitel 1, A., I.
774   Vgl. die Auflistungen in § 6 Abs. 3 Nr. 2 VOB/A und in § 7 Abs. 2 und 3 EG VOL/A.
775   Vgl. *Lux*, Bietergemeinschaften im Schnittfeld von Gesellschafts- und Vergaberecht, 2009, 130, auch *Kerkmann*, VergabeR 2008, 465 (467), für den Fall der Erteilung von postrechtlichen Lizenzen von der Bundesnetzagentur, deren Adressat nur Einzelunternehmen, nicht jedoch eine GbR sein können.
776   Vgl. dazu auch OLG Naumburg, Beschluss v. 30.04.2007, 1 Verg 1/07, NZBau 2008, 73 (74 f.).

Nachweis, dass die Kriterien erfüllt sind, inhaltlich auf die Verhältnisse bei den Einzelbietern ankommt.

IV. Bezugnahme auf die Eignung Dritter

Nach der Rechtsprechung des EuGH dürfen Unternehmen für den Nachweis, dass sie die wirtschaftlichen, finanziellen und technischen Voraussetzungen für die Teilnahme an einem Vergabeverfahren erfüllen, unabhängig von der Rechtsnatur der Zusammenschlüsse auf die Leistungsfähigkeit anderer Einrichtungen verweisen, wenn sie beweisen, dass sie tatsächlich über die Mittel der Einrichtungen, die zur Ausführung des Auftrags erforderlich sind, verfügen können.[777] Diese Spruchpraxis wurde durch entsprechende Bestimmungen in die EG-Vergaberichtlinien von 2004 übernommen.[778] Danach wurde sie – in § 6 Abs. 2 Nr. 2 VgV[779] und in den Abschnitten 2 der VOB/A und VOL/A von 2006[780] – in das innerstaatliche Recht umgesetzt. Der nationale Verordnungsgeber hat in den entsprechenden Vorschriften der Vergabe- und Vertragsordnungen von 2009[781] ausdrücklich klargestellt, dass ein Unternehmen sich, *„auch als Mitglied einer Bietergemeinschaft"* zum Nachweis *„der Leistungsfähigkeit und Fachkunde"* der Fähigkeit anderer Unternehmen bedienen kann, wenn es den Nachweis der tatsächlichen Verfügungsmöglichkeit darüber erbringt. Diese Normen gelten somit ihrem Wortlaut nach ausdrücklich auch für Bietergemeinschaften und sichern deren Marktzutritt.[782] Sie beziehen sich aber nur auf die Fachkunde und Leistungsfähigkeit, nicht dagegen auf die Zuverlässigkeit. Außerdem gibt es keine entsprechenden Bestimmungen für innerstaatliche Ausschreibungen. Die Regelungen sind aber insofern richtungsweisend, als dass sie Indizwirkung dafür haben, dass die Eignungskriterien der Fachkunde und Leistungsfähigkeit nicht bei jedem Mitglied der Kooperation höchstselbst vorliegen müssen, wobei die offenen Punkte – insbesondere bezüglich der Prüfung der Zuverlässigkeit und der Vorgehensweise bei Ausschreibungen unterhalb der Schwellenwerte – der Auslegung überlassen bleibt.

---

777 Vgl. EuGH, Urteil v. 02.12.1999, C-176/98, *„Holst Italia SpA/Commune di Cagliari"*, NZBau 2000, 149 (150), Urteil v. 14.04.1994, C-389/92, *"Ballast Nedam Groep NV/Belgischer Staat*, Slg 1994 I, 1289 (1308 f.).
778 Art. 47 Abs. 2, Art. 48 Abs. 3 RL 2004/18/EG und Art. 53 Abs. 5, Art. 54 Abs. 5 RL 2004/17/EG.
779 Eingefügt durch Art. 2 Nr. 2 lit. b des Gesetzes zur Beschleunigung der Umsetzung von Öffentlich Privaten Partnerschaften und zur Verbesserung gesetzlicher Rahmenbedingungen für Öffentlich Private Partnerschaften v. 01.09.2005, BGBl. I, 2676.
780 § 8a Nr. 10 VOB/A, § 7a Nr. 3 Abs. 6 VOL/A.
781 § 6a Abs. 10 VOB/A, § 7 Abs. 9 EG VOL/A.
782 Vgl. BayObLG, Beschluss v. 09.03.2004, Verg 20/03, Juris Tz. 19.

Die Bezugnahme auf die Eignung Dritter, auch bei den Partnerunternehmen einer Bieterkooperation untereinander, ist über den Wortlaut der entsprechenden Normen hinaus auch von dem Regelungszweck und den Zielen des Vergaberechts erfasst. Der hauptsächliche Zweck eines Zusammenschlusses zu einer Kooperation, die Bündelung von Kapazitäten,[783] würde konterkariert, wenn die Eignung in Bezug auf alle Kriterien ausnahmslos bei jedem Partnerunternehmen gegeben sein müsste. Damit liegt auch bei innerstaatlichen Vergaben, bei denen es keine normative Grundlage gibt, eine Rechtfertigung dafür vor, dass nicht alle Eignungskriterien bei den Mitgliedern einer Bietergemeinschaft in gleicher Weise vorhanden sein müssen.

V. Nachweis der Eignung

1. Formale Nachweispflicht

Ausgehend von den Prämissen, dass eine Unternehmensgruppe sowohl gesellschaftsrechtlich eine rechtsfähige Außen-GbR ist als auch vergaberechtlich als Gesamtheit die Bieterstellung erlangt, muss grundsätzlich die Gemeinschaft als solche den Nachweis der Eignung führen. Die von dem Auftraggeber geforderten Eigen- und Fremderklärungen sind also zusammen mit dem Angebot der Bietergemeinschaft von dieser vorzulegen. Erklärungen eines Mitglieds macht sich die Kooperation dadurch zu eigen.

Dass die Fähigkeiten der Einzelunternehmen der Gemeinschaft ebenso zur Verfügung stehen, ist, anders als beispielsweise in einem Verhältnis zwischen Hauptbieter und Nachunternehmer, selbstverständlich und bedarf keines gesonderten Belegs.[784] Dies ergibt sich aus der gesellschaftsrechtlichen Konstellation, insbesondere der Beitragspflicht der Mitglieder.[785]

2. Inhaltliche Nachweispflicht

Entscheidend ist, auf welche Weise der Nachweis der Eignungskriterien bei einer Bietergemeinschaft erfolgt, konkret, ob eine inhaltliche Aufteilung der Nachweispflichten möglich ist. Hier wird zwischen Fachkunde und Leistungsfähigkeit einerseits und Zuverlässigkeit andererseits differenziert. Nach Darlegung des

---

783 Vgl. wegen der Einzelheiten Erster Teil, Kapitel 1, B.
784 Vgl. OLG Düsseldorf, Beschluss v. 31.07.2007, VII-Verg 25/07, Juris Tz. 16, OLG Naumburg, Beschluss v. 20.04.2007, 1 Verg 1/07, NZBau 2008, 73 (75).
785 Vgl. *Schranner*, in: Ingenstau/Korbion, VOB, 17. Auflage, 2010, § 2 VOB/A Rn. 21.

Grundsatzes ist zu prüfen, ob und ggf. in welchem Umfang der Auftraggeber individuelle Anforderungen an die Vorlage der Eignungsnachweise stellen kann.

a. Fachkunde und Leistungsfähigkeit

Ein Bieter verfügt über die nötige Fachkunde, wenn er die zur ordnungsgemäßen Durchführung des Auftrags erforderlichen Kenntnisse, Erfahrungen und Fähigkeiten hat.[786] Leistungsfähigkeit liegt vor, wenn ein Unternehmen mit seinem Betrieb in technischer, wirtschaftlicher, finanzieller und personeller Hinsicht die Gewähr für die ordnungsgemäße, d. h. fach- und fristgerechte Erbringung der Leistung bietet.[787]

aa. Meinungen in der Rechtsprechung und Literatur

Ein Teil der Rechtsprechung geht davon aus, dass alle Eignungskriterien, also auch Fachkunde und Leistungsfähigkeit, bei jedem Mitglied einer Bietergemeinschaft gesondert vorliegen müssen.[788] Begründet wird dies mit der Gleichstellung von Kooperationen und Einzelbietern.[789] Bieterzusammenschlüsse sollen keinen Vorteil gegenüber Einzelbietern haben.[790]

Die überwiegenden Stimmen in Rechtsprechung und Schrifttum lassen es jedoch ausreichen, wenn eine Bietergemeinschaft nachweist, dass Fachkunde und Leistungsfähigkeit bei (mindestens) einem ihrer Mitglieder vorhanden ist.[791]

---

786 Vgl. VK Bund, Beschluss v. 10.12.2003, VK 2-116/03, Veris, 26, *Dreher/Hoffmann*, NZBau 2008, 545 (546), *Hailbronner*, in Byok/Jaeger, Kommentar zum Vergaberecht, 2. Auflage, 2005, § 97 Rn. 237, *Kulartz*, in: Kulartz/Kus/Portz, Kommentar zum GWB-Vergaberecht, 2. Auflage, 2009, § 97 Rn.102, *Otting*, in: Bechtold, GWB. 5. Auflage, 2008, § 97 Rn. 21.

787 Vgl. OLG Saarbrücken, Beschluss v. 12.05.2004, 1 Verg 4/04, Veris, 12 f., VK Saarland, Beschluss v. 12.07.2007, 1 VK 04/2007, Veris, 19, *Dreher/Hoffmann*, NZBau 2008, 545 (547), *Müller-Wrede*, in: Müller-Wrede, GWB-Vergaberecht, 1. Auflage, 2009, § 97 Rn. 35, *Rusam/Weyand*, in: Heiermann/Riedl/Rusam, Handkommentar zur VOB, 11. Auflage, 2008, Einf. zu A § 2 Rn. 7; *Wirner*, ZfBR 2003, 545 (545).

788 Vgl. OLG Dresden, Beschluss v. 17.10.2006, WVerg 15/06, VergabeR 2007, 215 (217), VK Bund, Beschluss v. 25.07.2009, VK 3-139/09, Juris Tz. 71, VK Sachsen, Beschluss v. 20.09.2006, 1/SVK/085-06, Juris Tz. 78, Beschluss v. 06.03.2000, 1/SVK/11-00, Veris, 12, VK Südbayern, Beschluss v. 13.09.2002, 37-08/02, Veris, 16.

789 So VK Sachsen, Beschluss v. 20.09.2006, 1/SVK/085-06, Juris Tz. 78, Beschluss v. 06.03.2000, 1/SVK/11-00, Veris, 12, VK Südbayern, Beschluss v. 13.09.2002, 37-08/02, Veris, 16.

790 Vgl. OLG Dresden, Beschluss v. 17.10.2006, WVerg 15/06, VergabeR 2007, 215 (217).

791 Vgl. OLG Düsseldorf, Beschluss v. 20.10.2008, VII-Verg 41/08, VergabeR 2009, 228 (231), Beschluss v. 31.07.2007, VII-Verg 25/07, Juris Tz. 16, Beschluss v. 06.06.2007, VII-Verg 8/07, NZBau 2008, 141 (143), Beschluss v. 15.12.2004, Verg 48/04, VergabeR 2005, 207 (209), OLG Naumburg, Beschluss v. 30.04.2007, 1 Verg 1/07, NZBau 2008, 73 (74), BayObLG, Beschluss v. 09.03.2004, Verg 20/03, Juris Tz. 19, VK Brandenburg, Beschluss v. 16.10.2007, VK 38/07, Juris Tz. 65, VK Sachsen-Anhalt, Beschluss v. 22.02.2005, 1 VK LVwA 03/05, Veris, 10,

Voraussetzung ist, dass die Nachweise das gesamte ausgeschriebene Leistungsspektrum abdecken.[792] Die den einzelnen Unternehmen der Kooperation zur Verfügung stehenden Kapazitäten in Bezug auf Fachkunde und Leistungsfähigkeit werden der Gemeinschaft zugerechnet, weil es geradezu typisch ist, dass diese von der zweckbestimmten Einbringung der Mittel der Mitglieder in die Gesamtleistung existiert.[793] Damit wird dem Sinn des Zusammenschlusses, unterschiedliche Befähigungen und Erfahrungen zu einem gemeinsamen inhaltlichen Eignungsprofil[794] zusammenzuführen, entsprochen.[795]

Macht die Vergabestelle in der Bekanntmachung keine ausdrücklichen Angaben, ob die Eignungsnachweise für die Bietergemeinschaft als Gesamtheit oder für jedes Mitglied vorgelegt werden müssen, ist die Publikation auszulegen. Enthält sie keine besonderen Anhaltspunkte, genügen Nachweise, die die Fachkunde und Leistungsfähigkeit bei einem Mitglied belegen.[796]

bb. Stellungnahme

Der Auffassung, dass sich eine Bietergemeinschaft für den Nachweis von Fachkunde oder Leistungsfähigkeit auf die entsprechenden, bei einem Mitglied vorliegenden Kapazitäten stützen kann, ist zuzustimmen. Denn es entspricht dem Zweck einer Kooperation, vorhandene Mittel und Fähigkeiten bei Einzelunternehmen zusammenzufassen, damit sie sich so ergänzen, dass ein bestimmter Auftrag angenommen und ordnungsgemäß ausgeführt werden kann. Es reicht aus, wenn die für die Fachkunde und Leistungsfähigkeit insbesondere benötigten Ressourcen in Bezug auf das Personal und das damit verbundene Know-how, die wirtschaftliche und finanzielle Ausstattung eines Betriebs sowie die Geräte bei einem bzw. jeweils bei verschiedenen Mitgliedsunternehmen der Kooperation vorhanden sind und für den Auftrag zur Verfügung stehen. Die bei einem Partner möglicherweise nicht gegebene Fachkunde oder Leistungsfähigkeit wird so durch das Potenzial des anderen kompensiert. Den Anforderungen und Interessen des Auftraggebers an die erforderliche Eignung wird dadurch genügt. Im

---

Burchardt/Class, in: Burchardt/Pfülb, ARGE-Kommentar, 4. Auflage, 2006, Exkurs Bietergemeinschaftsvertrag Rn. 22c, *Dreher/Hoffmann*, NZBau 2008, 545 (547), *Gabriel/Benecke/Geldsetzer*, Die Bietergemeinschaft, 2007, Rn. 123, *Hausmann*, in: Kulartz/Marx/Portz/Prieß, Kommentar zur VOL/A, 1. Auflage, 2007, § 7, Rn. 102, *Ohrtmann*, VergabeR 2008, 426 (440), *Schranner*, in: Ingenstau/Korbion, VOB, 17. Auflage, 2010, § 2 VOB/A Rn. 21, *Terwiesche*, VergabeR 2009, 26 (38).

792 Vgl. OLG Düsseldorf, Beschluss v. 31.07.2007, VII-Verg 25/07, Juris Tz. 16.
793 Vgl. OLG Düsseldorf, Beschluss v. 31.07.2007, VII-Verg 25/07, Juris Tz. 16.
794 Vgl. OLG Naumburg, Beschluss v. 30.04.2007, 1 Verg 1/07, NZBau 2008, 73 (75).
795 Vgl. OLG Düsseldorf, Beschluss v. 06.06.2007, VII-Verg 8/07, NZBau 2008, 141 (143).
796 OLG Naumburg, Beschluss v. 30.04.2007, 1 Verg 1/07, NZBau 2008, 73 (75), *Scharlemann*, *IBR 2007*, 387.

Hinblick auf die Leistungsfähigkeit wird den Interessen der Vergabestelle durch die persönliche gesamtschuldnerische Haftung der Mitglieder entsprochen.[797] Ein im Sinn einer Ungleichbehandlung gegebener Vorteil der Bietergemeinschaft gegenüber Einzelbietern liegt nicht vor. Die Gleichstellung mit Einzelbietern bedeutet nämlich nicht, dass die vergaberechtlichen Vorschriften formal identisch anzuwenden und sämtliche Eignungskriterien jedes Mitglieds einer Kooperation zu prüfen sind.[798] Vielmehr darf der Zugang zu einem Vergabeverfahren, also zu dem Wettbewerb, für alle Wirtschaftsteilnehmer nicht in unzulässiger Weise eingeschränkt sein. Wenn Einzelunternehmen die Teilnahmemöglichkeit durch den Zusammenschluss realisieren, werden dadurch nicht die Interessen von Konkurrenten beeinträchtigt, soweit das Angebot, auch bezüglich der Eignung, den Vorgaben des Auftraggebers entspricht.

cc. Vorgaben der Vergabestelle zur Nachweispflicht

Offen ist, ob und in welchem Umfang Abweichungen von den Grundsätzen durch Vorgaben der Vergabestelle möglich sind. Dabei kommen in Bezug auf die Fachkunde und Leistungsfähigkeit nur solche Änderungen in Betracht, die die Nachweispflicht verschärfen, konkret: die Eigenerklärungen und Belege von allen Mitgliedsunternehmen der Bietergemeinschaft verlangen.

Für den Auftraggeber besteht formal die Möglichkeit, in der Bekanntmachung anzugeben, ob Nachweise für die Bietergemeinschaft oder jedes ihrer Mitglieder gefordert werden.[799] Will er von dem Regelfall abweichen und ausnahmsweise für die Fachkunde und Leistungsfähigkeit aller Mitglieder der Kooperation entsprechende Erklärungen und Belege erhalten, muss er dies ebenfalls schon uneingeschränkt in der Bekanntmachung deutlich machen. Denn auch für die Art der Eignungsnachweise gilt eine Publikationspflicht in der Vergabebekanntmachung, wobei allerdings eine Konkretisierung erst in den Vergabeunterlagen erlaubt ist.[800] Die strenge Vorgabe ist auf die Nachweispflicht von Bietergemeinschaftsmitgliedern zu übertragen, weil deren Interessenlage ähnlich ist. Die Unternehmen müssen sich nämlich frühzeitig darauf einstellen können, was der Auftraggeber verlangt und so entscheiden, ob sie in der Lage sind, als GbR ein Angebot abzugeben.[801] Dies gilt sowohl bei offenen Verfahren bzw. öffentlichen

---

797 Vgl. dazu Zweiter Teil, Kapitel 4, A., V.
798 Vgl. auch Dritter Teil, Kapitel 2, A.
799 Vgl. OLG Dresden, Beschluss vom 17.10.2006, WVerg 15/06, VergabeR 2007, 215 (217), VK Münster, Beschluss v. 11.02.2010, Juris Tz. 69.
800 Vgl. OLG Jena, Beschluss v. 21.09.2009, 9 Verg 7/09, VergabeR 2010, 509 (511 f.) mit weiteren ausführlichen Nachweisen.
801 Vgl. nur OLG Düsseldorf, Beschluss v. 02.05.2007, VII-Verg 1/07, NZBau 2007, 600 (602), *v. Wietersheim*, in: Ingenstau/Korbion, VOB, 17. Auflage, 2010, § 12 VOB/A Rn. 28.

Ausschreibungen[802] als auch bei Verfahren mit öffentlichem Teilnahmewettbewerb.[803]

Obwohl formal Nachweise für Fachkunde und Leistungsfähigkeit von allen Kooperationspartnern gefordert werden können, darf bei deren Zugrundelegung und Auswertung im Rahmen der Eignungsprüfung aber nicht das Diskriminierungsverbot in Bezug auf die Mitbieter verletzt werden. Es ist ausreichend, wenn eine Bietergemeinschaft als der Bieter im formalen Sinn Fachkunde und Leistungsfähigkeit bei einem Partner nachweist. Sind mehrere oder alle Kooperationspartner fachkundig und leistungsfähig, darf dieses „Mehr" an (notwendiger) Eignung nicht zusätzlich in die Wertung einfließen und zu einer Privilegierung der Bietergemeinschaft gegenüber Einzelbietern führen. Unter dem Vorbehalt, dass dieser Grundsatz bei der Eignungsprüfung zwingend eingehalten wird, ist die Forderung von Nachweisen über die Fachkunde und Leistungsfähigkeit von allen Mitgliedern einer Bietergemeinschaft nicht von vornherein rechtswidrig.

dd. Wiedereintritt in die Eignungsprüfung

Nach erfolgter Eignungsprüfung, jedoch noch vor dem Zuschlag, können Umstände eintreten, die die zuvor festgestellte Eignung in Zweifel ziehen lassen. Ist das der Fall, erfolgt ein erneuter Eintritt in die Prüfung unter Beschränkung auf den neuen Sachverhalt.[804] Bezüglich der Fachkunde und der Leistungsfähigkeit, die bei einem Kooperationspartner weggefallen sein kann, ist eine Kompensation möglich, wenn die notwendigen Kriterien bei einem anderen Partner erfüllt sind. Dann bleibt die festgestellte diesbezügliche Eignung der Bietergemeinschaft erhalten.

b. Zuverlässigkeit

Die Zuverlässigkeit eines Bieters ist gegeben, wenn er in der Vergangenheit und Gegenwart seine gesetzlichen und vertraglichen Verpflichtungen erfüllt (hat), die für die Durchführung des Vergabeverfahrens und die Ausführung des Auftrags erheblich sind. Außerdem muss er die Gewähr dafür bieten, dass er den Auftrag und die sich daraus ergebenden Verpflichtungen, wie eine etwaige Mängelbeseitigung, ordnungsgemäß abwickelt.[805]

---

802 Vgl. § 6 Abs. 3 Nr. 5 VOB/A, *Schranner,* in: Ingenstau/Korbion, VOB, 17. Auflage, 2010, § 6 VOB/A Rn. 135 f.
803 Vgl. *Schranner,* in: Ingenstau/Korbion, VOB, 17. Auflage, 2010, § 6 VOB/A Rn. 138.
804 Vgl. dazu Dritter Teil, Kapitel 2, B., II., 2., b., bb., C., I., 3., b.
805 Vgl. OLG München, Beschluss v. 21.04.2006, Verg 8/06, VergabeR 2006, 561 (564), OLG Düsseldorf, Beschluss v. 15.12.2004, Verg 48/04, VergabeR 2005, 207 (210), Beschluss v. 28.08.2001, Verg 27/01, Juris Tz. 21, *Dittmann,* in: Kulartz/Marx/Portz/Prieß, Kommentar

aa. Auffassungen in der Rechtsprechung und Literatur

Die herrschende Meinung geht davon aus, dass die Zuverlässigkeit im Gegensatz zu Fachkunde und Leistungsfähigkeit bei jedem einzelnen Mitgliedsunternehmen einer Bietergemeinschaft vorliegen muss.[806] Bei der Prüfung der Zuverlässigkeit darf nicht entsprechend der von der Bietergemeinschaft geplanten internen Aufteilung der Arbeiten differenziert werden. Denn eine derartige Aufteilung schafft im Außenverhältnis gegenüber dem Auftraggeber aufgrund der gesamtschuldnerischen Haftung der Gesellschafter keine Bindung.[807]

bb. Gesetzestreue

Nach der Neufassung des § 97 Abs. 4 GWB[808] wird bei EU-weiten Vergabeverfahren neben den üblichen Eignungskriterien noch das der Gesetzestreue verlangt. § 97 Abs. 4 GWB ist im Rahmen des Gesetzgebungsverfahrens für das Vergaberechtsmodernisierungsgesetz infolge einer Empfehlung des Ausschusses für Wirtschaft und Technologie um dieses Merkmal ergänzt worden.[809] Damit sollte klarer werden, was mit dem Begriff der „Zuverlässigkeit" gemeint ist.[810]

Diesem Eignungskriterium kommt jedoch keine eigenständige Bedeutung zu.[811] Gesetzestreue ist vielmehr ein Bestandteil der Zuverlässigkeit[812] und damit Gegenstand von deren Überprüfung. Bezüglich der Eignung von Bietergemeinschaften ist daher das Kriterium der Gesetzestreue ebenfalls als eine Kompo-

---

zur VOL/A, 1. Auflage, 2007, § 25, Rn. 121, *Dreher* in: Dreher/Stockmann, Kartellvergaberecht, 4. Auflage, 2008, § 97 Rn. 157, *Kulartz*, in: Kulartz/Kus/Portz, Kommentar zum GWB-Vergaberecht, 2. Auflage, 2009, § 97 Rn.105, *Rusam/Weyand*, in: Heiermann/Riedl/Rusam, Handkommentar zur VOB, 11. Auflage, 2008, A § 25 Rn. 26.

806 Vgl. OLG Naumburg, Beschluss v. 30.04.2007, 1 Verg 1/07, NZBau 2008, 73 (75), OLG Düsseldorf, Beschluss v. 15.12.2004, Verg 48/04, VergabeR 2005, 207 (210), VK Bund, Beschluss v. 15.01.2010, VK 1-224/09, Juris Tz. 106, VK Sachsen-Anhalt, Beschluss v. 22.02.2005, 1 VK LVwA 03/05, Veris, 10, VK Hannover, Beschluss v. 12.03.2001, 26045-VgK 1/2001, Veris, 8, *Gabriel/Benecke/Geldsetzer*, Die Bietergemeinschaft, 2007, Rn. 124, *Hausmann*, in: Kulartz/Marx/Portz/Prieß, Kommentar zur VOL/A, 1. Auflage, 2007, § 7, Rn. 102, *Kulartz*, in: Kulartz/Kus/Portz, Kommentar zum GWB-Vergaberecht, 2. Auflage, 2009, § 97 Rn.103, *Müller-Wrede*, Kompendium des Vergaberechts, 1. Auflage, 2008, 18 Rn. 25, *Ohrtmann*, VergabeR 2008, 426 (439 f.), *Schranner*, in: Ingenstau/Korbion, VOB, 17. Auflage, 2010, § 2 VOB/A Rn. 21, *Terwiesche*, VergabeR 2009, 26 (39), *Wirner*, ZfBR 2003, 545 (548), wohl auch OLG Schleswig, Beschluss v. 22.05.2006, 1 Verg 5/06, NZBau 2007, 257 (260).

807 Vgl. VK Hannover, Beschluss v. 12.03.2001, 26045-VgK 1/2001, Veris, 8.

808 Geändert durch das Gesetz zur Modernisierung des Vergaberechts v. 20.04.2009, BGBl. I, 790.

809 Vgl. BT-Drucks. 16/11428, 6.

810 Vgl. BT-Drucks. 16/11428, 33.

811 Vgl. *R. Roth*, VergabeR 2009, 404 (407).

812 Vgl. nur *Otting*, in: Bechtold, GWB, 5. Auflage, 2008, § 97 Rn. 23.

nente der Zuverlässigkeit anzusehen und nicht gesondert zu beurteilen bzw. zu behandeln.

cc. Stellungnahme

Für die herrschende Meinung spricht, dass es sich bei der Eignungsprüfung um eine Negativauslese handelt,[813] was insbesondere bei dem Kriterium der Zuverlässigkeit von Bedeutung ist. Im Rahmen der diesbezüglichen Prüfung müssen Bieter hauptsächlich nachweisen, dass bestimmte negativ zu wertende Tatbestände nicht erfüllt sind.[814] Außerdem sind die Verfehlungen, die zur Aberkennung der Zuverlässigkeit führen, in vielen Fällen höchstpersönlicher Art, wie z. B. strafrechtliche Verurteilungen. Sie können nicht durch die Zuverlässigkeit der Partnerunternehmen kompensiert werden. Der Auftraggeber hat insofern zu Recht den Anspruch, dass er mit der GbR einen Vertragspartner hat, der aus Unternehmen besteht, die jeweils uneingeschränkt ihre gesetzlichen und vertraglichen Verpflichtungen erfüllen. Im Übrigen wäre es als nicht zu rechtfertigende Ungleichbehandlung der Wettbewerbsteilnehmer zu werten, wenn unzuverlässigen Personen oder Betrieben der Zugang zum Wettbewerb allein schon wegen der vorhandenen Zuverlässigkeit der Partnerunternehmen innerhalb der Kooperation gewährt würde.

Darüber hinaus kann es bei der Prüfung der Zuverlässigkeit tatsächlich nicht auf die intern verabredete Arbeitsteilung der Kooperationspartner ankommen. Abgesehen davon, dass sie der Vergabestelle nicht bekannt ist und jederzeit geändert werden kann, würde dies der gesamtschuldnerischen Haftung der Mitglieder der GbR, die unabhängig von Art und Umfang ihres Beitrags ist, entgegenstehen.

Bei der Beurteilung der Zuverlässigkeit ist jedoch eine individuelle Differenzierung zu treffen. Die Vertrags- und Verdingungsordnungen sehen nämlich, entsprechend den Regelungen in den EG-Vergaberichtlinien,[815] neben den unbedingten Ausschlussgründen[816] solche vor, bei denen dem Auftraggeber ein Ermessen über den Ausschluss des Bieters[817] als Rechtsfolge eingeräumt ist.[818] Ist in Bezug auf einen Kooperationspartner ein zwingender Ausschlussgrund gegeben, hat dies Auswirkungen auf die Zuverlässigkeit der GbR. Sie muss danach als insgesamt unzuverlässig erachtet werden. Liegt jedoch ein fakultativer Grund für die

---

813 Vgl. *Opitz*, Marktmacht und Bieterwettbewerb, 2003, 96, 207.
814 Vgl. *Lux*, Bietergemeinschaften im Schnittfeld von Gesellschafts- und Vergaberecht, 2009, 132.
815 Art. 45 Abs. 1 und 2 RL 2004/18/EG, Art. 54 Abs. 4 RL 2004/17/EG.
816 § 6a Abs. 1 VOB/A, § 6 Abs. 4 EG VOL/A.
817 § 16 Abs. 1 Nr. 2 VOB/A, § 6 Abs. 5, § 16 Abs. 4 VOL/A, § 6 Abs. 6, § 19 Abs. 4 EG VOL/A.
818 Vgl. *Müller-Wrede*, Kompendium des Vergaberechts, 1. Auflage, 2008, 18 II Rn. 44, *Prieß*, Handbuch des europäischen Vergaberechts, 3. Auflage, 2005, 254.

Unzuverlässigkeit eines Mitglieds vor, wie z. B. die Verletzung der Verpflichtung von Steuerzahlungen, wird der Auftraggeber im Rahmen seines pflichtgemäß auszuübenden Ermessens abwägen, ob die Unzuverlässigkeit des Einzelnen so gravierend ist, dass sie die Nichteignung der Gesamtheit begründet.

3. Ergebnis

Die Vergabestelle kann in der Bekanntmachung Nachweise für die Fachkunde und Leistungsfähigkeit von allen Mitgliedern einer Bietergemeinschaft fordern. Tut sie dies nicht, ist der Bekanntmachungstext auszulegen. Im Zweifel genügen Nachweise für das Vorliegen von Fachkunde und Leistungsfähigkeit bei einem Kooperationspartner. Sie reichen aus, um die Kriterien bei der Eignungsprüfung in Bezug auf die Bietergemeinschaft als erfüllt anzusehen. Damit wird dem Zweck des Zusammenschlusses entsprochen, der insbesondere darin besteht, Kapazitäten zusammenzuführen und auszugleichen. Die Zuverlässigkeit muss dagegen grundsätzlich bei allen Mitgliedern einer Bietergemeinschaft individuell nachgewiesen werden.

B. Doppelbeteiligungen

In der Praxis gibt es Fälle, in denen eine Bieterkooperation und eines oder mehrere ihrer Mitglieder in demselben Vergabeverfahren jeweils ein eigenes Angebot einreichen.[819] Dabei handelt es sich um sog. Doppel- oder Parallelbeteiligungen. Hierüber enthalten die vergaberechtlichen Vorschriften keine unmittelbaren Regelungen. Deshalb muss die Zulässigkeit und Behandlung einer derartigen Beteiligung anhand der allgemeinen Grundsätze beurteilt werden.

---

819 Es sind weitere Konstellationen denkbar und waren auch schon Gegenstand von Rechtsstreiten, in denen sich eine „große" und eine „kleine Bietergemeinschaft" gebildet hatte, wobei ein Teil der Unternehmen der großen Kooperation sich zu der kleinen zusammengeschlossen hatte (vgl. OLG Düsseldorf, Beschluss v. 28.03.2003, Verg 8/03, VergabeR 2003, 461). Wegen der besseren Darstellbarkeit wird im Folgenden in Bezug auf eine Doppelbeteiligung von einer Beteiligung der Bietergemeinschaft einerseits und des Einzelmitglieds andererseits ausgegangen, wenn nicht ausdrücklich etwas anderes ausgeführt ist.

I. Allgemeine Problematik

Bereits aus dem Gesellschaftsvertrag resultiert die gegenseitige Treuepflicht der Gesellschafter,[820] die unter Umständen in einer ausdrücklichen Bestimmung, kein eigenes Angebot in demselben Vergabeverfahren einzureichen oder sich nicht anderweitig um den Auftrag zu bemühen,[821] konkretisiert worden ist. In einem solchen Verzicht eines Einzelunternehmens auf die Abgabe eines selbstständigen Angebots in Konkurrenz zu dem der Bietergemeinschaft liegt ein internes gesellschaftsrechtliches Wettbewerbsverbot,[822] das auch Außenwirkung in Bezug auf das Vergabeverfahren hat.

Die Zulässigkeit des Wettbewerbsverbotes kann zunächst an § 1 GWB gemessen werden, wobei die Frage bezüglich des Verzichts auf ein Einzelangebot unter Berücksichtigung der Marktverhältnisse beurteilt wird.[823] Dabei geht es um die Verkleinerung des Kreises der möglichen Bieter durch den evtl. kartellrechtswidrigen Zusammenschluss zu einer Kooperation und der damit verbundenen Kanalisierung von Angeboten.[824] Die diesbezügliche Untersuchung soll hier jedoch ausgeklammert werden.[825] Da das Element des Wettbewerbs aber nicht nur im allgemeinen Kartellrecht, sondern gerade auch im Vergaberecht eine entscheidende Bedeutung hat, ist die Problematik unter dem vergaberechtlichen Aspekt zu betrachten.

---

820 Vgl. dazu Zweiter Teil, Kapitel 4, III., 1., b., cc.
821 Vgl. Präambel des Muster-Bietergemeinschaftsvertrags, in: Burchardt/Pfülb, ARGE-Kommentar, 4. Auflage, 2006, Bietergemeinschaftsvertrag, Präambel, 91.
822 Vgl. *Bärwaldt*, in: Müller/Hoffmann, Beck'sches Handbuch der Personengesellschaften, 3. Auflage, 2009, § 17 Rn. 32 f., *Maasch*, ZHR 150 (1986), 657 (671), *Opitz*, Marktmacht und Bieterwettbewerb, 2003, 133 f.
823 Vgl. dazu näher *Opitz*, Marktmacht und Bieterwettbewerb, 2003, 134 ff., auch VK Sachsen, Beschluss v. 19.07.2006, 1/SVK/060-06, Veris, S. 15 ff.
824 Vgl. *Jansen*, WuW 2005, 502 (502).
825 Vgl. Einleitung, I.; es wird nicht verkannt, dass bei der Beurteilung von Doppelbeteiligungen in einem Vergabeverfahren die Zulässigkeit von Bietergemeinschaften nach § 1 GWB von entscheidender Bedeutung ist. Denn die Rechtmäßigkeit der Bildung einer Bietergemeinschaft setzt nach § 1 GWB den jeweiligen Verzicht der Mitglieder auf die eigene Teilnahme in demselben Vergabeverfahren voraus. Davon ausgehend dürfte es nicht zu gleichzeitigen Bewerbungen der Kooperation und eines Mitgliedsunternehmens kommen. Da dies aber dennoch in der Praxis der Fall ist und diese Rechtsfrage auch aus ausschließlich vergaberechtlicher Sicht interessant ist und kontrovers diskutiert wird, wird ihr hier nachgegangen.

II. Wettbewerbsbeschränkende Abrede

Nach Einführung des Primärrechtsschutzes hatte die Rechtsprechung mehrfach über Fälle von Doppelbeteiligungen zu entscheiden. Trotz Divergenzen in der rechtlichen Bewertung und in den jeweiligen Ergebnissen wird die Parallelbeteiligung immer unter dem Gesichtspunkt der Wettbewerbsbeschränkung gesehen. Von der Wertung auszuschließen sind Angebote von Bietern, die in Bezug auf die Ausschreibung bzw. Vergabe eine Abrede getroffen haben, welche eine unzulässige Wettbewerbsbeschränkung darstellt.[826] Neben dem allgemeinen, in § 97 Abs. 1 GWB normierten Prinzip des Wettbewerbs enthalten die Vergabe- und Vertragsordnungen, auch für innerstaatliche Vergaben, die konkrete Vorgabe, dass wettbewerbsbeschränkende und unlautere Verhaltensweisen zu bekämpfen sind,[827] und dass die Auftragsvergabe regelmäßig im Wettbewerb erfolgt.[828]

Der Begriff der unzulässigen, wettbewerbsbeschränkenden Abrede, die zum Ausschluss eines Angebots von der Wertung führt, ist mit Blick auf den das gesamte Vergabeverfahren beherrschenden Wettbewerbsgrundsatz weit auszulegen. Er ist nicht auf gesetzeswidriges Verhalten beschränkt, sondern umfasst auch alle sonstigen Absprachen und Verhaltensweisen eines Bieters, die mit dem vergaberechtlichen Wettbewerbsgebot unvereinbar sind.[829] Die Doppelbeteiligung erscheint deshalb problematisch, weil der Schluss nahe liegt, dass zumindest der Einzelbieter Kenntnis von dem Inhalt seines eigenen und dem des Angebots der Bietergemeinschaft hat. Daher bezieht sich der Ansatz der wettbewerbsbeschränkenden Abrede auf die – mögliche – Verletzung des Geheimwettbewerbs, die eine Beschränkung der Variationsbreite der Angebote zur Folge haben könnte.[830]

---

826 § 16 Abs. 1 Nr. 1 lit. d VOB/A, § 16 Abs. 3 lit. f VOL/A, § 19 Abs. 3 lit. f EG VOL/A.
827 § 2 Abs. 1 Nr. 2 VOB/A.
828 § 2 Abs. 1 VOL/A, § 2 Abs. 1 EG VOL/A.
829 Vgl. OLG München, Beschluss v. 11.08.2008, Verg 16/08, VergabeR 2009, 61 (63), OLG Düsseldorf, Beschluss v. 27.07.2006, Verg 23/06, VergabeR 2007, 229 (232), Beschluss v. 13.09.2004, VI-W 24/04 (Kart), *Kreditkartensystem*, VergabeR 2005, 117 (118), Beschluss v. 16.09.2003, VII Verg 52/03, VergabeR 2003, 690 (691), VK Nordbayern, Beschluss v. 24.04.2006, 21. VK-3194-06/06, Veris, 12, VK Arnsberg, Beschluss v. 02.02.2006, VK 30/05, Veris, 8, VK Brandenburg, Beschluss v. 19.01.2006, 2 VK 76/05, Veris, S. 9, VK Schleswig-Holstein, Beschluss v. 26.10.2004, VK-SH 26/04, Veris, 15, *Dirksen/Schellenberg*, VergabeR 2010, 17 (17), *Ehrig*, VergabeR 2010, 11 (11), *Jansen*, WuW 2005, 502 (502), *Kulartz*, in Daub/Eberstein, Kommentar zur VOL/A, 5. Auflage, 2000, § 25 Rn. 33, *Meininger/Kayser*, BB 2006, 283 (283 f.), *Schranner*, in: Ingenstau/Korbion, VOB, 17. Auflage, 2010, § 2 VOB/A Rn. 65, *Verfürth*, in: Kulartz/Marx/Portz/Prieß, Kommentar zur VOL/A, 1. Auflage, 2007, § 25 Rn. 63.
830 Vgl. *Jansen*, WuW 2005, 502 (502).

1. Geheimwettbewerb

Der Geheimwettbewerb ist nicht explizit in den vergaberechtlichen Vorschriften erwähnt, ist aber als Institution von Rechtsprechung und Literatur entwickelt worden und als „zentrales Gebot des Vergaberechts"[831] anerkannt. Danach wird die Gewährleistung eines Geheimwettbewerbs zwischen den an einer Ausschreibung teilnehmenden Bietern als wesentliches und unverzichtbares Kennzeichen einer Auftragsvergabe im Wettbewerb angesehen.[832] Obwohl der Informationsaustausch zu wichtigen Parametern, wie Preis und Konditionen, allgemein zur Markttransparenz beiträgt, kann er aber auch zu einer Beschränkung des Wettbewerbs durch Angleichungsverhalten oder sogar zu einem kompletten Unterlassen von Wettbewerbsverhalten führen.[833] Aus diesem Grund wird der sog. Submissions- oder Ausschreibungswettbewerb geschützt und insoweit als Geheimwettbewerb klassifiziert.[834]

Ein sog. „echter Bieterwettbewerb" ist nach herrschender Auffassung nur möglich, wenn jeder Bieter die ausgeschriebene Leistung in Unkenntnis der Angebote, der Angebotsgrundlagen und der Kalkulation seiner Mitbieter offeriert.[835] Damit ist der Kernbereich des Angebots und der zugehörigen Kalkula-

---

831 Vgl. OLG Düsseldorf, Beschluss v. 27.07.2006, VII-Verg 23/06, VergabeR 2007, 229 (234).
832 Vgl. OLG München, Beschluss v. 11.08.2008, Verg 16/08, VergabeR 2009, 61 (63), OLG Jena, Beschluss v. 19.04.2004, 6 Verg 3/04, VergabeR 2004, 520 (521), OLG Düsseldorf, Beschluss v. 13.09.2004, VI-W 24/04 (Kart), *Kreditkartensystem,* VergabeR 2005, 117 (118), Beschluss v. 16.09.2003, VII Verg 52/03, VergabeR 2003, 690 (691), VK Sachsen, Beschluss v. 19.07.2006, 1/SVK/060-06, Veris, 18, VK Brandenburg, Beschluss v. 19.01.2006, 2 VK 76/05, Veris, 10, *Burgi,* NZBau 2008, 29 (30), *Dirksen/Schellenberg,* VergabeR 2010, 17 (17), *Dreher* in: Dreher/Stockmann, Kartellvergaberecht, 4. Auflage, 2008, § 97 Rn. 12, *ders.,* in: Langheid/Wandt, Münchener Kommentar zum VVG, 1. Auflage, 2009, Versicherungskartellrecht Rn. 16 mit weiteren Nachweisen, *Meininger/Kayser,* BB 2006, 283 (284), *Vavra,* in: Kulartz/Marx/Portz/Prieß, Kommentar zur VOL/A, 1. Auflage, 2007, § 2 Rn. 20, auch: *Zimmer,* in Immenga/Mestmäcker, Wettbewerbsrecht, GWB, 4. Auflage, 2007, § 1 Rn. 306, *ders.,* in: Langheid/Wandt, Münchener Kommentar zum VVG, 1. Auflage, 2010, Versicherungskartellrecht Rn. 16 mit weiteren Nachweisen.
833 Vgl. *Nordemann,* in: Loewenheim/Meesen/Riesenkampff, Kartellrecht, 2. Auflage, 2009, § 1 GWB Rn. 88.
834 Vgl. *Nordemann,* in: Loewenheim/Meesen/Riesenkampff, Kartellrecht, 2. Auflage, 2009, § 1 GWB Rn. 91.
835 Vgl. LSG Berlin-Brandenburg, Beschluss v. 06.03.2009, L 9 KR 72/09 ER, VergabeR 2010, 120 (123), OLG Jena, Beschluss v. 31.08.2009, 9 Verg 6/09, Juris Tz. 67, Beschluss v. 29.08.2008, 9 Verg 5/08, Juris Tz. 95, Beschluss v. 19.04.2004, 6 Verg 3/04, VergabeR 2004, 520 (521), OLG München, Beschluss v. 11.08.2008, Verg 16/08, VergabeR 2009, 61 (63), OLG Düsseldorf, Beschluss v. 27.07.2006, VII-Verg 23/06, VergabeR 2007, 229 (232), Beschluss v. 22.06.2006, VII-Verg 2/06, Juris Tz. 23, Beschluss v. 13.09.2004, VI-W 24/04 (Kart), *Kreditkartensystem,* VergabeR 2005, 117 (118), Beschluss v. 16.09.2003, VII Verg 52/03, VergabeR 2003, 690 (691), VK Sachsen, Beschluss v. 28.10.2008, 1/SVK/054/08, Juris Tz. 88,

tionsgrundlagen betroffen.[836] Gestützt wird dieser Vertraulichkeitsgrundsatz auf einzelne Vorschriften aus den Vergabe- und Vertragsordnungen,[837] wie z. B. die Pflichten, die Angebote bis zur Öffnung verschlossen zu halten,[838] sie sorgfältig zu verwahren und vertraulich zu behandeln[839] und bei Vergaben im Bereich der VOL/A Bieter oder Dritte bei der Öffnung der Angebote nicht zuzulassen.[840]

Ziel des „echten Wettbewerbs" ist es zwar auch, die Beteiligung möglichst vieler Bieter an einer Ausschreibung sicherzustellen.[841] Allerdings entsteht mehr Wettbewerb nicht ausschließlich durch die Zahl der sich beteiligenden Unternehmen; hinzukommen muss, dass diese unabhängig voneinander anbieten und keine Vereinbarungen untereinander getroffen haben.[842] Der Geheimwettbewerb soll – indem er mittelbar insoweit den Transparenzgrundsatz einschränkt – die kollusive Preisbildung im Bieterwettbewerb verhindern.[843]

2. Konkretisierung des Verstoßes gegen den Geheimwettbewerb und Eingrenzung der wettbewerbsbeschränkenden Abrede

Für die Begründung, dass bei der Abgabe von Parallelangeboten ein Verstoß gegen den Geheimwettbewerb vorliegen soll, der zu einer wettbewerbswidrigen Abrede führt, bestehen verschiedene Ansätze. Die besondere Situation der parallelen Abgabe eines Angebots durch eine Bietergemeinschaft und eines ihrer Mitglieder bei demselben Vergabeverfahren wird bereits abstrakt als Gefahr dafür angesehen, dass die Bieter ihre Angebotspreise absprechen und aufeinander

---

Beschluss v. 19.07.2006, 1/SVK/060-06, Veris, 18, VK Hamburg, Beschluss v. 23.05.2008, VK BSU 2/08 und 3/08, Veris, 13 f., VK Lüneburg, Beschluss v. 05.03.2008, VgK-03/2008, Veris, 10, VK Schleswig-Holstein, Beschluss v. 26.10.2004, VK-SH 26/04, Veris, 17, VK Niedersachsen, Beschluss v. 07.11.2003, 203-VgK-32/2003, Veris, 19, *Brauer*, in: Kulartz/Kus/Portz, Kommentar zum GWB-Vergaberecht, 2. Auflage, 2009, § 97 Rn.12, *Gabriel/Benecke/Geldsetzer*, Die Bietergemeinschaft, 2007, Rn. 41, *Leinemann*, VergabeR 2003, 693 (694 f.), *Pinkenburg*, VergabeR 2010, 475 (475 f.), *Rittwage*, VergabeR 2008, 327 (329 f.), *Szonn*, VergabeR 2010, 124 (125), *Waldner*, VergabeR 2009, 64 (64), auch *Schranner*, in: Ingenstau/Korbion, VOB, 17. Auflage, 2010, § 2 VOB/A Rn. 67.

836 Vgl. OLG Düsseldorf, Beschluss v. 09.04.2008, Verg 2/08, VergabeR 2008, 865 (866).
837 Vgl. OLG Jena, Beschluss v. 19.04.2004, 6 Verg 3/04, VergabeR 2004, 520 (521 f.), OLG Düsseldorf, Beschluss v. 27.07.2006, VII-Verg 23/06, VergabeR 2007, 229 (232), Beschluss v. 16.09.2003, VII-Verg 52/03, VergabeR 2003, 690 (691).
838 § 14 Abs. 1 VOB/A, § 14 Abs. 1 VOL/A, § 17 Abs. 1 EG VOL/A.
839 § 14 Abs. 8 VOB/A, § 14 Abs. 3 VOL/A, § 17 Abs. 3 EG VOL/A.
840 § 14 Abs. 2 VOL/A, § 17 Abs. 2 EG VOL/A.
841 Vgl. EuGH, Urteil v. 19.05.2009, C-538/07, „Assitur", VergabeR 2009, 756 (760).
842 Vgl. VK Brandenburg, Beschluss v. 19.01.2006, 2 VK 76/05, Veris, 11.
843 *Opitz*, Marktmacht und Bieterwettbewerb, 2003, 82.

abstimmen.⁸⁴⁴ Diese Gefahr soll jedenfalls dann bestehen, wenn einem parallel Bietenden ganz oder teilweise das Angebot des Mitbewerbers oder zumindest die Angebotsgrundlagen bekannt sind.⁸⁴⁵ Ausgehend von dem Ziel der Geheimhaltung, der Gewährleistung der Wirtschaftlichkeit der Beschaffung, soll sich die Wettbewerbswidrigkeit darin konkretisieren, dass der Einzelbieter sein Angebot in Kenntnis der Angebotskalkulation und -konditionen des Angebots der Bietergemeinschaft nicht bis an die Rentabilitätsgrenze seiner individuell berechneten Gewinnzone kalkulieren muss.⁸⁴⁶ Wohl wegen der relativen Unbestimmtheit der Vorgabe in Bezug auf die Eingrenzung der Angebotsgrundlagen und den Umfang der Kenntnis des parallel Bietenden hat das OLG München die Meinung vertreten, dass der Konkurrent „wesentliche Teile" des Angebots des Mitbieters kennen muss, wobei ein Anteil von über 50 % mehr als ausreichend sein soll.⁸⁴⁷ Eine andere Auffassung geht schließlich so weit, dass die Verwendung von – rechtmäßig erworbenen – Kenntnissen über Inhalte des Angebots der Bietergemeinschaft, insbesondere über den Preis, einem eigenen Angebot eines Mitglieds der Kooperation nicht entgegensteht, weil das Angebot des Einzelunternehmens dann evtl. einen noch günstigeren Preis beinhaltet und der Wettbewerb sogar erweitert wird.⁸⁴⁸

3. Stellungnahme

Der Geheimwettbewerb ist solch ein prägendes Prinzip des Vergaberechts,⁸⁴⁹ dass jegliche Verletzung einen Wettbewerbsverstoß darstellt, der durch die entsprechenden Vorschriften in den Vergabe- und Vertragsordnungen als wettbewerbswidrige Abrede sanktioniert wird. Daher kann es keinesfalls von Bedeutung sein, ob im Einzelfall die Kenntnis von Inhalten eines anderen Angebots zu einer für den Auftraggeber günstigeren Kalkulation führt. Abstrakt ausgedrückt, kann es nicht relevant sein, ob und welche Auswirkungen das wechselseitige Kennen von Angebotsinhalten hat. Ebenso wenig kann es darauf ankommen, von welchen konkreten Teilen in welchem Ausmaß ein Konkurrent aus dem Angebot des Mit-

---

844 Vgl. OLG Düsseldorf, Beschluss v. 28.05.2003, Verg 8/03, VergabeR 2003, 461 (464), VK Brandenburg, Beschluss v. 03.04.2007, 1 VK 9/07, Veris, 10, VK Nordbayern, Beschluss v. 05.06.2003, 320.VK-3194-16/03, Veris, 7.
845 Vgl. OLG Düsseldorf, Beschluss v. 13.09.2004, VII-W 24/04 (Kart), VergabeR 2005, 117 (118), OLG Jena, Beschluss v. 29.08.2008, 9 Verg 5/08, Juris Tz. 95.
846 Vgl. LSG Berlin-Brandenburg, Beschluss v. 06.03.2009, L 9 KR 72/09 ER, VergabeR 2010, 120 (123), OLG Jena, Beschluss v. 19.04.2004, 6 Verg 3/04, VergabeR 2004, 520 (522).
847 Vgl. OLG München, Beschluss v. 11.08.2008, Verg 16/08, VergabeR 2009, 61 (63).
848 Vgl. *Jaeger*, VergabeR 2004, 522 (524).
849 Vgl. *Dreher*, in: Dreher/Stockmann, Kartellvergaberecht, 4. Auflage, 2008, § 111 Rn. 4, § 97 Rn. 12.

bieters weiß. Im Übrigen muss jede Möglichkeit der Eingrenzung nach quantitativen Kriterien, wie z. B. Prozenten, scheitern, da diese praktisch kaum oder gar nicht umsetzbar ist. Entscheidend ist vielmehr, dass das Prinzip des Geheimwettbewerbs der Prävention dient. Es sollen von vornherein mögliche Beeinflussungen und der sog. „böse Schein" ausgeschlossen werden. Deshalb erfordert die Einhaltung des Grundsatzes, dass Teilnehmer in einem Vergabeverfahren unabhängig voneinander ihr Angebot ausarbeiten und kalkulieren. Im Umkehrschluss heißt das, dass jegliche Kenntnis von dem Inhalt der Offerte eines Mitbewerbers die Voraussetzungen für eine wettbewerbsbeschränkende Abrede erfüllt, unabhängig von ihrer qualitativen und quantitativen Eingrenzung.

4. Feststellung der wettbewerbsbeschränkenden Abrede – Unwiderlegliche Vermutung und Nachweis

Die Prüfung bezüglich der Konkretisierung der wettbewerbswidrigen Abrede lässt sich nicht von der Frage trennen, ob bei Doppelbeteiligungen ein solcher Verstoß unterstellt wird oder ob er positiv nachgewiesen werden muss und wenn ja, von wem. Das ist die zentrale Kernfrage in dem gesamten Themenkomplex der Doppelbeteiligung.

a. Nationale Rechtsprechung

Die nationale Rechtsprechung ist dazu nicht einheitlich. Einigkeit besteht allerdings, dass – unabhängig von der Form der Feststellung des Verstoßes – bei dem Tatbestand einer wettbewerbswidrigen Abrede unter Beachtung des Gleichbehandlungsgrundsatzes beide Angebote, also das der Bietergemeinschaft und das des Einzelmitglieds, „von der Wertung ausgeschlossen werden."[850]

Das OLG Koblenz hat entschieden, dass bei einer Sachverhaltskonstellation, in der Einzelbieter Gespräche über eine mögliche Zusammenarbeit geführt haben, in welchen auch Informationen über die Erstellung eines Angebots ausgetauscht worden sind, die Grundsätze über die Doppelbeteiligung nicht anwendbar sind, wenn es tatsächlich nicht zu einem Bieterzusammenschluss gekommen ist. Trotz bestehender Missbrauchsgefahr würde eine diesbezügliche unwiderlegliche Vermutung zu weit gehen.[851]

---

850 Vgl. LSG Berlin-Brandenburg, Beschluss v. 06.03.2009, L 9 KR 72/09 ER, VergabeR 2010, 120 (120), OLG München, Beschluss v. 11.08.2008, Verg 16/08, VergabeR 2009, 61 (61), OLG Düsseldorf, Beschluss v. 16.09.2003, VII-Verg 52/03, VergabeR 2003, 690 (691), Beschluss v. 13.09.2004, VI-W 24/04 (Kart), *Kreditkartensystem*, VergabeR 2005, 117 (118), VK Lüneburg, Beschluss v. 05.03.2008, VgK-03/2008, Veris, 10, VK Sachsen, Beschluss v. 01.03.2004, 1/SVK/005-04, Veris, 18.
851 Vgl. OLG Koblenz, Urteil v. 26.10.2005, Verg 4/05, VergabeR 2006, 392 (400).

In einem der ersten Beschlüsse zu dem Thema der Doppelbeteiligung hat das OLG Düsseldorf den Ausschluss der Angebote allein aus der Tatsache ihres Vorliegens hergeleitet, indem es, wenn auch nicht ausdrücklich, den Schluss auf die Kenntnis von der jeweils anderen Offerte gezogen hat.[852] In späteren Entscheidungen hat das Gericht dezidiert zu dieser Frage Stellung genommen und hat die Position bezogen, dass eine Doppelbeteiligung im Rahmen einer Bietergemeinschaft „nach dem gewöhnlichen Verlauf" darauf schließen lässt, dass der Geheimwettbewerb zwischen den Bietern nicht gewahrt ist, weil die Angebote jeweils in Kenntnis des gesamten oder teilweisen Inhalts der konkurrierenden Offerte abgegeben wurden. Das Gericht hat entschieden, dass der betreffende Bieter den Ausschluss verhindern kann, indem er der Vergabestelle mit seiner Angebotsabgabe lückenlos nachvollziehbar darlegt und nachweist, dass aufgrund besonderer Vorkehrungen bei der Erstellung und Abgabe des Angebots der Geheimwettbewerb ausnahmsweise gewährleistet ist. Der Ausschlussgrund der wettbewerbsbeschränkenden Abrede erfordere keinen sicheren Nachweis durch die Vergabestelle, denn die Umstände, die dagegen sprechen könnten, stammten aus dem alleinigen Verantwortungsbereich des Bieters.[853]

In einer anderen Entscheidung, bei der eine Doppelbewerbung im Rahmen der Konstellation Bieter und Nachunternehmer zugrundelag, führte das OLG Düsseldorf aus, dass es für die Feststellung einer wettbewerbsbeschränkenden Abrede mit der Folge des Ausschlusses der Angebote auf die erforderliche Kenntnis ankomme. Für deren Herleitung ließ das Gericht die Schlussfolgerungen aus entsprechenden Tatsachen zu, stellte diese Möglichkeit aber ausdrücklich neben die Ableitung „aus dem gewöhnlichen Verlauf der Dinge", der gemäß der früheren Entscheidung bezüglich der Doppelbeteiligung von Bietergemeinschaften gelten soll.[854]

Das OLG Dresden schloss sich der Rechtsprechung des OLG Düsseldorf insoweit an, als dass eine wettbewerbsbeschränkende Abrede regelmäßig im Fall von Doppelbeteiligungen bei Bietergemeinschaften zu vermuten ist. Ansatzweise spricht das Gericht an, dass u. U. Beweiserleichterungen dem für den Aus-

---

852 Vgl. OLG Düsseldorf, Beschluss v. 16.09.2003, VII-Verg 52/03, VergabeR 2003, 690 (692), im Anschluss VK Baden-Württemberg, Beschluss v. 15.04.2008, 1 VK 8/08, Juris Tz. 68 ff., VK Berlin, Beschluss v. 08.11.2005, B 1-49/05, Veris, 8, VK Rheinland-Pfalz, Beschluss v. 27.05.2005, VK 15/05, Veris, 13.

853 Vgl. OLG Düsseldorf, Beschluss v. 13.09.2004, VI-W 24/04 (Kart), VergabeR 2005, 117 (118 f.), Beschluss v. 27.07.2006, VII-Verg 23/06, VergabeR 2007, 229 (233), sich anschließend VK Hamburg, Beschluss v. 23.05.2008, VK BSU 2/08 und 3/08, Veris, 16, wohl auch VK Arnsberg, Beschluss v. 02.02.2006, VK 30/05, Veris, 9 f.

854 Vgl. OLG Düsseldorf, Beschluss v. 13.04.2006, Verg 10/06, NZBau 2006, 810 (810), so auch für die Doppelbeteiligung mit Nachunternehmen VK Bund, Beschluss v. 20.08.2008, VK 1-108/08, Juris Tz. 61 f.

schlussgrund einer wettbewerbswidrigen Verhaltensweise nachweispflichtigen Konkurrenten zugute kommen können, ohne dazu aber weitere Ausführungen zu machen.[855]

Das OLG Celle hat entschieden, dass im Einzelfall, z. B. bei der Doppelbewerbung einer Bietergemeinschaft und eines Mitglieds, die widerlegliche Vermutung bestehen kann, dass der Geheimwettbewerb nicht gewahrt ist, weil das Einzelangebot in Kenntnis der Offerte der Bieterkooperation abgegeben wurde.[856] Ähnlich urteilt das OLG Jena, das die Doppelbeteiligung als auf eine Absprache hindeutend auslegt.[857]

Demgegenüber muss nach der Rechtsprechung des OLG Frankfurt am Main und des OLG Naumburg der gesicherte Nachweis einer wettbewerbsbeschränkenden Abrede bei einer Doppelbeteiligung als Bietergemeinschaft und Einzelmitglied vorliegen, wobei bloße Vermutungen nicht genügen. Die Nachweispflicht obliegt dem Auftraggeber. Allerdings betrafen die Entscheidungen die Frage, ob eine Wettbewerbsbeschränkung nach § 1 GWB gegeben war, nicht dagegen die Verletzung des Geheimschutzes.[858]

Andere Gerichte haben die Umstände des jeweiligen Einzelfalls ausgelegt und daraus eine wettbewerbsbeschränkende Abrede abgeleitet.. Sie haben die Entscheidung, wer die Nachweislast dafür hat, offengelassen.[859]

b. Rechtsprechung des EuGH

In dem Urteil in der Sache „*Assitur*" vom 19.05.2009[860] hatte der EuGH über Vorlagefragen eines italienischen Gerichts zu entscheiden. Diese zielten auf die Rechtmäßigkeit einer nationalen Regelung ab, nach der die gleichzeitige Beteiligung von Unternehmen, zwischen denen ein Abhängigkeitsverhältnis besteht,

---

855 Vgl. OLG Dresden, Beschluss v. 28.03.2006, W Verg 4/06, VergabeR 2006, 793 (797).
856 Vgl. OLG Celle, Beschluss v. 13.12.2007, 13 Verg 10/07, Juris Tz. 70, so auch VK Sachsen, Beschluss v. 28.10.2008, 1/SVK/054-08, Juris Tz. 88, VK Brandenburg, Beschluss v. 19.01.2006, 2 VK 76/05, Veris, 10.
857 Vgl. OLG Jena, Beschluss v. 29.08.2008, 9 Verg 5/08, Juris Tz. 95.
858 Vgl. OLG Naumburg, Urteil v. 02.07.2009, 1 U 5/09, Juris Tz. 16, OLG Frankfurt am Main, Beschluss v. 27.06.2003, 11 Verg 11/2003, NZBau 2004, 60 (61 f.), auch Beschluss v. 30.03.2004, 11 Verg 4/04 und 11 Verg 5/04, Juris Tz. 52, der sich auf eine wettbewerbsbeschränkende Abrede anderer Art bezog; für eine tatsächlich gesicherte, nicht nur potenziell mögliche wettbewerbsbeschränkende Abrede, ohne allerdings die Frage der Nachweispflicht zu klären, auch VK Lüneburg, Beschluss v. 24.09.2007, VgK-37/2007, Juris Tz. 86, VK Sachsen, Beschluss v. 19.07.2006, 1/SVK"060-06, Veris, 18, VK Schleswig-Holstein, Beschluss v. 12.11.2004, VK-SH 30/04 nur für den Nachweis, offen gelassen wird die Frage, wer diesen erbringen muss.
859 Vgl. LSG Berlin-Brandenburg, Beschluss v. 06.03.2009, L 9 KR 72/09 ER, VergabeR 2010, 120 (123 f.), OLG Jena, Beschluss v. 19.04.2004, 6 Verg 3/04, VergabeR 2004, 520 (522).
860 EuGH, Urteil v. 19.05.2009, C-538/07, VergabeR 2009, 756.

verboten war. Die Abhängigkeit in diesem Sinn war nach nationalem Recht anhand bestimmter Kriterien definiert. Der EuGH entschied, dass für einen echten Wettbewerb ein Interesse daran besteht, die Beteiligung möglichst vieler Bieter an einer Ausschreibung sicherzustellen. Um den Wettbewerb nicht erheblich einzuschränken, würde es einer wirksamen Anwendung des EU-Rechts zuwiderlaufen, wenn miteinander verbundene Unternehmen systematisch von der Teilnahme an demselben Vergabeverfahren ausgeschlossen würden. Nach Auffassung des EuGH ist es zwar Sache der Vergabestelle, zu prüfen und tatsächlich zu würdigen, ob die abgegebenen Angebote der Unternehmen durch das Abhängigkeitsverhältnis beeinflusst wurden und sie bei positiver Feststellung auszuschließen. Das bloße Vorliegen des Abhängigkeitsverhältnisses allein ohne Prüfung der Auswirkungen in dem Vergabeverfahren berechtige die Vergabestelle jedoch nicht zu dem Ausschluss. Nach dem Urteil des EuGH verstoßen die in Frage stehenden nationalen Vorschriften, die auf der unwiderleglichen Vermutung beruhen, dass Angebote verbundener Unternehmen für denselben Auftrag stets voneinander beeinflusst sind, gegen den Grundsatz der Verhältnismäßigkeit, weil den Unternehmen nicht die Möglichkeit des Nachweises gegeben wird, dass sich dieses Verhältnis nicht auf ihr jeweiliges Verhalten in der Ausschreibung ausgewirkt hat.[861] Dieses Urteil ist wegen der Vergleichbarkeit der Sachverhaltskonstellation, der Interessenlage und der rechtlichen Auswirkungen auf die Doppelbeteiligung von Bietergemeinschaften und eines ihrer Mitglieder in einem Vergabeverfahren übertragbar.

In dem Urteil „*Serrantoni*" des EuGH vom 23.12.2009[862] ging es um die Frage, ob eine nationale Regelung rechtmäßig ist, die den automatischen Ausschluss von festen Konsortien und deren Mitgliedsunternehmen von der Teilnahme an Vergabeverfahren vorsehen. Konkret standen die Einreichung des Angebots eines Mitgliedsunternehmens und ein Parallelangebot des Konsortiums in Rede, das jedoch nicht für Rechnung und im Interesse des Einzelunternehmens abgegeben worden war. Da der Schwellenwert für den Auftrag nicht erreicht war, prüfte der EuGH nicht, ob die Grundsätze der Vergaberichtlinien eingehalten waren, sondern diejenigen des EU-Vertrags.[863] Das Gericht stellte fest, dass eine Bestimmung über den automatischen Ausschluss von konkurrierenden Angeboten von Konsortien und Einzelmitgliedern nicht mit dem Grundsatz der Verhältnismäßigkeit vereinbar ist, weil diese Regelung eine unwiderlegliche Vermutung für eine gegenseitige Einflussnahme enthält und sie den Bietern nicht ermöglicht, nachzuweisen, dass ihre Angebote völlig unabhängig voneinander erstellt worden sind.

---

861 Vgl. EuGH, Urteil v. 19.05.2009, C-538/07, „*Assitur*", VergabeR 2009, 756 (760).
862 EuGH, Urteil v. 23.12.2009, C-376/08, NZBau 2010, 261.
863 Es handelt sich um den EGV, der für den zu entscheidenden Sachverhalt zu Grunde zu legen war.

Eine solche Vorschrift über den systematischen Ausschluss von Angeboten geht nach Ansicht des EuGH über das hinaus, was zur Gewährleistung der Gleichbehandlung und der Transparenz erforderlich ist und läuft dem Interesse an einer Beteiligung möglichst vieler Bieter in einem Vergabeverfahren zuwider.[864]

c. Meinungen in der Literatur

Die Positionen im Schrifttum haben sich weitgehend dem Ansatz aus der innerstaatlichen Rechtsprechung angeschlossen, wonach die gleichzeitige Beteiligung als Mitglied einer Bietergemeinschaft und als Einzelunternehmen an demselben Vergabeverfahren in der Regel bzw. nach dem gewöhnlichen Verlauf einen Verstoß gegen den Geheimwettbewerb und damit eine wettbewerbswidrige Abrede begründen soll.[865] Ausnahmen werden jedoch anerkannt, wobei teilweise die Nachweis- und Darlegungspflicht sowie die Verantwortlichkeit dafür offengelassen wird.[866] Teilweise wird vertreten, dass die Ausnahme durch einen nachvollziehbaren Beleg des Bieters, dass der Geheimwettbewerb auf Grund besonderer Vorkehrungen gewährleistet ist, mit Angebotsabgabe nachgewiesen werden kann.[867]

Andere Auffassungen fordern anstelle einer bloßen Vermutung einen konkreten Nachweis für das Vorliegen einer wettbewerbsbeschränkenden Absprache bei einer Parallelbeteiligung und legen dem Auftraggeber insofern eine Prüfungspflicht auf. Ob damit die Vergabestelle auch die Darlegungs- und Beweislast trägt, bleibt allerdings offen.[868]

Die neueren, im Schrifttum geäußerten Meinungen zu der Rechtsprechung des EuGH folgen dieser durchgängig. Danach wird ein automatischer Ausschluss von konkurrierenden Angeboten einer Bietergemeinschaft und eines Mitglieds der Kooperation für unzulässig erachtet.[869] Den Unternehmen muss vielmehr bei

---

864 Vgl. EuGH, Urteil v. 23.12.2009, C-376/08, „*Serrantoni*", NZBau 2010, 261 (263).
865 Vgl. *Burgi*, NZBau 2008, 29 (33), *Ehrig*, VergabeR 2010, 11 (12), *Hausmann*, in: Kulartz/Marx/Portz/Prieß, Kommentar zur VOL/A, 1. Auflage, 2007, § 7 Rn. 102, *Jansen*, WuW 2005, 502 (505, 507 f.), *Prieß/Gabriel*, WuW 2006, 385 (391), *Schranner*, in: Ingenstau/Korbion, VOB, 17. Auflage, 2010, VOB/A § 2 Rn. 67.
866 *Hausmann*, in: Kulartz/Marx/Portz/Prieß, Kommentar zur VOL/A, 1. Auflage, 2007, § 7 Rn. 102.
867 Vgl. *Ehrig*, VergabeR 2010, 11 (12), *Gabriel/Benecke/Geldsetzer*, Die Bietergemeinschaft, 2007, Rn. 52 f., auch *Schranner*, in: Ingenstau/Korbion, VOB, 17. Auflage 2010, VOB/A § 2 Rn. 69 für abhängige oder herrschende Unternehmen.
868 Vgl. *Burchardt/Class*, in: Burchardt/Pfülb, ARGE-Kommentar, 4. Auflage, 2006, Exkurs Bietergemeinschaftsvertrag Rn. 22b, *Meininger/Kayser*, BB 2006, 283 (288), *Ohrtmann*, VergabeR 2008, 426 (433).
869 Vgl. *Gabriel*, NZBau 2010, 225 (225 ff.), *Hölzl*, NZBau 2009, 751 (751 ff.), *Wirner*, IBR 2010, 103.

Angebotsabgabe die Möglichkeit der Widerlegbarkeit der gegenseitigen Kenntnis der Angebote in Form eines Entlastungsnachweises gegeben werden, in dem sie darlegen, dass die Angebote unabhängig voneinander erstellt wurden.[870] Eine Mindermeinung im Schrifttum hält in der Konstellation der Doppelbeteiligung bei Bietergemeinschaften und Einzelbietern zwar ebenfalls den von den Unternehmen erbrachten Nachweis, der die Regelvermutung widerlegt, für erforderlich.[871] Sie argumentiert aber gleichzeitig, dass der EuGH sich in der Entscheidung vom 19.05.2009[872] nicht zu der Darlegungs- und Beweislast geäußert habe und leitet daraus eine Pflicht der Vergabestelle zur Prüfung ab, weil diese auf der Grundlage der Angebote mit verhältnismäßig wenig Aufwand nachvollziehen könne, ob eine Verletzung des Geheimwettbewerbs gegeben sei.[873]

d. Stellungnahme

aa. Unwiderlegliche Vermutung

Aufgrund der Entscheidung des EuGH zur Unzulässigkeit eines automatischen Ausschlusses eines Konsortiums und eines Mitglieds ist den Ansätzen in der nationalen Rechtsprechung und denjenigen in der Literatur eine Absage erteilt worden, die bei der Konstellation einer Doppelbeteiligung einer Bietergemeinschaft und eines ihr zugehörigen Einzelunternehmens von der unwiderleglichen Vermutung der Verletzung des Geheimwettbewerbs und damit einer wettbewerbswidrigen Absprache ausgehen. Diesem Ergebnis ist wegen der schlüssigen Argumentation des EuGH in Bezug auf die Wahrung der vergaberechtlichen Prinzipien und ihre nur bedingt mögliche Einschränkung unter Beachtung des Grundsatzes der Verhältnismäßigkeit zu folgen.

bb. Regelungen über den Anscheinsbeweis

Der EuGH hat aber, wie bereits in der vorangegangenen Entscheidung zu dem Ausschluss von miteinander verbundenen Unternehmen, zu Recht erkannt, dass die Sachverhaltsgestaltung von vornherein die Gefahr eines Wettbewerbsverstoßes in Form eines potenziell kollusiven Verhaltens[874] in sich birgt. Deshalb ist in der zweiten Entscheidung „*Serrantoni*" die Möglichkeit des Nachweises durch die betroffen Unternehmen, dass ihre Angebote völlig unabhängig von-

---

870 Vgl. *Gabriel*, NZBau 2010, 225 (226), *Wirner*, IBR 2010, 103.
871 Vgl. *Hölzl*, NZBau 2009, 751 (753).
872 „*Assitur*", C-538/07, NZBau 2009, 833.
873 Vgl. *Hölzl*, NZBau 2009, 751 (753 f.).
874 Vgl. EuGH, Urteil v. 23.12.2009, C-376/08, „*Serrantoni*", NZBau 2010, 261 (264).

einander formuliert worden sind, erwähnt.[875] In dem ersten Urteil, *Assitur,* ist die Feststellung nicht nur in den Urteilsgründen, sondern auch im Tenor enthalten. Allerdings heißt es in dort in den Urteilsgründen, dass die Prüfung und tatsächliche Würdigung der Frage, ob die abgegebenen Angebote durch das Abhängigkeitsverhältnis beeinflusst wurden, Sache der Vergabestelle ist.[876]

Die Beurteilung bei einer Parallelbeteiligung geht somit von einer widerleglichen Vermutung der Verletzung des Geheimwettbewerbs mit der Möglichkeit eines Entlastungsnachweises durch die Bieter aus. Der Lösungsweg entspricht damit dem Ansatz, den primär das OLG Düsseldorf entwickelt hat,[877] und dem Teile der innerstaatlichen Rechtsprechung und des Schrifttums gefolgt sind.

Rechtssystematisch handelt es sich um eine Konstellation, bei der die Regelungen für einen Anscheinsbeweis entsprechend angewendet werden. Grundsätzlich hat die Vergabestelle die Darlegungs- und Beweislast für das Vorliegen einer wettbewerbswidrigen Abrede. D. h., wenn sie sich bei dem Ausschluss eines Angebots darauf beruft, müssen die Voraussetzungen dafür positiv gegeben und festgestellt worden sein. Insoweit sind die Entscheidungen des OLG Frankfurt am Main und des OLG Naumburg, die einen gesicherten, durch den Auftraggeber zu erbringenden Nachweis für eine wettbewerbswidrige Abrede verlangten und auf anderen Sachverhalten als einer Doppelbeteiligung beruhten, durchaus zutreffend.

Bei der Parallelbeteiligung ist die Sach- und Interessenlage jedoch eine andere. Sie stellt bereits prima facie eine Verletzung des Geheimwettbewerbs dar[878] und rechtfertigt daher eine Abweichung von der Nachweisverpflichtung durch die Vergabestelle zu Gunsten eines Beweises des ersten Anscheins. Daher können die diesbezüglichen Grundsätze auf den Fall der Parallelbeteiligung übertragen werden. Bei dem Sachverhalt der Beteiligung einer Bietergemeinschaft und eines Mitglieds an einer Ausschreibung mit jeweils einem Angebot spricht nämlich die Lebenserfahrung dafür, dass ein bestimmter Ablauf bzw. eine Ursache (die wechsel- oder zumindest einseitige Kenntnis von Angebotsinhalten) vorliegt.[879] In einem solchen Fall kann der Betreffende, die Bieterseite, den Anscheinsbeweis entkräften, indem er Tatsachen darlegt und ggf. beweist, die eine andere Ursache oder einen anderen Ablauf nahe legen, nämlich die ausnahmsweise unabhängige Erstellung der Angebote.[880] Der Nachweis wird in der Regel darin bestehen,

---

875 Vgl. EuGH, Urteil v. 23.12.2009, C-376/08, *„Serrantoni",* NZBau 2010, 261 (263).
876 Vgl. EuGH, Urteil v. 19.05.2009, C-538/07, *„Assitur",* VergabeR 2009, 756 (760).
877 Vgl. insbesondere OLG Düsseldorf, Beschluss v. 13.09.2004, VI-W 24/04 (Kart), *Kreditkartensystem,* VergabeR 2005, 117.
878 Vgl. *Gabriel,* NZBau 2010, 225 (226).
879 Vgl. allgemein BGH, Urteil v. 05.10.2004, XI ZR 210/03, NJW 2004, 3623 (3623 f.), Urteil v. 05.02.1987, I ZR 210/84, NJW 1987, 2876 (2877).
880 Vgl. BGH, Urteil v. 03.07.1990, VI ZR 239/89, NJW 1991, 230 (231) mit weiteren Nachweisen.

dass Maßnahmen zur Wahrung des Geheimwettbewerbs, wie die Einrichtung besonderer Vertraulichkeitsbereiche bei der Angebotserstellung, sog. „chinese walls",[881] konkret beschrieben und belegt werden. Ein solcher Anscheinsbeweis kehrt die Beweislast nicht um.[882] Er bedeutet vor allem nicht, dass der eigentlich nachweispflichtige Beteiligte, der Auftraggeber, seine Darstellung nur wahrscheinlich zu machen braucht, also eine Vermutung ausreicht.[883]

Konsequenterweise orientieren sich die Feststellungen des EuGH und des OLG Düsseldorf über die Verantwortlichkeiten der Bieter- und der Auftraggeberseite rechtsdogmatisch an den Grundsätzen über den Anscheinsbeweis. Die Entscheidungen verpflichten bzw. berechtigen die Bieterseite zur Erbringung des Entlastungsnachweises, entheben aber nicht den Auftraggeber der endgültigen Aufklärung, ob – dennoch – eine wettbewerbswidrige Abrede vorliegt oder nicht. Das OLG Düsseldorf bringt dies dadurch zum Ausdruck, dass die Vergabestelle bei fehlendem Nachweis zu Aufklärungsmaßnahmen nicht verpflichtet, wohl aber berechtigt ist,[884] der EuGH, indem er die Pflicht, die Angebote im Hinblick auf das Abhängigkeitsverhältnis der Unternehmen zu prüfen und tatsächlich zu würdigen, bei dem Auftraggeber belässt.[885] Trotz fehlender expliziter Äußerung des EuGH ist entgegen der Mindermeinung im Schrifttum[886] die Frage der Darlegungs- und Beweislastverteilung daher nicht offen geblieben.

cc. Nachweisender Bieter

Allerdings besteht in einem Punkt ein wesentlicher Unterschied zwischen der EU-weiten und der innerstaatlichen Rechtsprechung. Das OLG Düsseldorf stellt darauf ab, dass der Einzelbieter den Nachweis zu erbringen hat, denn in den Entscheidungsgründen finden sich entweder nur die Begriffe „der Bieter" anstelle von „die Bietergemeinschaft" oder sogar explizit „der Bieter, der das Parallelangebot abgegeben hat". Der EuGH lässt beide Beteiligte als Nachweispflichtige zu, indem er „die Unternehmen"[887] oder sogar die „Konsortien oder die betoffenen Unternehmen"[888] in seinen Urteilsgründen nennt. Die Auffassung des OLG Düsseldorfs ist zwar insofern schlüssig, als dass zumindest die Annahme

---

881 Vgl. *Gabriel*, NZBau 2010, 225 (227).
882 Vgl. BGH, Urteil v. 17.01.1995, X ZR 82/93, VersR 1995, 723 (724), Urteil v. 18.12.1952, VI ZR 54/52, NJW 1953, 584 (584 f.), Palandt/*Grüneberg*, 69. Auflage, 2010, Vorb. v. § 249 Rn. 130.
883 Vgl. Palandt/*Grüneberg*, 69. Auflage, 2010, Vorb. v. § 249 Rn. 130.
884 Vgl. insbesondere OLG Düsseldorf, Beschluss v. 13.09.2004, VI-W 24/04 (Kart), *Kreditkartensystem*, VergabeR 2005, 117 (118).
885 Vgl. EuGH, Urteil v. 23.12.2009, C-376/08, „*Serrantoni*", NZBau 2010, 261 (263).
886 Vgl. Vgl. *Hölzl*, NZBau 2009, 751 (754).
887 Vgl. EuGH, Urteil v. 19.05.2009, C-538/07, „*Assitur*", VergabeR 2009, 756 (760).
888 Vgl. EuGH, Urteil v. 23.12.2009, C-376/08, „*Serrantoni*", NZBau 2010, 261 (263), vgl. auch *Pinkenburg*, VergabeR 2010, 475 (477).

naheliegt, dass das Einzelunternehmen das – auch gesellschaftsrechtliche – Wettbewerbsverbot der Bietergemeinschaft verletzt. Da aber der drohende Angebotsausschluss jeweils sowohl den Einzelnen als auch die Kooperation betrifft, ist es aus vergaberechtlicher Sicht eher zielführend und sogar notwendig, die Entlastungsnachweise von beiden Beteiligten zu fordern.[889] Damit wird auch dem Gleichbehandlungsprinzip entsprochen.[890]

dd. Zeitpunkt des Entlastungsnachweises

Das OLG Düsseldorf hat darüber hinaus eine Konkretisierung vorgenommen, indem es über den Zeitpunkt des Entlastungsnachweises, nämlich gleichzeitig mit der Abgabe des Angebots,[891] entschieden hat. Dies wird für zu weitgehend gehalten, weil das Fehlen eines Hinweises oder Aufklärungsversuches durch die Vergabestelle für unverhältnismäßig erachtet wird.[892] Das ist jedoch eine Frage, die von dem Zeitpunkt der Vorlage des Nachweises zu trennen ist. Die Hinweispflicht des Auftraggebers lässt sich aus dem Grundsatz der Transparenz ableiten.[893] Sie muss aber nicht notwendig individuell und erst bei Zweifeln des Auftraggebers im Einzelfall erfolgen, sondern kann auch im Rahmen der Vergabeunterlagen allgemein vorgenommen werden. Bezüglich der Frage des Zeitpunkts für die Vorlage des Nachweises ist tatsächlich kein sachlicher Grund ersichtlich, warum er notwendig mit der Einreichung des Angebots verbunden sein soll. Um den Wettbewerb nicht einzuschränken, genügt es, wenn die Bietergemeinschaft oder der Einzelbieter den Nachweis nach einer entsprechenden Aufforderung der Vergabestelle, allerdings selbstverständlich vor Beendigung der Wertung der Angebote, vorlegt.

---

889 Vgl. dazu auch *Hölzl*, NZBau 2009, 751 (754).
890 Problematisch könnte allerdings die Nachweispflicht der Bietergemeinschaft sein, wenn sie ausschließlich ihre unabhängige Tätigkeit nachweisen müsste. Dieser Nachweis stößt auf Schwierigkeiten, weil das Einzelunternehmen als ihr Mitglied und als Bieter außerhalb der GbR eine Doppelrolle einnimmt, von der die Kooperation im Zweifel nichts weiß. Es geht aber bei dem Entlastungsbeweis der Bietergemeinschaft primär darum, dass sie aufzeigt, Vorkehrungen zur Vermeidung einer Parallelbeteiligung getroffen und mit den ihr zur Verfügung stehenden Mitteln ausgeschlossen zu haben.
891 Vgl. OLG Düsseldorf, Beschluss v. 27.07.2006, VII-Verg 23/06, VergabeR 2007, 229 (232), Beschluss v. 13.09.2004, VI-W 24/04 (Kart), *Kreditkartensystem*, VergabeR 2005, 117 (118).
892 Vgl. *Wagner*, VergabeR 2005, 120 (121).
893 Vgl. dazu auch EuGH, Urteil v. 23.12.2009, C-376/08, „*Serrantoni*", NZBau 2010, 261 (263), wonach den Bietern die Möglichkeit des Nachweises zu geben ist.

e. Zwischenergebnis

Im Fall einer Doppelbeteiligung spricht der typische Ablauf für das Vorliegen der wechselseitigen Kenntnis der Angebotsinhalte, zumindest aber für die Kenntnis des Einzelbieters von dem Inhalt der Offerte der Bietergemeinschaft. Die Vergabestelle muss, entweder durch einen allgemeinen Hinweis in den Vergabeunterlagen oder durch eine besondere Aufforderung, den Betroffenen die Möglichkeit geben, einen Entlastungsnachweis zu erbringen, dass ausnahmsweise der Geheimwettbewerb gewahrt wurde und damit nicht der Tatbestand einer wettbewerbswidrigen Abrede erfüllt ist. Hat sie dennoch Zweifel daran, muss sie Prüfungsmaßnahmen durchführen, um Erkenntnisse zu verifizieren, die sie zum Ausschluss der Angebote der Bietergemeinschaft und des Mitglieds aus dem Vergabeverfahren berechtigen.

5. Sonderfall: Nicht deckungsgleicher Inhalt der Angebote der Bietergemeinschaft und des Einzelbieters

Es fragt sich, ob diese Grundsätze auch auf atypische Sachverhaltskonstellationen anwendbar sind. Wiederum das OLG Düsseldorf hatte über einen Fall zu entscheiden, bei dem ein Auftrag in zwei Lose unterteilt worden war.[894] Eine aus vier Unternehmen bestehende Bietergemeinschaft gab ein Angebot für beide Lose ab, drei der Unternehmen reichten als eine Gemeinschaft ein Angebot für das erste Los und das vierte Unternehmen eine Offerte für das zweite Los ein.[895] Die darin angebotenen Leistungen deckten sich inhaltlich mit der Leistung, die das Einzelunternehmen zum Angebot der Kooperation beitrug, waren jedoch preisgünstiger.[896] In diesem Fall sah das Gericht keine Gefahr, dass mehrere Bieter ihre Angebotspreise absprechen oder aufeinander abstimmen. Es verneinte eine Wettbewerbsverzerrung mit der Begründung, jedes Angebot habe eine andere Leistung enthalten und keiner der Bieter habe dieselbe Leistung zu unterschiedlichen Preisen angeboten, so dass das mögliche Wissen um etwaige konkurrierende Preise unschädlich sei.[897] Die Entscheidung ist kontrovers aufgenommen und diskutiert worden.[898]

---

894 Vgl. OLG Düsseldorf, Beschluss v. 28.05.2003, Verg 8/03, VergabeR 2003, 461.
895 Vgl. OLG Düsseldorf, Beschluss v. 28.05.2003, Verg 8/03, VergabeR 2003, 461 (464).
896 Vgl. *Leinemann*, VergabeR 2003, 467 (468).
897 Vgl. OLG Düsseldorf, Beschluss v. 28.05.2003, Verg 8/03, VergabeR 2003, 461 (464), auch Beschluss v. 16.09.2003, VII-Verg 52/03, VergabeR 2003, 690 (691 f.).
898 Vgl. zustimmend OLG Jena, Beschluss v. 31.08.2009, 9 Verg 6/09, Juris Tz. 68 f., VK Thüringen, Beschluss v. 11.06.2009, 250-4002.20-2532/2009-002-SOK, Veris, 29, VK Lüneburg, Beschluss v. 05.03.2008, VgK-03/2008, Veris, 10, VK Nordbayern, Beschluss v. 24.04.2006,

Im Hinblick auf die Wahrung des Geheimwettbewerbs und die weite Auslegung des Tatbestands einer wettbewerbswidrigen Abrede sind in einem solchen Fall, in dem das Angebot der Bieterkooperation und das des Mitglieds nicht dieselbe Leistung umfassen, die gleichen Grundsätze wie bei der echten Parallelbeteiligung anzuwenden. Für die Wahrung des Geheimwettbewerbs kommt es nicht nur auf die Kenntnis der Preise, sondern auch der wesentlichen Grundlagen von anderen Angeboten an. Wenn ein Bieter – möglicherweise neben noch weiteren Einzelheiten – nur die Teilmenge seiner eigenen, in das Angebot der Gemeinschaft aufzunehmenden Leistung und die diesbezüglichen Konditionen kennt, kann er sein Einzelangebot danach ausrichten. Er nutzt also seine Doppelstellung und Fakten, die ihm bei einer isolierten Teilnahme am Wettbewerb nicht bekannt gewesen wären. Nun wäre es für die Vergabestelle äußerst schwierig, wenn nicht gar unmöglich, die jeweiligen Sachverhaltskonstellationen von Parallelteilnahmen nach dem durchaus nicht scharf abzugrenzenden Kriterium der Zulässigkeit zu unterscheiden. Daher ist es sachgerecht, alle Fallvariationen von Doppelbeteiligungen gleich zu behandeln und von den jeweiligen Bietern zunächst einen Nachweis für das nicht erfolgte Zusammenwirken zu verlangen, bevor die Vergabestelle die diesbezügliche, möglicherweise noch erforderliche Prüfung durchführt.

6. Vergabeverfahren mit vorgeschaltetem Teilnahmewettbewerb – Doppelbewerbung

Bei nicht offenen Verfahren, Verhandlungsverfahren mit öffentlicher Vergabebekanntmachung, wettbewerblichen Dialogen und beschränkten Ausschreibungen mit öffentlichem Teilnahmewettbewerb ist unklar, ob Doppelbewerbungen zulässig und wie sie zu behandeln sind. Doppelbewerbungen sind in zweistufigen Verfahren das Pendant zu Parallelangeboten.

Im Rahmen eines Teilnahmewettbewerbs prüft der Auftraggeber auf der Grundlage der Teilnahmeanträge zunächst die Eignung der Bewerber, bevor er deren Anzahl ggf. auf die aussichtsreichsten begrenzt und diese dann zur Abgabe eines Angebots auffordert.[899] Mangels Vorliegens von Angeboten ist daher der vergaberechtliche Geheimwettbewerb insofern noch nicht begründet; eine

---

21. VK-3194-06/06, Veris, 13, VK Schleswig-Holstein, Beschluss v. 26.10.2004, VK-SH 26/04, Veris, 18, *Ehrig*, VergabeR 2010, 11 (12), *Meininger/Kayser*, BB 2006, 283 (284), wohl auch Jaeger, VergabeR 2004, 522 (524), ablehnend *Leinemann*, VergabeR 2003, 467 (468), differenzierend *Ohrtmann*, VergabeR 2008, 426 (433), unklar *Prieß/Gabriel*, WuW 2006, 385 (389), *Schranner*, in: Ingenstau/Korbion, VOB, 17. Auflage, 2010, § 2 VOB/A Rn. 67.
899 Vgl. *Müller-Wrede*, in: Ingenstau/Korbion, VOB, 17. Auflage, 2010, § 3a VOB/A Rn. 11.

wechselseitige Kenntnis des Inhalts kann nicht entstehen.[900] Damit kommt kein Wettbewerbsverstoß aufgrund der Verletzung des Vertraulichkeitsprinzips in Betracht.[901]

Die Doppelbewerbung selbst und das Wissen darum ist kein Tatbestand, der aus irgendwelchen Gründen als wettbewerbswidrig einzustufen ist.[902] Zwar wird die Behandlung der Teilnahmeanträge durch die Vergabestelle auch von dem Grundsatz der Vertraulichkeit bestimmt. Das mögliche wechselseitige Wissen um den Inhalt der Teilnahmeanträge bei einer Bewerbergemeinschaft und einem Einzelbewerber ist jedoch nicht geeignet, den Tatbestand einer wettbewerbswidrigen Abrede zu erfüllen oder den Wettbewerb in sonstiger Form zu verzerren. In dem Teilnahmeantrag sind ausschließlich die von dem Auftraggeber angeforderten Erklärungen und Nachweise, die die Eignung des Bieters belegen sollen, aufzuführen. Dabei handelt es sich um objektive Belege, wie z. B. Bescheinigungen oder Referenzen. Diese sind im Gegensatz zu den leistungsbezogenen Angaben in einem Angebot, insbesondere der Kalkulation, zum einen insoweit nicht subjektiv beeinflussbar, als dass der Bewerber bei deren Offenlegung keinen oder zumindest keinen vergleichbaren Spielraum hat. Zum anderen dienen sie nur der Zulassung zum Vergabeverfahren, haben aber noch keinen Bezug zu dem späteren Angebotsinhalt im Sinn einer individuellen Leistung des Bieters, mit der er sich dem Wettbewerb stellt.

Denkbar wäre es aber, dass der Auftraggeber bereits bei der Aufforderung zur Angebotsabgabe die Auswahl der Bewerber so trifft, dass gewissermaßen im Vorgriff auf das sich anschließende Angebotsverfahren einer wettbewerbswidrigen Abrede vorgebeugt wird. Dazu wird die Auffassung vertreten, dass die Vergabestelle nicht verpflichtet sein soll, die Bewerber zum Angebotsverfahren zuzulassen, die aufgrund ihrer Zusammensetzungsstruktur oder der Unternehmensverbindungen den Geheimwettbewerb verletzen würden.[903] Eine derartige Auswahl der Bieter aus dem vorhandenen Bewerberkreis ist jedoch strikt abzulehnen. Unter der Prämisse, dass echter Wettbewerb durch die Beteiligung möglichst vieler Bieter an einer Ausschreibung sichergestellt werden soll,[904] darf der Bieterkreis keinesfalls im Vorfeld der Angebotsabgabe eingeschränkt werden, wenn dafür keine sachlichen, mit den Prinzipien des Vergaberechts zu vereinbarenden Gründe gegeben sind. Das wäre aber bei einer derartigen Auswahlentscheidung der Fall. Eine wettbewerbsbeschränkende Abrede muss, ungeachtet

---

900 Vgl. *Meininger/Kayser*, BB 2006, 283 (285).
901 Vgl. *Lux*, Bietergemeinschaften im Schnittfeld von Gesellschafts- und Vergaberecht, 2009, 147, *Meininger/Kayser*, BB 2006, 283 (285).
902 Vgl. dazu auch OLG München, Beschluss v. 28.04.2006, Verg 6/06, VergabeR 2006, 914 (919).
903 So VK Brandenburg, Beschluss v. 21.02.2007, 2 VK 58/06, Veris, 26, *Meininger/Kayser*, BB 2006, 283 (286).
904 Vgl. EuGH, Urteil v. 19.05.2009, Rs. C-538/07, „*Assitur*", VergabeR 2009, 756 (760).

der Erleichterungen für ihren Nachweis, objektiv und tatsächlich vorliegen, also verwirklicht sein, um einen Bieter aus dem Verfahren auszuschließen. Sie muss aus den konkreten, mit dem Angebot verbundenen Umständen herleitbar sein.[905] Ansonsten würde bereits der Versuch sanktioniert,[906] was aber nicht mit dem Wortlaut und dem Sinn der entsprechenden Vorschriften in den Vergabe- und Vertragsordnungen[907] vereinbar ist. Wegen des Grundsatzes, dass Bieter sich in einem einstufigen Vergabeverfahren durch Erbringung eines entsprechenden Nachweises von der Vermutung der Verletzung des Geheimwettbewerbs entlasten können, wäre es nicht zu rechtfertigen, wenn in einem vorgeschalteten Verfahren ein Verdachtsausschluss genügen würde. Im Ergebnis gelten in Bezug auf die Auswahl der zur Angebotsabgabe aufzufordernden Bewerber bei Vorliegen von Doppelbeteiligungen ausschließlich die ohnehin zu beachtenden allgemeinen Grundsätze.

7. Doppelbeteiligungen bei Verhandlungsverfahren und freihändigen Vergaben

Das Verhandlungsverfahren und die freihändige Vergabe unterscheiden sich grundlegend von offenen und nicht offenen Verfahren bzw. von öffentlicher und beschränkter Ausschreibung, weil sie kein förmliches Verfahren erfordern.[908] Dem Auftraggeber ist eine größtmögliche Flexibilität eingeräumt.[909] Im Rahmen eines dynamischen Prozesses kann der Auftraggeber über den Gegenstand des Auftrags und den Preis verhandeln.[910] Vor diesem Hintergrund fragt es sich, ob und ggf. unter welchen Voraussetzungen eine Doppelbeteiligung zu einer wettbewerbswidrigen Abrede führen kann.

Die Grundsätze, die für Doppelbeteiligungen gelten, sollen uneingeschränkt auch in Verhandlungsverfahren bzw. freihändigen Vergaben anwendbar sein.[911] Dies wird damit begründet, dass die Wahrung des Geheimwettbewerbs es unab-

---

905 Vgl. *Hölzl*, NZBau 2009, 751 (754).
906 Vgl. VK Schleswig-Holstein, Beschluss v. 12.11.2004, VK-SH 30/04, Veris, 18.
907 § 16 Abs. 1 Nr. 1 lit. d VOB/A, § 16 Abs. 3 lit. f VOL/A, § 19 Abs. 3 lit. f EG VOL/A.
908 Vgl. *Boesen*, Vergaberecht, 1. Auflage, 2000, § 101 Rn. 43, *Müller-Wrede*, in Ingenstau/Korbion, VOB, 17. Auflage, 2010, § 3 VOB/A Rn. 38.
909 Vgl. *Müller-Wrede*, in Ingenstau/Korbion, VOB, 17. Auflage, 2010, § 3 VOB/A Rn. 38.
910 OLG Dresden, Beschluss v. 21.10.2005, W Verg 5/05, VergabeR 2006, 249 (255), *Müller-Wrede*, in Ingenstau/Korbion, VOB, 17. Auflage, 2010, § 3a VOB/A Rn. 33, *Stickler/Kallmayer*, in: Kapellmann/Messerschmidt, VOB, 3. Auflage, 2010, § 3a VOB/A Rn. 65, *Werner*, in Byok/Jaeger, Kommentar zum Vergaberecht, 3. Auflage, 2010, § 101 Rn. 642.
911 Vgl. OLG Naumburg, Beschluss v. 13.05.2008, 1 Verg 3/08, „*Laboreinrichtung II*", VergabeR 2009, 91 (94), VK Baden-Württemberg, Beschluss v. 15.04.2008, 1 VK 8/08, Veris, 10.

dingbar macht, dass zumindest die Angebotsinhalte einschließlich der Preise vor den beteiligten Bietern wechselseitig geheim gehalten werden.[912]

Der Auffassung ist zuzustimmen. Trotz der Verfahrenserleichterung sind das Verhandlungsverfahren und die freihändige Vergabe kein vergaberechtsfreier Raum.[913] Obwohl kaum Verfahrensbeschränkungen bestehen, muss die Vergabestelle sich an die materiellen Prinzipien des Vergaberechts,[914] d. h. den Wettbewerbs-, Transparenz- und Gleichbehandlungsgrundsatz halten.[915] So darf der Auftraggeber nicht den Preis eines Konkurrenzangebotes an einen anderen Bieter weitergeben, um diesen zur Abgabe einer günstigeren Offerte zu veranlassen.[916] Aus den Prinzipien ist ohne Weiteres ableitbar, dass der Schutz des Geheimwettbewerbs bei Doppelbeteiligungen nicht anders beurteilt werden soll als bei strengeren formalen Vergabeverfahren. Daher gelten die gleichen Regeln.

III. Ergebnis

Ein Wettbewerb, der im Vergaberecht sichergestellt werden muss, ist nur möglich, wenn jeder Bieter die ausgeschriebene Leistung in Unkenntnis der Angebote, der Angebotsgrundlagen und der Kalkulation seiner konkurrierenden Mitbieter offeriert. Dabei kommt es nicht auf die Qualität oder den Umfang der Kenntnis an. Ziel des Wettbewerbs ist es, die Beteiligung eines großen Kreises von Bietern an einem Vergabeverfahren zu ermöglichen. Der Wettbewerb wird aber durch das Prinzip der Vertraulichkeit, den sog. Geheimwettbewerb, eingeschränkt, der wettbewerbswidrige Absprachen verhindern soll.

Im Fall einer Doppelbeteiligung spricht der typische Ablauf für das Vorliegen der wechselseitigen Kenntnis der Angebotsinhalte. Der Ablauf genügt jedoch allein noch nicht, um von einer wettbewerbswidrigen Abrede auszugehen, die zu dem Ausschluss beider Angebote aus dem Vergabeverfahren führen würde. Die Vergabestelle muss der Bietergemeinschaft und dem ihr angehörenden Einzelbieter die Möglichkeit geben, einen Entlastungsnachweis zu erbringen, dass ausnahmsweise der Geheimwettbewerb gewahrt wurde und damit nicht der Tatbestand einer wettbewerbswidrigen Abrede erfüllt ist. Hat die Vergabestelle den-

---

912 Vgl. OLG Naumburg, Beschluss v. 13.05.2008, 1 Verg 3/08, „Laboreinrichtung II", VergabeR 2009, 91 (94).
913 *Müller-Wrede*, in Ingenstau/Korbion, VOB, 17. Auflage, 2010, § 3a VOB/A Rn. 33.
914 Vgl. OLG Düsseldorf, Beschluss v. 18.06.2003, VII-Verg 15/03, Juris Tz. 29.
915 Vgl. BGH, Urteil v. 10.09.2009, VII ZR 255/08, NZBau 2009, 781 (782), Urteil v. 01.08.2006, X ZR 115/04, NZBau 2006, 797 (798), OLG Celle, Beschluss v. 16.01.2002, 13 Verg 1/02, VergabeR 2002, 299 (301).
916 Vgl. KG, Beschluss v. 31.05.2000, Kart Verg 1/00, Juris Tz. 38, 40.

noch Zweifel, muss sie Prüfungsmaßnahmen durchführen, um Erkenntnisse zu verifizieren, die sie zum Ausschluss der Angebote der Bietergemeinschaft und des Mitglieds aus dem Vergabeverfahren berechtigen würden.

Vierter Teil
Bietergemeinschaften als Beteiligte im Nachprüfungsverfahren

Bietergemeinschaften können in einem Nachprüfungsverfahren als Antragsteller oder Beigeladene eine Beteiligtenstellung haben. In der Rolle als Antragsteller ergeben sich Besonderheiten bei zwei Zulässigkeitsvoraussetzungen, nämlich bei der Antragsbefugnis nach § 107 Abs. 2 GWB und der Rügeobliegenheit gemäß § 107 Abs. 3 GWB.

Kapitel 1: Die Antragsbefugnis der Bietergemeinschaft

Die Antragsbefugnis hat für die Erlangung von Primärrechtsschutz und für die Geltendmachung subjektiver Rechte von Bietern im Nachprüfungsverfahren zentrale Bedeutung.[917] Sie ist gemäß § 107 Abs. 2 GWB an drei Voraussetzungen gebunden, nämlich das Interesse an dem Auftrag, die Verletzung subjektiver Rechte im Sinn des § 97 Abs. 7 GWB sowie einen dadurch entstandenen oder drohenden Schaden, wobei an die dem Antragsteller obliegende Darlegungslast keine überzogenen Anforderungen gestellt werden dürfen.[918]

A. Grundsatz – Antragsbefugnis der Kooperation

I. Rechtslage bei unverändertem Bestehen der Bietergemeinschaft im Nachprüfungsverfahren

Der EuGH hat in der Entscheidung *„Espace-Trianon"* klar gestellt, dass Art. 1 der Richtlinie 89/665[919] einer nationalen Regelung nicht entgegensteht, nach der nur die Gesamtheit der Mitglieder einer Gelegenheitsgesellschaft ohne Rechtspersönlichkeit, die an einem Vergabeverfahren teilgenommen hat, ein Nachprüfungsverfahren einleiten kann, nicht aber lediglich eines ihrer Mitglieder.[920] In der Entscheidung *„Consorcio Elisocorso San Raffaele"* hat der EuGH ausgeführt, dass dieselbe Bestimmung aus der sog. Rechtsmittelrichtlinie eine nationale Regelung zulässt, wonach eines der Mitglieder einer Gelegenheitsgesellschaft die Vergabeentscheidung allein nachprüfen lassen kann.[921] Mit dem

---

917 Vgl. BVerfG, Beschluss v. 29.07.2004, 2 BvR 2248/03, NZBau 2004, 564 (565).
918 Vgl. BVerfG, Beschluss v. 29.07.2004, 2 BvR 2248/03, NZBau 2004, 564 (566), BGH, Beschluss v. 01.02.2005, X ZB 27/04, NZBau 2005, 290 (291), Beschluss v. 18.05.2004, X ZB 7/04, NZBau 2004, 457 (458).
919 Richtlinie zur Koordinierung der Rechts- und Verwaltungsvorschriften für die Anwendung der Nachprüfungsverfahren im Rahmen der Vergabe öffentlicher Liefer- und Bauaufträge vom 21.12.1989,, ABl. L 395, 33.
920 EuGH, Urteil v. 08.09.2005, C-129/04, *„Espace Trianon"*, VergabeR 2005, 748 (751), vgl. auch EuGH, Urteil v. 23.01.2003, C 57/01, *„Makedoniko Metro"*, VergabeR 2003, 155 (161).
921 EuGH, Urteil v. 04.10.2007, Rs. C-492/06, *„Consorcio Elisocorso San Raffaele"*, VergabeR 2008, 208 (211).

ersten Urteil hat der EuGH sichergestellt, dass einer Bietergemeinschaft als Wirtschaftsteilnehmerin im Sinne der Vergaberichtlinien der Zugang zu einem Nachprüfungsverfahren offensteht, während das Gericht in der zweiten Entscheidung verdeutlicht hat, dass weitergehende nationale Regelungen, die auch den einzelnen Mitgliedern diese Befugnis einräumen, mit den Richtlinien vereinbar sind.[922]

Derartige innerstaatliche Regelungen bestehen aber ebenso wenig wie europarechtliche.[923] Nahezu einhellig wird die Meinung vertreten, dass Bietergemeinschaften als solche, also nicht ihre einzelnen Mitglieder, antragsbefugt sind.[924] Die Auffassung wird damit begründet, dass Antragsteller eines Nachprüfungsverfahrens nur der potenzielle Auftragnehmer sein kann.[925] Das ist derjenige, der darlegt, sich bei ordnungsgemäßer Vergabe um den Auftrag beworben zu haben und willens gewesen zu sein, den Vertrag mit dem Auftraggeber in eigenem Namen zu schließen.[926] Da dies die Bietergemeinschaft als Gesamtheit ist, kann auch nur sie selbst das Interesse an dem Auftrag im Rahmen der Antragsbefugnis darlegen.[927] Im Übrigen folgt die Antragsbefugnis der mit anderen natürlichen und juristischen Personen gleichgestellten Kooperation auch daraus, dass sie – nicht die einzelnen Mitglieder – Anspruchsinhaberin der materiellen Rechte im

---

922 *Gabriel*, VergabeR 2008, 211 (212).
923 Vgl. dazu auch *Prieß*, Handbuch des europäischen Vergaberechts, 3. Auflage, 2005, 269 f.
924 Vgl. LSG Mecklenburg-Vorpommern, Beschluss v. 24.08.2009, L 6 B 172/09, Juris Tz. 53, OLG Düsseldorf, Beschluss v. 29.10.2008, VII-Verg 35/08, Veris, 5, Beschluss v. 20.12.2004, VII-Verg 101/04, Juris Tz. 4, Verg OLG Rostock, Beschluss v. 10.06.2005, 17 Verg 9/05, Juris Tz. 64, OLG Saarbrücken, Beschluss v. 13.11.2002, 5 Verg 1/02, Juris Tz. 82, OLG Frankfurt am Main, Beschluss v. 05.03.2002, 11 Verg 2/01, VergabeR 2002, 394 (394), VK Münster, Beschluss v. 18.03.2010, VK 1/10, Juris Tz. 92, VK Bund, Beschluss v. 29.04.2009, VK 3-76/09, Tz. 55, VK Arnsberg, Beschluss v. 21.07.2008, Juris Tz. 79, VK Hessen, Beschluss v. 26.01.2005, 69d VK-96/2004, Juris Tz. 24 ff., VK Rheinland-Pfalz, Beschluss v. 15.02.2000, VK 2/99, Veris, 11 f., *Burchardt/Class*, in: Burchardt/Pfülb, ARGE-Kommentar, 4. Auflage, 2006, Exkurs Bietergemeinschaftsvertrag Rn. 22f, *Dreher*, in: Dreher/Stockmann, Kartellvergaberecht, 4. Auflage, 2008, § 107 Rn. 10, *Gabriel/Benecke/Geldsetzer*, Die Bietergemeinschaft, 2007, Rn. 100, *Glahs*, NZBau 2004, 544 (545), *Möllenkamp*, in: Kulartz/Kus/Portz, Kommentar zum GWB-Vergaberecht, 2. Auflage, 2009, § 107 Rn. 23, *Ohrtmann*, VergabeR 2008, 426 (441), *Otting*, in: Bechtold, GWB. 5. Auflage, 2008, § 107 Rn. 2, *Prieß*, VergabeR 2005, 752 (752), *f. Roth*, NZBau 2005, 316 (317), *Wirner*, IBR 2005, 571 (571).
925 Vgl. OLG Düsseldorf, Beschluss v. 30.04.2008, VII-Verg 23/08, VergabeR 2008, 835 (839), Beschluss v. 03.01.2005, VII Verg 82/04, Juris Tz. 4, VK Münster, Beschluss v. 18.03.2010, VK 1/10, Juris Tz. 92.
926 Vgl. OLG Düsseldorf, Beschluss v. 29.10.2008, VII-Verg 35/08, Veris, 5, Beschluss v. 30.04.2008, Verg 23/08, NZBau 2008, 461 (463), *Gabriel*, VergabeR 2008, 211 (212).
927 Vgl. VK Baden-Württemberg, Beschluss v. 11.08.2009, 1 VK 36/09, Veris, 7, *Gabriel*, VergabeR 2008, 211 (212), *Prieß/Gabriel*, WuW 2006, 385 (390), *Prieß*, VergabeR 2005, 751 (752).

Sinn des § 97 Abs. 7 GWB ist.[928] Eine Antragsbefugnis von nur mittelbar am Auftrag Interessierten scheidet dagegen aus.[929]

Letztlich wird die Auffassung dadurch gestützt, dass aus der Rechtsfähigkeit der Bietergemeinschaft als Außen-GbR[930] deren Parteifähigkeit folgt.[931] Damit ist die GbR als solche, d. h. als selbstständige Rechtsträgerin, Beteiligte an einem Prozess[932] oder an einem gerichtsähnlichen Verfahren wie dem Nachprüfungsverfahren. Aus der Tatsache, dass die GbR (nicht ihre Mitglieder) aktiv- und passivlegitimiert ist,[933] folgt, dass die Antragsbefugnis, die als Form des Rechtsschutzbedürfnisses[934] eine Prozessvoraussetzung darstellt, nur in Bezug auf sie selbst vorliegen muss. Die Kooperation muss also deren Voraussetzungen erfüllen und darlegen.

Nach Auffassung des OLG Hamburg sollen Einzelunternehmen einer Bietergemeinschaft jedoch antragsbefugt sein, wenn die anderen Partner sich aus übergeordneten Gründen nicht an dem Nachprüfungsantrag beteiligen.[935] Diese Meinung ist abzulehnen, weil es sich bei dem geforderten Merkmal um ein unbestimmtes Kriterium handelt.[936] Außerdem lässt sich weder aus den gesellschafts- noch aus den vergaberechtlichen Grundlagen eine Rechtfertigung für eine solche Ausnahme herleiten.

Ein denkbarer Fall für die Zulässigkeit einer eigenen Antragsbefugnis des Mitglieds einer Bietervereinigung ist allerdings gegeben, wenn es trotz seiner Zugehörigkeit zu der Gruppe Vergaberechtsverstöße darlegen kann, die es individuell betreffen, weil sie geeignet sind, die Abgabe eines alleinigen Angebots zu verhindern.[937] Ein solcher Verstoß kann z. B. in der von der Vergabestelle nicht vorgenommenen Aufteilung des Auftrags in Lose liegen. Die eigene Antragsbefugnis

---

928 Vgl. *Dreher,* in: Dreher/Stockmann, Kartellvergaberecht, 4. Auflage, 2008, § 107 Rn. 10, *Prieß/Gabriel,* WuW 2006, 385 (390).
929 Mit Beschluss v. 23.04.2009, 1 BvR 3424/08, hat das BVerfG eine Verfassungsbeschwerde nicht angenommen, die die Antragsbefugnis in einem Nachprüfungsverfahren zum Gegenstand hatte. Nachdem in der Sachverhaltsdarstellung auch die Mitglieder einer Bietergemeinschaft als mittelbar interessierte Unternehmen bezeichnet wurden, hat das BVerfG die Antragsbefugnis von mittelbar an dem Auftrag Interessierten verneint, NZBau 2009, 464 (465).
930 Vgl. dazu Zweiter Teil, Kapitel 4, A., IV.
931 Vgl. BGH, Urteil v. 29.01.2001, II ZR 331/00, BauR 2001, 775 (778 ff.).
932 Vgl. *Hadding,* ZGR 2001, 712 (730), *Kraemer,* NZM 2002, 465 (468), *Pohlmann,* WM 2002, 1421 (1423).
933 Vgl. *Schwarz,* ZfBR 2007, 636 (641) für eine ARGE.
934 Vgl. *Möllenkamp,* in: Kulartz/Kus/Portz, Kommentar zum GWB-Vergaberecht, 2. Auflage, 2009, § 107 Rn. 17.
935 So OLG Hamburg, Beschluss v. 10.10.2003, 1 Verg 2/03, ZfBR 2004, 296 (297).
936 Vgl. *Dreher,* in: Dreher/Stockmann, Kartellvergaberecht, 4. Auflage, 2008, § 107 Rn. 10.
937 Vgl. VK Bund, Beschluss v. 12.07.2005, VK 3-67/05, Veris, 7 f., Beschluss v. 08.01.2004, VK 1-1117/03, Veris, 7, *Glahs,* NZBau 2004, 544 (546).

des Einzelunternehmens ersetzt jedoch nicht die der Bietergemeinschaft, sondern besteht – soweit die Gruppe andere Vergaberechtsverletzungen geltend machen kann – zusätzlich. Es handelt sich um zwei verschiedene Konstellationen, die unabhängig voneinander zu behandeln sind.

II. Rechtslage bei einem Wechsel im Mitgliederbestand oder bei aufgelöster GbR

Keinen Einfluss auf die Antragsbefugnis einer Bietergemeinschaft hat der Wechsel oder Wegfall von Mitgliedern, solange die GbR fortbesteht.[938] Anders verhält es sich allerdings, wenn sie sich aufgelöst hat,[939] wie etwa bei dem Ausscheiden eines Unternehmens bei einem zweigliedrigen Zusammenschluss.[940] Dann ist der Urheber des Angebots, die GbR, nicht mehr existent, mit der Rechtsfolge, dass sie zwangsläufig kein Interesse an dem Auftrag mehr haben und ihr kein Schaden mehr drohen kann. Es genügt auch nicht, wenn die noch bestehende Gesellschaft vor ihrer Auflösung den Nachprüfungsantrag eingereicht hat. Denn die Antragsbefugnis muss während des gesamten Verfahrens bis zu der Entscheidung fortbestehen, was von den Nachprüfungsinstanzen in jeder Lage des Verfahrens von Amts wegen zu prüfen ist.[941]

Die gleiche Rechtslage wird angenommen, wenn sich die GbR wegen der Insolvenz eines Unternehmens und mangelnder Fortsetzungsklausel im Gesellschaftsvertrag aufgelöst hat.[942] Hier ist jedoch in Analogie zu § 124 Abs. 1 HGB[943] in Verbindung mit § 157 Abs. 1 HGB davon auszugehen, dass ein Rechtsstreit infolge eintretender Unzulässigkeit nur dann beendet wird, wenn die Personenge-

---

938 Vgl. EuGH, Urteil v. 23.01.2003, C 57/01, *„Makedoniko Metro"*, VergabeR 2003, 155 (161), VK Nordbayern, Beschluss v. 01.02.2008, 21.VK 3194-54/07, Juris Tz. 57, VK Saarland, Beschluss v. 09.03.2007, 3 VK 01/2007, Veris, 23; zweifelnd dagegen OLG Hamburg, Beschluss v. 12.12.2000, 1 Verg 1/00, NZBau 2001, 460 (461), *Prieß*, VergabeR 2005, 751 (753 f.), *Summa*, in: JurisPK-VergR, 2. Auflage 2008, § 107 GWB Rn. 30; vgl. auch Zweiter Teil, Kapitel 4, A., III., 3.
939 Vgl. OLG Hamburg, Beschluss v. 02.10.2002, 1 Verg 1/00, *„Mühlenberger Loch"*, NZBau 2003, 223 (224), *Summa*, in: JurisPK-VergR, 2. Auflage 2008, § 107 GWB Rn. 30.
940 VK Nordbayern, Beschluss v. 06.08.2007, 21.VK-3194-33/07, Veris, 3 f.
941 Vgl. OLG Koblenz, Beschluss v. 25.05.2000, 1 Verg 1/00, BauR 2000, 1600 (1600), *Möllenkamp*, in: Kulartz/Kus/Portz, Kommentar zum GWB-Vergaberecht, 2. Auflage, 2009, § 107 Rn. 44.
942 Vgl. VK Nordbayern, Beschluss v. 14.04.2005, 320.VK-3194-09/05, Veris, 9, 11, *Ohrtmann*, VergabeR 2008, 426 (441).
943 Dies ist die ausdrückliche Regelung zur Rechts- und Parteifähigkeit der OGH, an deren Auslegung in Bezug auf eine GbR eine Anlehnung erfolgen kann.

sellschaft vollends beendet ist, also gar nicht mehr existiert.[944] Die Parteifähigkeit dauert aber bis zur Prozessbeendigung fort, wenn eine Abwicklung oder andere Art der Auseinandersetzung eintritt.[945] Es kommt danach im Einzelfall darauf an, ob die Bietergemeinschaft sich sofort aufgelöst hat oder in eine Abwicklungsgesellschaft übergegangen ist.[946] Bei der ersten Variante entfällt die Antragsbefugnis sofort, bei der zweiten erst mit Beendigung der Abwicklung.

Einen anderen Lösungsansatz wählte die VK Saarland.[947] Die evtl. Kündigung der Bietergemeinschaft durch eines ihrer Mitglieder war für die Kammer kein Grund, die Antragsbefugnis zu verneinen. Erst im Rahmen der Begründetheit, nämlich bei der Voraussetzung der Aktivlegitimation, prüfte sie, ob eine materiell-rechtliche Berechtigung zur Geltendmachung der Ansprüche im Nachprüfungsverfahren gegeben war.

Das OLG Düsseldorf hat die Antragsbefugnis eines Mitglieds einer wegen Insolvenz des anderen Partners aufgelösten zweigliedrigen Kooperation bejaht, weil dem verbleibenden Unternehmen als Gesamtrechtsnachfolger der beendeten GbR ein wirtschaftliches und rechtliches Interesse an der Klärung der Frage zuerkannt wurde, ob deren Angebot zu Recht von der Wertung ausgeschlossen worden war.[948] Es hat den Nachprüfungsantrag dann aber wegen mangelnder Begründetheit infolge des Wechsels in der Person des Bieters zurückgewiesen.[949]

Diese der herrschenden Meinung entgegenstehenden Auffassungen sind nicht überzeugend. Entscheidend ist, dass nur dasjenige Unternehmen die Voraussetzungen der Antragsbefugnis geltend machen kann, das als Bewerber oder Bieter im formalen Sinn in dem vorangegangenen Vergabeverfahren aufgetreten ist und das auch (noch) in der Lage ist, der zukünftige Vertragspartner des Auftraggebers zu werden.

---

944 Vgl. BGH, Urteil v. 05.04.1979, II ZR 73/78, NJW 1979, 1592 (1592 f.), *Koller*, in: Koller/Roth/Morck, HGB, 6. Auflage, 2007, § 124 Rn. 7.
945 *Hopt*, in: Baumbach/Hopt, Handelsgesetzbuch, 34. Auflage, 2010, § 124, Rn. 44.
946 Vgl. Zweiter Teil, Kapitel 4, A., III., 3., a. und IV., 5., c.
947 Beschluss v. 09.03.2007, 3 VK 01/2007, Veris, 23.
948 Vgl. OLG Düsseldorf, Beschluss v. 24.05.2005, VII-Verg 28/05, NZBau 2005, 710 (711), zustimmend *Möllenkamp*, in: Kulartz/Kus/Portz, Kommentar zum GWB-Vergaberecht, 2. Auflage, 2009, § 107 Rn. 23.
949 Vgl. OLG Düsseldorf, Beschluss v. 24.05.2005, VII-Verg 28/05, NZBau 2005, 710 (711 f.).

B. Sonderfälle

I. Gewillkürte Prozessstandschaft

Soweit die dafür erforderlichen Voraussetzungen erfüllt sind, halten Auffassungen in der Rechtsprechung und im Schrifttum es für zulässig, dass ein einzelnes Partnerunternehmen die Rechte einer Kooperation im eigenen Namen geltend macht; es liegt dann ein Fall der gewillkürten Prozessstandschaft vor.[950] Dabei handelt es sich um eine besondere Form der Prozessführungsbefugnis,[951] bei der fremde Rechte in eigenem Namen auf Grund einer Ermächtigung, die ausdrücklich oder stillschweigend erteilt worden sein kann,[952] durch den Rechtsinhaber geltend gemacht werden.[953] Der sog. Prozessstandschafter muss einen eigenen berechtigten Grund, ein schutzwürdiges Interesse, für die Geltendmachung des fremden Rechts haben.[954]

Da die Entscheidung im Nachprüfungsverfahren Einfluss auf die eigene Rechtslage der Unternehmen hat,[955] die Mitglieder der Bietervereinigung sind und in dieser Funktion zum Angebot beigetragen haben, und sie von dem Ausgang des Rechtsschutzverfahrens betroffen sind, ist das schutzwürdige Eigeninteresse bei ihnen gegeben. Die Konsequenzen aus der Entscheidung der Vergabekammer sind für die Kooperation als solche und für die Partner, die sich zusammengeschlossen haben, die gleichen.

Gleichgültig, ob die Ermächtigung ausdrücklich oder stillschweigend erteilt wurde, muss sie im Verfahren grundsätzlich offen gelegt werden.[956] Alternativ

---

950 Vgl. OLG Düsseldorf, Beschluss v. 29.10.2008, VII-Verg 35/08, Veris, 5, OLG Frankfurt am Main, Beschluss v. 23.01.2007, 11 Verg 11/06, Juris Tz. 31, VK Bund, Beschluss v. 29.04.2009, VK 3-76/09, Juris Tz. 55, Beschluss v. 09.04.2009, VK 3-58/09, Juris Tz. 59, a. A. *Prieß*, VergabeR 2005, 752 (752).
951 Vgl. *Hüßtege*, in Thomas/Putzo, Zivilprozessordnung, 31. Auflage, 2010, § 51 Rn. 31.
952 Vgl. Baumbach/Lauterbach/Albers/Hartmann, Zivilprozessordnung, 68. Auflage, 2010, Grdz. § 50 Rn. 29.
953 Vgl. BGH, Urteil v. 25.11.2004, I ZR 145/02, NJW 2005, 1656 (1656), *Vollkommer*, in: Zöller, Zivilprozessordnung, 28. Auflage, 2010, Vor § 50 Rn. 42.
954 Vgl. BGH, Urteil v. 03.04.2003, IX ZR 287/99, NZBau 2003, 436 (436) mit weiteren Nachweisen, Baumbach/Lauterbach/Albers/Hartmann, Zivilprozessordnung, 68. Auflage, 2010, Grdz. § 50 Rn. 30, *Hüßtege*, in Thomas/Putzo, Zivilprozessordnung, 31. Auflage, 2010, § 51 Rn. 34.
955 Vgl. OLG Frankfurt am Main, Beschluss v. 23.01.2007, 11 Verg 11/06, Juris Tz. 31, OLG Düsseldorf, Beschluss v. 29.10.2008, VII-Verg 35/08, Veris, 5, Beschluss v. 30.03.2005, VII-Verg 101/04, Juris Tz. 11, VK Bund, Beschluss v. 29.04.2009, VK 3-76/09, Juris Tz. 55, Beschluss v. 09.04.2009, VK 3-58/09, Juris Tz. 59, VK Hessen, Beschluss v. 25.08.2006, 69d VK-37/06, Veris, 10.
956 Vgl. BGH, Urteil v. 24.02.1994, VII ZR 34/93, NJW 1994, 2549 (2550), Urteil v. 30.06.1994, I ZR 32/92, NJW 1994, 2891 (2891).

muss zumindest erkennbar sein, dass der Anspruchsteller als Prozessstandschafter handelt.[957] Unproblematisch ist demnach die Annahme einer gewillkürten Prozessstandschaft, wenn eine ausdrückliche, bestenfalls schriftliche Ermächtigung der übrigen Bietergemeinschaftsmitglieder vorhanden ist und der das Nachprüfungsverfahren führende Partner diese vorlegt.[958]

Im Nachprüfungsverfahren kann dagegen regelmäßig nicht von einer bloßen Erkennbarkeit einer gewillkürten Prozessstandschaft ausgegangen werden. Wegen der Besonderheiten, dass der Antragsteller, dessen formale und materielle Stellung die Bietergemeinschaft einnimmt, die Antragsbefugnis und deren Voraussetzungen dartun muss, ist es grundsätzlich weder aus tatsächlichen noch aus rechtlichen Gründen offensichtlich oder auch nur naheliegend, dass ein im Verfahren auftretendes einzelnes Mitglied die Rechte der Bietergemeinschaft im eigenen Namen geltend macht. Aus Gründen der Rechtssicherheit für die Vergabestelle und die anderen Beteiligten muss daher die Besonderheit der gewillkürten Prozessstandschaft unzweifelhaft nachgewiesen werden.

II. Rechtslage im Feststellungsverfahren

In der Entscheidung *„Club Hotel Loutraki"* hat der EuGH klargestellt, dass einem Mitglied einer Bietergruppe nicht die Möglichkeit versagt werden darf, individuell Ersatz wegen eines Schadens zu verlangen, den es aufgrund einer Entscheidung einer an einem Vergabeverfahren beteiligten Behörde, die nicht der öffentliche Auftraggeber ist, erlitten hat.[959] Damit soll zumindest der Sekundärrechtsschutz für Einzelunternehmen sichergestellt werden. Mit dem Urteil hat das Gericht ausdrücklich eine Abgrenzung zu der Entscheidung *„Espace Trianon"* vorgenommen.[960]

Für den innerstaatlichen Rechtsschutz scheint die Entscheidung zunächst keine unmittelbare Bedeutung zu haben, weil Schadensersatz vor den ordentlichen Gerichten eingeklagt werden kann und der Zugang zu dem Verfahren nicht von der Zulässigkeitsvoraussetzung der Antragsbefugnis abhängt. Aufgrund der Bindungswirkung[961] der Beschlüsse der Nachprüfungsinstanzen gemäß § 124

---

957 Vgl. BGH, Urteil v. 16.09.1999, VII ZR 385/98, NJW 1999, 3707 (3708) für eine ARGE.
958 So in den Fällen des OLG Frankfurt am Main, Beschluss v. 23.01.2007, 11 Verg 11/06, Juris Tz. 31, OLG Düsseldorf, Beschluss v. 30.03.2005, VII Verg 101/04, Veris, 4, der VK Bund, Beschluss v. 29.04.2009, VK 3-76/09, Juris Tz. 32, 55, Beschluss v. 31.08.2005, VK 3-103/05, Veris, 13, VK Hessen, Beschluss v. 25.08.2006, 69d VK 37/06, Veris, 10.
959 Vgl. EuGH, Urteil v. 06.05.2010, C-145/08, *„Club Hotel Loutraki"*, Juris Tz. 79 f.
960 Vgl. EuGH, Urteil v. 06.05.2010, C-145/08, *„Club Hotel Loutraki"*, Juris Tz. 79.
961 Vgl. *Dreher*, in: Dreher/Stockmann, Kartellvergaberecht, 4. Auflage, 2008, § 124 Rn. 2, *Röwekamp*, in: Kulartz/Kus/Portz, Kommentar zum GWB-Vergaberecht, 2. Auflage, 2009, § 124 Rn. 1.

Abs. 1 GWB besteht aber eine enge Verknüpfung zwischen Primär- und Sekundärrechtsschutz.

Deshalb ist zu klären, ob und evtl. unter welchen Voraussetzungen in den Fällen des § 114 Abs. 2 GWB eine Befugnis des einzelnen Mitglieds gegeben ist, das Verfahren fortführen zu können. Wenn nämlich ein Vergabeverfahren durch Zuschlag, Aufhebung oder Einstellung beendet wird, erledigt sich das Nachprüfungsverfahren, da das Ziel, die Zuschlagserteilung an den Antragsteller, nicht mehr erreichbar ist.[962] Es kann dann allerdings durch Antrag in ein Feststellungsverfahren übergeleitet werden,[963] das wegen der Regelung des § 124 Abs. 1 GWB primär der Sicherung der bereits gewonnenen Verfahrensergebnisse für einen nachfolgenden Schadensersatzprozess dient.[964] Falls der Gesellschaftsvertrag keine entsprechenden eindeutigen Vereinbarungen enthält, löst sich eine Bietergemeinschaft als Gelegenheitsgesellschaft im Regelfall mit der Beendigung des Vergabeverfahrens auf.[965] Das könnte bedeuten, dass die Kooperation als die Bieterin und als Beteiligte des Nachprüfungsverfahrens entfällt und ihre Antragsbefugnis nicht mehr aufrecht erhalten kann. Um in ein Feststellungsverfahren überzuleiten und dieses (rechtskräftig) beenden zu können, ist es – auch unter Zugrundelegung der Entscheidung *„Club Hotel Loutraki"* des EuGH[966] – überlegenswert, die Berechtigung dazu ausnahmsweise einem oder mehreren Mitgliedern der nicht mehr vorhandenen Kooperation zuzuerkennen.

Die Bieterkooperation selbst verliert jedoch nur in den Fällen einer Vollbeendigung ihre Existenz sofort, dagegen nicht in den Fällen, in denen sie sich in eine Abwicklungsgesellschaft umwandelt.[967] Danach ist zu differenzieren und der Zeitpunkt der Auflösung genau zu bestimmen. Nur wenn dieser noch vor Abschluss des Feststellungsverfahrens liegt, kommt überhaupt die Fortführung durch ein Einzelmitglied in Betracht.

Ein einzelnes Partnerunternehmen kann die an ein Feststellungsverfahren gestellten Bedingungen erfüllen. Dessen Begründetheit setzt voraus, dass der ursprüngliche Nachprüfungsantrag zulässig gewesen ist.[968] Für das Verfahren nach

---

962 Vgl. nur *Reidt*, in: Reidt/Stickler/Glahs, Vergaberecht, 2. Auflage 2003, § 114 Rn. 49.
963 Vgl. nur *Byok*, in: Byok/Jaeger, Kommentar zum Vergaberecht, 2. Auflage, 2005, § 114 Rn. 1078.
964 Vgl. BGH, Beschluss v. 19.12.2000, X ZB 14/00, NJW 2001, 1492 (1493), *Dreher*, in: Dreher/Stockmann, Kartellvergaberecht, 4. Auflage, 2008, § 114 Rn. 39.
965 Vgl. dazu näher: Zweiter Teil, Kapitel 4, A., III., 3., a.
966 Vgl. EuGH, Urteil v. 06.05.2010, C-145/08, *„Club Hotel Loutraki".*
967 Vgl. Vierter Teil, Kapitel 1, A., II.
968 Vgl. OLG München, Beschluss v. 15.10.2009, Verg 14/09, Juris Tz. 64, OLG Frankfurt am Main, Beschluss v. 05.08.2003, 11 Verg 1/02, *„Klärschlamm"*, VergabeR 2003, 726 (727), VK Bund, Beschluss v. 22.05.2003, VK ´2-12/03, Juris Tz. 45, *Dreher*, in: Dreher/Stockmann, Kartellvergaberecht, 4. Auflage, 2008, § 114 Rn. 49, *Maier*, in: Kulartz/Kus/Portz, Kommentar zum GWB-Vergaberecht, 2. Auflage, 2009, § 114 Rn. 74, *Noelle*, VergabeR 2003, 730

§ 114 Abs. 2 GWB verlangt die herrschende Meinung ein Feststellungsinteresse, das insbesondere in der nicht auszuschließenden Möglichkeit eines Schadensersatzanspruches oder in einem anderen anzuerkennenden Interesse rechtlicher, wirtschaftlicher oder ideeller Art besteht.[969] Andere Ansichten verzichten auf diese Voraussetzung.[970] Wegen des Gegenstands eines Verfahrens nach § 114 Abs. 2 GWB, ob und inwieweit eine Verletzung *subjektiver* Rechte des Antragstellers vorliegt,[971] ist der herrschenden Meinung zu folgen. Ein solches Interesse kann regelmäßig von einem Mitglied einer Bietergemeinschaft dargelegt werden, da dieses eigene finanzielle Aufwendungen im Zusammenhang mit der Erstellung des Angebots erbracht und getätigt hat.

Obwohl somit vieles dafür spricht, unter bestimmten Umständen den Übergang eines Feststellungsverfahrens von einer Bietergemeinschaft auf einen Gesellschafter zuzulassen, ist eine solche Ausnahme dennoch abzulehnen. Eine gewillkürte Prozessstandschaft scheidet aus, da bei nicht mehr vorhandener Existenz der GbR ihre Rechte nicht mehr geltend gemacht werden können. Abgesehen davon, dass es für die Ausnahme dadurch an einer Rechtsgrundlage fehlt, ist sie auch deshalb nicht als zulässig anzusehen, weil damit eine sachlich nicht gerechtfertigte Besserstellung der betreffenden Partner der Bieterkooperation erreicht würde, welche Bietern, die sich in anderen Gesellschaftsformen organisiert haben, auch nicht zusteht. Etwas anderes könnte nur gelten, wenn die Rechtsfortbildung auf alle denkbaren Fälle ausgedehnt würde. Das ist aber letztlich aus materiellen Rechtsgründen nicht nötig. Denn die Bindungswirkung nach § 124 Abs. 1 GWB führt nicht dazu, dass Schadensersatzansprüche vor den ordentlichen Gerichten ausgeschlossen sind. Mangels einer vorgreiflichen Entscheidung eines Nachprüfungsorgans kann diese allerdings nicht eintreten. Damit ist aber den Forderungen des EuGH „*Club Hotel Loutraki*" entsprochen. Dass der Rechtsschutz sich nicht vollständig in der nach dem Vierten Teil des GWB vorgesehen Form realisieren kann, ist aufgrund der sachlichen Unterschiede in der Person der jeweiligen Antragsteller hinzunehmen.

(730 f.), *Summa*, in: JurisPK-VergR, 2. Auflage 2008, § 114 GWB Rn. 104, a. A. *Reidt*, in: Reidt/Stickler/Glahs, Vergaberecht, 2. Auflage 2003, § 114 Rn. 48.

[969] Vgl. OLG Naumburg, Beschluss v. 23.04.2009, 1 Verg 5/08, Juris Tz. 16, OLG Koblenz, Beschluss v. 04.02.2009, 1 Verg 4/08, VergabeR 2009, 682 (684), OLG Celle, Beschluss v. 08.12.2005, 13 Verg 2/05, NZBau 2006, 197 (198), OLG Frankfurt am Main, Beschluss v. 06.02.2003, 11 Verg 3/02, „*Uniklinikum Marburg*", NZBau 2004, 174 (174), *Byok*, in: Byok/Jaeger, Kommentar zum Vergaberecht, 2. Auflage, 2005, § 114 Rn. 1078, *Gulich*, VergabeR 2009, 686 (686), *Maier*, in: Kulartz/Kus/Portz, Kommentar zum GWB-Vergaberecht, 2. Auflage, 2009, § 114 Rn. 75, *Reidt*, in: Reidt/Stickler/Glahs, Vergaberecht, 2. Auflage 2003, § 114 Rn. 58, *Summa*, in: JurisPK-VergR, 2. Auflage 2008, § 114 GWB Rn. 106.

[970] Vgl. *Dreher*, in: Dreher/Stockmann, Kartellvergaberecht, 4. Auflage, 2008, § 114 Rn. 50 mit weiteren Nachweisen, *Otting*, in: Bechtold, GWB. 5. Auflage 2008, § 114 Rn. 7.

[971] Vgl. *Maier*, in: Kulartz/Kus/Portz, Kommentar zum GWB-Vergaberecht, 2. Auflage, 2009, § 114 Rn. 73.

C. Vertretung der Bietergemeinschaft bei der Darlegung der Antragsbefugnis

Die Darlegung der Antragsbefugnis als Zulässigkeitsvoraussetzung in dem Nachprüfungsantrag ist eine Prozesshandlung.[972] Die GbR selbst ist nicht prozessfähig, sondern handelt durch ihre gesetzlichen Vertreter.[973] Liegt nicht der gesetzliche Regelfall vor, wonach alle Gesellschafter gemäß §§ 709 Abs. 2, 714 BGB vertretungsberechtigt sind, sind nur die Prozesshandlungen der insoweit befugten organschaftlichen Vertreter und der Prozessbevollmächtigten[974] wirksam.[975] Werden ausschließlich einzelne Gesellschafter tätig, müssen sie ggf. darlegen und beweisen, dass sie die GbR ordnungsgemäß vertreten.[976]

Wenn die Partnerunternehmen einer Kooperation den Nachprüfungsantrag als Bietergemeinschaft einreichen und die Voraussetzungen für die Antragsbefugnis gemeinsam dartun, indem sie alle den Nachprüfungsantrag unterzeichnen, ist für Dritte, insbesondere für die Vergabekammer und die Beteiligten, offensichtlich, dass die GbR als solche handelt und auftritt. Wenn der Nachprüfungsantrag mit den darin enthaltenen Darlegungen bezüglich der Antragsbefugnis alternativ nur von einem Mitglied der Bietergemeinschaft unterzeichnet wird, stellt sich die Frage nach der Vertretungsbefugnis und der Nachweispflicht.

Da bereits in dem Vergabeverfahren ein bevollmächtigter Vertreter benannt werden muss,[977] liegt es nahe, dass der Gesellschaftsvertrag eine Regelung bezüglich des Vertretungsbefugten enthält.[978] Dies lässt jedoch nicht zwangsläufig den Schluss zu, dass die Vertretungsbefugnis auch für ein Nachprüfungsverfahren gelten soll. Denn Zweck einer Bietergemeinschaft ist die

---

972 Die Parallele wird gezogen, weil das Nachprüfungsverfahren zwar formal ein Verwaltungsverfahren (vgl. § 114 Abs. 3 GWB), aber „gerichtsähnlich" ausgestaltet ist (vgl. nur BGH, Beschluss v. 29.09.2009, X ZB 1/09, NZBau 2010, 129 (130)), bei dem prozessuale Regelungen gelten, die aus dem Verwaltungs- und Zivilprozessrecht entlehnt werden (vgl. nur *Maier*, in: Kulartz/Kus/Portz, Kommentar zum GWB-Vergaberecht, 2. Auflage, 2009, § 114 Rn. 2).
973 Vgl. *Gummert*, in: Gummert/Weipert, Münchener Handbuch des Gesellschaftsrechts, Band 1, 3. Auflage, 2009, § 19 Rn. 20, *Pohlmann*, WM 2002,1421 (1423).
974 Die Möglichkeit der Vertretung der Bietergemeinschaft im Nachprüfungsverfahren durch einen Rechtsanwalt ist selbstverständlich. Die Wirksamkeit der Erteilung einer Vollmacht durch die GbR soll hier nicht Gegenstand der Untersuchung sein.
975 Vgl. *Hadding*, ZGR 2001, 712 (732), *Kraemer*, NZM 2001, 465 (468), *Pohlmann*, BB 2003, 909 (913), *K. Schmidt*, NJW 2001, 993 (999), *Scholz*, NZG 2002, 153 (159).
976 Vgl. *Gummert*, in: Gummert/Weipert, Münchener Handbuch des Gesellschaftsrechts, Band 1, 3. Auflage, 2009, § 19 Rn. 20, *Pohlmann*, WM 2002,1421 (1423).
977 Vgl. zu den Einzelheiten Dritter Teil, Kapitel 1, B.
978 Vgl. dazu Zweiter Teil, Kapitel 4, A., III., 2., b.

Teilnahme an einem Vergabeverfahren, um den Zuschlag zu erhalten.[979] Die Führung eines Nachprüfungsverfahrens ist aber nicht ohne Weiteres von dem Zweck mitumfasst. Das ergibt sich daraus, dass es sich um ein separates, auf die Ausschreibung folgendes Verfahren handelt, das mit erheblichen finanziellen Risiken und größerem Sach- und Zeitaufwand verbunden ist. Dies müsste bereits bei der Beitragspflicht der Gesellschafter und ihrer individuellen Festlegung berücksichtigt werden. Wenn Partnerunternehmen sich schon bei Abschluss des Gesellschaftsvertrags vorsorglich dafür entscheiden, ggf. Primärrechtsschutz in Anspruch zu nehmen, um ihrem Angebot zum Erfolg zu verhelfen, können sie dies ausdrücklich in den Bietergemeinschaftsvertrag als eine Ausdehnung des vereinbarten Zwecks aufnehmen. Zusätzlich kann die Vertretungsbefugnis des Berechtigten dahingehend erweitert oder ein gesonderter Vertreter bestimmt werden. Ein entsprechender Nachweis muss dann im Nachprüfungsverfahren vorgelegt werden, um die Vertretungsverhältnisse transparent zu machen.

Dieses Vorgehen stellt aber nicht den Regelfall dar, so dass aus der erforderlichen Benennung eines Bevollmächtigten der Bietergemeinschaft im Vergabeverfahren nicht pauschal geschlossen werden kann, dass sich die Berechtigung auch auf die Führung eines Nachprüfungsverfahrens erstreckt.[980] Dagegen spricht auch, dass sich der ursprüngliche Nachweis der Vertretungsberechtigung von seiner Zweckbestimmung her an den Auftraggeber einer Ausschreibung, nicht jedoch an die Vergabekammer und die Beteiligten eines Nachprüfungsverfahrens richtet, die jeweiligen Adressaten also nicht identisch sind.[981] Deshalb müssen, auch wenn der in dem Angebot Bevollmächtigte derselbe ist, den die Bietergemeinschaft mit der Einreichung des Nachprüfungsantrags und der Darlegung der Antragsvoraussetzungen betraut hat, die Vertretungsverhältnisse offenkundig werden.[982] Wenn dies nicht durch Vorlage einer Vollmacht oder einer Erklärung aller Mitglieder der Kooperation geschieht, muss sich die Vertretungsberechtigung eindeutig aus den Umständen ergeben. Es muss erkennbar sein, dass das den Nachprüfungsantrag unterzeichnende Mitglied im Namen der Bietergemeinschaft handelt, indem es diese als Beteiligte angibt und sonstige Hinweise, wie z. B. ein gemeinsamer Briefbogen oder Stempel, vorliegen. Zweifel an der Vertretungsberechtigung müssen zu Lasten des Antragstellenden gehen. Sie können

---

979 Vgl. Zweiter Teil, Kapitel 4, A., III., 1., a.
980 Vgl. VK Baden-Württemberg, Beschluss v. 11.08.2009, 1 VK 36/09, Veris, 7, VK Bund, Beschluss v. 29.09.2006, VK 2-97/06, Veris, 7, *Ohrtmann*, VergabeR 2008, 426 (443), *Prieß*, VergabeR 2005, 751 (753).
981 Vgl. VK Nordbayern, Beschluss v. 14.04.2005, 320.VK-3194-09/05, Veris, 9, VK Thüringen, Beschluss v. 04.10.2004, 360-4003.20-037//04-SLF, Veris, 13 f.
982 Vgl. VK Baden-Württemberg, Beschluss v. 11.08.2009, 1 VK 36/09, Veris, 7, auch LSG Mecklenburg-Vorpommern, Beschluss v. 11.08.2009, L 6 B 17/09, Juris Tz. 18.

dazu führen, dass die Vergabekammer den Antrag wegen offensichtlicher Unzulässigkeit gemäß § 110 Abs. 2 S. 3 GWB nicht an die Vergabestelle weiterleitet und der Suspensiveffekt des § 115 Abs. 1 GWB nicht eintritt.[983]

D. Ergebnis

Eine Bietergemeinschaft ist nur selbst antragsbefugt. Dies gilt auch bei einem Wechsel in ihrem Mitgliederbestand, solange die GbR noch fortbesteht. Bei Vorliegen und Nachweis der entsprechenden Voraussetzungen kann ein Partnerunternehmen in gewillkürter Prozessstandschaft für die Kooperation handeln und die Antragsbefugnis dartun. Der im Vergabeverfahren benannte bevollmächtigte Vertreter ist nicht automatisch zur Führung des Nachprüfungsverfahrens und zur Darlegung der Antragsbefugnis ermächtigt. Die Vertretungsberechtigung muss gesondert nachgewiesen werden oder sich zumindest zweifelsfrei aus den Umständen ergeben.

---

983 Vgl. auch *Maier,* in: Kulartz/Kus/Portz, Kommentar zum GWB-Vergaberecht, 2. Auflage, 2009, § 11 Rn. 36.

Kapitel 2: Die Rüge der Bietergemeinschaft

Im Spannungsfeld zwischen der Gewährleistung des die Bieter begünstigenden Primärrechtsschutzes einerseits und der den Auftraggeberinteressen gerecht werdenden Beschleunigung von Beschaffungsvorhaben andererseits stellt die Rügeobliegenheit[984] nach § 107 Abs. 3 GWB eine Präklusionsregel[985] für ein Nachprüfungsverfahren dar. Unternehmen sind verpflichtet, im Vergabeverfahren erkannte oder aufgrund der Bekanntmachung oder der Vergabeunterlagen erkennbare Verstöße gegen Vergabevorschriften im Fall des § 107 Abs. 3 Nr. 1 GWB unverzüglich[986] und in den Fällen des § 107 Abs. 3 Nr. 2 und 3 GWB innerhalb bestimmter Fristen zu rügen und der Vergabestelle die Möglichkeit zu geben, den jeweiligen Fehler zu korrigieren, um Nachprüfungsverfahren zu vermeiden.[987] Rechtsfolge einer nicht sach- und fristgerecht erhobenen Rüge ist die Zurückweisung des Nachprüfungsantrags als unzulässig, ausschließlich im Hinblick auf den mit der konkreten Rüge verfolgten Vergaberechtsverstoß.[988] Mit der Novellierung des Vierten Teils des GWB durch das Vergaberechtsmodernisierungsgesetz wurde die Rügeobliegenheit präzisiert und erweitert.[989]

Die Meinungen zu der rechtlichen Wirkung der aus § 107 Abs. 3 GWB resultierenden Rügeobliegenheit sind nicht einheitlich. Zum Teil wird vertreten, dass die Präklusionsregelung materiell-rechtlicher Art ist,[990] zum Teil, dass es sich um

---

984   Vgl. zu dem Begriff der „Rügeobliegenheit" in Abgrenzung zu einer „Verpflichtung" *Möller/Worok*, IBR-online 2010, Nr. II., 1.
985   So bezeichnet in BT-Drucks. 13/9340, 17.
986   Nicht nachgegangen wird der Frage, inwieweit die in § 107 Abs. 3 Nr. 1 GWB vorgesehene Obliegenheit zu einer unverzüglichen Rüge nach den Urteilen des EuGH vom 28.01.2010, C-406/08, „*Uniplex*", VergabeR 2010, 451 (456) und C-456/08, „*Kommission/Irland*", NZBau 2010, 256 (259 ff.) noch als hinreichend genaue, klare und vorhersehbare Fristenregelung anzusehen ist, die mit der Rechtsmittelrichtlinie 89/665/EWG v. 21.12.1989, ABl. L 395, 33, mittlerweile geändert durch die Richtlinie 2007/66/EG v. 11.12.2007, ABl. L335, 31, in Einklang steht.
987   Vgl. nur OLG Celle, Beschluss v. 11.02.2010, 13 Verg 16/09, Juris Tz. 44, *Byok*, in: Byok/Jaeger, Kommentar zum Vergaberecht, 2. Auflage, 2005, § 107 Rn. 981, *Granske*, IBR 2010, 71 (71).
988   Vgl. nur *Wiese*, in: Kulartz/Kus/Portz, Kommentar zum GWB-Vergaberecht, 2. Auflage, 2009, § 107 Rn. 54.
989   Vgl. BT-Drucks. 16/10117, 22.
990   Vgl. OLG Naumburg, Beschluss v. 25.10.2005, 1 Verg 5/05, Juris Tz. 31, *Kühnen*, NZBau 2004, 427 (428).

eine Zulässigkeitsvoraussetzung handelt.[991] Die Tendenz geht wohl dahin, eine doppelte Bedeutung anzunehmen.[992]

A. Erhebung einer Rüge durch eine bereits gebildete Bietergemeinschaft

I. Rüge durch alle der Bietergemeinschaft angehörenden Unternehmen

Die Rüge muss von dem Unternehmen erhoben werden, das die Beseitigung der Vergaberechtsverletzung fordert.[993] Die Bietergemeinschaft stellt als Gesamtheit das Unternehmen in diesem Sinn dar; die einzelnen Mitglieder erlangen weder aus gesellschafts- noch aus vergaberechtlichen Gründen allein die Stellung des Bieters oder Bewerbers. Hat sich die Kooperation bereits zum Zeitpunkt der Feststellung des Verstoßes gebildet, ist der Fall unproblematisch, in dem alle Mitglieder gemeinschaftlich die Rüge erheben,[994] also das Rügeschreiben zusammen unterzeichnen und zu erkennen geben, dass sie eine Bietervereinigung bilden. Dann ist für die Vergabestelle die Zuordnung der Rüge zu der Gruppe als Urheber unzweifelhaft möglich.

II. Rüge durch ein Mitglied der Bietergemeinschaft

In Fällen, in denen nur ein Gesellschafter die Rüge an den Auftraggeber richtet, stellt sich die Frage, ob sie der Kooperation als Bieter bzw. Bewerber zugerechnet werden kann. Es ist zu klären, ob und in welcher Form für die Rüge, für die selbst

---

991 Vgl. OLG Düsseldorf, Beschluss v. 16.02.2005, Verg 74/04, VergabeR 2005, 364 (367).
992 Vgl. VK Südbayern, Beschluss v. 16.01.2009, Z3-3-3194-1-46-12/09, Juris Tz. 34, *Otting*, in: Bechtold, GWB. 5. Auflage, 2008, § 107 Rn. 7, *Summa*, in: JurisPK-VergR, 2. Auflage, 2008, § 107 GWB Rn. 133 f., *Wiese*, in: Kulartz/Kus/Portz, Kommentar zum GWB-Vergaberecht, 2. Auflage, 2009, § 107 Rn. 56.
993 Vgl. *Dreher*, in: Dreher/Stockmann, Kartellvergaberecht, 4. Auflage, 2008, § 107 Rn. 36, vgl. auch *Summa*, in: JurisPK-VergR, 2. Auflage, 2008, § 107 GWB Rn. 101, *Wiese*, in: Kulartz/Kus/Portz, Kommentar zum GWB-Vergaberecht, 2. Auflage, 2009, § 107 Rn. 102.
994 Vgl. VK Baden-Württemberg, Beschluss v. 11.08.2009, 1 VK 36/09, Veris, 8, Beschluss v. 13.10.2005, 1 VK 59/05, Veris, 12, VK Sachsen, Beschluss v. 10.06.2008, 1/SVK/026-08, Juris Tz. 28, VK Bund, Beschluss v. 29.12.2006, VK 2-128/06, Juris Tz. 84, VK Sachsen, Beschluss v. 01.06.2006, 1/SVK/045-06, Veris, 11, *Ohrtmann*, VergabeR 2008, 426 (445).

keine Formerfordernisse bestehen,[995] eine Vertretungsbefugnis oder Bevollmächtigung vorliegen bzw. nachgewiesen werden muss.

1. Lösungsansätze

Nach verschiedenen Positionen in Rechtsprechung und Literatur ist eine Rüge eines Einzelunternehmens der GbR zuzurechnen, wenn dieses mit der Bietergemeinschaftserklärung ermächtigt wurde, als geschäftsführendes Mitglied die Kooperation gegenüber dem Auftraggeber rechtsverbindlich zu vertreten.[996] Die Rüge muss nicht ausdrücklich im Namen des Zusammenschlusses erfolgen,[997] aber aus den Umständen, beispielsweise den Formulierungen, muss sich ergeben, dass sie von allen Unternehmen getragen wird.[998] Für die Vorlage eines Nachweises in Form einer Vollmachtsurkunde soll § 174 Satz 1 BGB weder direkt noch entsprechend anwendbar sein.[999] Der Heranziehung der zivilrechtlichen Bestimmungen über Rechtsgeschäfte steht nach dieser Auffassung entgegen, dass § 107 Abs. 3 GWB als Grundlage der Rügeobliegenheit eine Regelung des öffentlichen Rechts ist und die Rüge selbst eine bloße Kritik oder einen Hinweis an den Auftraggeber darstellt sowie als Zulässigkeitsvoraussetzung für ein Nachprüfungsverfahren ausschließlich öffentlich-rechtliche Rechtsfolgen hat. Deshalb soll für den Nachweis der Bevollmächtigung § 14 Abs. 1 Satz 3 VwVfG gelten,[1000] wenn im Einzelfall Bedenken bestehen.[1001]

Nach einer anderen Meinung erstreckt sich die erforderliche Benennung eines bevollmächtigten Vertreters nicht auf die Befugnis, im Namen der Bietergemein-

---

995 Vgl. KG, Beschluss v. 15.04.2002, KartVerg 3/02, VergabeR 2002, 398 (400), *Reidt*, in: Reidt/Stickler/Glahs, Vergaberecht, 2. Auflage, 2003, § 107 Rn. 38a, Einleitung Rn. 1. *Ruhland*, in: Müller-Wrede, GWB-Vergaberecht, 1. Auflage, 2009, § 107 Rn. 15.
996 Vgl. VK Düsseldorf, Beschluss v. 10.02.2010, VK 44/2009-B/Z, Veris, 13 f., VK Baden-Württemberg, Beschluss v. 11.08.2009, 1 VK 36/09, Veris, 8, VK Bund, Beschluss v. 06.08.2007, VK 2-75/07, Veris, 8 f., VK Saarland, Beschluss v. 09.03.2007, 3 VK 01/2007, Veris, 25, VK Nordbayern, Beschluss v. 12.10.2005, 21.VK-3194-25/06, Veris, 19.
997 Vgl. VK Baden-Württemberg, Beschluss v. 11.08.2009, 1 VK 36/09, Veris, 8.
998 Vgl. VK Bund, Beschluss v. 06.08.2007, VK 2-75/07, Veris, 8 f., VK Nordbayern, Beschluss v. 12.10.2005, 21.VK-3194-25/06, Veris, 19.
999 Vgl. OLG Düsseldorf, Beschluss v. 15.12.2001, Verg 32/01, Veris, 6, VK Saarland, Beschluss v. 09.03.2007, 3 VK 01/2007, Veris, 25, VK Nordbayern, Beschluss v. 12.10.2005, 21.VK-3194-25/06, Veris, 19, *Byok*, in: Byok/Jaeger, Kommentar zum Vergaberecht, 2. Auflage 2005, § 107 Rn. 989.
1000 Vgl. VK Saarland, Beschluss v. 09.03.2007, 3 VK 01/2007, Veris, 25 f., *Dreher*, in: Dreher/Stockmann, Kartellvergaberecht, 4. Auflage, 2008, § 107 Rn. 36, *Weyand*, Praxiskommentar zu GWB, VgV, VOB/A, VOL/A und VOF, 2. Auflage, 2007, § 107 GWB Rn. 1860.
1001 Vgl. *Summa*, in: JurisPK-VergR, 2. Auflage 2008, § 107 GWB Rn. 102.

schaft wirksam eine Rüge erheben zu können.[1002] Eine Rüge und ein darauf basierendes Nachprüfungsverfahren seien nämlich kein Bestandteil des Vergabeverfahrens; vielmehr liege eine deutliche „Zäsur" zwischen den beiden Abschnitten vor.[1003] Mit der entgegenstehenden Auffassung stimmt diese Ansicht darin überein, dass die Vorschriften der §§ 164 ff. BGB über die rechtsgeschäftliche Vollmacht nicht anwendbar sind, weil die Rüge Gegenstand der verfahrensrechtlichen Regelungen des GWB und, bezogen auf das erstinstanzliche Nachprüfungsverfahren, Teil des Verwaltungsverfahrens ist.[1004] Sie wird nicht als Rechtsgeschäft, insbesondere nicht als einseitige empfangsbedürftige Willenserklärung angesehen.[1005]

Einer weiteren Ansicht genügt es, wenn sich aus den Umständen ergibt, dass die von einem einzelnen Mitglied ausgesprochene Rüge von der Bietergemeinschaft insgesamt getragen wird.[1006] Die Rüge muss dann nicht ausdrücklich im Namen des Zusammenschlusses erfolgen.[1007] Die Zurechenbarkeit des Handelns für die Kooperation wird durch Auslegung der Rüge im Hinblick auf deren objektiven Sinn ermittelt, wobei es teilweise offen bleibt, ob dabei § 164 BGB oder § 253 Abs. 2 Nr. 1 ZPO, also die Vorschrift über den Inhalt einer Klageschrift, zugrundezulegen ist.[1008] Jedenfalls soll die Rüge eines Mitglieds der Kooperation als solcher zurechenbar sein, wenn der Auftraggeber darauf erwidert und seine Antwort nur an das einzelne Unternehmen richtet.[1009]

1002 Vgl. VK Sachsen, Beschluss v. 10.06.2008, 1/SVK/026-08, Juris Tz. 34, Beschluss v. 01.06.2006, 1/SVK/045-06, Veris, 12, Beschluss v. 08.07.2004, 1/VK/044-04, Veris, 12, *Summa*, in: JurisPK-VergR, 2. Auflage 2008, § 107 GWB Rn. 104.
1003 Vgl. VK Sachsen, Beschluss v. 10.06.2008, 1/SVK/026-08, Juris Tz. 34, 40, *Ohrtmann*, VergabeR 2008, 426 (446).
1004 Vgl. VK Sachsen, Beschluss v. 10.06.2008, 1/SVK/026-08, Juris Tz. 37, Beschluss v. 01.06.2006, 1/SVK/045-06, Veris, 12 f.
1005 Vgl. OLG Brandenburg, Beschluss v. 28.11.2002, Verg W 8/02, VergabeR 2003, 242 (245), OLG Düsseldorf, Beschluss v. 05.12.2001, Verg 32/01, Veris, 6, VK Münster, Beschluss v. 19.09.2006, VK 12/06, Veris, 14, VK Sachsen, Beschluss v. 01.06.2006, 1/SVK/045-06, Veris, 12.
1006 Vgl. VK Rheinland-Pfalz, Beschluss v. 03.04.2007, VK 3/07, Veris, 12, VK Bund, Beschluss v. 29.12.2006, VK 2-128/06, Juris Tz. 83 ff., vgl. auch VK Sachsen-Anhalt, Beschluss v. 09.12.2005, 1 VK LvwA 42/05, Veris, 8.
1007 Vgl. VK Rheinland-Pfalz, Beschluss v. 03.04.2007, VK 3/07, Veris, 12.
1008 Vgl. OLG Brandenburg, Beschluss v. 28.11.2002, Verg W 8/02, VergabeR 2003, 242 (245),VK Bund, Beschluss v. 29.12.2006, VK 2-128/06, Juris Tz. 86.
1009 Vgl. VK Bremen, Beschluss v. 04.11.2009, VK 7/09, Veris, 8.

2. Stellungnahme

Die Entscheidung, welchen Teilen der jeweiligen Auffassungen gefolgt werden sollte, lässt sich nur sachgerecht treffen, wenn die Rügeobliegenheit einer Bietergemeinschaft klar strukturiert wird. Zum einen muss nach der doppelten Funktion der Rüge differenziert werden und zum anderen sind die Besonderheiten der Kooperation als GbR zu beachten.

Da die Rüge grundsätzlich, selbst wenn der Vergaberechtsverstoß erst aufgrund der Mitteilung gemäß § 101a GWB erkannt wird, noch vor dem Zuschlag, also während des laufenden Vergabeverfahrens,[1010] erhoben werden muss, erfolgt sie im Rahmen des vorvertraglichen (Vertrauens-)Verhältnisses zwischen Bieter und Auftraggeber. Aufgrund ihres Inhalts, der Mitteilung der erkannten Verletzung und der Aufforderung an den Auftraggeber, den Fehler zu korrigieren, ist sie nicht auf eine bloße verfahrensrechtliche Regelung zur Vorbereitung eines Nachprüfungsantrags zu reduzieren. Vielmehr sind deutliche Parallelen zu einer Mahnung erkennbar. Dabei handelt es sich um eine nicht formgebundene, einseitige empfangsbedürftige Erklärung oder Handlung.[1011] Sie ist kein Rechtsgeschäft, aber eine geschäftsähnliche Erklärung,[1012] auf die die Regeln für Willenserklärungen entsprechend anwendbar sind.[1013] Damit kann eine Mahnung auch von einem gesetzlichen oder bevollmächtigten Vertreter erhoben werden.[1014] In dem Kontext des noch laufenden Vergabeverfahrens ist die Rüge als eine ebensolche empfangsbedürftige, geschäftsähnliche Erklärung einzuordnen.[1015] Derartige Erklärungen können die Unternehmen der Bietergemeinschaft gemeinsam oder das im Gesellschaftsvertrag als vertretungsberechtigt festgelegte Mitglied abgeben, sofern keine ausdrückliche Einschränkung der Vertretungsbefugnis vorliegt.[1016] Eine solche Beschränkung ergibt sich nicht ohne Weiteres aus den Umständen, etwa weil es sich bei der Rüge im Vergabeverfahren um eine das

---

1010 Ausnahmen bilden Verletzungen von Vergaberecht, die erst im laufenden Nachprüfungsverfahren, typischerweise durch Akteneinsicht, erkannt werden. Diese können unmittelbar zum Gegenstand des Nachprüfungsverfahrens gemacht werden und erfordern keine gesonderte Rüge mehr, vgl. nur BGH, Beschluss v. 26.09.2006, X ZB 14/06, VergabeR 2007, 59 (65).
1011 Vgl. Palandt/*Grüneberg,* 69. Auflage, 2010, § 286 Rn. 16.
1012 Vgl. BGH, Urteil v. 17.09.1986, IVb ZR 59/85, NJW 1987, 1546 (1547), Urteil v. 17.04.1967, II ZR 228/64, NJW 1967, 1800 (1802), JurisPK-BGB/*Alpmann,* Band 2, 5. Auflage, 2010, § 286 Rn. 19, Palandt/*Grüneberg,* 69. Auflage, 2010, § 286 Rn. 16.
1013 BGH, Urteil v. 22.11.2005, VI ZR 126/04, NJW 2006, 687 (688).
1014 Vgl. OLG Koblenz, Beschluss v. 11.03.1992, 11 WF 230/92, 11 WF 253/92, NJW-RR 1992, 1093 (1094), Palandt/*Grüneberg,* 69. Auflage, 2010, § 286 Rn. 16.
1015 Vgl. OLG München, Beschluss v. 11.06.2007, Verg 6/07, VergabeR 2007, 684 (687), VK Hessen, Beschluss v. 02.12.2004, 69 d VK-72/2004, Veris, 21, in diesen Entscheidungen wird allerdings von einer *Willenserklärung* ausgegangen.
1016 Vgl. dazu Zweiter Teil, Kapitel 4, A., III., 2., c.

Nachprüfungsverfahren konkret vorbereitende Verfahrenshandlung handelt.[1017] Vielmehr dient die Rüge zunächst lediglich dem Ziel, darauf hinzuwirken, dass die Ausschreibung aus Sicht des Bieters in rechtmäßiger Weise umgestaltet und fortgeführt wird. Dass sie gleichzeitig Voraussetzung für ein Nachprüfungsverfahren ist, ist insoweit unerheblich, als dass der Übergang in das Rechtsverfahren einer weiteren Entscheidung sowie diesbezüglicher Erklärungen und Handlungen der Bietergemeinschaft bedarf.

Der Nachweis der wirksamen Vertretungsbefugnis in Bezug auf die Rüge im Vergabeverfahren ist dann erforderlich, wenn Zweifel daran bestehen. Das ist nicht der Fall, wenn dem Auftraggeber die Rüge in einem Stadium zugeht, in dem die Kooperation bereits ein vertretungsbefugtes Mitglied benannt hat. Dasselbe ist auch berechtigt, die vorvertraglichen Erklärungen gegenüber der Vergabestelle abzugeben. Ist allerdings noch kein Angebot eingereicht und noch kein Vertretungsberechtigter benannt worden, was wegen der früh geforderten Rügeobliegenheit durchaus häufig vorkommt, ist die organschaftliche Vertretungsbefugnis durch geeignete Mittel, d. h. entweder durch den Gesellschaftsvertrag oder eine Erklärung der Partner der Bietergemeinschaft, zu belegen.

Wenn die Vergabestelle der Rüge nicht abhilft und die Kooperation tatsächlich ein Nachprüfungsverfahren einleitet, konkretisiert sich die weitere Bedeutung der Rüge als verfahrensnotwendige Zulässigkeitsvoraussetzung für das Rechtsmittel gemäß § 107 Abs. 3 GWB. Die Bietergemeinschaft muss als Antragstellerin dartun, dass sie eine wirksame Rüge im Vergabeverfahren erhoben hat. Es stellt sich die Frage, ob sich die im Gesellschaftsvertrag vereinbarte Vertretungsbefugnis, soweit keine ausdrücklichen Regelungen getroffen worden sind, auch auf die Führung eines Nachprüfungsverfahrens einschließlich der Darlegung der erforderlichen Voraussetzungen, wie der Rüge, bezieht. Dies ist jedoch nicht ohne Weiteres der Fall; es gelten die gleichen Gründe, die bei der Zulässigkeitsvoraussetzung der Antragsbefugnis gegen die Ausdehnung der Vertretungsmacht auf Rechtsschutzverfahren sprechen.[1018] Wird die Bietergemeinschaft daher in einem Nachprüfungsverfahren von einem Mitglied vertreten, das in dem Antrag das Vorliegen der Zulässigkeitsvoraussetzungen einschließlich der Rüge erklärt, muss im Zweifel dessen Vertretungsberechtigung nachgewiesen werden.[1019] Hier sind tatsächlich nicht die Regelungen über die rechtsgeschäftliche Vollmacht anwendbar, weil keine geschäftsähnliche Erklärung, sondern eine Verfahrenshandlung vorgenommen wird. Da das Nachprüfungsverfahren nach § 114 Abs. 3 GWB

1017 Vgl. *Ohrtmann*, VergabeR 2008, 426 (445).
1018 Vgl. wegen der Einzelheiten Vierter Teil, Kapitel 1, C.
1019 Wird die Bietergemeinschaft von einem Rechtsanwalt vertreten, der von ihr ordnungsgemäß bevollmächtigt wurde und dies nachweist, stellt sich die Frage nach der Vertretungsbefugnis eines Einzelmitglieds nicht.

in erster Instanz ein Verwaltungsverfahren ist, gilt § 14 Abs. 1 Satz 3 VwVfG. In zweiter Instanz bei dem Verfahren vor dem Vergabesenat des OLG ist die Regelung des § 253 Abs. 2 Nr. 1 ZPO zugrundezulegen.

3. Zwischenergebnis

Die Rüge im Vergabeverfahren ist eine einseitige empfangsbedürftige, geschäftsähnliche Erklärung, die das vertretungsbefugte Mitglied der Bietergemeinschaft gegenüber dem Auftraggeber aussprechen kann. Der Nachweis der Vertretungsberechtigung ist entweder durch die erforderliche Angabe im Angebot oder durch eine Erklärung der Bietergemeinschaft bzw. durch den Gesellschaftsvertrag zu führen. Die Darlegung der Rüge als Zulässigkeitsvoraussetzung im Nachprüfungsverfahren ist allerdings nicht grundsätzlich von der Vertretungsmacht umfasst. Hier bedarf es im Zweifel der Vorlage einer Vollmacht entsprechend den für die erste oder zweite Instanz geltenden Verfahrensregeln.

B. Bezugnahme auf die Rüge eines Mitglieds

Zu klären ist, ob fremde Rügen der Kooperation zurechenbar sind bzw. ob sie sich diese zu eigen machen kann. Typische Fallkonstellationen dafür liegen vor, wenn sich eine Bietergemeinschaft erst kurz vor Angebotsabgabe bildet und ein Partnerunternehmen bereits vor diesem Zeitpunkt eine Rüge ausgesprochen hat. Außerdem kommt es vor, dass innerhalb eines bestehenden Zusammenschlusses für den Auftraggeber erkennbar nur ein einzelnes Mitglied rügt.

I. Auffassungen in der Rechtsprechung und Literatur

Nach Auffassung des OLG Celle kann einem Bieter die Rüge eines Dritten zugerechnet werden. Begründet wird dies damit, dass sie nicht Selbstzweck sei und es eine unnötige „Förmelei"[1020] wäre, von dem Antragsteller eines Nachprüfungsverfahrens zu erwarten, dass er eine ihm bekannte Rüge eines Dritten wiederhole. Die Funktion der Rüge, die Abhilfe eines Vergaberechtsverstoßes und die Vermeidung unnötiger Nachprüfungsverfahren, könne auch die Rüge eines Dritten erfüllen.[1021]

1020 Vgl. OLG Celle, Beschluss v. 15.12.2005, 13 Verg 14/05, VergabeR 2006, 244 (244).
1021 Vgl. OLG Celle, Beschluss v. 15.12.2005, 13 Verg 14/05, VergabeR 2006, 244 (244).

Eine Meinung im Schrifttum hält die Ansicht für unzutreffend, weil sie die gesetzlich für jeden Bieter vorgesehene Rügeobliegenheit auf das Erfordernis einer einzigen Rüge reduziere. Ferner hinge dann die Zulässigkeit eines Nachprüfungsantrags von dem leicht manipulierbaren Umstand der Vorkenntnis von anderen Rügen ab.[1022]

Die VK Nordbayern hat es für rechtmäßig erachtet, dass eine Bietergemeinschaft sich nach ihrer Bildung die vorangegangenen Rügen eines Einzelbieters durch Bezugnahme darauf zu eigen gemacht und nochmals ausdrücklich gerügt hat. Es bestanden keine Bedenken, dass sich die Kooperation auf die Rügen eines Partnerunternehmens stützen konnte.[1023]

In einem Fall, in dem eine Bietervereinigung sich erst im Laufe des Vergabeverfahrens gebildet hat, hat die VK Sachsen die Meinung vertreten, dass trotz vorheriger Rüge eines späteren Partnerunternehmens eine weitere Rüge der Kooperation erforderlich sei. Sie könne sich nicht erst im Nachprüfungsverfahren auf die Einzelrügen beziehen und sich diese zu eigen machen. Dies resultiere aus der unterschiedlichen Identität der Bieter. Außerdem müsse die Vergabestelle wissen, welche Rügen ggf. noch aktuell seien.[1024]

Ähnlich hat die VK Hessen die Ansicht vertreten, dass eine kurz vor Angebotsabgabe entstandene Bietergemeinschaft sich im Nachprüfungsverfahren nicht die zuvor erhobenen Rügen eines Mitglieds zu eigen machen kann. Vielmehr müsse die Kooperation als separates Rechtssubjekt nach ihrer Bildung selbst die Rügen, ggf. unter Bezugnahme auf die Beanstandungen der einzelnen Mitglieder, als eigene gegenüber der Vergabestelle äußern. Es müsse klar werden, welche Rügen sich erledigt hätten und welche von dem Zusammenschluss weiter aufrecht erhalten würden.[1025]

In die gleiche Richtung geht eine Entscheidung der VK Thüringen,[1026] in der ein Mitglied einer Bietergemeinschaft sich deren Rügen nach ihrer Auflösung zu eigen machte. Die Vergabekammer hielt das ebenfalls unter Bezugnahme auf die unterschiedliche Identität der rügenden Bieter für rechtswidrig. Ferner sah sie den notwendigen konkreten inhaltlichen Vortrag der Rüge als fehlend an.

1022 Vgl. *Dreher*, in: Dreher/Stockmann, Kartellvergaberecht, 4. Auflage, 2008, § 107 Rn. 72, *Dreher/Kling*, VersR 2007, 1040 (1043 f.).
1023 Vgl. VK Nordbayern, Beschluss v. 02.07.2008, 21.VK-3194-29/08, Veris, 14.
1024 Vgl. VK Sachsen, Beschluss v. 24.05.2007, 1/SVK/029-07, Veris, 17, auch VK Baden-Württemberg, Beschluss v. 13.10.2005, 1 VK 59/05, Veris, 12.
1025 Vgl. VK Hessen, Beschluss v. 26.01.2006, 69d VK-96/2004, Juris Tz. 58 f., auch *Gabriel/Benecke/Geldsetzer*, Die Bietergemeinschaft, 2007, Rn. 106 f.
1026 Vgl. VK Thüringen, Beschluss v. 15.03.2004, 360-4002.20-002/04-ABG, Veris, 19 ff.

II. Stellungnahme

Rügen eines Einzelbieters kann sich eine Kooperation nicht grundsätzlich zu eigen machen; sie sind ihr nicht zurechenbar. Sie kann allenfalls bereits ausgesprochene Rügen wiederholen und als eigene geltend machen, wenn die notwendigen Voraussetzungen in ihrer eigenen Person vorliegen.

Zunächst ist entsprechend den verschiedenen Funktionen der Rüge zu differenzieren. Sie muss, um als Zulässigkeitsvoraussetzung für einen Nachprüfungsantrag wirksam zu werden, unter Einhaltung der gesetzlichen Voraussetzungen gegenüber dem Auftraggeber erklärt worden sein. Damit scheidet die Möglichkeit aus, dass sich eine Kooperation erst im Rahmen des Rechtsmittelverfahrens auf die innerhalb des Vergabeverfahrens geäußerte Rüge eines Einzelbieters bezieht.

Selbst wenn jenes Unternehmen sich später mit anderen zu einer Kooperation zusammenschließt oder einer solchen beitritt, kann seine Rüge ihr nicht zugerechnet werden. Das Zuwachsen der Rüge scheitert bereits an der nicht vorhandenen Identität zwischen dem Einzelbieter und der GbR. Dadurch werden die Personen der Erklärenden in unzulässiger Weise ausgetauscht. Die Beanstandung des Gesellschafters kann der Kooperation darüber hinaus aus einem weiteren formalen Grund nicht zugerechnet werden. Denn das Nachprüfungsverfahren dient der Geltendmachung subjektiver Rechte, und die Verfahrensvorschriften und ihre Voraussetzungen orientieren sich an diesem Grundsatz.

Im Lauf eines Vergabeverfahrens selbst kommt gegenüber der Vergabestelle prinzipiell eine Bezugnahme auf die Rüge eines Einzelbieters in Betracht. Dazu reicht jedoch keinesfalls der bloße Verweis darauf aus. Die Bietergemeinschaft muss vielmehr unter Wiederholung des Inhalts der Rüge deutlich machen, dass es sich um ihre eigene Beanstandung handelt. Tatsächlich wird aber in den meisten Fällen der Wirksamkeit entgegenstehen, dass die gesetzlich normierten Voraussetzungen nicht in der Person der Kooperation vorliegen.

Inhaltlich setzt eine Rüge in den Fällen des § 107 Abs. 3 Nr. 1 GWB die Kenntnis[1027] und in den Fällen des § 107 Abs. 3 Nr. 2 und 3 GWB die Erkennbarkeit[1028] des Vergaberechtsverstoßes sowie die daran geknüpfte unverzügliche[1029] bzw. fristgerechte[1030] Geltendmachung voraus. „Kenntnis und Erkennbarkeit" in diesem Sinn bedeutet der positive Schluss auf die den Vergaberechtsverstoß ausmachenden Tatsachenumstände sowie die zumindest laienhafte rechtliche Wer-

---

1027 Vgl. nur BGH, Beschluss v. 26.09.2006, X ZB 14/06, VergabeR 2007, 59 (65), *Wiese*, in: Kulartz/Kus/Portz, Kommentar zum GWB-Vergaberecht, 2. Auflage, 2009, § 107 Rn. 64 ff.
1028 Vgl. nur *Summa*, in: JurisPK-VergR, 2. Auflage, 2008, § 107 GWB Rn. 175 ff.
1029 Vgl. nur *Reidt*, in: Reidt/Stickler/Glahs, Vergaberecht, 2. Auflage, 2003, § 107 Rn. 34.
1030 Vgl. nur *Wiese*, in: Kulartz/Kus/Portz, Kommentar zum GWB-Vergaberecht, 2. Auflage, 2009, § 107 Rn. 85 ff., 94 ff.

tung des Rügenden.[1031] An die sich daran anschließende Unverzüglichkeit der Rüge stellt die Rechtsprechung hohe Anforderungen.[1032] Diese notwendigen Bedingungen für eine wirksame Rüge können wegen ihrer persönlichen und damit subjektiven Art[1033] zunächst nur durch den ursprünglich rügenden Bieter erfüllt werden. Wenn eine Bietergemeinschaft dessen Rüge zu einem späteren Zeitpunkt als eigene erklärt, muss sie gleichzeitig darlegen können, dass sie die Bedingungen – Erkennen, rechtliche Bewertung in der Laiensphäre und unverzügliche Erklärung gegenüber dem Auftraggeber – erfüllt. Dies wird nur in Ausnahmefällen gelingen.

Selbst wenn der Auffassung gefolgt würde, dass die bloße Bezugnahme auf eine vorhandene Rüge eines Einzelbieters möglich ist, läge im Ergebnis jedoch ein Verstoß gegen den Gleichbehandlungsgrundsatz vor. Denn die Besserstellung der Bietergruppe gegenüber den Konkurrenten ist sachlich nicht zu rechtfertigen. Hinzu kommt ein weiteres Kriterium, das sich durch die Einfügung des § 107 Abs. 3 Nr. 4 GWB[1034] ergeben hat. Danach ist ein Nachprüfungsantrag unzulässig, der nicht innerhalb einer Frist von 15 Kalendertagen nach Eingang der Mitteilung des Auftraggebers, einer Rüge nicht abhelfen zu wollen, gestellt wird. Das schließt aus, dass sich eine Bietergemeinschaft die betroffene konkrete Rüge eines Einzelunternehmens zu eigen macht. Das gegenteilige Ergebnis würde zu einer Umgehung der Vorschrift, wiederum zu Lasten des Gleichbehandlungsgrundsatzes, führen.

In den Fällen, in denen bei einer bestehenden Bietergemeinschaft erkennbar nur ein Mitglied rügt und sich auch nicht aus den Umständen ergibt, dass die Beanstandung von der GbR als solcher getragen wird, scheidet ebenfalls eine Zurechenbarkeit der Rüge aus. Das ergibt sich zum einen aus der nicht übereinstimmenden Identität der Kooperation mit dem die Rüge Erklärenden. Sie ist beachtlich, weil ein Nachprüfungsantrag voraussetzt, dass die Zulässigkeitsaspekte in der Person des Antragstellers erfüllt sind. Zum anderen würde auch dadurch der Grundsatz der Nichtdiskriminierung verletzt, weil die sich aus dem Personenzusammenschluss ergebende besondere Sachverhaltskonstellation eine Besserstellung gegenüber anderen Bietern implizieren würde, für die es keinen sachlichen Grund gibt.

1031 Vgl. BGH, Beschluss v. 26.09.2006, X ZB 14/06, VergabeR 2007, 59 (65), *Byok,* in: Byok/Jaeger, Kommentar zum Vergaberecht, 2. Auflage 2005, § 107 Rn. 983, 985.
1032 Vgl. OLG Düsseldorf, Beschluss v. 19.08.2004, VII-Verg 54/04, Juris Tz. 5, OLG Koblenz, Beschluss v. 18.09.2003, 1 Verg 4/03, VergabeR 2003, 709 (711 f.).
1033 Dieser Aspekt ist zu unterscheiden von der Frage, ob bei der Erkennbarkeit der Rechtsverstöße ein objektiver oder ein subjektiver Maßstab anzuwenden ist, vgl. *Byok,* in: Byok/Jaeger, Kommentar zum Vergaberecht, 2. Auflage 2005, § 107 Rn. 986.
1034 Eingefügt durch das Gesetz zur Modernisierung des Vergaberechts v. 20.04.2009, BGBl. I, 790.

III. Ergebnis

Eine Bietergemeinschaft kann sich grundsätzlich nicht die Rüge eines Einzelunternehmens durch Bezugnahme zu eigen machen. Eine Ausnahme gilt nur dann, wenn die GbR unter Wiederholung der ursprünglichen Beanstandung eine eigene Rüge gegenüber dem Auftraggeber erhebt und dabei in ihrer Person die Voraussetzungen des § 107 Abs. 3 Nr. 1 bis 3 GWB erfüllt sind.

Zusammenfassung

A. Erster Teil: Bietergemeinschaften und die Grundlagen des europäischen und nationalen Vergaberechts

I. Kapitel 1: Grundsätze der Zulassung von Bietergemeinschaften als Marktteilnehmer

Die Grundprinzipien des europäischen und des nationalen Vergaberechts, insbesondere der Wettbewerbsgrundsatz, das Gleichbehandlungsgebot und das Prinzip der Wirtschaftlichkeit, erfordern die Zulassung von Bietergemeinschaften bei Beschaffungsmaßnahmen öffentlicher Auftraggeber. Da jedoch nicht nur die Kooperationen, sondern auch deren Mitbieter und der öffentliche Auftraggeber von dem Schutzzweck der Leitgedanken erfasst werden, können die Grundsätze die Teilnahme von Bietergemeinschaften an Vergabeverfahren in einzelnen Punkten einschränken.

II. Kapitel 2: Bietergemeinschaften als Instrument der Berücksichtigung mittelständischer Interessen

Der durch das nationale Vergaberecht ausdrücklich normierte direkte Mittelstandsschutz führt im Ergebnis zu keiner besonderen Förderung von Bietergemeinschaften. Bereits die Feststellung, ob Kooperationen sich aus KMU zusammensetzen, ist schwierig, weil es auf die individuellen Verhältnisse des relevanten Marktes, und nicht auf starre Kriterien ankommt. Unabhängig davon können Bietergruppen keinen subjektiven Anspruch auf die Gesamtvergabe eines komplexen Auftrags durchsetzen (was sie mit Blick auf die Bündelung ihrer Einzelkapazitäten interessieren dürfte). Denn der Gesetzgeber hat durch die Neufassung des § 97 Abs. 3 GWB die Teilung eines Auftrags in Lose noch stringenter verordnet als bisher.

Die Mittelstandsförderung für Bietergemeinschaften reduziert sich daher auf die Möglichkeit des Zusammenschlusses. Diese ergibt sich aus den allgemeinen

Normen des europäischen und nationalen Vergaberechts und ist nicht abhängig von der Mittelstandsregelung des § 97 Abs. 3 GWB.

B. Zweiter Teil: Zusammenschluss von Unternehmen als Bietergemeinschaften

I. Kapitel 1: Definition, Erscheinungsformen und Abgrenzungsmerkmale einer Bietergemeinschaft

Bei einer Bietergemeinschaft handelt es sich um den Zusammenschluss von zwei oder mehr Einzelbietern, die im Rahmen eines Vergabeverfahrens ein gemeinsames Angebot abgeben, um den Zuschlag darauf zu erhalten. Abzugrenzen davon sind Bewerber- und Arbeitsgemeinschaften. Ob es sich um einen sog. vertikalen oder horizontalen Zusammenschluss handelt, ist für die vergaberechtliche Beurteilung nicht relevant.

Kennzeichen einer Bietergemeinschaft ist das gleichrangige Verhältnis der Einzelbieter untereinander. Die Gemeinschaft stellt einheitlich den Bieter dar und wird im Fall der Auftragserteilung Vertragspartner des Auftraggebers. Dadurch unterscheidet sie sich in ihrem Status von Generalüber- oder -unternehmerverhältnissen, bei denen die Nachunternehmer in keine Rechtsbeziehung zu dem Auftraggeber treten.

Wenn sich dies nicht klar aus den Angaben ergibt, muss die Frage, ob ein Angebot einer Bietergemeinschaft vorliegt, durch Auslegung gemäß §§ 133, 157 BGB ermittelt werden. Maßgebend ist dann die Sicht eines objektiven Erklärungsempfängers.

II. Kapitel 2: Bietergemeinschaften im Vorfeld ihres Zusammenschlusses

Zu unterscheiden ist zwischen Kooperationen, die sich für die Teilnahme an einer Mehrzahl von Vergabeverfahren vorformiert haben und ad-hoc-Zusammenschlüssen, die sich an einer bestimmten Ausschreibung beteiligen. Der Zusammenschluss ist regelmäßig dadurch motiviert, dass die Teilnahme als Einzelunternehmen an einem Vergabeverfahren nicht zweckmäßig und kaufmännisch nicht vernünftig ist. Bereits in der Anbahnungsphase sind sinnvollerweise die Rahmenbedingungen für eine Vereinigung zu konkretisieren.

III. Kapitel 3: Rechtsform von Arbeitsgemeinschaften

Der öffentliche Auftraggeber ist nicht berechtigt, von Bietergemeinschaften die Annahme einer bestimmten Rechtsform zu fordern, um Zulassungsbeschränkungen zu vermeiden. Allerdings kann eine solche im Ausnahmefall von Arbeitsgemeinschaften verlangt werden, wenn objektive, berechtigte Interessen des Auftraggebers daran bestehen. Die Forderung muss bereits im Vergabeverfahren transparent werden.

IV. Kapitel 4: Rechtsverbindlicher Zusammenschluss einer Bietergemeinschaft

Bietergemeinschaften werden regelmäßig als GbR gebildet. Der Inhalt des Gesellschaftsvertrags sollte sich an den Rahmenbedingungen eines Vergabeverfahrens orientieren und insbesondere Regelungen zu einer Einzelvertretung, zu der Fortführung der GbR in den Fällen der Insolvenz über das Vermögen eines Mitglieds oder der Kündigung eines Gesellschafters sowie zu der Auflösung der GbR bei Aufhebung eines Vergabeverfahrens aus anderen Gründen als dem Zuschlag treffen.

Die Bietergemeinschaft ist als Außen-GbR rechts- und parteifähig. Das hat entscheidende Auswirkungen auf die Stellung als Bieter, weil dem Auftraggeber grundsätzlich nicht die Einzelbieter, sondern die Kooperation als Gesamtheit gegenübersteht. Eine Durchbrechung dieses Prinzips gilt nur dann, wenn zwingende, aus dem Vergaberecht resultierende Gründe diese erfordern.

C. Dritter Teil: Bietergemeinschaften als Teilnehmer im Vergabeverfahren

I. Kapitel 1: Das Angebot der Bietergemeinschaft

Wegen berechtigter Interessen des Auftraggebers, insbesondere bei der Eignungsprüfung, ist die Nennung aller Mitglieder eines Bieterzusammenschlusses erforderlich. Soweit die vergaberechtlichen Vorschriften in der VOB/A die Angabe nicht zwingend bereits zusammen mit dem Angebot verlangen, kann der Auftraggeber entsprechende Bewerbungsbedingungen vorgeben.

Daneben besteht für die Vergabestelle nicht nur ein Interesse an der Bekanntgabe eines Vertreters der nach Zuschlagserteilung zu bildenden Arbeitsgemeinschaft, sondern auch eines Vertretungsbefugten für die Bieterkooperation. Dieses Mitglied der Bietergruppe ist Ansprechpartner der Vergabestelle bei allen vorvertraglichen Angelegenheiten, so beispielsweise als vertretungsbefugter Adressat für die Mitteilung nach § 101a GWB bei EU-weiten Vergabeverfahren.

Das Angebot einer Bietergemeinschaft kann wirksam von allen Mitgliedern oder von dem Vertretungsberechtigten unterschrieben werden. Bestehen Zweifel an der Vertretungsbefugnis, kann der Auftraggeber einen Nachweis verlangen. Im Übrigen kann sich durch Auslegung ermitteln lassen, ob diese gegeben ist.

II. Kapitel 2: Die Bietergemeinschaft als Bieter

Bietergemeinschaften sind mit Einzelbietern gleichzustellen. Dies gilt nur dann nicht, wenn sachliche Rechtfertigungsgründe für eine Ausnahme sprechen.

In einstufigen Vergabeverfahren ist die Bildung von Kooperationen bis zum Ablauf der Angebotsfrist zulässig. Gegen einen späteren Zusammenschluss spricht der unzulässige Wechsel in der Person des Bieters. Bei zweistufigen Verfahren können Kooperationen bis zum Ablauf der Bewerbungsfrist gebildet werden. Bei beschränkten Ausschreibungen, Verhandlungsverfahren und freihändigen Verfahren ohne Teilnahmewettbewerb stellt die Aufforderung zur Angebotsabgabe die zeitliche Grenze für die Zulässigkeit eines Zusammenschlusses dar. Gründe, die gegen eine spätere Bildung sprechen, sind wiederum der unzulässige Wechsel in der Person des Bieters, die nicht vorhandene Rechtfertigung für eine erneute Eignungsprüfung, die ggf. vorliegende Veränderung der Anzahl der vom Auftraggeber aufgeforderten bzw. aufzufordernden Interessenten sowie letztlich die allgemeinen Grundsätze des Wettbewerbs, der Gleichbehandlung und der Transparenz.

Änderungen in der Zusammensetzung von Bietergemeinschaften können sich durch Ausscheiden, Hinzutreten oder Austausch eines Mitglieds realisieren. Grundsätzlich unzulässig ist das Ausscheiden eines Partners aus einer zweigliedrigen Gesellschaft, weil dadurch die Bieteridentität nicht mehr gewahrt wird. Bei mehrgliedrigen Gesellschaften kommt es dagegen darauf an, ob der Wegfall eines Mitglieds zum Erlöschen der GbR führt oder nicht. Besteht aufgrund entsprechender vertraglicher Vereinbarungen oder eines Beschlusses eine Fortführungsregelung, ist die Eignung unter Berücksichtigung der neuen Konstellation erneut zu bewerten wobei der Gegenstand der Prüfung darauf beschränkt ist, ob eine bereits festgestellte Eignung immer noch gegeben ist. Wechsel in dem Mitgliederbestand sowie das Hinzukommen eines neuen Partners sind jedoch bereits aus Gründen der Gleichbehandlung abzulehnen.

III. Kapitel 3: Die Wertung des Angebots der Bietergemeinschaft

Fordert der Auftraggeber nicht explizit Eignungsnachweise von allen Mitgliedern der Bietergemeinschaft an, muss die Fachkunde und Leistungsfähigkeit nicht bei allen Unternehmen der Bietergruppe vorhanden sein. Die Zuverlässigkeit muss allerdings bei jedem Partner der Kooperation vorliegen.

Doppelbeteiligungen einer Bietervereinigung und eines Mitglieds an einem Vergabeverfahren können als wettbewerbsbeschränkende Abrede zu dem Ausschluss der Angebote führen. Die Tatsache der Parallelbeteiligung allein kann jedoch nicht den Schluss rechtfertigen, dass der Geheimwettbewerb verletzt wurde. Die Vergabestelle muss der Bietergemeinschaft und dem Einzelbieter vielmehr die Möglichkeit geben, einen Entlastungsnachweis zu erbringen. Bestehen dennoch Zweifel, ist der Auftraggeber zu weiteren Prüfmaßnahmen verpflichtet.

D. Vierter Teil: Bietergemeinschaften als Beteiligte im Nachprüfungsverfahren

I. Kapitel 1: Die Antragsbefugnis der Bietergemeinschaft

Infolge der Stellung der Kooperation als Bieter kann nur sie selbst, nicht ein einzelnes Mitglied die Antragsbefugnis in einem Nachprüfungsverfahren darlegen. Eine Ausnahme ist jedoch gegeben, wenn ein Partnerunternehmen im Rahmen einer gewillkürten Prozessstandschaft handelt.

II. Kapitel 2: Die Rüge der Bietergemeinschaft

Korrespondierend zu den Ergebnissen in Bezug auf die Antragsbefugnis muss die Kooperation als solche die Rüge gegenüber dem Auftraggeber aussprechen und diese im Nachprüfungsverfahren geltend machen. Rügen eines Einzelbieters kann sie sich nur in Ausnahmefällen zu eigen machen, wobei dann aber die Voraussetzungen des § 107 Abs. 3 GWB in der Person der Bietergemeinschaft erfüllt sein müssen. Innerhalb des Vergabeverfahrens kann das vertretungsberechtigte Mitglied die Rüge erklären. Für die Darlegung der Zulässigkeitsvoraussetzungen im Nachprüfungsverfahren, zu denen auch die Rüge gehört, muss dagegen eine gesonderte Vertretungsbefugnis gegeben sein.

Abkürzungsverzeichnis

a. A.	anderer Ansicht
ABl.	Amtsblatt
Abs.	Absatz
AEU	Vertrag über die Arbeitsweise der Europäischen Union
a. F.	alte Fassung
AGB	Allgemeine Geschäftsbedingungen
ARGE	Arbeitsgemeinschaft
Art.	Artikel
BAnz.	Bundesanzeiger
BauR	Baurecht
BauRB	Bau-Rechts-Berater
BayObLG	Bayerisches Oberstes Landesgericht
BB	Der Betriebsberater
ber.	berichtigt
BeurkundungsG	Beurkundungsgesetz
BGBl.	Bundesgesetzblatt
BGH	Bundesgerichtshof
BGHZ	Entscheidungen des Bundesgerichtshofs in Zivilsachen
BHO	Bundeshaushaltsordnung
BMVBS	Bundesministerium für Verkehr, Bau und Stadtentwicklung
BR-Drucks.	Bundesratsdrucksache
BT-Drucks.	Bundestagsdrucksache
BVerfG	Bundesverfassungsgericht
BVerfGE	Entscheidungen des Bundesverfassungsgerichts
BVerwG	Bundesverwaltungsgericht
ca.	circa
CDU	Christlich Demokratische Union
CSU	Christlich Soziale Union
DB	Der Betrieb
ders.	derselbe
d. h.	das heißt
dies.	dieselbe(n)
DStR	Deutsches Steuerrecht

EG	Europäische Gemeinschaft
EGV	Vertrag zur Gründung der Europäischen Gemeinschaft (EG-Vertrag)
Einf.	Einführung
Einl.	Einleitung
EU	Europäische Union
EuGH	Europäischer Gerichtshof
evtl.	eventuell
EWG	Erwägungsgrund
EWiR	Entscheidungen zum Wirtschaftsrecht
f.	folgende(r)
ff.	fortfolgende
GbR	Gesellschaft bürgerlichen Rechts
GesO	Gesamtvollstreckungsordnung
GG	Grundgesetz
ggf.	gegebenenfalls
GmbHG	Gesetz betreffend die Gesellschaften mit beschränkter Haftung
GWB	Gesetz gegen Wettbewerbsbeschränkungen
Hg.	Herausgeber
HGB	Handelsgesetzbuch
HGrG	Gesetz über die Grundsätze des Haushaltsrechts des Bundes und der Länder – Haushaltsgrundsätzegesetz
h. M.	herrschende Meinung
IBR	Immobilien- & Baurecht
insb.	insbesondere
InsO	Insolvenzordnung
i. V. m.	in Verbindung mit
JurisPK-BGB	JurisPraxiskommentar Bürgerliches Gesetzbuch
JurisPK-VergR	JurisPraxiskommentar Vergaberecht
KG	Kammergericht
KG	Kommanditgesellschaft
KMU	Kleine und mittlere Unternehmen
LHO	Landeshaushaltsordnung
lit.	littera(e)
LSG	Landessozialgericht
MünchKommBGB	Münchener Kommentar zum Bürgerlichen Gesetzbuch
n. F.	neue Fassung
NJW	Neue Juristische Wochenschrift

NJW-RR	Neue Juristische Wochenschrift – Rechtsprechungs-Report Zivilrecht
Nr.	Nummer
NVwZ	Neue Zeitschrift für Verwaltungsrecht
NZBau	Neue Zeitschrift für Baurecht
NZG	Neue Zeitschrift für Gesellschaftsrecht
NZM	Neue Zeitschrift für Mietrecht
o. ä.	oder ähnliche(r)(s)
ÖPP	Öffentlich-private-Partnerschaft
OHG	Offene Handelsgesellschaft
OLG	Oberlandesgericht
RL	Richtlinie
Rn.	Randnummer
Rs.	Rechtsache
s.	siehe
S.	Satz, Seite
SektVO	Verordnung für die Vergabe von Aufträgen im Bereich des Verkehrs, der Trinkwasserversorgung und der Energieversorgung – Sektorenverordnung
Slg.	Amtliche Sammlung der Rechtsprechung des EuGH
sog.	sogenannte(r)
SPD	Sozialdemokratische Partei Deutschlands
Tz.	Textziffer
u. a.	unter anderem(n)
UmwG	Umwandlungsgesetz
usw.	und so weiter
u. U.	unter Umständen
v.	vom, von
VergabeR	Vergaberecht
VersR	Versicherungsrecht
Vert-GVO	Vertikal-Gruppenfreistellungsverordnung
vgl.	vergleiche
VgRÄG	Gesetz zur Änderung der Rechtsgrundlagen für die Vergabe öffentlicher Aufträge – Vergaberechtsänderungsgesetz
VgV	Verordnung über die Vergabe öffentlicher Aufträge – Vergabeverordnung
VHB	Vergabe- und Vertragshandbuch für die Baumaßnahmen des Bundes
VK	Vergabekammer
VOB	Vergabe- und Vertragsordnung für Bauleistungen

VOB/A	Vergabe- und Vertragsordnung für Bauleistungen, Teil A
VOB/B	Vergabe- und Vertragsordnung für Bauleistungen, Teil B
VOB-Komm.	Kommentar zur VOB
VOF	Vergabeordnung für freiberufliche Leistungen
VOL	Vergabe- und Vertragsordnung für Leistungen
VOL/A	Vergabe- und Vertragsordnung für Leistungen, Teil A
VOL/B	Vergabe- und Vertragsordnung für Leistungen, Teil B
Vorbem.	Vorbemerkung
VR	Verwaltungsrundschau
VVG	Gesetz über den Versicherungsvertrag – Versicherungsvertragsgesetz
VwVfG	Verwaltungsverfahrensgesetz
WM	Wertpapiermitteilungen
WuW	Wirtschaft und Wettbewerb
WuW/E	Wirtschaft und Wettbewerb/Entscheidungssammlung
z. B.	zum Beispiel
ZfBR	Zeitschrift für deutsches und internationales Bau- und Vergaberecht
ZGR	Zeitschrift für Unternehmens- und Gesellschaftsrecht
ZHR	Zeitschrift für das gesamte Handelsrecht und Wirtschaftsrecht
ZIP	Zeitschrift für Wirtschaftsrecht
ZPO	Zivilprozessordnung
ZVgR	Zeitschrift für deutsches und internationales Vergaberecht

Literaturverzeichnis

Anders, Sönke, Bietergemeinschaft: Änderung der Zusammensetzung nach Angebot, Anmerkung zu dem Urteil des EuGH vom 23. Januar 2003, Rs. C-57/01, BauRB 2003, 14–15

Antweiler, Clemens, Die Berücksichtigung von Mittelstandsinteressen im Vergabeverfahren – Rechtliche Rahmenbedingungen, VergabeR 2006, 637–651

Ax, Thomas/Sattler, Dagmar, Schutzmechanismen für den Mittelstand im deutschen Vergaberecht, ZVgR 1999, 231–237

Baumann, Wolfgang, Der Nießbrauch am Anteil einer Einmann-Personengesellschaft, NZG 2005, 919–920

Baumbach, Adolf/Hopt, Klaus J., Handelsgesetzbuch, 34. Auflage, München 2010

Baumbach, Adolf/Lauterbach, Wolfgang/Albers, Jan/Hartmann, Peter, Zivilprozessordnung mit FamFG, GVG und anderen Nebengesetzen, Kommentar, Band 1, 68. Auflage, München 2010

Bayerisches Staatsministerium für Wirtschaft, Infrastruktur, Verkehr und Technologie (Herausgeber), Kooperation und Wettbewerb, Ein Ratgeber für kleine und mittlere Unternehmen, 7. Auflage, München 2006

Bechtold, Rainer, GWB, Kartellgesetz, Gesetz gegen Wettbewerbsbeschränkungen, Kommentar, 5. Auflage, München 2008

Beuthien, Volker, Zur Grundlagenungewissheit des deutschen Gesellschaftsrechts, NJW 2005, 855–860

Boesen, Arnold, Vergaberecht, Kommentar zum 4. Teil des GWB, 1. Auflage, Köln 2000

Bornheim, Helmerich, Public Private Partnership – Praxisprobleme aus rechtlicher Sicht, BauR 2009, 567–574

Braun, Joachim, Anmerkungen zum Bewerberkreis bei öffentlichen Ausschreibungen (§ 8 Nr. 2 VOB Teil A), BauR 1977, 21–24

Bundesministerium für Verkehr, Bau und Stadtentwicklung (BMVBS), Vergabe- und Vertragshandbuch für Baumaßnahmen des Bundes, Ausgabe 2008, Stand Mai 2010, Berlin

Bunte, Hermann-Josef, Der Grundsatz der dezentralen Beschaffung der öffentlichen Hand, BB 2001, 2121–2126

Burbulla, Rainer, Die Beteiligung von Objektgesellschaften an Vergabeverfahren, NZBau 2010, 145–150

Burchardt, Hans-Peter/Pfülb, Wolfgang, ARGE-Kommentar, 4. Auflage, Gütersloh 2006

Burgi, Manfred, Die Bedeutung der allgemeinen Vergabegrundsätze Wettbewerb, Transparenz und Gleichbehandlung, NZBau 2008, 29–34

Ders., Mittelstandsfreundliche Vergabe, Möglichkeiten und Grenzen (Teil 1), NZBau 2006, 606–610

Ders., Mittelstandsfreundliche Vergabe, Möglichkeiten und Grenzen (Teil 2), NZBau 2006, 693–698

Byok, Jan, Die Entwicklung des Vergaberechts seit 2004, NJW 2006, 2076–2083

Byok, Jan/Jaeger, Wolfgang (Herausgeber), Kommentar zum Vergaberecht, 2. Auflage, Frankfurt am Main 2005

Dauner-Lieb, Barbara, Ein neues Fundament für die BGB-Gesellschaft, DStR 2001, 356–361

Derleder, Peter, Die Aufgabe der monistischen Struktur der Gesellschaft bürgerlichen Rechts durch Verleihung der Rechtsfähigkeit, BB 2001, 2485–2493

Diercks, Gritt, Anmerkung zu dem Beschluss des KG vom 4. Juli 2002, KartVerg 8/02, VergabeR 2003, 86–87

Dirksen, Christoph/Schellenberg, Martin, Mehrfachbeteiligungen auf Nachunternehmerebene, VergabeR 2010, 17–21

Dreher, Meinrad, Bestehender Wettbewerb und Auftraggeberbegriff des Kartellvergaberechts, WuW 1999, 244–248

Ders., Die Berücksichtigung mittelständischer Interessen bei der Vergabe öffentlicher Aufträge, NZBau 2005, 427–436

Ders., Entwicklung und Grundlagen des Vergaberechts in Deutschland, in: Blaurock, Uwe (Herausgeber), Der Staat als Nachfrager, Öffentliches Auftragswesen in Deutschland und Frankreich, Tübingen 2008

Dreher, Meinrad/Hoffmann, Jens, Der Marktzutritt von Newcomern als Herausforderung für das Kartellvergaberecht, NZBau 2008, 545–551

Dreher, Meinrad/Kling, Michael, Die Mitversicherung bei der Ausschreibung von Versicherungsdienstleistungen, VersR 2007, 1040–1046

Dreher, Meinrad/Stockmann, Kurt, Kartellvergaberecht, Auszug aus: Immenga, Ulrich/Mestmäcker, Ernst-Joachim (Herausgeber), Wettbewerbsrecht, 4. Auflage, München 2008

Ehrig, Jan, Die Doppelbeteiligung im Vergabeverfahren, VergabeR 2010, 11–16

Elsing, Siegfried H., Alles entschieden bei der Gesellschaft bürgerlichen Rechts? – Die Rechtsprechung zwischen Mosaik- und Meilensteinen, BB 2003, 909–915

European Commission, Public Procurement Indicators 2008, Working Document, 27 April 2010

Ewers, Antonius/Scheef, Hans-Claudius, Risiken bei der Abfassung von ARGE-Verträgen, BauRB 2005, 24–26

Flume, Werner, Allgemeiner Teil des bürgerlichen Rechts, Erster Band, Erster Teil, Die Personengesellschaft, Berlin, Heidelberg, New York 1977

Ders., Gesellschaft und Gesamthand, ZHR 136 (1972), 177–207

Franz, Birgit, Praxishinweis zu dem Beschluss der VK Brandenburg vom 21. Dezember 2004, VK 64/04, IBR 2005, 112

Dies., Praxishinweis zu dem Beschluss der VK Thüringen vom 13. Februar 2003, 216-4002.20-003/03-EF-S, IBR 2003, 209

Gabriel, Marc, Anmerkung zu dem Beschluss des EuGH Rs. C-492/06 vom 4. Oktober 2007, VergabeR 2008, 211–213

Ders., Neues zum Ausschluss von Bietern und Bietergemeinschaften wegen Mehrfachbeteiligungen: Einzelfallprüfung statt Automatismus, NZBau 2010, 225–227

Gabriel, Marc/Benecke, Matthias/Geldsetzer, Annette, Die Bietergemeinschaft, Ausschreibungsphase – Auftragsdurchführung – Auseinandersetzung, München 2007

Geibel, Stefan J., Folgeprobleme der Rechtsfähigkeit von Gesellschaften bürgerlichen Rechts, WM 2007, 1496–1502

Glahs, Heike, Die Antragsbefugnis im Vergabenachprüfungsverfahren, NZBau 2004, 544–547

Granske, Matthias, Die Präklusion gemäß § 107 Abs. 3 Satz 1 Nr. 4 GWB – Wahlfreiheit des öffentlichen Auftraggebers, IBR-online 2010, 71

Gulich, Joachim, Anmerkung zu dem Beschluss des BayObLG vom 20. August 2001, Verg 11/01, VergabeR 2002, 80–82

Gummert, Hans/Weipert, Lutz, Münchener Handbuch des Gesellschaftsrechts, Band 1, 3. Auflage, München 2009

Habersack, Mathias, Die Anerkennung der Rechts- und Parteifähigkeit der GbR und der akzessorischen Gesellschafterhaftung durch den BGH, BB 2001, 477–483

Hadding, Walther, Zur Rechtsfähigkeit und Parteifähigkeit der (Außen-)Gesellschaft bürgerlichen Rechts sowie zur Haftung ihrer Gesellschafter für Gesellschaftsverbindlichkeiten – Zugleich Besprechung des Urteils BGH WM 2001, 408, ZGR 2001, 712–743

Hardraht, Karsten, Anmerkung zu dem Beschluss des OLG Koblenz vom 29. Dezember 2004, 1 Verg 6/04, VergabeR 2005, 530–532

Haug, Thomas, Anmerkung zu dem Beschluss des OLG Karlsruhe vom 15. Oktober 2008, 15 Verg 9/08, VergabeR 2009, 171–172

Heiermann, Wolfgang, Der vergaberechtliche Grundsatz der Unveränderlichkeit der Bietergemeinschaft im Lichte der neueren Rechtsprechung des Bundesgerichtshofes zur Rechtsfähigkeit der Gesellschaft bürgerlichen Rechts, ZfBR 2007, 759–766

Heiermann, Wolfgang/Riedl, Richard/Rusam, Martin, Handkommentar zur VOB, Teile A und B, Rechtsschutz im Vergabeverfahren, 11. Auflage, Wiesbaden 2008

Heiermann, Wolfgang/Zeiss, Christopher/Kullack, Andrea Maria/Blaufuß, Jörg (Herausgeber), Juris Praxiskommentar, Vergaberecht, GWB, VgV, VOB/A, 2. Auflage, Saarbrücken 2008

Heil, Hans-Jürgen, Parteifähigkeit der GbR – der Durchbruch der Gruppenlehre?, NZG 2001, 300–305

Herberger, Maximilian/Martinek, Michael/Rüßmann, Helmut/Weth, Stephan (Herausgeber), Juris Praxiskommentar BGB, Band 1, Allgemeiner Teil, 5. Auflage, Saarbrücken 2010

Dies., Juris Praxiskommentar BGB, Band 2, Schuldrecht, 5. Auflage, Saarbrücken 2010

Hertwig, Stefan/Nelskamp, Ulrich, Teilrechtsfähigkeit der GbR – Auswirkungen auf die Bau-ARGE, BauRB 2004, 183–186

Herzog, Roman/Herdegen, Matthias/Klein, Hans H./Scholz, Rupert (Herausgeber), Grundgesetz, Kommentar, Band VII, Art. 107–146, Stand Januar 2010, München

Hessische Landesregierung/Hessische Staatskanzlei (Herausgeber), Leitfaden „Öffentliches Auftragswesen", Als Bietergemeinschaft öffentliche Aufträge gewinnen, Wiesbaden 2005

Hölzl, Franz Josef, „Assitur": Die Wahrheit ist konkret!, NZBau 2009, 751–755

Hoffmann, Jens, Der materielle Bieterbegriff im Kartellvergaberecht, Eine Betrachtung am Beispiel des § 13 VgV, NZBau 2008, 749–751

Hueck, Alfred, Der Treuegedanke im Recht der Offenen Handelsgesellschaft, in: Festschrift für Rudolf Hübner zum siebzigsten Geburtstag, Jena 1935

Immenga, Ulrich, Bietergemeinschaften im Kartellrecht – ein Problem potentiellen Wettbewerbs, DB 1984, 385–394

Immenga, Ulrich/Mestmäcker, Ernst-Joachim (Herausgeber), Wettbewerbsrecht, Band 2, GWB, Kommentar zum Deutschen Kartellrecht, 4. Auflage, München 2007

Ingenstau, Heinz/Korbion, Hermann, herausgegeben von Locher, Horst/Kratzenberg, Rüdiger, VOB, Teile A und B, Kommentar, 17. Auflage, Köln 2010

Jaeger, Olav, Anmerkung zu dem Beschluss des OLG Jena vom 19. April 2004, Verg 03/04, VergabeR 2004, 522–524

Jagenburg, Inge/Schröder, Carsten U., Der ARGE-Vertrag, Kommentar, 2. Auflage, Köln 2008

Jansen, Nicola, Wettbewerbsbeschränkende Abreden im Vergabeverfahren, WuW 2005, 502–513

Joussen, Edgar, Das Ende der Arge als BGB-Gesellschaft?, BauR 1999, 1063–1074

Kapellmann, Klaus/Messerschmidt, Burkhard (Herausgeber), VOB, Teile A und B, Vergabe- und Vertragsordnung für Bauleistungen mit Vergabeverordnung (VgV), 3. Auflage, München 2010

Kerkmann, Anja, Ausgewählte Probleme bei der Vergabe von förmlichen Postzustellungsleistungen, VergabeR 2008, 465–474

Kindl, Johann, Der Streit um die Rechtsnatur der GbR und seine Auswirkungen auf die Haftung der Gesellschafter für rechtsgeschäftlich begründete Gesellschaftsverbindlichkeiten, NZG 1999, 517–524

Kirch, Thomas/Kues, Jarl-Hendrik, Alle oder keiner? – Zu den Folgen der Insolvenz eines Mitglieds einer Bietergemeinschaft im laufenden Vergabeverfahren, VergabeR 2008, 32–42

Kling, Michael, Die Zulässigkeit vergabefremder Regelungen im Recht der öffentlichen Auftragsvergabe, Dissertation, Berlin 2000

Koeble, Wolfgang/Schwärzel-Peters, Martin, Gesellschaftsvertragliche Ausgestaltung einer Arbeitsgemeinschaft am Beispiel der „Bau-Arbeitsgemeinschaft", DStR 1996, 1734–1740

Koenig, Christian/Kühling, Jürgen/Müller, Christoph, Marktfähigkeit, Arbeitsgemeinschaften und das Kartellverbot, WuW 2005, 126–136

Köster, Bernd, Die Modernisierung des Vergaberechts – was übrig blieb, BauR 2009, 1069–1076

Koller, Ingo/Roth, Wulf-Henning/Morck, Winfried, Handelsgesetzbuch, Kommentar, 6. Auflage, München 2007

Kopp, Ferdinand O./Schenke, Wolf-Rüdiger, Verwaltungsgerichtsordnung, Kommentar, 16. Auflage, München 2009

Kornblum, Udo, Rechtsfragen der Bau-ARGE, ZfBR 1992, 9–15

Kraemer, Hans-Jörg, Die Gesellschaft bürgerlichen Rechts als Partei gewerblicher Mietverträge, NZM 2002, 465–473

Krist, Matthias, Anmerkung zu dem Urteil des EuGH vom 23. Januar 2003, C-57/01, VergabeR 2003, 162–163

Kühnen, Jürgen, Die Rügeobliegenheit, NZBau 2004, 427–431

Kulartz, Hans-Peter/Kus, Alexander/Portz, Norbert, Kommentar zum GWB-Vergaberecht, 2. Auflage, Köln 2009

Kulartz, Hans-Peter/Marx, Friedhelm/Portz, Norbert/Prieß, Hans-Joachim (Herausgeber), Kommentar zur VOL/A, 1. Auflage, Köln 2007

Kus, Alexander, Anmerkung zu dem Beschluss des OLG Düsseldorf vom 18. Oktober 2006, VII-Verg 30/06, VergabeR 2007, 97–99

Langheid, Theo/Wandt, Manfred (Herausgeber), Münchener Kommentar, Versicherungsvertragsgesetz, VVG, Band 1, §§ 1–99 VVG (Teil 1, Allgemeiner Teil), Erläuterungen zum EGVVG, 1. Auflage, München 2009

Leinemann, Ralf, Anmerkung zu dem Beschluss des OLG Celle vom 17. August 2007, 13 Verg 9/07, VergabeR 2007, 775–776

Ders., Anmerkung zu dem Beschluss des OLG Düsseldorf vom 26. Januar 2005, Verg 45/04, VergabeR 2005, 382–384

Ders., Anmerkung zu dem Beschluss des OLG Düsseldorf vom 16. September 2003, Verg 52/03, VergabeR 2003, 693–695

Ders., Anmerkung zu dem Beschluss des OLG Düsseldorf vom 11. April 2003, Verg 9/03, VergabeR 2003, 467–468

Lettl, Tobias, Risikoverteilung, Konfliktbewältigung sowie vermögens- und haftungsrechtliche Stellung der Beteiligung bei langfristigen Kooperationen: Die Abgrenzung von Gesellschafts- und Austauschverträgen, DB 2004, 365–369

Loewenheim, Ulrich/Meessen, Karl M./Riesenkampff, Alexander (Herausgeber), Kartellrecht, Kommentar, 2. Auflage, München 2009

Lotze, Andreas, Kurzkommentar zu dem Beschluss des OLG Frankfurt am Main vom 27. Juni 2003, 11 Verg 2/03, EWiR § 1 GWB 1/04, 287–288

Ders., Kurzkommentar zu dem Urteil des EuGH vom 23. Januar 2003, Rs. C-57/01, EuGH EWiR Art. 21 RL 93/97/EWG 1/03, 541–542

Lotze, Andreas/Mager, Stefan, Entwicklung der kartellrechtlichen Fallpraxis im Entsorgungsmarkt, WuW 2007, 241–252

Lotze, Andreas/Pape Ulf-Dieter, Kartell- und vergaberechtliche Aspekte der Neuausschreibung der DSD-Leistungsverträge, WuW 2003, 364–373

Lutz, Helmuth, Die Arbeitsgemeinschaft und das Gesetz gegen Wettbewerbsbeschränkungen, NJW 1960, 1833–1837

Lux, Johannes, Bietergemeinschaften im Schnittfeld von Gesellschafts- und Vergaberecht, Dissertation, Baden-Baden 2009

Maasch, Beate, Die Zulässigkeit von Bietergemeinschaften, ZHR 150 (1986), 657–686

Malotki, Anja, Ausschluss von Angeboten einer nach Angebotsaufforderung geschlossenen Bietergemeinschaft bei Beschränkter Ausschreibung, BauR 1997, 564–567

Meininger, Frank/Kayser, Karsten, Die Mehrfachbeteiligung von Unternehmen in Vergabeverfahren – mögliche Fallkonstellationen und deren Folgen, BB 2006, 283–286

Mertens, Susanne, Praxishinweis zu dem Beschluss des OLG Düsseldorf vom 04.03.2004, Verg 8/04, IBR 2004, 274

Messerschmidt, Burkhard/Thierau, Thomas, Konsortium und faktische BGB-Gesellschaft am Bau, NZBau 2007, 679–684

Möller, Jutta C./Worok, Gavin, Auswirkungen der GWB-Novelle 2009 auf das Nachprüfungsverfahren, IBR-online 2010

Motzke, Gerd/Pietzcker, Jost/Prieß, Hans-Joachim (Herausgeber), Beck'scher VOB-Kommentar, Verdingungsordnung für Bauleistungen Teil A, 1. Auflage, München 2001

Müller, Wolf/Hoffmann, Wolf-Dieter (Herausgeber), Beck'sches Handbuch der Personengesellschaften, 3. Auflage, München 2009

Müller-Wrede, Malte, Grundsätze der Losvergabe unter dem Einfluss mittelständischer Interessen, NZBau 2004, 643–648

Ders. (Herausgeber), GWB-Vergaberecht, 1. Auflage, 2009

Ders. (Herausgeber), Kompendium des Vergaberechts, Systematische Darstellung unter Berücksichtigung des EU-Vergaberechts, 1. Auflage, Köln 2008

Ders. (Herausgeber), Vergabe- und Vertragsordnung für Leistungen, VOL/A, Kommentar, 3. Auflage, Köln 2010

Noch, Rainer, Praxishinweis zu dem Beschluss der VK Bremen vom 28. Oktober 2003, VK 16/03, IBR 2004, 91

Ders., Vergaberechtliche Änderungen durch das ÖPP-Beschleunigungsgesetz, BauRB 2005, 385–390

Ohrtmann, Nicola, Bietergemeinschaften – Chancen und Risiken –, VergabeR 2008, 426–446

Opitz, Marc, Marktmacht und Bieterwettbewerb, Dissertation, Köln, Berlin, München 2003

Palandt, Otto, Bürgerliches Gesetzbuch, 69. Auflage, München 2010

Peifer, Karl-Nikolaus, Rechtsfähigkeit oder Rechtssubjektivität der Gesamthand – die GbR als OHG?, NZG 2001, 296–300

Pinkenburg, Günther, Anmerkung zu dem Urteil des EuGH vom 23. Dezember 2009, Rs. C-376/08, VergabeR 2010, 475–477

Pohlmann, Petra, Rechts- und Parteifähigkeit der Gesellschaft bürgerlichen Rechts – Folgen für Erkenntnisverfahren, Zwangsvollstreckung und freiwillige Gerichtsbarkeit –, WM 2002, 1421–1432

Prieß, Hans-Joachim, Anmerkung zu dem Urteil des EuGH vom 23. Januar 2003, C-57/01, VergabeR 2005, 751–754

Ders., Handbuch des europäischen Vergaberechts, 3. Auflage, Köln, Berlin und München 2005

Prieß, Hans-Joachim/Gabriel, Marc, Die Bildung und Beteiligung von Bietergemeinschaften in Vergabe- und Nachprüfungsverfahren, WuW 2006, 385–392

Prieß, Hans-Joachim/Hausmann, Friedrich Ludwig/Kulartz, Hans-Peter, Beck'sches Formularbuch Vergaberecht, 1. Auflage, München 2004

Prieß, Hans-Joachim/Sachs, Bärbel, Irrungen, Wirrungen: Der vermeintliche Bieterwechsel – Warum entgegen OLG Düsseldorf (NZBau 2007, 254) im Falle einer Gesamtrechtsnachfolge die Bieteridentität regelmäßig fortbesteht, NZBau 2007, 763–766

Reidt, Olaf/Stickler, Thomas/Glahs, Heike, Vergaberecht, Kommentar, 2. Auflage, Köln 2003

Rittwage, Ralf, Einzel- und Gesamtrechtsnachfolge bei öffentlichen Aufträgen, VergabeR 2006, 327–340

Ders., Unternehmensverschmelzung als unzulässiger Bieterwechsel?, NZBau 2007, 232–234

Robbe, Lars, Vergaberechtliche Beurteilung der Privilegierung kleinerer und mittlerer sowie ortsansässiger Unternehmen im Rahmen öffentlicher Auftragsvergaben, VR 2005, 325–333

Roth, Frank, Änderung der Zusammensetzung von Bietergemeinschaften und Austausch von Nachunternehmen im laufenden Vergabeverfahren, NZBau 2005, 316–319

Roth, Rudolf, Reform des Vergaberechts – der große Wurf? (1), VergabeR 2009, 404–413

Ruh, Erik, Mittelstandsbeteiligung an öffentlichen Aufträgen, VergabeR 2005, 718–736

Säcker, Franz Jürgen/Rixecker, Roland (Herausgeber), Münchener Kommentar zum Bürgerlichen Gesetzbuch, Band 5, Schuldrecht, Besonderer Teil III, §§ 705–853, Partnerschaftsgesellschaftsgesetz, Produkthaftungsgesetz, 5. Auflage, München 2009

Schabbeck, Jan P., Vergaberechtliche Probleme bei Outsourcing-Prozessen, VergabeR 2006, 679–690

Scharlemann, Klaus Stefan, Praxishinweis zu dem Beschluss des OLG Naumburg vom 30. April 2007, 1 Verg 1/07, IBR 2007, 387

Schimanek, Peter, Der Austausch von Mitgliedern einer Bietergemeinschaft während des laufenden Vergabeverfahrens, Anmerkung zum EuGH-Urteil vom 23. Januar 2003, C-57/01, ZfBR 2003, 285–287

Schmidt, Karsten, Die Arbeitsgemeinschaft im Baugewerbe: als oHG eintragungspflichtig oder eintragungsfähig? – Bemerkungen zu § 105 Abs. 2 HGB und zu dem Urteil des OLG Dresden vom 20.11.2001, DB 2003, S. 713 -, DB 2003, 703–707

Ders., Die BGB-Außengesellschaft: rechts- und parteifähig, NJW 2001, 993–1003

Ders., Gesellschaftsrecht, 4. Auflage, Köln, Berlin, Bonn, München 2002

Ders. (Herausgeber), Münchener Kommentar zum Handelsgesetzbuch, Band 2, Zweites Buch, Handelsgesellschaften und stille Gesellschaft, 2. Auflage, München 2006

Schmidt, Lars P., Wider den Ausschlussautomatismus: Kein zwingender Ausschluss einer Bietergemeinschaft bei Insolvenz eines Mitgliedsunternehmens, NZBau 2008, 41–43

Schneider, Matthias/Terschüren, Kai H., Von der Bietergemeinschaft zur Arbeitsgemeinschaft, IBR-Online, 2005

Scholz, Kai-Steffen, Die BGB-Gesellschaft nach dem Grundsatzurteil des BGH vom 29.1.2001, NZG 2002, 153–163

Schwarz, Karl, Probleme bei einer Bau-ARGE und einer Bauherren-ARGE – Rechtsnatur, Insolvenz eines Gesellschafters und Sicherheit nach § 648a BGB –, ZfBR 2007, 636–642

Soergel, Theodor, BGB, Bürgerliches Gesetzbuch, Band 5/1, Schuldrecht IV/1, §§ 705–822, 12. Auflage, Stuttgart 2007

Staudinger, Julius von (Begr.), Kommentar zum Bürgerlichen Gesetzbuch mit Einführungsgesetz und Nebengesetzen, Buch 2, Recht der Schuldverhältnisse, §§ 705–740 (Gesellschaftsrecht), Dreizehnte Bearbeitung 2003 von Habermeier, Stefan, Berlin 2003

Szonn, Sabine, Anmerkung zu dem Beschluss des LSG Berlin-Brandenburg vom 6. März 2009, VergabeR 2010, 124–126

Terwiesche, Michael, Ausschluss und Marktzutritt des Newcomers, VergabeR 2009, 26–39

Thierau, Thomas/Messerschmidt, Burkhard, Die Bau-ARGE, Teil 1: Grundstrukturen und Vertragsgestaltung, NZBau 2007, 129–139

Thomas, Heinz/Putzo, Hans, Zivilprozessordnung, FamFG Verfahren in Familiensachen, GVG, Einführungsgesetze, EG-Zivilverfahrensrecht, Kommentar, 31. Auflage, München 2010

Ulmer, Peter, Die höchstrichterlich „enträtselte" Gesellschaft bürgerlichen Rechts, ZIP 2001, 585–599

Wagner, Olav, Anmerkung zu dem Beschluss des OLG Düsseldorf vom 13. September 2004, VI-W 24/04 (Kart), VergabeR 2005, 120–121

Waldner, Thomas, Anmerkung zu dem Beschluss des OLG München vom 11. August 2008, Verg 16/08, VergabeR 2009, 120–121

Werner, Michael, Die Verschärfung der Mittelstandsklausel, VergabeR 2009, 64–65

Wertenbruch, Johannes, Die Parteifähigkeit der GbR – die Änderungen für die Gerichts- und Vollstreckungspraxis, NJW 2002, 324–329

Westermann, Harm Peter (Herausgeber), Bürgerliches Gesetzbuch, Handkommentar, Band I, 12. Auflage, Köln 2008

Weyand, Rudolf, Vergaberecht, Praxiskommentar zu GWB, VgV, VOB/A, VOL/A und VOF, 2. Auflage, München 2007

Wiedemann, Jörg, Die Bietergemeinschaft im Vergaberecht, ZfBR 2003, 240–243

Wirner, Helmut, Die Eignung von Bewerbern und Bietern bei der Vergabe öffentlicher Bauaufträge, ZfBR 2003, 545–552

Ders., Praxishinweis zu dem Urteil des EuGH vom 23. Dezember 2009, Rs. C-376/08, IBR 2010, 103

Ders., Praxishinweis zu dem Urteil des EuGH vom 8. September 2005, Rs. C-129/04, IBR 2005, 571

Ders., Praxishinweis zu dem Urteil des EuGH vom 23. Januar 2003, Rs. C-57/01, IBR 2003, 149

Zerhusen, Jörg/Nieberding, Felix, Der Muster-ARGE-Vertrag 2005 des Hauptverbandes der deutschen Bauindustrie e.V., BauR 2006, 296–304

Zöller, Richard, Zivilprozessordnung mit Gerichtsverfassungsgesetz und den Einführungsgesetzen, mit Internationalem Zivilprozessrecht, EG-Verordnungen, Kostenanmerkungen, Kommentar, 27. Auflage, Köln 2009